2판

실버산업의 이해

김수영 · 이의훈 · 정승진 · 장수지 · 신주영 공저

학지사

2판 머리말

우리 사회에서 '실버산업'에 대한 논의가 국가정책으로 다뤄지기 시작한 지 어느새 15년 이상이 지났다. 2000년대 초반 인구고령화 현상이 화두가 되면서 실버산업의 필요성은 상당한 설득력을 가지고 문제로 제기되었고, 2020~2030년대에 베이비붐세대가 노년기에 진입할 것에 대비하여 실버시장을 키우기 위한 준비가 학계와 연구기관들을 중심으로 가시화되었다.

일부 대학에서는 실버산업 관련 학과를 개설하였고, 또 다른 대학에서는 노인 관련 학과를 개설하는 움직임이 재빠르게 나타나기도 하였다. 우리가 대학 교재로 '실버산업론'을 개발하게 된 계기도 이러한 추세에 고무되었기 때문이다. 그리고 실버산업의 여러 분야에 맞춰 학제간 필진을 구성하여 다양한 관점에서 저서를 집필하게 되었다.

이제 5~10년만 지나면 베이비붐세대의 대다수가 노년기에 진입할 것이다. 신노년세대인 그들의 소비력이나 라이프 스타일에 따라 실버시장이 확대되고, 또 다른 수요에 부응하기 위해 실버산업이 더 활성화될 시기가 다가오는 것이다. 그동안 우리의 예상과 달리 구(舊)노년세대가 소극적인 소비욕구를 보이면서 실버시장을 키우지 못했다면, 앞으로는 평균수명이 연장되면서 노인집단이 더 두터워짐에 따라 실버시장에 대한 기대수요는 분명히 커질 것이라 생각한다.

이번 개정판에는 그동안 저자들이 강의를 하면서 수정보완이 필요하다고 판단한 부분들을 대폭 반영하였다. 또한 강의를 담당했던 저자 외에 직접 강의를 맡았던 강사들의 의견도 적극 포함시켰다. 전체 구성에서 달라진 것은 초판의 3부가 4부로 늘어났고, 실버경영 부분에서는 다소 깊은 수준의 내용을 교양서 수준에 맞춰 조절하였다. 또한 고령친화산업 관련 정책 중 2000년대 초반의 내용을 삭제하였으며, 통계도 가능한 한 모두 최근 자료로 바꾸었다. 그리고 이 책의 특징인 장별 언론기사도 상당 부분 새로운 것으로 교체하였다.

이번 개정작업은 정승진 박사님의 헌신적인 노력이 있었기에 가능하였다. 본문의 구조변경에서부터 기사검색, 장별 내용의 가감까지 세세한 부분을 모두 읽고 다 챙겨주신 정승진 박사님께 진심으로 감사의 말씀을 드린다. 그리고 경영 부분은 신주영 박사님께서 주로 작업해 주셨다. 지난 초판에서 주로 교재로 채택된 전공분야를 우선 고려하다 보니 실버경영 분야가 다소 축소되었다. 하지만 두 번째의 공동작업이어서 호흡이 잘 맞았고, 가장 먼저 개정작업을 끝내어 우리를 긴장하게 만들어 주셨다. 이번 개정작업에서 역시 에너지를 몰아주신 분은 바로 신주영 박사님이기에 마음 깊이 감사를 드린다. 앞서 언급한 것처럼 이 책은 여러 전공분야의 필진이 참여하였기에 최대한 실버산업의 여러 분야를 두루 다루었다는 차별성을 가지고 있다. 그런 의미에서 지금까지 이 책이 많은 독자를 가질 수 있도록 아이디어를 주셨고 학제간 협업을 잘해 주신 이의훈 교수님께 거듭 감사의 말씀을 전한다. 그리고 장수지 교수님은 이미 초판에서 실버산업에서 빠질 수 없는 노화와 노년심리의 이론적인 부분을 교양서 수준으로 쉽게 정리하여 책이 균형을 이루도록 힘을 보태 주셨고, 이번 개정작업에서도 맡으신 분야를 빠짐없이 수정하면서 개정작업이 속도를 내는 데 크게 기여해 주셨다.

이제 우리나라는 초고령사회의 패러다임으로 전환해야 하는 과제에 당면해 있다. 지금까지는 급증하는 노인인구 비중에 매몰되어 직접적으로 노인인구집단을 돌보는 복지정책에만 매달렸다면, 이제는 사회구조를 초고령사회에 합리적으로 대응할 수 있는 패러다임으로 바꿔야 하는 것이다. 실버시장의 창출과 확대는 이러한 목적을 달성하는 데 필요한 수단으로서 충분한 가치를 가질 것으로 본다. 그리고 일반적으로 미래산업이라고 평가되던 실버산업은 이제 우리가 당면하고 있는 여러 문제를 해결하기 위한 수단과 전략이 되었다. 게다가 오늘날처럼 고용과 창업의 가능성이 암담한 현실 속에서 실버시장은 젊은 세대에게 새로운 기회로서 신기술 개발과 고용창출의 물줄기를 만들어 내는 한줄기 희망이라고 생각한다.

그런 의미에서 이 책이 여러 대학에서 전공서적으로 또는 교양서적으로 사용되는 것에 대해 강의하시는 분들께 깊이 감사의 말씀을 드린다. 혹시라도 개정판에서 오류가 발견되거나 다른 의견이 있다면 언제라도 알려 주시기 바라며, 강의를 통해 우리나라 실버산업이 만개할 수 있도록 학생들을 격려해 주시기를 당부드린다. 또한 독자인 학생들 중에는 필진들과 다른 전공분야에 속한 경우도 많을 것이다. 따라서 혹시 이 책이 특정 전공분야에 다소 치우쳐 있다거나 읽기에 불편한 부분이 있으면 필진들의 이메일로 알려 주시기를 바란다. 우리의 관심과 노력으로 곧 다가올 초고령사회에는 모든 고령자가 행복한 삶을 누릴 수 있기를 기대해 본다.

2016. 2.

집필자 대표 김 수 영

1판 머리말

노화(aging)는 모든 사람이 경험하게 되는 현상이지만, 우리 모두는 노화를 거부하려고 할 뿐 우호적으로 받아들이려고 하지 않는다. 그 이유는 노화는 개인적으로 상실, 약화, 위축 등 현실적인 문제를 수반하기 때문이다. 그래서 우리는 가능하면 노화를 좀 더 늦게 받아들이고자 '안티에이징(anti-aging)'의 개념을 생활 전반에 적용하려고 한다. 최근에는 건강수명이 향상되고 '안티에이징'이 지향하는 가치가 보편화되면서 점차 많은 이들이 나이가 들어도 여전히 주류사회에서 중요한 일을 하고 있다. 이러한 추이는 앞으로 평균수명이 연장되고 노년기가 길어지면 더 현저하게 나타날 것이다.

이처럼 노인들은 생애주기의 마지막 단계가 길어짐에 따라 그 기간을 보다 독립적으로 보내고 싶어 한다. 따라서 길어진 노년기를 더 의미 있게 보낼 수 있는 방안으로 '안티에이징'보다 더 긍정적인 '웰에이징(well aging)'이 설득력을 얻고 있다. 이것은 길어진 노년기를 새롭게 추구하려는 눈높이에 맞추면서 건강하고 행복하게 산다는 것이다. 즉, 노인들이 나이를 감추기 위해 억지로 노력하기보다는 자신의 나이와 노화를 자연스레 받아들이면서도 자신감을 가지고 살고자 하는 변화를 의미한다.

이러한 변화가 현실적으로 가능해지고 더 많은 노인에게 해당되려면 무엇보다도 노인을 둘러싼 환경과 여건이 고령친화적으로 갖춰져야 한다. 노인의 기본적인 의식주를 포함한 제반 여건이 고령자들에게 위축감을 주지 않을 정도로 친화적이어야 하는 것이다. 고령친화산업은 이러한 조건을 만들어 주는 중요한 수단이라고 생각한다. 즉, 고령자들을 위한 의료, 영양, 여가 및 문화, 패션, 주택, 금융, 교육뿐만 아니라 요양, 장례에 이르기까지 모든 분야에서 고령자 중심의 제품이나 서비스가 제공되어야 하고, 그것들을 가능케 하는 법적 기준이 마련되어야 한다.

현실적으로 고령친화적인 제품이나 서비스의 공급을 모두 공공 차원에서 제공할 수는 없을 것이다. 물론 초기에는 정부가 직접 나서거나 아니면 비영리 민간기관을 참여시킴으로써 고령자들의 수요에 대응할 수 있다. 하지만 고령자 수요가 많아지고 다양해지며, 제품이나 서비스에 대해 지불할 능력이 있는 고령자들이 많아지면 민간영리기업이 공급자로 참여하면서 산업화가 이루어져야 한다.

산업화의 시점에서 나타날 수 있는 문제의 핵심은 두 가지로 볼 수 있다. 하나는 소비자인 고령자 수가 제한되어 있으므로 영리를 추구하는 민간기업이 자유롭게 시장에 진입할 수 없다는 점이며, 다른 하나는 제품이나 서비스 제공자들은 사용자인 노인들의 특성이나 수요를 제대로 이해하지 못한다는 점이다. 그 결과 산업화의 초기단계에는 수요와 공급이 적절하게 만나지 못하는 현실이 나타나게 된다. 고령친화산업이 일정 수준에 도달한 선진국에서는 이러한 시행착오를 거친 후 고령친화시장이 구축되었다.

우리나라는 현재 급속한 고령화로 인해 정부가 고령친화산업을 주도하면서 시장을 구축하는 초기단계에 있다. 하지만 기업의 적극적인 참여를 위해서는 아직 많은 시간이 필요하다. 또한 최근에는 산업적 측면이 아니더라도 많은 사람들이 인구고령화 현상을 사회적인 이슈로 보면서 고령친화산업에 관심을 기울이고 있다. 엄밀히 말하자면 관심을 가지는 모든 사람은 조만간 또는 먼 장래에 공급자나 소비자 중 한쪽이 될 것이다. 따라서 대학의 교양과목 수준에서 인구고령화에 따른 고령친화산업의 등장을 이해하는 것은 상당한 의미가 있을 것이다. 이 책은 그러한 취지에 따라 보편적인 수준에서 고령친화산업을 소개하기 위해 집필되었다. 특히 많은 부분은 고령친화산업의 실질적 사용자인 노인 중심으로 집필되었고, 내용에는 시장성 못지않게 공공성도 적절히 다루었다.

이 책은 크게 3부로 구성되었다. 1부에서는 기본적으로 노인과 고령친화산업을 소개하고, 우리나라 고령친화산업 도입과정을 정책수립의 측면에서 다루었다. 2부에는 경영의 관점에서 고령친화시장이 형성되기 위한 조건과 마케팅전략 등을 포함시켰다. 3부의 각론에서는 노인의 일상생활과 밀접한 관련이 있는 고령친화산업의 여러 분야를 다루었다.

이 책의 집필진에는 노년심리학, 노인복지학, 경제학, 경영학 등 각 분야의 전문가들이 참여하였다. 집필진은 함께 모여 검토할 시간을 충분히 가지지는 못했지만, 공통된 관점을 가지려 노력하였다. 경영학 분야에서는 카이스트의 이의훈 교수님과 (주)Tri-Value의 신주영 박사님이 참여하셨다. 두 분은 이미 실버산업 관련 저서를 출간하였기에 집필제안을 흔쾌히 수락하셨고, 2부 전체를 주로 집필해 주셨다. 특히 책의 취지를 살리기 위해 집필원고 중 상당 부분을 삭제해 주신 점에 대해 진심으로 감사 말씀을 드린다. 정승진 박사님은 부산테크노파크 전략산업기획단장을 역임한 경험을 토대로, 1장에서 고령친화산업을 최대한 쉽게 기술해 주셨고, 11장 실버금융과 13장 실버의료의 대부분을 집필해 주셨다. 장수지 교수님은 노년심리학 전공자의 입장에서 노년기에 대한 방대한 이론을 2장에서 깔끔하게 집필해 주셨고, 9장 노인여가와 10장의 실버교육 분야를 맡아 주셨다. 책임저자인 본인은 2005년 고령화 및 미래사회위원회의 분과에서 고령친화 6대 산업을 도출하는 작업에 참여한 경험을 살려 4장에서 고령친화산업 관련 정책수립을 소개했고, 12장 실버주택과 13장 실버의료의 일부를 집필하였다. 우리 집필진은 여러 장에서 관련된 사례를 소개하여 독자들의 이해를 돕고자 하였다.

집필진이 2년 전부터 원고를 준비하였지만 이제야 출간하게 된 것은 전적으로 책임저자의 리더십 부족 때문이다. 여러 분야의 집필진이 참여한 저서에서 흔히 볼 수 있는 용어 불일치나 관점의 차이 등이 아직 여러 군데 남아 있고, 3부의 각론에는 추가해야 할 분야도 일부 있다. 이러한 문제점은 교재로 사용하면서 충분히 검토한 후 완성도를 높여 개정하고자 한다.

각자 맡으신 원고를 제때 마무리하도록 도와드리지 못한 채 시간만 끌었음에도 불구하고 인내해 주신 집필진 여러분께 진심으로 감사의 말씀을 드린다. 교정과 색인작업을 맡아 수고해 준 제자 김정혜 선생과 안경숙 박사에게도 감사를 전한다. 마지막으로, 오랫동안 출간을 기다려 준 학지사 가족 여러분께도 감사드리며, 무엇보다 이 책의 출간을 위해 아낌없는 지원과 격려를 해 주신 학지사 김진환 사장님께 특별한 감사를 전한다.

2011. 3.

집필자 대표 김 수 영

차 례

제2부 실버기업의 경영

제3부 실버산업의 분야

제1부

실버산업의 등장과 배경

제1장 실버산업의 기초적 이해

제2장 실버산업의 사회 · 경제 · 기술 환경

제3장 노년기의 이해

제1장

실버산업의 기초적 이해

우리나라는 저출산과 평균수명의 증대로 인해 전체 인구에서 차지하는 노년층의 비중이 크게 증가하면서 고령사회로 나아가고 있다. 고령사회는 사회의 활력을 저하시키고 젊은 계층의 부양부담을 가중시키는 등 많은 문제점을 초래하게 된다. 고령화로 인한 사회의 위기를 기회로 바꾸려면 실버산업의 육성이 필요하다. 실버산업의 육성은 고령자들의 다양한 욕구를 충족시켜 줄 뿐만 아니라 관련 산업의 성장을 통해 새로운 고용기회와 성장동력을 창출하게 한다. 이 장에서는 실버산업의 개념과 최근 실버산업의 중요성이 부각되는 이유를 살펴보고, 실버산업이 가지는 고유한 특징에 대해 기술한다.

1. 실버산업의 정의

1) 좁은 의미의 정의

실버산업을 좁은 의미로 정의하면 노인의 수요(needs)를 충족하기 위한 상품과 서비스를 제공하는 산업이라 할 수 있다. '실버(silver)'라는 말은 노인들의 머리색이 회색이나 은빛으로 변하는 것을 빗대어 노년층을 가리키는 표현이다. 실버산업은 미국에서 silver market, elderly market, gray market, senior market 등의 용어로 널리 사용되고 있으며, 일본에서는 silver service, silver business 등의 용어로 사용되고 있다. 최근 실버산업이 중요하게 부각되는 이유는 노인인구가 늘어나고 소득이 증대하여 그들이 구매력을 갖게 되었기 때문이다.

노인은 생물학적 노화와 사회경제적인 능력 저하로 인하여 이를 보완하기 위한 상품과 서비스를 필요로 한다. 생물학적 노화와 관련된 실버산업 부문에는 노화로 인한 신체적 장애를 보완해 주는 용품과 서비스가 해당된다. 예를 들어, 노화가 진행되면 신체기능이 떨어지므로 지팡이, 보청기와 같은 신체보조용품들이 필요하게 된다. 또한 노화를 더디게 하고 건강을 유지하기 위해 건강식품이나 건강보조기기 등을 활용하게 된다. 이와 같이 생물학적 노화와 관련된 실버산업 분야로는 보건 · 요양, 의료기기, 복지용품, 식품, 의약품, 주택, 한방 및 장묘 산업 등을 들 수 있다.

또한 노인의 사회경제적인 능력이 저하됨으로 인해 실버산업이 필요하게 되었다. 노인은 경제활동에서 은퇴하게 되므로 수입이 없거나 매우 적어지게 된다. 따라서 노인의 사회경제적인 변화를 보완하여 인간다운 생활을 할 수 있도록 도와주는 서비스가 실버산업에 포함된다. 금융, 문화 · 여가산업, 정보산업, 교육, 교통 등이 이에 해당된다.

2) 넓은 의미의 정의

최근 들어 실버산업은 단지 노인만을 위한 산업이 아니라 모든 사람을 대상으로 하는 산업으로 의미가 확대되고 있다. 넓은 의미의 실버산업은 '노인의 수요(needs)를 우선적으로 고려하여 개발된 상품과 서비스를 제공하는 산업'으로 정의할 수 있다.

이 정의에 의하면 실버산업은 노인이 편리하면 모든 사람이 편리하다는 취지에서 노인을 주요 수요처로 하되 모든 사람을 잠재적 수요자로 생각하고 편의성과 안정성을 강화한 상품과 서비스를 개발하여 공급하는 산업이다.

넓은 의미의 실버산업 수요자에는 노인뿐만 아니라 어린이, 여성, 장애인 등 신체적 능력이 약한 사람, 나아가 편의성과 안정성을 추구하는 모든 사람이 포함된다. 이렇게 볼 때 넓은 의미의 실버산업에는 제품과 서비스의 편의성과 안정성을 추구해 나가는 모든 산업 부문이 해당된다.

3) 법적인 정의

우리나라에서 실버산업은 법적으로 고령친화산업으로 정의되고 있다. 실버산업을 육성하기 위한 정책의 법적인 근거를 마련하기 위해 정부는 「고령친화산업진흥법」을 법률 제8852호로 제정하여 2008년 2월 29일 시행하였다. 동법에 의하면 '고령친화산업'은 고령친화제품 등을 연구 · 개발 · 제조 · 건축 · 제공 · 유통 또는 판매하는 업을 말한다. 이때 고령친화제품은 노인을 주요 수요자로 하는 제품 또는 서비스로서 다음 항목 중 하나에 해당되는 것을 말한다. ① 노인이 주로 사용하거나 착용하는 용구 · 용품 또는 의료기기, ② 노인이 거주 또는 이용하는 주택 및 그 밖의 시설, ③ 노인요양 서비스, ④ 노인을 위한 금융 · 자산관리 서비스, ⑤ 노인을 위한 정보기기 및 서비스, ⑥ 노인을 위한 여가 · 관광 · 문화 또는 건강지원서비스, ⑦ 노인에게 적합한 농업용품 또는 영농지원서비스,

⑧ 그 밖에 노인을 대상으로 개발되는 제품 또는 서비스로서 대통령령이 정하는 것으로 되어 있다.

법적으로 규정된 고령친화산업은 좁은 의미의 실버산업에 국한되어 있다. 그러나 제품과 서비스를 포괄하고 있어서 적용되는 범위는 비교적 넓은 편이다.

4) 정책적인 정의

실버산업의 범위가 워낙 광범위하기 때문에 국가정책에서 실버산업의 모든 분야를 정책대상으로 삼을 수는 없다. 따라서 정책적으로는 실버산업 육성을 위해 국가가 정책적으로 재원을 투자하고 육성정책을 시행함으로써 국내 수요 충족뿐만 아니라 해외수출도 가능한 전략적인 분야를 중점적으로 육성할 필요가 있다.

정부는 우리나라에서 경쟁력을 갖추고 있는 실버산업 부문으로 요양, 기기, 정보, 여가, 금융, 주택, 한방, 농업의 8대 산업을 정하였고, 추가로 교통, 식품, 의약품, 장묘, 의류, 교육의 6대 산업을 제시하였다. 또한 각 산업 부문별로 전략

〈표 1-1〉 고령친화산업 8대 산업 부문 19개 전략품목

8대 산업 부문	19개 전략품목
요양산업	재가요양서비스
기기산업	재택 · 원격진단 · 진료 및 휴대형 다기능 건강정보시스템, 한방의료기기, 간호지원 및 실내외 이동지원시스템
정보산업	홈케어, 정보통신 보조기기, 노인용 콘텐츠 개발
여가산업	고령친화 휴양단지
금융산업	역모기지제도, 자산관리서비스
주택산업	고령자용 주택개조, 고령자용 임대주택
한방산업	한방보건관광, 항노화한방 기능성식품, 노인용 한방화장품, 노인성 질환 한약제제 개발
농업	고령친화 귀농교육, 전원형 고령친화농업 테마타운, 은퇴농장

자료: 지식경제부(2005). 고령친화산업 발전방안.

품목을 지정하여 이를 중심으로 실버산업 육성정책을 시행하고 있다.

2. 실버산업의 등장배경

1) 노인복지의 환경 변화

실버산업이 최근 국가적 관심으로 부각되기 시작한 것은 저출산 고령사회의 도래에 기인한 바가 크다. 즉, 급속한 저출산과 평균수명의 증대로 전체 인구 중에서 노인인구의 비중이 증대하여 사회경제적으로 큰 위기상황이 유발되었기 때문이다. 이러한 변화가 나타나게 된 요인을 자세히 살펴보면 다음과 같다.

첫째, 노인인구의 증대다. 이것은 단순하게 노인인구가 증가하였다는 의미뿐만 아니라 전체 인구 중에서 노인인구의 비율이 증가함에 따라 나타나는 인구고령화(population aging)가 급격히 진행되고 있음을 뜻한다.

UN은 65세 이상의 노인비율이 전체 인구의 7%에 도달하면 그 사회를 고령화사회(aging society), 14%이면 고령사회(aged society), 20%이면 초고령사회(super-

〈표 1-2〉 각국의 인구고령화율 추이

국가명	도달 연도			소요 연수	
	고령화사회 (7%)	고령사회 (14%)	초고령사회 (20%)	고령사회 도달	초고령사회 도달
한국	2000	2018	2026	18	8
일본	1970	1994	2006	24	12
독일	1932	1972	2010	40	38
미국	1942	2014	2030	72	16
프랑스	1864	1979	2019	115	40

* ( )는 65세 이상 인구비율.
주: 한국의 자료는 통계청 2011년 장래인구 추계자료로 수정했음
자료: 보건복지부(2008). 제1차 저출산 고령사회 기본계획(보완판)－새로마지플랜 2010.

aged society)로 구분하고 있다. 2011년 통계청의 장래인구추계에 의하면, 우리나라의 노인인구는 1960년 2.9%에서 2000년에 7.2%로 증가하여 고령화사회로 진입하였으며, 2010년에는 11.0%로 증가하였다가 2018년에는 14.5%로 고령사회, 2026년에는 20.8%로 초고령사회로 진입할 것으로 추계되고 있다(〈표 1-2〉 참조).

둘째, 고령화의 진행 속도가 너무 빠르다. 우리나라의 고령화 속도는 세계 최고 수준으로 그 진행 속도가 매우 빠르다는 문제점이 있다. 프랑스, 독일, 미국과 같이 산업화가 일찍 시작된 선진국의 경우 오래전부터 고령화가 진행되었기 때문에 고령화사회에서 고령사회로 변하는 데 소요되는 기간도 길었다. 예를 들면, 프랑스의 경우 115년, 미국은 72년, 독일은 40년이 소요되었다. 반면, 일본은 24년이 소요되어 대표적으로 압축적인 고령화가 진행되었는데, 우리나라는 이보다도 6년이 더 단축되어 18년 만에 고령사회에 도달하고 이어서 8년 후에는 초고령사회가 될 것으로 전망된다. 따라서 구미 선진국들이 장기간에 걸쳐 서서히 노인인구가 증가함에 따라 인구고령화로 인해 파생되는 사회문제에 여유 있게 대비할 수 있었던 것에 비해, 우리나라는 인구고령화에 따른 개인적 · 사회적 대처가 불충분할 위험성이 있다.

셋째, 낮은 출생률과 사망률로 인해 고령사회로 진행되는 흐름을 막는 데 어려움이 있다. 일반적으로 선진국일수록 출산율이 낮고, 평균수명은 길기 때문에 고령사회로 진입하게 되는 것은 불가피하다. 그러나 우리나라는 일반적인 추이와 달리 지극히 낮은 출산율로 인해 심각한 상황이 발생될 우려가 있다. 참고로 2013년 우리나라의 합계출산율[1]은 1.19명에 불과하여 세계 최저 수준에 이르고 있다.

실제로 2010~2015년까지 평균 합계출산율을 비교하면 우리나라는 1.32명, 일본 1.41명, 독일 1.42명, 영국 1.88명, 프랑스 1.98명, 미국 1.97명으로 우리나라의 출산율이 상당히 낮은 수준이다(통계청 KOSIS 국제통계).

1) 합계출산율은 15~49세까지 출산 가능한 여성이 평생 낳을 수 있는 자녀 수를 말한다.

〈표 1-3〉 한국인의 기대수명 (단위: 세)

구분＼연도	1970	1975	1980	1985	1990	1995	2000	2005	2010	2015
계	61.9	63.8	65.7	68.4	71.3	73.5	76.0	78.6	80.8	81.7
남자	58.7	60.2	61.8	64.5	67.3	69.6	72.3	75.1	77.2	78.2
여자	65.6	67.9	70.0	72.8	75.5	77.4	79.6	81.9	84.1	85.0

자료: 통계청(2011). 장래인구추계.

반면, 영양 및 건강상태 개선, 의료기술의 향상에 따라 우리나라의 기대수명은 꾸준히 증가하고 있다. 2015년 현재 기대수명[2)]은 남자 78.2세, 여자 85.0세로 1970년 남자 58.7세, 여자 65.6세에 비해 약 19~20세 더 증가하였다(〈표 1-3〉 참조).

따라서 우리나라의 인구동태 유형은 1970년대 이전의 '고출생-고사망'형에서 '저출생-저사망'형으로 바뀌어 가고 있음을 알 수 있다. [그림 1-1]의 인구구조 모형을 보면, 0~14세의 연소인구가 전체 인구의 40% 이상을 차지하는 예전의 피라미드형에서 현재는 모든 연령층에 인구가 고르게 분포되어 있는 종형 구조로 바뀌었다. 그러나 2020년쯤에는 출생은 적고 중·노년층이 많아지는 항아리

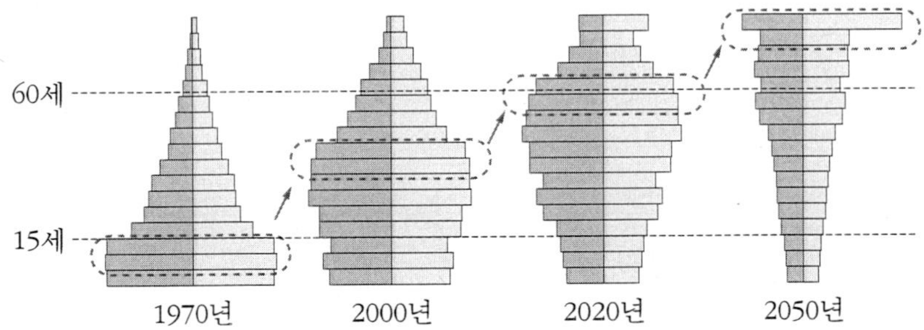

[그림 1-1] 우리나라 인구구조 모형(1970~2050년)

자료: 보건복지부(2007). 저출산 고령사회위원회 보고서.

2) 기대수명은 0세 출생자가 향후 생존할 것으로 기대되는 평균생존연수로 0세의 기대여명을 말한다.

형태로, 2050년에는 역피라미드형으로 변모될 것으로 예상된다. 1955~1963년 사이에 태어난 전후(戰後) 및 산업화의 베이비붐 세대는 우리나라의 인구구조 변화의 중심축이 되고 있다(김태현, 2007).

넷째, 생산연령층의 노인부양비가 급속히 증대되고 있다. 인구고령화 문제를 논의할 때는 노인 수뿐만 아니라 젊은 연령층과의 상대적인 관계도 고려해야 한다. 통계청의 장래인구추계(2011년 기준)에 의하면 우리나라는 2017년에 노인인구가 0~14세의 유소년인구보다 많아지는 인구역전 현상이 발생할 것으로 전망되고 있다. 그리고 65세 이상 인구 중에서 75세 이상 노인인구가 차지하는 비중이 1960년 23.5%, 1980년 27.9%, 2000년 32.2%, 2010년 37.6%에서 2030년에는 40.0%, 2040년에는 51.1%로 큰 폭으로 증가할 전망이다.

유소년인구의 감소와 노인인구의 증가는 노령화지수의 상승을 가져오게 된다. 노령화지수는 0세부터 14세까지의 유소년인구에 대한 65세 이상 인구의 비율(%)을 말하는데, 이것은 인구 구성의 고령화를 나타내는 척도로 쓰인다. 우리나라의 노령화지수는 〈표 1-4〉에서 보듯이 1980년 11.6%에서 1990년 20.0%로 완만한 노령화를 나타내다가 2000년 이후부터 증가폭이 커지면서 2000년에는

〈표 1-4〉 우리나라 노인부양지수 (단위: %)

구분 \ 연도	1960	1970	1980	1990	2000	2010	2015	2020	2030
총부양비[1)]	82.6	83.9	59.4	44.3	40.9	37.4	36.9	40.7	58.6
유소년부양비[2)]	77.3	78.2	53.2	36.9	29.4	22.2	19.0	18.6	20.0
노년부양비[3)]	5.3	5.7	6.2	7.4	11.5	15.2	17.9	22.1	38.6
노령화지수[4)]	6.9	7.2	11.6	20.0	39.1	68.4	94.1	119.1	193.0

1) 총부양비 = 유소년부양비 + 노년부양비
2) 유소년부양비 = (0~14세 인구/15~64세 인구) × 100
3) 노년부양비 = (65세 이상 인구/15~64세 인구) × 100
4) 노령화지수 = (65세 이상 인구/0~14세 인구) × 100
주: 2010년까지는 확정인구이며 2011년 이후는 다음 추계 시 변경될 수 있음
자료: 통계청(2011). 장래인구추계.

39.1%, 2010년에는 68.4%, 2020년에는 119.1%, 2030년에는 193.0%로 비약적으로 증가할 것이 예상된다.

또한 노년부양비, 즉 15~64세 생산계층 연령 대비 65세 이상의 노인인구의 비율(%)을 보면, 1990년 7.4%에서 2000년에는 11.5%로 상승하였고, 2030년에는 38.6%로 예상된다. 이것은 생산인구가 노인인구를 책임져야 하는 사회적 부담이 점차 늘어난다는 것을 뜻한다.

사회적으로 고령화가 진행되면 소수의 경제활동인구가 다수의 비경제활동인구를 부양해야 하므로 과도한 복지비 부담 등으로 인해 사회적인 생산능력이 약화되게 된다. 뿐만 아니라 복지부담의 증대로 경제활동인구의 근로의욕이 낮아져서 사회적 활력도 줄어든다.

이러한 급속한 고령화로 인한 사회경제적 충격을 완화시키려면 출산율 증대 정책이 필요하지만 이것을 단기간에 실현하기는 쉽지 않다. 따라서 고령화를 새로운 기회요인으로 삼아서 부정적인 요인들을 해소하는 것이 필요하다. 그중 한 가지가 실버산업의 육성을 통해 경제에 긍정적인 파급효과를 불러일으키는 것이다.

2) 노인복지에 경제원리 적용의 필요성

실버산업은 시장경제원리에 의해서 구매력이 있는 노인들에게 필요한 시설, 상품, 서비스 등을 개발하여 공급하는 영리를 지향하는 산업이다. 따라서 사회보장정책의 일환으로 국가재정에 의해서 지원하던 노인복지서비스와는 운영체계가 다르다고 할 수 있다.

이처럼 공공성을 기반으로 하는 사회복지 분야에 '산업'이라는 관점이 도입된 것은 노인복지서비스의 규모와 범위가 다양해지고 노인복지서비스를 모든 노인에게 제공하기 위한 정책적인 효율성이 중요시되기 때문이다. 공공서비스로서 제한적으로 제공되던 노인복지서비스가 영리 위주의 민간서비스로 확대되는 이유는 다음과 같다.

첫째, 노인인구의 증대, 노인의 구매력 증대, 노인들의 의식수준 상승으로 노인복지서비스에 대한 수요가 다양해지고 증가하고 있다. 따라서 취약계층 노인을 주요 대상으로 공공서비스로 제공되는 노인복지서비스만으로는 모든 노인의 수요를 충족시킬 수 없게 되었다.

공공 부문에서 행하는 노인복지서비스는 노인의 기초적인 생활을 보장하는 것이기 때문에 획일적인 형태로 제공될 수밖에 없다. 그러나 소득이 있는 노인들은 자신의 수요에 맞지 않는 획일적인 서비스보다는 자신에게 맞는 더 편안하고 만족스러운 서비스를 추구하게 된다. 그러므로 이러한 수요는 민간기업이 주도하는 실버산업을 통해 효과적으로 충족될 수 있다.

둘째, 노인복지 재원의 희소성으로 인하여 경제원리의 적용이 요구되고 있다. 노인인구의 증가로 인해 노인복지에 대한 수요가 증가하더라도 공공적인 정부재정만으로는 이 수요를 충족시키기가 어려워진다. 정부가 노인복지 재원을 마련하기 위해서는 세금을 더 많이 거두어야 하는데 이는 경제활동을 하는 납세자들에게 과도한 부담이 될 것이다. 그러므로 정부는 주어진 재원을 보다 효과적으로 사용하여 더 많은 노인복지서비스를 창출함으로써 노인의 수요를 최대한 충족시키는 방법을 찾게 되는 것이다. 예컨대, 정부가 민간기업을 대상으로 실버산업 육성을 위한 기반구축에 투자하면 기업은 실버제품을 생산하여 소비자인 노년층의 수요에 대응하는 것이다. 즉, 정부는 한정된 재원으로 노년층에게 직접 실버제품을 제공할 수는 없지만, 제품을 생산하는 기업을 지원하는 데 투자함으로써 대다수 노년층의 수요를 충족시킬 수 있게 된다.

이처럼 최소비용으로 최대의 효과를 거두기 위한 경제원리가 노인복지 분야에도 적용되면서 실버산업이 부각되었다. 실버산업이 활성화되면 구매력 있는 노인들은 자신의 소득으로 원하는 실버제품을 구매하고, 정부는 저소득층 노인을 위해 예산을 집중적으로 사용할 수 있어 예산의 효율성을 높임으로써 노인복지정책의 목표를 달성하게 될 것이다.

3. 실버산업의 범위와 특징

1) 실버산업의 분류

(1) 공급주체에 따른 분류

실버산업은 공급주체에 따라 공공과 민간으로 구분된다. 엄격히 말하면 실버산업에는 공립 양로시설이나 요양시설, 기초생활보장제도에 의한 의료급여 등 전액 공공재원에 의해 제공되는 사회보장서비스가 포함되지 않는다. 이들은 산업의 범위에 포함시키기보다는 국가의 사회보장제도로 간주하는 것이 더 타당할 것이다.

하지만 의료보험이나 공적연금은 정부가 사회보험 방식으로 운영하고 일부 재원을 지원하지만 수익자가 재원의 대부분을 부담하기 때문에 실버산업의 범위에 포함시킬 수도 있을 것이다. 공공 부문의 실버산업은 정부가 규정한 법과 제도를 통하여 강제적으로 운영된다는 특징을 가지고 있다. 따라서 모든 국민은 개인의 의사와는 무관하게 강제가입하고, 노후에 연금급여나 요양급여의 자격을 가지게 된다.

민간실버산업은 영리를 목적으로 운영되는데, 제품구매 및 서비스의 대가로 얻을 수 있는 매출의 대부분이 민간수요자에 의해 지불되며 운영시스템 역시 민간에 의해 이루어진다. 다양한 실버 및 의료용품, 유료 실버타운 등이 민간 실버산업의 대표적 사례다. 공공 부문과는 달리 민간실버산업 부문에서는 노년층이 개인적인 필요에 따라 실버제품이나 서비스를 구매할 수 있다.

한편, 공공과 민간의 성격이 혼합되어 비영리적 목적을 추구하는 실버산업 분야도 있다. 사회복지법인, 사단법인, 재단법인 등 비영리 조직들은 정부의 재원을 가지고 민간조직을 활용하여 실버서비스를 제공하기도 한다. 예를 들어, 정부가 양로시설이나 요양시설을 구축하고 운영은 민간에게 위탁함으로써 민간

부문의 경영효율성을 추구하면서도 공공성은 유지하는 것이다. 이는 공공의 책임성을 유지하되 민간의 효율성을 반영한다는 논리에 근거한 실버산업의 또 다른 한 축이라고 할 수 있다. 이때 노년층은 무료 또는 실비를 지불하고 서비스를 이용하게 된다.

(2) 제품의 특성에 따른 분류

실버산업은 제품과 서비스를 포괄하기 때문에 유형의 제품산업과 무형의 서비스산업으로 구분될 수 있다. 제품에는 의료기기, 복지기기, 주택 등이 포함되며, 서비스에는 요양 및 의료서비스, 금융서비스 등이 있다(〈표 1-5〉 참조).

〈표 1-5〉 제품의 특성에 따른 실버산업 분류

구분	영역	내용
유형의 제품	복지용품	전동복지기기, 요양기기 등
	의료기기	가정용 의료기기 등
	식품	건강식품, 기능성 식품 등
	주택공급	실버타운, 노인용 주택개조 등
무형의 서비스	금융서비스	공적연금, 사적연금 등
	교육 및 정보서비스	노인대학, IT 서비스 등
	여가서비스	관광, 레저 등
	요양 및 의료서비스	병원, 요양병원 등
	주택서비스	실버타운서비스 등
	장묘서비스	장례, 화장, 추모 등

(3) 노년층의 수요에 따른 분류

실버산업은 노인의 수요를 충족시키기 위한 산업이므로 노년층의 수요에 따라 분류될 수도 있다. 노년층의 수요를 의, 식, 주, 건강, 소득과 재산, 여가문화, 지식을 기준으로 보면 실버산업은 〈표 1-6〉과 같이 분류될 수 있다.

〈표 1-6〉 노년층의 수요에 의한 실버산업 분류

노년층 수요	실버산업	비고
의	의류	노인용 의류, 기능성 의류 등
식	식품	기능성 식품, 건강식품
주	주택공급 및 서비스	실버타운, 주거서비스
건강	요양 및 의료서비스	병원, 요양병원, 전문병원 등
소득과 재산	금융서비스	연금, 저축, 신탁 등
여가문화	여가서비스	관광, 레저 등
지식	교육 및 정보서비스	노인대학, 평생교육 등

2) 실버산업의 구조

(1) 경제학적 관점에서의 구조

실버산업의 구조는 일반산업의 구조와 마찬가지로 수요자와 공급자, 조정자인 정부, 수요자와 공급자가 만나서 거래가 이루어지는 시장으로 이루어진다.

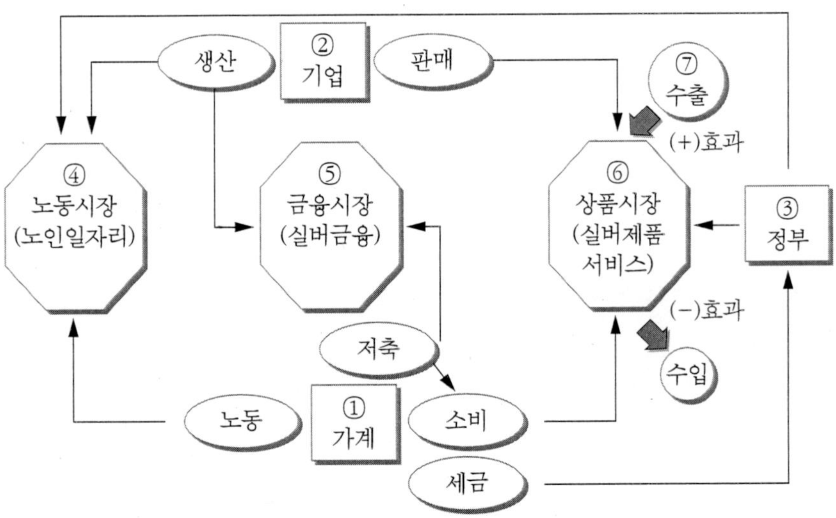

[그림 1-2] 실버산업의 순환구조

한편, 다른 측면에서 보면 가계, 기업, 정부의 3대 경제주체와 함께 노동시장, 금융시장, 상품시장, 수출입시장의 4대 시장의 기능을 중심으로 실버산업의 순환구조를 설명할 수도 있다([그림 1-2] 참조).

① 가계

가계는 실버산업의 수요자와 실버제품 생산을 위한 노동의 공급자로서 기능한다. 그러므로 노년층은 자신의 노동에 의해 소득을 얻거나 과거의 근로행위를 통해 모은 저축을 활용하여 실버산업의 제품과 서비스를 구매하게 된다. 또한 노년층은 소득 중 일부를 세금으로 내고 나머지는 미래 소비를 위해 저축할 수도 있다.

② 기업

기업은 실버제품과 서비스를 공급하고, 근로자를 고용하는 역할을 하게 된다. 실버시장이 확대되면 기업은 다양한 실버 관련 상품을 개발하고 생산함으로써 노년층의 수요를 충족시키고, 이를 위해 근로자를 새롭게 채용하여 일자리를 창출하여 국가경제의 성장에 기여하게 된다.

③ 정부

정부는 세금을 거두어서 공공 부문을 통하여 실버제품 및 서비스가 노인들에게 공급될 수 있도록 직접 지원을 한다. 노동시장에서도 공무원 채용, 노인복지 전담인력 채용 등을 통하여 직접적인 고용을 창출하고, 노인일자리사업 등을 실시함으로써 노인에 대한 간접적인 고용을 촉진하게 된다. 또한 정부는 실버산업이 법과 제도 안에서 잘 운영되도록 조정자와 감독자로서의 역할을 하게 된다.

④ 노동시장

실버산업이 활성화되면 실버제품의 생산을 위해 새로운 고용이 창출되어 국민들의 소득이 늘어나게 된다. 따라서 실업이 해소되고 국가의 새로운 성장 동력이 창출되는 긍정적인 효과를 가져올 것이다.

⑤ 금융시장

금융시장에서 금융기관은 일반 국민들의 저축을 통해 재원을 마련하고, 실버제품과 서비스를 생산하는 기업에 재원을 대출해 줌으로써 생산을 지원하며, 노년층이 과거에 저축한 자산을 운용하여 노년층에게 금융소득을 제공한다. 또한 노년층의 자산관리 등 금융서비스도 제공하게 된다.

⑥ 상품시장

기업이 다양한 실버제품과 서비스를 생산하여 상품시장에 공급하게 되면 수요자인 노인들의 수요가 충족됨으로써 삶의 질이 개선된다. 게다가 새로운 일자리를 창출하여 국민들의 소득을 증대시키고, 소득증대는 다시 소비증대로 이어져서 '소득증대 → 소비증대 → 기업생산증대 → 고용증대 → 소득증대'로 이어지는 선순환이 일어나게 된다. 실버산업을 성장동력산업으로 육성하고자 하는 취지 중 한 가지가 고용창출에 따른 소득증대의 선순환이다.

⑦ 수출입시장

만약 우리나라 실버산업의 국제 경쟁력이 제고되어 수출이 증대되면 경제성장에 (+)효과를 유발하게 될 것이다. 반면, 실버산업의 수요가 증가하더라도 우리나라 실버산업의 경쟁력이 약화된다면 해외로부터 수입이 증대되어 오히려 경제에 (−)효과를 가져오게 된다. 고령사회에 대비하여 우리나라의 실버산업을 육성해야 할 필요성은 바로 이러한 논리로 설명할 수 있다.

(2) 경영학적 관점에서의 구조

경영학적 관점에서 실버산업의 구조를 보면 먼저 실버제품을 소비하는 실버소비자, 실버제품을 공급하는 실버기업, 실버기업의 이해관계자로 구성되어 있음을 알 수 있다.

실버소비자는 실버제품을 소비하는 노년층과 잠재적인 실버제품 수요자인 일반소비자를 모두 포함한다. 핵심적인 실버소비자인 노년층은 일반소비자와는 다른 특별한 소비자 행동을 나타내는데, 이것이 차별화된 실버산업경영의 필요성을 말해 준다.

실버기업은 실버소비자의 욕구를 만족시키기 위해 제한된 자원을 가장 효율적으로 조직화하여 실버제품을 생산하고 판매하여 이윤을 극대화할 뿐만 아니라 복지적 측면에서는 사회적 책임을 감당한다. 이러한 목적을 달성하기 위해 실버기업은 내부적으로 조직, 인사, 재무관리, 회계 등의 경영 활동과 전문적인 실버마케팅 활동을 수행한다.

이해관계자는 기업과 관계를 맺고 있는 모든 주체로서 조직의 의사결정, 정책, 영업에 영향을 받거나 영향을 주게 된다. 기업은 제한된 자원으로 각 이해관계자들의 욕구를 충족시키면서 서로 균형을 유지시켜야 한다. 이해관계자에는 1차 이해관계자인 주주, 채권자, 경쟁사 등과 2차 이해관계자인 정부 및 공공기관, 사회활동단체, 언론매체 등이 있다.

3) 실버산업의 특징

실버산업은 그동안 일반적으로 다루어 왔던 사회복지 분야에서의 노인복지와는 상당히 다른 특징을 가진다. 실버산업은 노년층이 자신에게 필요한 상품이나 서비스를 수익자 부담으로 민간시장에서 구입해야 하는 영리적 성격을 가지고 있다. 그러나 공공재의 성격을 가진 실버산업은 자동차, 가전제품, 헬스클럽처럼 개인에게 구매나 서비스 이용 여부를 전적으로 선택하게 할 수는 없다. 즉, 실버산업은 사회적 약자인 노인들이 인간다운 생활을 할 수 있도록 기본적인 수요를 충족시켜 주는 공공복지적 성격도 가지고 있는 것이다. 따라서 실버산업에서는 복지적 측면과 영리적 측면을 균형 있게 유지 · 발전시켜야 하는 과제가 존재한다. 이러한 측면에서 볼 때 일반적인 산업과 구별되는 실버산업의 특징은 다음과 같다.

첫째, 실버산업은 공공성이 강하다. 실버산업은 기본적으로 노년층이 인간다운 생활을 영위하기 위한 최소한의 욕구를 충족시켜 주어야 하므로 복지적인 차원에서 국가는 노인의 복지제품 · 서비스 구매를 지원하게 된다. 또한 국가는 실버산업 육성정책을 통해 실버기업을 지원함과 동시에 노인의 권익보호와 사회안전망 확충을 위해 실버산업에 직간접적으로 관여하고 있다. 따라서 실버산업은 영리를 추구하는 일반적인 산업과는 상당한 차이가 있는 복지지향적인 성격이 강한 산업이다.

둘째, 실버산업은 영리를 목적으로 하고 시장경제에 의해 움직이는 산업이다. 실버산업이 공공성이 강하다고 하더라도 실버산업의 공급주체는 민간이고, 상품과 서비스는 시장경제원리에 의해 공급된다. 실버산업은 구매력을 가진 노년층을 대상으로 하되 수익자 부담의 영리원칙을 추구한다는 점에서 민간주도형 영리산업이라는 특징을 가진다.

셋째, 실버산업은 다품종 소량생산형 산업이다. 보통 노년층은 한평생 살아온 환경에 따라 다양한 기호와 선호를 가지고 있고 이러한 경향은 쉽게 변화되지 않는다. 뿐만 아니라 노년층은 신체 부자유의 정도, 질병의 정도 등에 따라 다양하고도 세밀한 수요를 나타내게 된다. 따라서 이를 충족시키기 위하여 실버제품과 서비스는 다품종 소량생산이라는 특징을 가지게 된다. 그러므로 실버산업은 대기업보다 오히려 중소기업이 주도하기에 적합한 산업이다. 그러나 다품종 소량생산은 제품의 생산단가를 높이고 사업성을 불투명하게 하는 요인으로도 작용할 수 있다. 정부가 실버산업의 태동기에 법과 제도를 통해 일정 규모 이상의 수요를 창출하지 않는다면 영리적인 요인만으로는 실버산업이 성장하기 어려운 이유가 바로 여기에 있다.

넷째, 실버산업은 정보가 중요시되는 IT 융합형 산업이다. 정보화사회에서 대부분의 산업은 정보산업과 매우 밀접한 관련성을 가지고 있다. 특히 실버산업에서는 다양한 수요를 가지고 있는 노년층 고객 관리와 정보 DB 구축이 중요한 요인으로 작용한다. 왜냐하면 실버산업은 실버제품과 서비스, 공공성을 띤 노인복지와 영리추구의 실버산업 등 다양한 분야가 서로 밀접하게 관련되어 있어서 노년층의 수요와 이에 적합한 실버산업 분야에 대한 정보화가 체계적으로 이루어져야 효과적인 서비스를 제공할 수 있기 때문이다. 또한 행동이 자유롭지 못한 노년층에 대해서는 의료나 여가활동이 IT와 연계되어 재택서비스로 이루어지도록 하는 제품개발이 필요하며, 정보화를 통해 노인이 사용하기에 편한 시스템이 제공될 수 있도록 IT와 융합된 실버산업으로 발전되어야 한다.

다섯째, 실버산업은 서비스 지향형 산업이며 원스톱 서비스(one-stop service) 산업이다. 일반적으로 노년층은 자신의 기호와 건강상태에 맞는 양질의 서비스를 요구하게 된다. 특히 실버산업의 주요 분야는 인간에게 가장 중요시되는 건강 및 생명과 관련된 서비스를 제공하게 되므로 서비스의 질이 중요하다. 또한 노년층은 여러 실버산업 분야를 스스로 찾아다니면서 구매 · 이용하기가 쉽지 않다. 따라서 실버산업은 원스톱 서비스에 의해 복합적인 서비스를 동시에 이용할 수 있도록 수요자 중심의 산업이 되어야 한다.

제2장

실버산업의 사회 · 경제 · 기술 환경

최근 들어 실버산업이 성장하게 된 것은 사회 · 경제 · 기술 환경의 변화에 기인한 바가 크다. 실버산업에서 환경이 중요한 이유는 환경의 변화가 산업의 성장과 침체에 결정적인 영향을 미치게 되고, 이는 개별기업의 성과에도 중요한 요인으로 작용하기 때문이다. 사회 · 경제 · 기술 환경은 국가나 기업이 통제하는 것이 사실상 불가능하므로 실버산업의 경제주체들은 동태적으로 변화하는 실버산업 환경을 지속적으로 분석 · 파악하고 이에 적응해 나가야 한다.

이 장에서는 실버산업을 둘러싸고 있는 사회문화적 환경과 경제적 환경 및 기술적 환경에 대해 알아보고 이들이 실버산업에 미치는 영향에 대해 분석하고자 한다.

1. 사회문화적 환경

1) 핵가족화

과거 농촌중심사회에서는 인구의 지역 간 이동이 필요하지 않았으며 한 가족이 대가족제도의 틀에서 벗어날 수가 없었다. 그러나 산업사회의 발달, 현대과학 기술의 발달, 경제의 급성장 등으로 인해 사회구조가 변화하였으며, 이러한 변화는 전통적 대가족제도를 핵가족제도로 변화시켰다.

핵가족이란 일반적으로 부부와 그들의 자녀로 이루어진 1세대 혹은 2세대까지의 가족을 말하며 부부가족이라고도 한다. 〈표 2-1〉을 보면 우리나라 핵가족의 비율이 점차 증가하고 있는데, 이는 노인과 기혼자녀가 동거하는 가구가 감소하고 있음을 말해 준다. 이처럼 우리 사회가 점차 핵가족화되어 감에 따라 자유결혼, 소가족, 기혼자녀와 부모별거, 독립생계, 자녀의 부모 부양책임 면책 등의 특징이 나타나고 있으며, 이로 인한 세대 간 인간적 · 사회적 유대의 단절 현상은 심각한 노인문제를 야기하기도 한다.

〈표 2-1〉 전국 핵가족가구의 변화 추이 (단위: 천 가구, %)

구분 \ 연도	가구 수					구성비				
	2010	2012	2015	2025	2035	2010	2012	2015	2025	2035
계	17,359	17,951	18,705	20,937	22,261	100.0	100.0	100.0	100.0	100.0
부부	2,666	2,874	3,179	4,264	5,053	15.4	16.0	17.0	20.4	22.7
부부+자녀	6,427	6,294	6,059	5,264	4,509	37.0	35.1	32.4	25.1	20.3
한부모+자녀	1,595	1,677	1,784	2,039	2,165	9.2	9.3	9.5	9.7	9.7
3세대 이상	1,074	1,047	1,003	898	855	6.2	5.8	5.4	4.3	3.8
기타	1,240	1,305	1,395	1,671	1,826	7.1	7.3	7.5	8.0	8.2
1인가구	4,153	4,539	5,061	6,561	7,628	23.9	25.3	27.1	31.3	34.3
비친족가구	205	214	225	241	225	1.2	1.2	1.2	1.1	1.0

자료: 통계청(2012). 2010~2035년 장래가구추계결과.

따라서 핵가족화로 인하여 전통적으로 대가족 가정 내에서 이루어지던 노인부양 등 노인복지서비스가 가정 밖에서 이루어지게 되었고, 실버타운, 요양병원 등 노인을 위한 전문적인 시설이 등장하게 되었다.

2) 노인부양의식의 변화

핵가족화 현상뿐 아니라 노인부양에 대한 전통적 가치관 및 부양윤리도 변화함에 따라, 노인부양에 대한 책임이 가족에게 국한되던 것에서 점차 가족 외부로 옮겨 가고 있다. 〈표 2-2〉에서 15세 이상 응답자를 대상으로 한 통계청의 조사결과를 보면 노부모 부양의식이 최근 크게 변화되었음을 알 수 있다. 예컨대, 1998년의 경우 노부모 부양책임이 가족에게 있다는 응답은 89.9%로 절대적이었다. 하지만 2014년의 응답을 보면 가족에게 부양책임이 있다는 응답은 31.5%인 반면, 가족과 정부와 사회의 공동책임이라는 응답은 47.5%로 가장 큰 비중을 차지하였다. 결과적으로 볼 때 가족 중심의 부양의식은 가족과 정부 또는 사회의 공동책임이라는 인식으로 변화되고 있다.

자녀뿐만 아니라 노인들도 자녀와 함께 살기를 원하지 않는 경향이 커지고 있다. 〈표 2-3〉은 통계청이 만 60세 이상 가구원을 대상으로 향후 자녀와 같이 살고 싶은지를 조사한 결과인데, 같이 살고 싶다는 비율이 과거에 비해 줄어들고 있음을 알 수 있다. 또한 같이 살고 싶지 않다고 응답한 경우, '장래 살고 싶은 곳은 어디인가?'라는 질문에 자기 집이라고 응답하는 비율은 전반적으로 줄어드는 추세다.

이 같은 조사결과로 볼 때 노인부양문제에 대한 인식이 급속히 변하고 있으며, 노인부양문제를 가족보다 외부기능에 의존하려는 경향이 늘어나면서 노인부양과 관련된 전문적인 서비스에 대한 잠재적 수요가 점차 증가하고 있음을 알 수 있다.

〈표 2-2〉 부모 부양에 대한 견해 (단위: %)

연도 \ 구분	부모 스스로 해결	가족	가족과 정부, 사회	정부, 사회	기타	계
1998	8.1	89.9	-	2.0	-	100.0
2002	9.6	70.7	18.2	1.3	0.2	100.0
2006	7.8	63.4	26.4	2.3	0.1	100.0
2010	12.7	36.0	47.4	3.9	-	100.0
2014	16.6	31.5	47.5	4.4	-	100.0

주: 15세 이상 된 자에 대한 조사 결과임
자료: 통계청(각 연도). 사회조사보고서.

〈표 2-3〉 자녀와 동거 의향 및 살고 싶은 곳 (단위: %)

연도 \ 구분	동거 의향		살고 싶은 곳			
	같이 살고 싶음	같이 살고 싶지 않음	자기 집	무료양로원, 요양원	유료양로원, 요양원	기타
2005	47.5	52.5	85.3	8.9	4.5	1.3
2007	40.0	60.0	84.9	9.8	4.8	0.5
2009	37.1	62.9	77.1	14.5	6.3	2.1
2011	29.0	71.0	81.6	11.6	5.7	1.1
2013	27.0	73.0	78.8	15.4	5.2	0.7

자료: 통계청(각 연도). 사회조사보고서.

3) 노인의식의 변화

현대의 노년층은 건강, 경제 및 심신의 자립을 강하게 바라고 있다. 앞으로 노년층은 건강에 대한 관심도가 높고 건강을 유지하려고 많은 노력을 기울이게 될 것이다. 그들은 소득수준이 향상되고 특히 연금제도가 확립됨에 따라 일정한 수입이 보장되면 구매력이 높아지고 경제적 자립이 가능해질 것이다. 이에 따라 노인의 의식도 크게 변화될 것이다.

〈표 2-4〉를 보면 과거의 노년층은 보수적 · 소극적 · 희생적인 가치관을 가지

고 있었지만, 현재와 미래의 노년층은 자주적 · 독자적 · 적극적인 가치관을 가지면서 변화에 능동적이고 독립된 소비주체로서의 역할을 할 것으로 예측된다. 이러한 노인의식구조의 변화는 다양한 상품을 요구할 것이며 새로운 소비행동을 유발시킬 것이다.

또한 베이비붐 세대의 교육연수는 2000년 기준 평균 12년으로 50세 이상 세대의 평균교육연수인 8년보다 4년이 증가하였다. 이들은 대다수가 고등학교나 대학교를 졸업한 계층으로 노인이 된 이후에도 자기계발을 위한 수요가 있을 뿐만 아니라 여가를 즐기며 자신을 위해 저축한 자산을 사용하려는 경향이 있으므로 실버산업의 수요층은 크게 늘어날 것이다.

〈표 2-4〉 사회환경 변화에 따른 노인의식의 변화

구분	기존의 노년층	현 노년층
신체	병약, 노쇠	건강, 생기
경제	궁핍, 절약, 경제력 약함	가처분소득 증가, 부유
심리(가치관)	보수적, 소극적, 불안, 위축, 희생적, 망설임, 헌신	자주적, 독자적, 개성 증가, 적극적
교육수준	저학력	교육수준 향상(고학력)
변화	변화를 두려워함	변화에 능동적
소비	종속적(저소비)	독립된 소비주체(고소비)
전통	과거 무조건적인 복종 전통적인 부모봉양 가문과 가족 중시	실용적 · 합리적 방법 개인 성공 · 행복의 가치추구
여가	일 우선	여가 우선
가족형태	부양가족	독립가족
구매성향	물리적 상품, 저가격 지향 제품, 오래된 제품 선호	젊음과 친밀성을 추구하는 상품, 건강 · 복지 · 레저 · 관광 등 시간소비상품, 긴급상황에 대한 반응상품 선호

자료: 이의훈, 김숙응(2004). 21세기 시장선점을 위한 실버마케팅.

2. 경제적 환경

1) 노년층의 소득 증대

실버산업이 성장하게 된 경제적 환경은 첫째, 노인의 구매력 증대다. 실버산업은 정부의 의지로만 육성될 수 없고 시장의 수요가 뒷받침되어야 한다. 현실적으로 볼 때 노인인구의 증대로 수요자가 크게 늘어나고 있고, 특히 소득이 있는 노인인구의 비중이 증가하고 있다. 우리나라의 경우 베이비붐 세대인 1955~1963년생이 약 8백만 명인데, 이들이 은퇴하는 2010년대 말부터 본격적인 실버산업 시장이 형성될 것으로 전망된다. 이들은 국민연금에 가입하고 있어 연금급여를 받게 되고, 개인연금 등 사적인 노후 대비를 하고 있는 비중이 높아서 은퇴 후에도 상당한 구매력을 가지게 된다. 따라서 민간수요에 의해 실버시장이 커짐으로써 실버산업이 성장할 수 있는 기반을 갖추게 될 것이다.

우리나라는 1960년대 이래 급격한 경제적 변화를 경험해 왔다. 통계청 자료에 의하면 4인 가족 기준 가구의 월평균 소득은 2003년 295만 원 정도에서 2009년 395만 원 이상으로 높아졌다. 〈표 2-5〉에서 가구의 연령계층별 가계소득 수준을 살펴보면 가구주 연령이 60세 이상인 경우 2013년 현재 월평균 269만 원의 소득이 발생하고 있음을 알 수 있다. 통계자료의 한계로 인해 이전 기간과 직접 통계데이터로 비교할 수는 없지만 분명 노년층의 소득이 1980~1990년대에 비해

〈표 2-5〉 가구주 연령별 월평균 가계소득 수준 (단위: 천 원)

연도 \ 구분	전체평균	39세 이하	40~49세	50~59세	60세 이상
2003	2,631	2,632	2,844	2,803	1,814
2008	3,390	3,491	3,703	3,792	2,179
2013	4,162	4,310	4,686	4,623	2,692

자료: 통계청(각 연도). 가계동향조사.

증가한 것으로 볼 수 있다. 물론 아직 소득이 충분히 높거나 증가 속도가 빠르다고는 할 수 없지만 앞으로 노년층의 소득은 계속 증가할 것으로 예상된다.

2) 노후준비에 대한 인식 확대

중장년층에서 노후생활을 미리 준비해야 한다는 인식이 확산되면서 현재 비노년층은 각종 연금제도나 예금 · 적금제도 등을 이용하여 노후대비를 하는 비율이 증가하고 있다.

〈표 2-6〉을 보면 19세 이상 인구 중 노후를 준비하는 비율은 2013년 72.9%에 이르고 있다. 준비 방법도 2005년 이후 예금 · 적금, 사적연금, 부동산 등 개인적 차원의 비중은 다소 줄어들고 공적제도인 국민연금의 비중은 점차 증가하고 있다. 2013년도에 국민연금의 비중이 2011년에 비해 감소하고 예금 · 적금의 비중이 증가한 것은 소득수준의 향상에 따라 국민연금에 추가하여 개인적으로 노후준비를 하는 경향이 늘어났다고 볼 수 있다.

〈표 2-6〉 노후준비 여부 및 준비 방법 (단위: %)

연도 \ 구분	준비 여부		준비 방법						
	준비하고 있음	준비하고 있지않음	국민 연금	기타공적 연금	사적 연금	퇴직 급여	예금 · 적금	부동산 운용	기타*
2005	63.5	36.5	35.9	9.4	20.2	4.3	22.8	6.6	0.8
2007	72.7	27.3	41.1	8.0	16.2	3.8	23.1	6.9	1.0
2009	75.3	24.7	42.6	7.5	17.8	3.9	21.0	6.1	1.1
2011	75.8	24.2	55.2	7.2	13.5	2.5	15.2	5.3	1.0
2013	72.9	27.1	52.5	7.8	11.3	4.6	17.4	5.3	1.0

주: 2005년은 15세 이상 가구주에 대한 조사임
2007년, 2009년은 18세 이상 가구주에 대한 조사임
2011년, 2013년은 19세 이상 가구주에 대한 조사임
* '주식, 채권 등' 포함
자료: 통계청(각 연도). 사회조사보고서.

65세 이상 노년층에서 노후를 준비하고 있는 비율을 〈표 2-7〉에서 보면 2005년 34.7%에서 2013년 44.9%로 꾸준하게 증가하고 있다. 그러나 준비 방법에서는 큰 변화가 나타나고 있는데, 예금 · 적금의 비율이 크게 줄어든 반면 국민연금의 비중은 크게 증가하였고 기타 공적연금의 비중도 2007년을 제외하면 일정한 수준을 유지하고 있다. 이를 통해 노년층이 안정적인 연금제도를 중심으로 노후를 체계적으로 준비해 가고 있음을 알 수 있다.

〈표 2-7〉 노인(65세 이상)의 노후준비 여부 및 준비 방법 (단위: %)

구분 / 연도	준비 여부		준비 방법						
	준비하고 있음	준비하고 있지않음	국민 연금	기타 공적 연금	사적 연금	퇴직 급여	예금, 적금	부동산 운용	기타*
2005	34.7	65.3	22.6	12.9	7.1	5.2	34.4	16.4	1.4
2007	42.8	58.6	18.6	16.1	7.9	5.7	32.7	18.4	0.7
2009	42.2	57.8	31.3	11.9	11.1	4.3	25.9	14.2	1.3
2011	44.6	55.4	35.3	11.3	9.9	3.7	23.8	13.8	2.2
2013	44.9	55.1	37.2	12.6	4.9	5.1	23.7	13.9	2.7

* '주식, 채권 등' 포함
자료: 통계청(각 연도). 사회조사보고서.

한편, 〈표 2-8〉에서 60세 이상 노년층 가구의 소득원천을 살펴보면 본인 및 배우자의 소득이 소득원천의 주요 부분이 되고 있으며 자녀와 친척 지원의 비중은 계속 감소하고 있다. 본인 및 배우자 소득의 세부 유형을 살펴보면 근로소득, 사업소득은 2005년 66.1%에서 2011년 50.9%로 감소하였지만 2013년 53.1%로 다시 증가하였다. 이것은 노인들의 근로의욕과 근로기회가 증가하였음을 나타낸다. 반면, 연금 및 퇴직급여의 비중이 2005년 14.6%에서 2011년 27.6%로 증가한 것은 공적연금이 정착되고 있음을 의미한다. 연금 및 퇴직급여의 비중이 2013년 24.9%로 다시 감소한 것은 일하는 노인이 증가한 것 때문으로 보인다.

〈표 2-8〉 노년층(60세 이상) 가구의 생활비 마련 방법 (단위: %)

구분 / 연도	소득원천				본인 및 배우자 부담 세부유형[2]			
	본인 및 배우자 부담[1]	자녀 또는 친척 지원	정부 및 사회 단체	기타	근로소득, 사업소득	재산소득	연금, 퇴직급여	예금/적금
2005	59.1	36.2	4.5	0.2	66.1	11.5	14.6	7.8
2007	61.3	34.1	4.4	0.1	65.0	11.3	16.2	7.5
2009	60.0	31.4	8.6	0.1	56.2	13.3	24.5	6.1
2011	60.1	32.0	7.7	0.2	50.9	12.4	27.6	9.1
2013년	63.6	28.8	7.6	0.1	53.1	12.2	24.9	9.9

주: 2)는 1)을 자세히 세분하여 설명하는 내용임
자료: 통계청(각 연도). 사회조사보고서.

3) 노년층의 경제활동 증가

한 나라 인구의 경제활동은 15세 이상 인구 중에서 경제활동인구와 비경제활동인구로 구분한다. 경제활동인구는 4주간의 구직기간 동안 구직활동을 한 자로서 취업할 의사가 있는 사람이다. 경제활동인구는 경제활동을 하고 있거나(취업자) 현재 취업은 되지 않았지만 취업할 의사가 있는 사람(실업자)을 가리킨다. 비경제활동인구는 전업주부, 군인, 학생 등 경제활동을 할 의사가 없는 사람을 말한다.

노인들은 통상적으로 경제활동을 할 의사가 없는 비경제활동인구로 간주되었지만 노년층의 경제활동 참가는 꾸준히 늘고 있는 추세다. 60세 이상 노년층의 경제활동인구는 1980년 72만 명, 경제활동참가율[1]은 28.3%에 그쳤지만 2014년에는 355만 명 39.7%로 크게 증가하였다.

취업자 수도 1980년 72만 명에서 2014년 349만 명으로, 고용률[2] 역시 1980년 28.1%에서 2014년 39.0%로 눈에 띄게 증가하였다. 일할 의사가 있는 노인의 증

1) 경제활동참가율 = 경제활동인구/(경제활동인구 + 비경제활동인구) × 100
2) 고용률 = 취업자 수/(경제활동인구 + 비경제활동인구) × 100

가로 실업률[3)]은 1980년 0.6%에서 2014년 1.8%로 증가하였다. 그러나 60세 이상 노인의 실업률은 다른 연령층에 비해 매우 낮은 수준이며 실업자 수는 2014년 65천 명에 불과하기 때문에 구직활동을 하는 노인들의 대부분이 취업한다고 볼 수 있다.[4)]

그러나 구직활동을 할 의사는 있지만 노인의 취업이 어려워서 실제로는 구직활동 자체를 포기하는 실망실업자가 상당 부분 존재할 수 있기 때문에 노인일자리 창출과 노인의 근로의욕 고취는 매우 필요하다.

노년층의 경제활동과 취업은 경기의 변화에 매우 민감하게 변하는 경향이 있지만 꾸준하게 증가추세를 보이고 있음은 분명하다. 따라서 향후 사회가 더 고령화되고 교육수준이 높은 신노년층이 증가하게 되면 노년층의 경제활동 참가는 더욱 가속화될 것으로 예상된다.

〈표 2-9〉 60세 이상 노년층의 경제활동 현황 (단위 : 천 명, %)

항목 \ 연도	1980	1985	1990	1995	2000	2005	2010	2014
경제활동인구	720	882	1,282	1,611	1,989	2,410	2,803	3,554
비경제활동인구	1,826	2,130	2,318	2,537	3,224	4,050	4,807	5,400
경제활동참가율	28.3	29.3	35.6	38.8	38.2	37.4	36.8	39.7
취업자 수	716	879	1,277	1,604	1,963	2,381	2,737	3,489
실업자 수	4	3	5	7	26	29	67	65
실업률	0.6	0.3	0.4	0.4	1.3	1.2	2.4	1.8
고용률	28.1	29.2	35.5	38.7	37.7	36.9	36.0	39.0

주: 2000년부터 4주간의 구직기간을 기준으로 구직활동 여부에 따라 경제활동인구를 조사한 통계를 발표하고 있음. 그러나 이 표에서는 시계열의 일치를 위해 1주간의 구직기간을 기준으로 한 통계를 사용하였음

자료: 통계청(2014). 경제활동인구조사.

3) 실업률 = (실업자 수/경제활동인구) × 100 = 실업자 수/(취업자 수 + 실업자 수) × 100

4) 참고로 2014년 20~29세 청년 실업률은 8.1%, 실업자 수는 319천 명이다.

3. 기술 환경

1) 노년층의 필요를 충족시키는 IT기술의 발전

IT의 급속한 발달로 전 세계는 혁명적인 변화를 겪고 있다. 인간은 고령화가 진행되면 더 이상 젊었을 때의 상태와는 같지 않으며, 여러 측면에서 변화가 생기게 된다. 이러한 변화는 새로운 욕구를 발생시키는데, 발전하는 IT는 이 새로운 욕구를 충족시키기 위한 하나의 대안으로 제시될 수 있다. IT기술을 이용하여 고령화에 따라 발생하는 욕구를 충족시키기 위해서는 신체적 · 심리적 · 사회적 변화에 따른 지원방법을 구분하여 생각해 볼 수 있다.

'노인 돌보미 로봇' 개발 열기... 노령화사회 구세주?

영국 하트퍼드셔 대학의 연구팀이 '케어오봇 3' (Care-O-bot 3)라는 노인 돌보미 로봇을 공개했다. 영국, 프랑스, 네덜란드 등 유럽 5개국 합동 연구 결과인 케어오봇 3는 480만 유로(약 60억 원) 이 투입된 연구의 결과물로 작년에 프로토타입이 공개되었다.

'ACCOMPANY' (Acceptable Robotics Companions for Ageing Years)라는 명칭의 이 연구는 인간의 행동을 이해하고 예측하여 인간을 도울 수 있는 인공 지능 로봇의 개발을 목표로 하고 있다. 즉, 인간의 감정과 행동을 보고 난 후 어떤 행동을 할 지 스스로 반응할 수 있는 인공 지능 로봇이다.

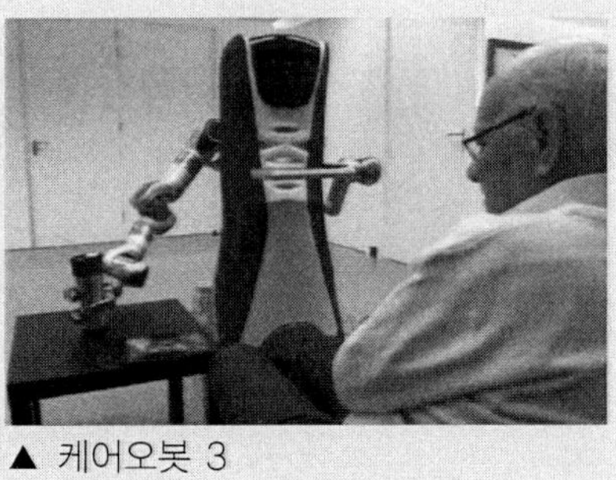

▲ 케어오봇 3

영국에서 진행된 테스트에서 케어오봇 3는 물 컵에 물을 따라서 가져오기도 하고, 꽃병을 가져온 다음 물을 가져오는 다소 복잡한 행동도 할 수 있을 만큼 진보했다. 실제 가정을 본뜬 모의 환경에서 사람의 움직임을 방해하지 않도록 길을 비켜서기도 하고, 사람이 움직이는 방향으로 몸을 돌려 도움이 필요한 주인을 쫓아가는 일도 가능하다.

기본적으로 이 로봇은 거동이 불편한 노인들을 위해서 여러 가지 사물을 가져오는 기능을 한다. 예를 들어, 연장을 가져오거나 물 컵에 물을 담아 올 수 있다. 하지만 케어오봇 3의 재주는 이것만이 아니다. 케어오봇 3의 앞쪽에는 태블릿 PC 같은 디스플레이가 달려 있는데, 이를 이용해서 음악과 영상을 틀어주는 등 무료한 노인에게 즐거움을 주는 서비스도 가능하다.

가족들이나 노인 돌보미 서비스를 제공하는 측에서 이 로봇은 노인들을 관찰하고 어떤 도움이 필요한지 확인하는 역할도 겸할 수 있다. 예를 들어, 돌보미 서비스를 받는 노인이 잘 지내고 있는지 그리고 어디에 있는지를 확인하는 것이다.

사실 노인 돌보미 로봇 개발은 일본, 미국, 유럽 등지에서 활발하게 진행 중이다. 물론 인간이 하는 일을 완벽하게 대체할 만한 로봇을 개발하는 것은 아직은 먼 미래의 이야기다. 로봇이 모든 집안일도 다 해 주고, 거동이 불편한 노인에게 필요한 모든 서비스를 다 해 주는 것은 현재 기술로는 가능하지 않다. 하지만 미래 스마트 홈 환경에서 가정용 로봇의 역할은 지금보다 훨씬 커질 가능성이 높다. 특히 미래 초 노령화 시대에는 그 역할이 더 중요해질 것이다.

자료: 나우뉴스, 2015. 2. 9.

(1) 신체 지원

신체적 욕구는 사람들이 노화하면서 가장 기본적으로 생겨나는 욕구이며, 이러한 욕구를 지원할 기술의 대표적인 예로 보행보조 로봇을 들 수 있다. 이 로봇은 현재 개발은 되었으나 아직 상용화되지는 못하고 있다.

기술이 발달하지 않으면 모든 케어는 사람이 담당해야 하는데, 이렇게 하려면 높은 인건비, 인력 부족 등으로 인한 문제가 발생하게 된다. IT의 발전은 이러한 욕구를 보다 적은 비용으로 해결할 수 있게 하므로 소비자에게 더 큰 만족을 제공할 수 있다. 예를 들면, 보행보조 등 단순한 활동의 지원뿐만 아니라 주기적인 건강 체크, 약물남용 방지를 위한 약 조절, 약 복용 시간 알림 등 건강 유지를 위한 도움도 가능하다. 건강이 좋지 않은 단독가구노인을 위한 모니터링 역시 신체 지원에 많은 역할을 할 것이다. 더 나아가 다양한 의료 및 정보서비스를 시간이나 장소에 관계없이 지속적으로 지원하는 의료서비스 환경인 U-Health가 큰 역할을 담당할 것으로 기대된다.

(2) 정서 지원

노인들은 신체적인 변화뿐만 아니라 심리적 · 사회적 요인의 변화에 따라 폐쇄적이 되고 내향성이 증가하는 경향이 있다. 또한 은퇴나 배우자 또는 친구의 죽음 등으로 인해 사회적으로 고립감을 느끼게 되므로 정서적으로 안정을 찾기 위한 욕구가 발생하게 된다. 이러한 정서적 상실감 역시 IT를 이용하여 충족시킬 수 있다. 예컨대, 애완용 로봇처럼 호감 가는 외형을 지닌 로봇은 노인들에게 정서적 욕구의 새로운 해결방안으로 제시될 수 있다. 또한 가족과 떨어져 사는 노인들을 위한 화상 전화나 모니터링 서비스 역시 좋은 예가 된다.

(3) 여가활동 및 정보 지원

노년층은 시간은 많은데 경제적 여유가 없거나 정보가 부족하여 여가활동을 즐기지 못하는 경우가 많다. 경제적 욕구는 IT로 해결하는 것이 불가능하지만 정보획득처럼 삶의 질 향상을 위한 욕구는 IT를 통해 충분히 해결할 수 있다.

노년층이 정보획득에 어려움을 느끼는 이유는 많은 정보 가운데 자신이 원하는 정보를 찾을 수 없거나, 정보를 찾을 능력은 있지만 자신에게 꼭 맞는 정보가 없기 때문이다. 따라서 IT가 발전하면 노년층이 보다 쉽게 IT 기기들을 사용할 수 있게 되므로 정보획득 능력을 높일 수 있다. 뿐만 아니라 노년층의 라이프스타일, 취미, 선호도 등을 보다 쉽게 파악하게 되면 노년층을 위한 IT 콘텐츠를 개발하거나 일대일의 고객맞춤형 정보제공(여행지, 영화, 골프장 등의 장소 정보 등)도 가능해질 것이다.

카 찍어 페이스북 올리는 '실버서퍼' 뜬다

요즘 어르신은 골방에서도 와이파이(무선인터넷)로 뉴스 검색하고, 모바일뱅킹으로 자녀가 보낸 용돈 확인하며 소셜미디어(SNS)로 친구들과 수다 한판을 벌인다.

이른바 '실버 서퍼(Silver surfer, 인터넷을 즐기는 노인)' 가 IT기업의 새로운 성장 동력으로 급부상하고 있다.

영국 일간 파이낸셜타임스(FT)는 시간과 돈이 있는 부유한 베이비부머 세대를 겨냥한 애플리케이션, 기기가 출현하기 시작했다고 보도했다. 영국 방송통신규제기관 오프컴에 따르면 '실버서퍼' 가 소셜네트워킹 산업의 성장을 사실상 주도하고 있다. 영국인 55~64세 연령대에서 인터넷 사용 인구는 2011년 4분의 1에서 현재 3분의 1로 비중이 늘었다. '55~64세' 그룹의 온라인뱅킹 이용은 2005년과 비교해 2배로 증가했다.

딜로이트 조사에선 이 연령대의 5분의 1이 모바일뱅킹 앱을 이용하는 것으로 나타났다. 오프컴에 따르면 이 연령대의 3분의 1이 매주 뉴스 웹사이트에 접속하며, 55세 이상은 젊은 세대보다 더 많이 전자책(eBook)을 즐기는 것으로 조사됐다. 또한 4분의 1 이상은 넷플릭스 같은 온라인동영상 서비스를 이용하고 있었다.

베이비부머 세대 10명 중 9명 이상이 '셀피(셀카)' 의 의미를 알고 있으며, 약 3분의 1이 셀카를 찍어본 경험이 있다고 답했다.

기업들은 노년층 소비자를 발빠르게 끌어들이고 있다.

스웨덴의 시니어용 스마트폰 제조사 도로(Doro)는 스마트폰, 태블릿, 컴퓨터 등의 자판 크기를 키우고 기능을 단순화시킨 제품을 출시해 호응을 얻고 있다. 이 회사 관계자는 "노년층이 기술을 습득하는 속도는 점차 빨라지고 있다. 지난 2년 사이 훨씬 빨라졌다"며 작년 회사의 판매가 70% 늘었다고 소개했다.

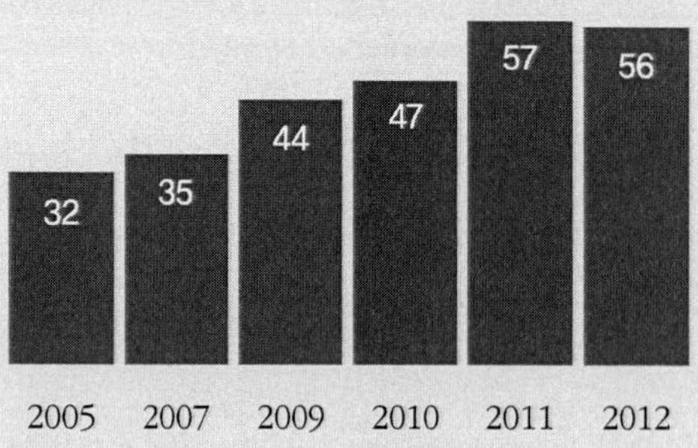

〈영국 65~74세 노인의 인터넷접속 인구 비율〉
자료: 오프컴, FT

어르신 커뮤니티 사이트인 실버서퍼닷컴(silversurfers.com)은 지난해 말 서비스를 개시한 이후 한 달에 방문자 수가 25만 명을 넘었다. 이 사이트 마틴 록 대표는 "50대 이상이 인구의 절반, 부의 80%를 차지하고 있

> 는데, 이들을 위한 브랜드는 잘 없다. 이제 시작이다"고 말했다.
>
> '노인의 나라' 일본에선 후지츠가 긴급호출 버튼, 발신자 목소리 크기 줄이기 등의 기능을 갖춘 전화를 판매 중이다.
>
> 휴대전화 긴급호출 같은 노인 건강과 관련한 모바일 기술인 이른바 'm-헬스' 시장은 2020년에 전세계적으로 234억 달러에 달할 것으로 전망된다.
>
> 자료: 헤럴드 경제(2014. 10. 21.).

(4) 사회활동 지원

노화가 진행되면 노년층은 쇼핑, 은행업무 등과 같이 일상생활을 유지하기 위한 사회활동을 수행하는 데 제약을 느낄 수 있다. 사회활동 지원은 이러한 일상생활을 유지하기 어려워짐에 따라 발생하는 욕구를 외출하지 않고도 이전과 다름없이 유지할 수 있도록 도와주는 것이다.

사회활동과 관련된 욕구를 충족시키기 위해서는 우선 노년층의 IT 기기의 사용 편의성을 높여 주어야 한다. 즉, 노인들이 IT 기기들을 보다 편리하게 사용할 수 있게 되면 외출하지 않고도 필요한 업무를 모두 처리할 수 있게 된다. 가령 쇼핑을 하러 가는 데 어려움이 있다면 쌍방향 의사소통이 가능한 디지털 TV를 통해 필요한 제품을 쉽게 구입할 수 있을 것이다. 또한 노년층은 직접 은행을 가지 않고도 일을 처리할 수 있는 모바일 뱅킹의 장점을 알면서도 이용률이 현저히 낮은 편이다. 그러므로 IT를 활용하여 모바일 뱅킹의 이용 편의성을 향상시키면 노년층이 보다 유용하게 활용할 수 있을 것이다.

(5) 보안 지원

혼자 사는 노인 수가 늘어나고 심리적 불안감이 상대적으로 상승하면서 보안의 중요성이 점차 커지고 있다. IT를 활용하면 취약한 노인들에게 보안서비스를 보다 효율적으로 제공할 수 있다. 대표적인 예로는 도둑 잡는 로봇이 있다. 이 로

〈표 2-10〉 고령화로 인해 발생하는 욕구의 분석

욕구	세부 설명
신체 지원	• 생리적 · 육체적 노화가 나타나면서 신체적 기능이 퇴화하게 되며 이에 따른 불편함으로부터 발생
정서 지원	• 은퇴, 배우자나 친구의 죽음, 내향성 증가 등 사회적으로 고립감을 느끼게 되면서 발생
여가활동 및 정보 지원	• 시간적 여유가 생기고 향상된 삶의 질을 원하면서 발생 • 활동 반경의 축소 등으로 사회적 접촉과 정보 소스가 줄어들면서 발생
사회활동 지원	• 쇼핑, 모바일 뱅킹 등 일상생활 유지를 위한 활동의 보조가 필요하면서 발생
보안 지원	• 불안감 상승과 독거노인의 증가로 인해 발생

봇은 현재 정부에서 시범서비스 중인 URC 모델[5] 중 하나로, 로봇 자체에 두뇌 기능을 넣는 독립형 로봇과 달리 외부 서버에 핵심기능을 두고 인터넷망에 연결되기 때문에 보다 저렴한 가격으로 이용할 수 있다는 장점이 있다. 뿐만 아니라 홈네트워크 기술을 이용한 보안서비스 역시 도난과 같은 범죄에 신속히 대처할 수 있다.

2) 첨단융합기술의 발전

노인을 위한 각종 전문적인 서비스가 필요하다고 해도 기술적인 발전이 뒷받침되지 않으면 산업화가 될 수 없다. 예전에는 아이디어가 있어도 실현할 수 없었던 제품과 서비스가 기술 발전으로 인해 거의 모든 분야에서 가능하게 되었다. 더 나아가 과거에는 생각지도 못했던 새로운 제품들이 개발되어 노년층 소비자의 생활을 빠르게 변화시키고 있다.

이러한 과학기술의 역할은 노년층의 수요를 충족시키기 위해 더욱 강조될 전망이다. 왜냐하면 노년층의 수요를 사람에 의해 제공되는 서비스만으로 충족시

5) URC: Ubiquitous Robotic Companion, IT 기반 지능형 서비스 로봇의 새로운 패러다임으로, 언제 어디서나 나와 함께 있으며, 나에게 필요한 서비스를 제공하는 로봇을 말한다.

키기가 어려워지고 있기 때문이다. 특히 가까이에서 직접 서비스를 제공하는 것 이외에 위치 확인, 안전 확인, 의료서비스 등 원거리에서 제공되는 서비스가 점차 요구되고 있는데, 정보기술(Information Technology: IT) 및 관련 기술들이 융·복합되어 이러한 문제를 해결해 줄 수 있을 것으로 기대된다.

현재 IT는 보다 진화된 의료, 케어, 웰빙서비스를 위해 네트워크, 하드웨어, 소프트웨어 측면에서 역할을 수행하고 있다. 더불어 바이오기술(Biological Technology: BT), 나노기술(Nano Technology: NT), 로봇기술(Robot Technology: RT) 등과 같은 첨단기술들이 독립적으로 혹은 IT와의 융합을 통해 새로운 서비스를 제공하고 있다. 예를 들어, 로봇기술은 의료서비스와 케어서비스를 제공하는 역할을 수행하는 데 이용할 수 있다. 수술용 로봇을 포함한 의료용 로봇은 더욱 정확하고 세밀한 진단 및 치료서비스를 가능하게 하고 있으며, 간병로봇, 청소로봇 등이 개발되어 일상생활 내에서 사용자의 신체적·정서적 어려움을 해결하는 데 도움을 줄 것이다.

한편, 바이오기술 역시 의료서비스와 케어서비스에 적극 활용될 수 있다. 예를 들면, 줄기세포 기술 등을 의료서비스에 활용하거나 바이오셔츠와 같이 바이오기술을 사용자의 생체 측정에 사용하는 것 등이다. 바이오기술에 의해 의료

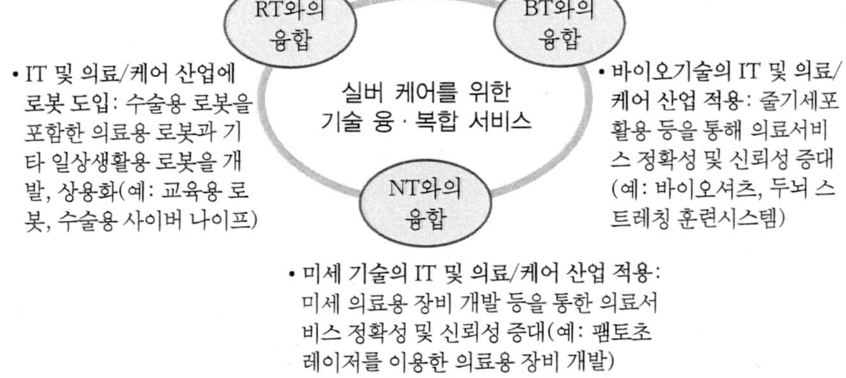

[그림 2-1] 기술 간 융합에 의한 신규 케어서비스 창출

및 케어서비스의 정확성과 신뢰성은 효과적으로 증대될 것이다. 나노기술은 미세한 사항도 정확하게 파악해야 하는 의료 분야와 결합함으로써 미세 의료용 장비 개발 등을 통해 좀 더 정확하고 신뢰성 높은 의료서비스 제공을 가능하게 할 것이다.

이렇게 로봇기술, 바이오기술 및 나노기술과 같은 첨단기술이 융 · 복합되어 실버산업의 의료 및 케어 분야에 적용되면서, 기존의 IT와의 결합만으로는 제공되지 못했던 새로운 서비스를 가능하게 하고 있다. 이렇게 되면 지금보다 새롭고 가치 있는 서비스 제공이 용이해질 것이므로 이러한 서비스를 사용하는 노인들의 수용성과 만족도도 높아질 것이다.

3) 유비쿼터스 기술의 발전

유비쿼터스(Ubiquitous)란 시간과 장소, 컴퓨터나 네트워크 여건에 구애받지 않고 자유롭게 네트워크에 접속할 수 있는 IT 환경 또는 그 패러다임을 말한다. 이는 미국 제록스 팰러앨토연구소(Palo Alto Research Center: PARC)에서 유비쿼터스 컴퓨팅을 차세대 컴퓨터 비전으로 제시하면서 알려졌다. 유비쿼터스 컴퓨팅이란 모든 사물에 컴퓨터 칩을 내장하여 상호 의사소통을 통해 보이지 않는 생활환경까지 최적화하는 인간 중심의 컴퓨팅환경을 의미한다. 유비쿼터스가 실현되려면 가전제품 · 가구 · 자동차 등 모든 일상적인 사물에 적용할 수 있는 IT · NT · BT의 고도화가 전제되어야 한다. 진정한 유비쿼터스는 현재 개발되는 모든 첨단기술이 결합되는 최종 단계에서 구현된다고 할 수 있다.

실버산업에서 유비쿼터스 기술이 가장 활발하게 적용되고 있는 분야는 U-Health라 불리는 의료케어 분야다. U-Health 서비스는 단순한 정보통신 서비스가 아니라 의료, 케어, NT, RT 등의 타 분야가 상호 융합된 서비스다. 이는 수요자에게 언제 어디서나 지속적으로 건강관리를 해 주면서, 비용 절감, 시간 절약 등 보다 고도화된 가치를 제공함으로써 새로운 성장동력으로 자리매김하

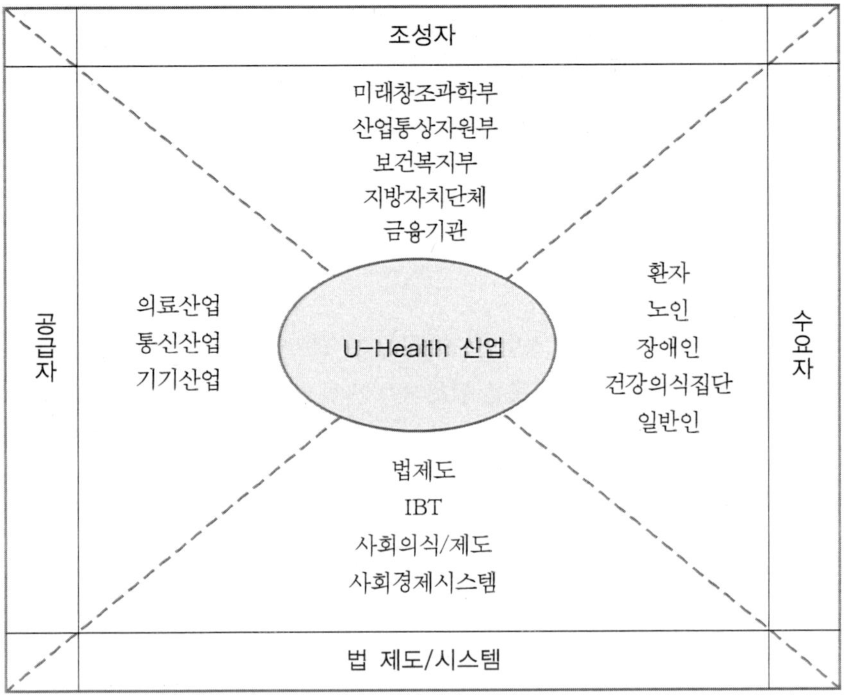

[그림 2-2] U-Health 서비스 참여자

자료: 한국정보통신대학교 산학협력단(2007). U-Health 서비스 시장분석 및 가치체계(Value Chain) 연구.

게 될 것이라는 기대를 불러일으키고 있다.

U-Health 서비스산업은 [그림 2-2]와 같이 크게 수요자, 조성자, 공급자, 법 제도 및 시스템으로 구성되며, 사업 구성자는 여러 분야에서 참여하게 된다. 공급자의 경우 의료산업, 통신산업, 기기산업 등을 포함하며, 조성자의 경우는 산업통상자원부, 보건복지부, 금융기관 등 성격이 다른 주체가 참여하게 된다.

이처럼 여러 분야가 참여하는 것은 기술융합(컨버전스, convergence) 산업의 특성 때문이다. 기술이 점차 발전하고 소비자의 욕구가 복합적으로 나타나면서, 기술 간, 제품 간, 기업 간 혹은 사업 간의 컨버전스는 새로운 트렌드로 떠오르고 있다. 또한 과거에 단순하게 정보통신산업 내에서 이루어졌던 것과 달리, 최근에는 정보통신과 전혀 관계가 없는 타 산업과 정보통신산업의 융합 현상이 나타나고 있다.

U-Health를 제공하기 위한 기술은 종래의 의료 관련 기술을 네트워킹하며, 전문 의료서비스 영역이 정보통신 기술과 접목되어 홈헬스케어와 같은 일상적인 건강관리서비스를 제공하는 수준으로 발전하고 있다. 의료 관련 서비스를 제공하기 위해서는 생체신호 분석 프레임워크, 의료정보 및 원격의료 서비스 플랫폼, 환자 정보관리 진단처리 기술 등 높은 정확도의 신기술 개발이 요구되는 반면, 케어 관련 서비스 제공을 위해서는 센서 모니터링, 위치 추적 등과 같은 현재 타 분야의 서비스에서 상대적으로 널리 사용되고 있는 기술이 필요하다. 현재 가장 활발하게 진행되고 있는 분야는 생체계측 분야로, 생체 신호 검출, 자동 진단, 인체 정보처리, 원격 · 재택 진료처럼 높은 기술력과 정확도가 요구되는 분야다.

현재 제공 중인 U-Health 서비스는 기업이 주도하는 민간 분야와 정부가 주도하는 공공 분야 서비스로 나눌 수 있다. 민간 분야 서비스의 주된 유형에는 크게 홈헬스케어, 응급상황 관리 등이 있고, 공공 분야의 대표적인 서비스로는 보건소와 연계한 저소득층의 건강 · 안전 관리 등을 들 수 있다.

원격진료, 고령화시대 선택 아닌 필수

IT발달 · 스마트폰 대중화로 진료에 차질 없어

최근 IT(정보기술)의 발달, 스마트폰 등 IT기기의 대중화, 고령화에 따른 의사 부족 심화 등이 맞물리면서 원격진료의 비용은 낮아지고, 필요는 높아져 관련 산업이 주목받고 있다.

미국 반도체업체 인텔 등 세계적 기업들은 원격진료시장의 확대를 예견하고 과감한 연구 · 개발과 다각적 사업을 추진한다. 인텔은 2005년 전담 사업부를 두고 병원전산화, 재택진료 등 시범서비스 사업에 뛰어들었으며 인터넷포털 구글은 개인의 질환사항, 투약현황 등 의료기록을 인터넷사이트에서 직접 열람하고 편집해 병원 및 약국에서 확인 가능하도록 했다. 미국 가전제품업체

필립스는 2006년에 반도체 사업 부문을 팔고 노인환자들을 위한 맞춤형건강관리서비스를 시작했다. 마이크로소프트는 진료 정보, 처방전, 검사 결과 등 의료정보를 검색할 수 있는 공유시스템을 구축했다.

시장 선점 위해 기업들은 '기술개발 중'

기업들은 원격진료시장 진출을 위한 선점 싸움이 치열하다. 원격진료와 직간접적으로 관련 있는 기업들이 원격진료에 바탕이 되는 U헬스(Ubiquitous Health)의 특허출원에 공을 들이고 있다. 이것은 원격진료 기술개발에 상당한 투자를 하고 있다는 방증이다.

U헬스는 언제 어디서나 자유롭게 통신망에 접촉할 수 있는 유비쿼터스기술과 의료기술이 융합된 의료서비스 분야를 말한다. 이 분야 특허출원은 최근 5년간 연평균 17%의 증가율을 보이며 매년 300건 이상씩 출원되는 등 성장세를 구가하고 있다.

삼성전자, SK텔레콤, LG전자 등은 이미 오래전부터 원격진료에 필요한 단말기와 프로그램 등을 개발해놓고 원격진료 법안의 통과를 기다리고 있는 상태다.

서울대병원, 삼성서울병원, 서울성모병원, 연세의료원 등도 대부분 SK텔레콤, 삼성전자, KT 등과 공동으로 합작회사를 세우는 등 원격진료에 중요한 시스템을 이미 구축해놓은 상태다.

서울대병원은 KT 본사 의무실, 서울대 관악캠퍼스 보건진료소를 대상으로 원격진료를 했으며 일반인들도 컴퓨터에 연결된 원격청진기, 혈압계, 피부확대경 등으로 검사받는 등 기술적인 부분은 완성됐고 실행만 남았다.

삼성서울병원도 삼성전자와 '모바일병원'을 구축하고 서비스를 제공하고 있다. 서울성모병원도 2010년 U헬스의 상용화 형태인 '평화유헬스'를 설립했으며 맞춤형 당뇨관리 사이트 등 원격진료와 관련된 시스템을 보유하고 있다.

연세의료원은 KT와 합작회사 '후헬스케어'를 만들어 의료IT를 활용한 맞춤형 건강관리 서비스로 질병을 막고 환자가 언제 어디서나 치료받을 수 있는 종합건강관리 서비스를 수립했지만 법으로 문제되지 않는 부분만 제한적으로 서비스를 제공한다.

자료: 월간마이더스(2014. 4. 16.).

제3장 노년기의 이해

노화(aging)란 눈이 침침해지고 흰머리가 늘어가는 것과 같은 신체적 · 생리적 기능의 변화뿐만 아니라, 인간의 성격특성이나 행동에 있어서의 변화, 사회적 역할과 사회적 관계에서 나타나는 변화까지도 포함하는 포괄적인 개념이다. 이 장에서는 노년기에 접어든 인간의 변화특성을 생물학적 · 심리적 · 사회적 측면에서 고찰하여 노년기에 대한 이해를 높인다.

1. 노년기의 생물학적 변화

1) 노년기의 생물학적 노화

(1) 신체적 · 생리적 노화

① 피부

나이가 들면 피부의 탄력성을 유지해 주는 조직들이 쇠퇴하여, 피부는 점점 주름이 늘고 메마르며 탄력이 감소하는 것은 물론, 건조해지고 창백해지며 모세혈관이 팽창하게 된다. 또한 피하조직의 손실과 함께 냉온 감각기관이라고 불리는 피부신경 세포 수의 감소로 인해 체온을 일정하게 유지할 수 있는 능력이 감퇴된다. 뿐만 아니라 신체적 노화과정으로 갈색 반점이 생겨나고, 얇아진 세포와 혈관이 더 느리게 회복되기 때문에 상처의 치유도 예전보다 더디게 진행된다(Kermis, 1984).

② 근골격

나이가 들면 척추 사이에 있는 연골조직들이 얇아지면서 척추가 굽고 압축된다. 이로 인해 목과 등이 굽어지며 신장이 약간 줄어들게 된다. 또한 뼈 속의 칼슘이 고갈됨에 따라 뼈의 무게가 가벼워지고 밀도도 낮아져서 골다공증이 생기며, 이로 인해 골절의 위험이 높아진다. 근육의 최고 능력은 25~30세에 나타나며, 이를 정점으로 근육 수축의 속도나 근력이 점차 감소하여 근육의 지탱력도 감소한다. 체중은 남성은 40대 중반, 여성은 50대 중반을 정점으로 감소한다.

③ 소화기능

소화기 계통의 기능 역시 연령이 증가하면서 변화한다. 소화기능은 침, 소화

효소, 위액과 같은 소화액의 생성 감소와 치아기능의 저하로 감퇴된다. 또한 입, 위, 장과 같은 소화기 계통의 내용물을 아래쪽으로 밀어 주는 수축활동인 연동활동이 약화되면서 많은 노인은 변비를 경험하기도 한다.

④ 호흡기능

나이가 들면서 호흡기 계통의 기능은 현저히 감퇴한다. 한 번의 호흡으로 들이마시고 내쉴 수 있는 폐활량은 연령에 따라 감소하는데, 이것은 늑골근육의 약화와 폐의 탄력성 감소에 기인하며, 이러한 변화로 인해 기관지질환과 같은 호흡기질환의 감염이 일어나게 되고, 장시간의 신체적 활동을 유지하는 능력이 감퇴되며, 쉽게 피로를 느낀다.

⑤ 혈액순환

혈액은 산소와 영양분을 신체의 각 조직에 보내고 배설할 노폐물을 운반한다. 혈액순환은 50세 이후부터 둔화되어 노년기에는 심장박동의 리듬이 느려지고 불규칙해지며 동맥경화증의 발생위험이 높아진다. 이는 혈관의 세포 내에 지방질이 침착하여 혈관의 탄력이 떨어지고 혈전이 생기는 등 동맥이 좁아져 혈액순환을 방해하게 되는 질환으로, 동맥경화 현상이 심해지면 혈액이 조직말단까지 충분히 도달하지 않아 영양공급이 불량해지므로 세포기능이 저하된다. 혈압이 높아질 경우 혈관수축이 제대로 이루어지지 않아 뇌출혈 발생 위험이 높아지게 된다. 또한 연령에 따른 동맥의 변화는 뇌의 혈액공급에 영향을 미칠 수 있으며, 뇌의 구조적 손상을 영구적으로 가져올 수도 있다.

⑥ 비뇨기계통

신장은 소변을 만들어 배설함으로써 혈액 속의 불필요하거나 과잉된 물질을 제거하며, 삼투압을 조절하는 중요한 역할을 담당한다. 연령이 증가함에 따라 신장의 기능은 저하되어 정상적으로 소변에서 배설되는 물질의 제거율이 감소한다. 또한 요관 및 방광 등의 약화로 소변 정체나 요석, 방광염 등이 발생할 위험이 커진다. 80대 노인의 신장 여과율은 신장을 통한 실제 혈액 유출량과 함께 20대 청년의 절반 정도가 된다(김태현, 2007).

노인들에게는 배뇨현상이 자주 나타나는데, 이는 남자의 경우 주요 요인이 전립선의 비대 때문으로 보이며, 55세 이상 남자의 3/4이 이런 증상에 시달린다(Harris & Cole, 1985). 분만 경험이 있는 중년 또는 노년기 여성은 요실금을 경험하는 경우가 많은데, 기침이나 재채기를 할 때나 크게 웃을 때, 줄넘기를 할 때 주로 나타나며, 심한 경우 걸을 때도 증상이 나타난다. 이로 인해 노인들은 외출을 삼가는 등 사회적 활동에 제한을 받게 되고, 통제력의 상실로 인해 당혹감과 상실감 같은 정서적인 문제를 경험하기도 한다.

(2) 감각기관의 노화

① 시각

시력 감퇴는 노년기에 접어들면서 경험하게 되는 가장 두드러진 변화 중 하나다. 일반적으로 40세 이후부터 수정체는 탄력성을 잃어 조절 물체의 초점을 맞추기 힘들어져 원시로 이행된다. 그 결과 많은 노인은 가까이에 있는 물체를 잘 볼 수 없어 돋보기를 사용하게 된다.

백내장은 수정체가 차양으로 가려져 시각이 흐려지는 상태를 말하는데, 연령이 증가함에 따라 수정체의 섬유질이 점점 억눌리고 투명도가 줄어들어 나타나는 현상이다. 연령 증가에 따른 황화현상도 수정체의 투명도를 더욱 떨어뜨리는 작용을 한다.

노년기에 들어서면 동공이 점점 작아지고 그 결과 동공을 통과하는 빛의 양이 적어지므로, 노인들이 거주하는 곳은 조명을 더 밝게 유지해야 한다. 또한 노인들은 밝은 곳에서 어두운 곳으로 이동했을 때의 시각 순응이나 빛이 눈에 들어왔을 때의 회복에도 시간이 걸린다. 예를 들면, 노인들은 해 질 녘이나 야간에 물체가 잘 보이지 않고, 운전 시 마주 오는 자동차의 전조등 불빛을 보면 앞이 잘 보이지 않는 상태가 길게 지속되어 심신의 부담이 커지게 된다.

② 청각

청각기능도 나이가 들면서 점차 쇠퇴해진다. 노인들의 청력감퇴의 원인은 고막의 탄력성이 줄어들기 때문이다. 일반적인 현상으로는 음에 대한 감도가 떨어질 뿐만 아니라, 음의 높낮이를 변별하는 능력도 감퇴되며, 특히 높은 음을 들을 수 있는 능력이 떨어지게 된다. 또한 주위에 잡음이 있는 경우 목표로 하는 음을 식별하는 능력도 떨어진다.

노인들이 일상적인 대화에서 같은 말을 반복해서 되묻는 빈도가 높아지는 것은 청력이 저하되기 때문이다. 따라서 노인과 대화할 때는 빠르거나 높은 소리로 말하는 것은 피하는 것이 좋다.

③ 미각과 후각

나이가 들면서 시력과 청력뿐만 아니라 미각과 후각도 쇠퇴한다. 노인들은 맛봉오리의 수가 줄어들어 기본적인 미각의 식별능력이 감소된다. 하지만 나이가 들면서 맛이 더 강하고 더 시고 덜 단것을 선호하는 미각이 발달한다. 한편, 노인들은 미각이 쇠퇴함에 따라 자연히 미각에 따른 후각기능도 쇠퇴하여 젊은이들보다 냄새를 예민하게 감지하지 못한다.

2) 노년기의 만성질환

노년기에 가장 일반적인 질환은 관절염, 고혈압, 심장질환, 청력장애, 백내장 등이다. 노인들은 갖가지 만성질환에 시달리는 경우가 많은데, 노년기에는 질병이나 부상으로 인한 자각 증세로 인해 통원치료를 받는 사람의 비율이 다른 연령층에 비해 압도적으로 높다.

만성질환 유병률은 노년기에 들어서면서 현저히 높아지게 된다. 2014년도 노인실태조사에 따르면, 65세 이상 노인 중 89.2%는 의사로부터 진단받은 질병을 한 개 이상 가지고 있으며, 만성질환의 수는 평균 2.6개라고 응답하였다. 의사진단 유병률은 노인이 3개월 이상 앓고 있다고 보고한 만성질환 중 고혈압이 56.7%로 가장 높다. 이어서 골관절염 및 류머티즘 관절염(33.4%), 당뇨병(22.6%), 요통 및 좌골신경통(21.1%), 고지혈증(19.6%), 골다공증(14.0%), 백내장(8.7%), 협심증 및 심근경색증(6.8%), 위 · 십이지장 궤양(6.4%) 등의 순서를 보인다. 성별 분포를 보면, 남녀 모두 가장 높은 유병률을 보인 고혈압은 여성(60.26%)이 남성(51.9%)보다 높았으며, 두 번째로 많은 질환인 관절염 역시 여성(44.5%)이 남성(17.9%)보다 높은 것으로 나타났다. 이 외에도 당뇨병, 요통 및 좌골신경통, 골다공증, 고지혈증, 협심증 및 심근경색증, 위 · 십이지장 궤양, 백내장, 천식, 녹내

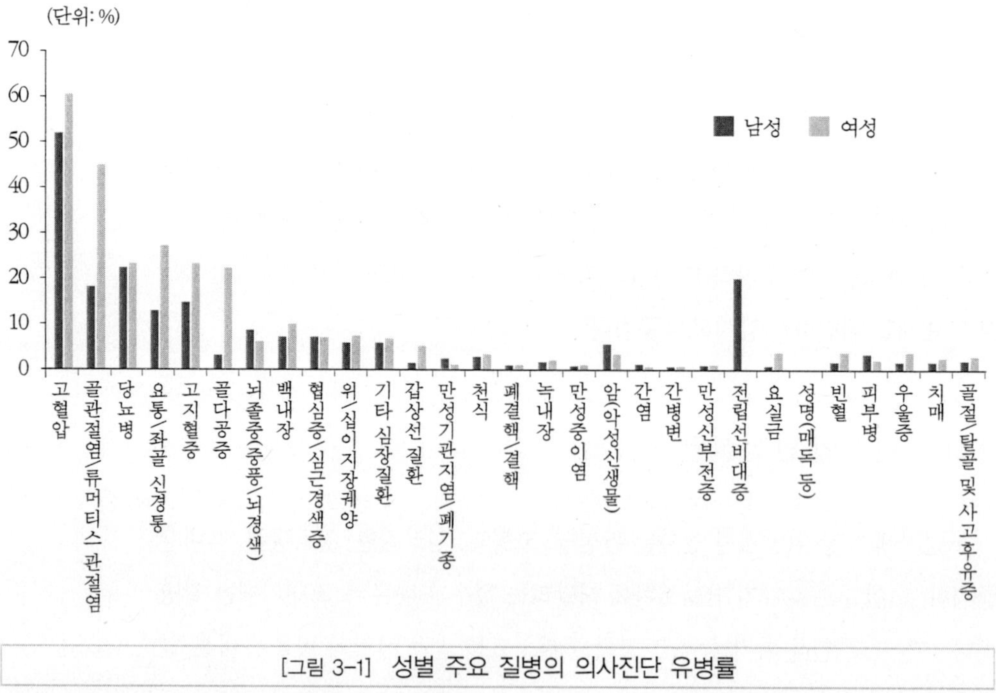

[그림 3-1] 성별 주요 질병의 의사진단 유병률

자료: 한국보건사회연구원(2014). 2014년도 노인실태조사.

장, 우울증, 치매 등의 경우 여성의 유병률이 높았으며, 뇌졸중, 만성기관지염 및 폐기종, 악성신생물, 간염, 간경변, 피부병에서는 남성의 유병률이 더 높았다(한국보건사회연구원, 2014; [그림 3-1] 참조).

또한 75세 이상의 후기 노인에게 특히 많이 발견되는 질병은 노인성치매, 요실금, 넘어지기, 저영양 상태, 욕창 등이 있다. 이러한 질환이나 병세를 통칭하여 노년증후군(geriatric syndrome)이라 부른다. 노년기 질환은 장기간에 걸쳐 지속되며 궁극적으로 노인의 삶의 질을 저하시키므로 조기 발견과 적절한 조치를 통해 질병의 진행을 완화시키거나 방지해야 한다.

3) 신체적 의존성

건강한 상태는 대체로 질병이 없는 정상의 상태를 뜻한다. 이와 같은 건강 대 질병의 이분법을 노인에게 적용하면, 만성질환을 경험하는 대부분의 노인은 질병의 범주에 속하게 되어 건강한 노인은 극소수에 지나지 않게 된다. 하지만 질병을 가진 노인이라도, 많은 이는 일상생활을 영위하는 데 별 지장이 없다.

따라서 질병의 유무와는 별도로, 일상생활에서 노인이 불편함을 경험하는지의 여부, 이를테면 신체적 의존성에 따라 건강의 정도를 평가하고 측정하는 것이 노인을 이해하는 데 중요하다. 이를 평가하기 위해서는 주로 기본적인 일상생활을 독립적으로 수행할 수 있는지의 여부를 기본적 일상생활수행능력(Activities of Daily Living: ADL)을 통해 측정해 볼 수 있다. ADL 수준을 측정하는 척도 중 폭넓게 사용되는 것으로는 카츠 등(Katz, Ford, Moskowitz, Jackson, & Jaffe, 1963)의 ADL 지표(Index of ADL)가 있다. 이 지표에서는 식사, 목욕, 화장실 사용, 이동, 취침/기상 등 노인의 기본적인 일상생활의 수행능력을 측정하며, 이를 통해 개인의 기본적인 신변관리 능력을 파악하고 다른 사람의 도움이 필요한 정도를 평가한다.

한편, 노인의 신체적 의존성을 평가하기 위한 지표로 ADL과 함께 가장 많이 쓰이는 지표가 수단적 일상생활능력(Instrumental Activities of Daily Living: IADL)이다. 일반적으로 ADL이 일상생활을 영위함에 있어서 필요한 최소한도의 신체적 능력이라면, IADL은 지역사회에서 자립생활을 하는 데 필요한 능력이며 ADL보다 고차원의 수행능력이라고 할 수 있다. IADL은 주로 전화 사용, 세탁, 교통편을 이용한 외출, 금전관리, 쇼핑, 식사 준비, 집안일, 약 복용 등의 항목으로 평가된다(Lawton & Brody, 1969).

2. 노년기의 심리적 변화

1) 노년기의 지적 능력

(1) 지능

지금까지 많은 학자가 지능의 구조에 관한 이론을 제시해 왔다. 그중 캐텔(Cattell, 1963)이 제시한 연구모형은 연령 증가에 따른 지능변화를 파악하는 데 가장 적절하다. 이 모형에 의하면 지적 능력은 유동성 지능(fluid intelligence)과 결정성 지능(crystallized intelligence)이라는 상이한 두 가지 지능 영역으로 구분된다. 유동성 지능은 생물학적으로 결정되는 지능이며 학습이나 경험과는 관계없는 일반적인 정신능력을 말한다. 유동성 지능은 주로 공간지각, 지각속도와 같은 비언어적 검사에 의해 측정된다. 한편, 결정성 지능은 과거의 학습경험에 의해 획득된 판단력과 습관을 말한다. 어휘력, 일반상식, 단어 연상, 사회적 상황이나 갈등에 대한 반응으로 결정성 지능을 측정한다(Horn, 1982).

지금까지 사람들은 지능이 연령 증가에 따라 저하한다고 생각해 왔다. 그러나 혼과 캐텔(Horn & Cattell, 1966)은 유동성 지능은 신체의 생리적 기능과 마찬가지로 20세를 정점으로 저하되지만, 결정성 지능은 노년기에도 그대로 유지되거나 오히려 증가한다고 보았다. 또한 샤이에와 발테스(Schaie & Baltes, 1977)도 유동성

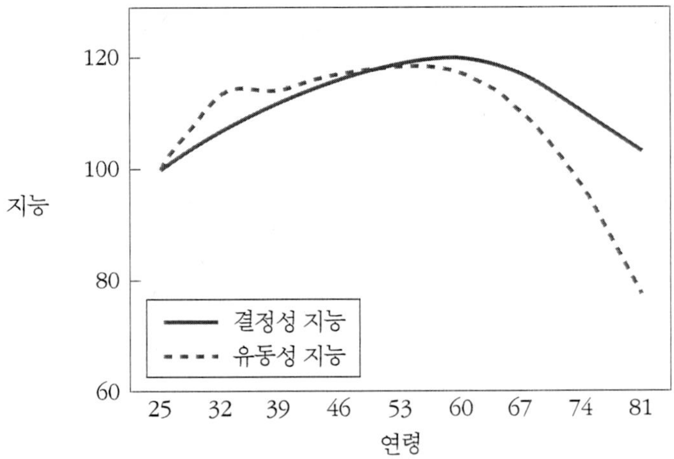

[그림 3-2] 결정성-유동성 지능의 발달곡선

자료: Schaie, K. W. (1980). *Intelligence and problem solving.*

지능은 쇠퇴하지만 결정성 지능은 노년기에도 유지 혹은 증가한다고 주장하면서 노년기에서의 지혜와 같은 새로운 능력이 출현함을 강조하였다. 지혜는 인생에 대한 통찰력과 어려운 인생문제에 대한 대처능력을 제공해 준다. 이렇듯 연령 증가에 따른 지능의 쇠퇴는 지능의 종류에 따라 변화의 정도를 달리하므로, 나이가 들면 지능이 저하된다고 일률적으로 주장할 수는 없다.

(2) 기억

노인이 되면 기억력이 나빠졌다고 호소하는 경우가 많아진다. 따라서 일반적으로 연령 증가에 따라 기억력은 감퇴한다고 생각한다. 학문적으로도 연령 증가와 기억력의 변화에 관한 많은 연구가 행해져 왔다. 예를 들면, 한 종단연구에서는 노인들에게 기억력과 관련된 경험을 일기에 적도록 하였다. 노인들은 사람들의 이름, 약속 시간, 사물이나 장소 등에 관하여 자신이 잊어버린 것을 기록하였고, 이에 대해 좌절감을 많이 느끼는 것으로 나타났다(Cavanaugh, Grady, & Perlmutter, 1983). 그러나 앞서 기술한 지능에도 그 질적 차이에 따라 여러 측면이 있듯이 기억 또한 다면적인 측면을 가진다.

기억의 과정, 즉 외부에서 들어온 정보를 우리의 기억 속에 담았다가 나중에 필요할 때 회상하는 과정은 크게 부호화과정, 저장과정, 인출과정의 세 가지로 구분할 수 있다. 우선 부호화과정에서는 환경 속의 여러 가지 자극을 우리가 기억할 수 있도록 시각, 청각, 촉각 등의 방법으로 부호화한다. 두 번째 저장과정에서는 부호화된 자극재료를 감각기억(sensory memory) → 단기기억(short-term memory) → 장기기억(long-term memory) 순서로 저장하게 된다. 마지막 단계인 인출과정에서는 저장된 정보를 자유회상, 재인 혹은 단서를 이용하여 회상하게 된다. 연령 증가와 기억의 세 과정과의 관계를 살펴보면 다음과 같다.

① 부호화과정

정보 부호화에서 가장 중요한 점은 기억재료를 얼마나 효율적으로 조직하는가다. 기억재료를 적절히 정리해 두면 나중에 그 정보를 찾는 일이 수월해진다. 여러 연구결과에 의하면, 노인들은 젊은이에 비해 기억재료의 정보를 효율적으로 조직하지 못하는 것으로 나타났다(Craik & Jennings, 1992). 가령 일정한 수준의 학습에 도달하는 데 젊은이가 10번 시도해야 한다면 노인은 15번을 시도해야 한다. 이러한 연구결과는 고령일수록 기억재료를 효율적으로 부호화하지 못하며, 적절하게 부호화하려면 젊은이보다 더 많은 연습이 필요하다는 것을 의미한다(윤진, 1998).

② 저장과정

저장과정은 다시 감각기억, 단기기억, 장기기억의 세 단계로 나뉜다. 감각기억은 감각기관을 통해 정보가 입수되어 매우 짧은 시간 동안 저장되었다가 단기기억으로 옮겨 간다. 그중 시각기억은 연령에 따라 차이가 거의 없는 것으로 알려져 있으며, 청각기억에 관한 연구는 없는 실정이다(Hooyman & Kiyak, 2008). 단기기억은 장기기억의 이전 단계로서 많은 연구에서는 단기기억 용량은 연령에 따라 차이가 별로 없다고 밝히고 있지만, 최근의 연구에서는 노인들은 단기기억에서 기억하는 숫자나 단어 등의 자료가 젊은이보다 다소 적은 것으로 보고되고 있다(Craik & Jennings, 1992). 마지막 단계인 장기기억은 연령 증가에 따라 쇠퇴한다(Poon, 1985).

③ 인출과정

기억의 세 번째 과정인 인출과정에서는 연령 증가에 따른 차이가 보고되었다(Craik & Jennings, 1992). 인출과정에서는 예전의 기억을 힌트 없이 상기하는 회상(recall)과 예전의 기억과 동일한지 아닌지를 확인하는 재인(recognition)이 있는데, 회상능력의 경우는 나이가 들수록 저하되지만, 재인능력이 저하되는 것은 보고되지 않았다(Hooyman & Kiyak, 2007). 예를 들어, 노인들에게 일련의 단어를 제시하고 학습하게 한 다음, 잠시 후 그 리스트에 어떤 특정 단어가 있었는지를 물어보면 잘 알아맞히지만, 그 리스트에 있던 단어들을 가능한 한 많이 말해 보라고 하면 잘 맞히지 못한다(Labouvie-Vief & Schell, 1982). 이러한 결과는 노인들이 예전 경험에 대해 알기는 하지만 빨리 그것을 기억해 내지 못할 뿐이고, 만약 힌트를 주게 되면 기억해 낼 수 있음을 시사한다.

2) 노년기의 성격특성

(1) 성격의 안정성

성격은 특질, 태도, 가치, 동기, 습관 등과 같은 여러 요인으로 구성된다. 이 중 개인의 행동을 상황의 변화에 관계없이 일관성 있게 유지해 주며, 개개인을 구별하는 요인은 성격의 가장 기본 단위인 특질(trait)이다(김애순, 2002). 이를테면 내향적 혹은 외향적, 수동적 혹은 적극적, 부정적 혹은 긍정적 특성들은 나이가 들어도 개인 내에서 대체로 안정적으로 유지된다.

맥크레와 코스타(McCrae & Costa, 1984, 1990)는 종단연구를 통해 성격의 안정성에 관한 주장을 뒷받침하였다. 그들은 특질이 신경성, 외향성, 개방성, 친교성, 신중성의 다섯 가지 차원으로 구성된다고 보았으며, 이러한 특질들이 연령 증가에 따라 어떻게 변화되는지를 연구하였다. 그 결과 대부분의 특질은 연령 증가에 관계없이 대체로 안정적으로 나타났다.

지금까지 성격의 안정성 혹은 변화적 측면을 연구해 온 종단연구들은 한 세대를 여러 시점에서 추적하는 방식을 취했지만, 최근에는 폭넓은 연령층(20대부터 80대까지)의 성인들을 대상으로 자기보고식 척도를 사용하여 성격특성의 종단연구를 실시하려는 경향이 있다(Costa et al., 1986). 이들 연구에서는 대체로 성격특성의 변화는 적게 나타났지만, 이에 비해 성격특성의 세대 차이와 남녀 차이는 큰 것으로 나타났다. 성격은 30세 이후에는 잘 변하지 않는다고 보거나, 성격은 인생의 전반부보다 후반부에 오히려 더 안정적이라는 주장도 있다(Finn, 1986).

(2) 성격의 발달적 변화

에릭슨(Erikson, 1959)은 출생에서부터 죽음에 이르기까지의 인간의 전 생애를 새로운 성장의 가능성을 가진 단계의 연속으로 보았고, 전 생애에 걸쳐 여덟 가지의 심리사회적 발달단계가 있다고 보았다(〈표 3-1〉 참조). 또한 각 발달단계의 진행에서 발생하는 위기를 잘 극복하면 긍정적 결과가 나타나고, 그렇지 못하면 부정적 결과가 초래된다고 보았다.

심리사회발달의 마지막 단계인 노년기는 신체적 노쇠, 직업에서의 은퇴, 배우자나 친한 친구의 죽음 등으로 인해 인생에 대한 무력감을 느끼는 생의 마지막 단계다. 에릭슨에 의하면 이 시기의 중요한 발달과제와 위기는 통합 대 절망이며, 성공적인 발달과제 수행은 신체적 · 사회적 퇴보를 어떻게 받아들이는가에 달려 있다. 이 단계에서 자아통합을 이룬 사람은 자신의 일생에 대해 의미와 가치를 부여하여 인생을 그대로 인정하고 받아들이며 생에 대한 통찰과 관조로써 유한성과 다가올 죽음까지 수용한다. 자아통합을 이루지 못하고 자신의 지나온 삶이 무의미한 것이었다고 느끼는 사람은 절망감과 죽음에 대한 공포감을 드러낸다.

〈표 3-1〉 에릭슨의 심리사회발달 8단계

심리사회단계	연령	발달과제
기본적 신뢰감 대 불신감	출생~1세	부모를 통해 세상은 안전한 곳이라는 신뢰감을 구축
자율성 대 수치감과 회의	1~3세	독립된 인간으로서의 인식을 확립
주도성 대 죄책감	3~6세	새로운 것을 시도하고 실패를 처리할 수 있는 능력을 계발
근면성 대 열등감	6세~사춘기 전	기술을 익히고 다른 사람과 함께 일하는 것을 배우기
정체감 대 정체감 혼란	사춘기	통합된 정체감과 자기 개념을 확립
친밀 대 고립	성인 초기	친밀한 관계를 다른 사람과 공유하기
생산성 대 침체성	성인 중기	자녀양육 또는 다른 생산적 일을 통해 다음 세대에게 기여하기
통합 대 절망	노년기	자신의 인생을 가치 있는 삶으로 의미부여하고 인생을 관조하는 것

자료: Hooyman, N. R., & Kiyak, H. A. (2007). *Social gerontology: A multidisciplinary perspective.*

(3) 노년기의 일반적 성격특성

① 내향성 및 수동성의 증가

노년기에는 사회 속에서 자신의 역할이 줄어들며, 사회적 활동이 감소함에 따라 자신만의 세계에 흥미를 느끼고, 사물의 판단과 활동 방향을 외부보다는 내부로 돌리는 경향이 강해진다. 청년기, 장년기는 사회나 가정에서 성취할 일이 많은 시기이며, 이러한 일들을 잘 수행하기 위해서는 심리적 에너지가 외부로 많이 향하게 되고, 자신의 내부에서 일어나는 심리적 변화나 내면세계에 대해서는 비교적 관심을 덜 갖게 된다. 이에 비해 노년기에는 지금까지 외부로 향했던 심리적 에너지가 내면의 세계로 향하게 되면서 내향성(interiority)이 증가된다.

또한 노년기에는 내향성 증가와 더불어 수동성(passivity)이 증가한다. 노인들은 신체 및 인지 능력의 감퇴와 더불어 자아상이 달라지고 업무처리에서는 무사하게 지나가려는 경향을 띠며(Neugarten, 1968), 문제해결에 능동적으로 대처하지 않고 새로운 일에 도전하려는 경향이 줄어든다.

② 조심성 및 경직성의 증가

노인이 될수록 조심성이 증가하는 편이다. 그 이유는 몇 가지 이론적 관점으로 설명할 수 있다. 첫째는 노인 스스로의 의지로서 정확성을 더욱 중시하게 되므로 조심성이 증가한다는 것이다. 둘째는 연령 증가에 따라 시각이나 청각 등 감각능력이 감퇴함으로 인해 조심스러워진다는 것이다. 셋째는 결정에 대한 자신감이 감퇴하므로 상황에 대한 확실성이 높아야만 어떤 결정을 내리거나 반응을 보이게 된다는 것이다. 어느 이론을 택하더라도 노인들이 젊은이보다 조심성이 많음을 알 수 있다. 이러한 경향은 노인이 자신의 가치를 유지하고자 하는 동기에서 유발된 것일 수 있으며, 노인의 자아를 보전하는 적응적 메커니즘을 나타낼 수 있으므로 긍정적으로 보아야 한다는 시각도 있다(Reedy, 1983).

한편, 노인들은 조심성이 증가함에 따라 어떤 태도나 의견, 또는 문제해결 방법이나 행동이 좋지 않음에도 불구하고 예전의 방식을 고수하려는 행동 경향인 경직성도 증가하는 경우가 많다. 따라서 노인들은 새로운 일을 시작하거나 문제해결의 장면에서 주저하게 되고 새로운 지식의 흡수를 위해 옛것을 과감히 버리지 못하는 보수적인 경향을 나타낸다.

③ 우울증 경향의 증가

노인들은 노년기 전반에 걸쳐 우울증 경향이 증가한다. 이는 노인의 대부분이 겪는 배우자와 친한 친구의 죽음, 신체적 질병, 사회와 가족으로부터의 고립, 일상생활에 대한 자기 통제 불능 등의 상실 경험, 고독과 소외감 등으로 인한 스트레스와 관련이 있는 것으로 보인다. 우울증은 불면증이나 식욕저하, 두통, 체중감소, 강박관념, 증오심 등의 구체적인 증상을 유발한다. 그러나 노인이라도 개인의 적응능력 수준에 따라 우울 정도가 다르거나 전혀 나타나지 않는 경우도 많다.

④ 성역할의 변화

대부분의 문화권에서는 자율성, 경쟁심, 독립성, 공격성, 자기 주장성 등은 남성적인 특성으로 간주하며, 이와 반대로 친밀성, 수동성, 의존성, 관계지향성, 타협성 등은 여성적인 특성으로 간주한다. 청 · 장년기에는 자신의 성에 맞도록 사회화된 행동을 하게 되므로 남녀 간의 성차가 많이 나게 된다.

그러나 노인이 되면 지금까지 자신의 성에 적합한 것으로 간주되지 않았던 행동특징을 더 많이 표현하게 된다. 즉, 나이가 들면서 남자는 자신의 내부에 있던 여성성이 출현하여 친밀성, 관계지향성, 수동성이 증가하는 반면, 여성은 내부의 남성성이 출현하여 공격적, 독립적, 자기주장적이 되면서 전통적 성역할에 대한 지각이 변화한다.

벰(Bem, 1974)은 전통적인 남성성과 여성성의 특징을 함께 지니는 양성성(兩性性)이야말로 복잡한 현대사회에서 가장 적응적인 특성이라고 주장하면서 노년기의 양성화는 노년의 적응 및 삶의 질과 밀접한 관련이 있다고 하였다. 자녀들이 출가하고 은퇴한 이후에는 부부관계에서 성역할 변화가 일어나는데, 이때 양성화된 사람들은 역할 변화에 더 유연하게 대처할 수 있다.

(4) 노년기의 성격유형

① 라이카드의 분류

라이카드 등(Reichard, Livson, & Peterson, 1962)은 55~84세의 은퇴한 남성 87명을 대상으로 은퇴 후의 성격 및 적응유형을 조사하였다. 그들에 따르면 노년기의 성공적인 적응을 예측하는 가장 중요한 요인 중 하나는 성격특성이며, 성격적응 유형은 다섯 가지로 분류된다(〈표 3-2〉 참조).

이들 중 성숙형, 방어형, 은둔형은 노년기에 잘 적응하고 있는 유형이며, 분노형과 자학형은 부적응적인 유형이다. 이때 방어형은 지금까지의 활동적인 생활을 유지할 수 있을 때까지는 적응적이지만, 노화에 대해 자각하게 되면 부적응

〈표 3-2〉 라이카드의 노년기 성격유형

성격유형	내용
성숙형	지나온 과거에 대한 후회 없이 자신을 현실 그대로 받아들이며, 미래에 대해서도 건설적이다. 은퇴 후에도 적극적인 사회참가를 통해 취미를 즐기며, 인간관계에서도 만족도가 높다. 이 유형의 노인들은 자아통합을 원만하게 수행할 수 있다.
방어형	노화에 대한 불안에 대처하기 위해 사회적 활동이나 기능을 계속 유지하는 유형이다. 일에 대한 책임감이 강하고 업무수행에도 필사적이다.
은둔형	타인의존적, 수동적, 소극적 자세로 현재의 상황을 받아들인다. 은퇴 후 과거의 힘든 일이나 복잡한 대인관계에서 벗어나 마음 편히 지내는 것에 만족한다.
분노형	지금까지 인생에서의 실패 등에 대해 분노하며, 실패의 원인을 자신보다는 불행한 시대와 사회, 부모나 형제 등 다른 데로 돌림으로써 남을 질책하는 등 자신이 늙어 가는 것에 대해 타협하지 않는다.
자학형	인생에서 자신의 불행이나 실패에 대해 후회하며 그 원인이 자신에게 있다고 여긴다. 일에 대한 관심이나 의욕이 낮고 수동적이다. 타인에 대한 관심도 적고 고립되어 있으며 우울증이 있다.

자료: Reichard, S., Livson, F., & Peterson, P. (1962). *Aging and Personality: A study of 87 older men.*

적이 될 수도 있다.

② 뉴가튼의 분류

뉴가튼(Neugarten, 1968)은 약 7년간에 걸친 조사연구를 통해 노년기에 나타나는 일반적인 성격적응 유형과 그와 관련하여 나타나는 역할 정도 및 생활만족도의 세 가지 차원을 동시에 연관시켰다. 이를 통해 노년기의 성격적응 유형 네 가지와 노화의 양식 여덟 가지를 재구성자형, 초점형, 유리형, 지속형, 위축형, 구원요청형, 무감각형, 조직와해형의 유형으로 제시하였다(〈표 3-3〉 참조).

〈표 3-3〉 뉴가튼의 노년기 성격유형, 사회적 역할활동, 생활만족도와의 관계

성격유형과 특성				역할 활동	생활 만족도
통합형	인생을 수용하고 유능한 자아를 소유하고 있으며 통제를 유지한다. 융통성 있고 성숙한 사람이다.	① 재구성자형	많은 활동에 종사하면서 하나의 역할을 잃으면 새로운 활동을 찾아내는 경쟁적인 사람들이다.	높다	높다
		② 초점형	자신의 여러 역할들 중 선별하여 한두 개 활동에만 집중한다.	중간	높다
		③ 유리형	자기 자신에게 몰두하고 스스로 사회적 관계로부터 유리된다.	낮다	높다
무장 방어형	노화에 대한 근심을 많이 갖고 있으며 불안에 대해 철저하게 방어하고 충동을 엄격하게 통제한다.	④ 지속형	나이 듦을 두려워하며 가능한 한 중년기의 특성을 유지하기 위해 바쁜 생활을 계속한다.	높거나 중간	높다
		⑤ 위축형	능력상실과 노화의 위협에 사로잡혀 있으며 에너지를 축소시켜 회피하려고 노력한다.	낮거나 중간	높거나 중간
수동적 의존형	강한 의존욕구를 지니고 타인으로부터 반응을 구한다. 가족이나 친척에게 심리적으로 의존한다.	⑥ 구원요청형	정서적 지지를 받기 위해 타인에게 의존한다.	높거나 중간	높거나 중간
		⑦ 무감각형	인생을 수동적으로 살아온 사람으로 무관심하게 지낸다.	낮다	중간이거나 낮다
비통합형	인지적 결함을 가지고 있으며 모든 것을 감정적으로 처리한다.	⑧ 조직와해형	사고력이 퇴화되고 정서통제가 불가능하다.	낮다	중간이거나 낮다

자료: 김태현(2007). 노년학.

3. 노년기의 사회적 변화

1) 사회적 노화와 관련된 이론

(1) 활동이론

활동이론에 따르면 노인은 생물학적으로 불가피한 생리 변화와 건강의 쇠퇴를 제외하면, 기본적으로는 중년기 성인과 동일한 심리사회적 요구를 가지고 있다. 노년기를 특징짓는 사회적 상호작용의 감소는 사회가 노인을 버린 탓이며, 노인 스스로가 원해서 감소된 것이 아니라는 것이다.

일반적으로 노인들은 노년기에 접어들면서 직장에서의 은퇴, 배우자나 친척, 친구와의 사별 등을 통해 각종 역할을 상실하며 사회적 관계도 축소된다. 이 이론에서는 개인이 소유하고 있는 역할은 자아개념에 매우 중요하다는 전제하에, 노년기에 사회적 역할 상실 및 사회적 관계의 상실에 직면했을 때 그것을 대체할 수 있는 다른 역할이나 다른 사람을 찾으면 긍정적인 자아개념이 유지되고 생활만족도가 높아진다고 본다.

그러므로 노년기에도 중년기의 특성을 그대로 유지하며 새로이 성취한 역할을 바탕으로 활동적으로 지내는 것을 더 바람직하게 본다. 즉, 성공적 노후를 보내는 노인이란 가능하면 중년기의 활동을 그대로 유지하며, 이를 축소하도록 강요받을 때를 위하여 새로운 대안책을 강구함으로써 자신의 사회세계를 축소시키지 않는 활동적인 사람이다(구자순, 1988).

그러나 활동이론은 모든 노인이 높은 수준의 사회활동을 필요로 하며 그것을 바란다고 가정하기 때문에 노인 개인의 상황이나 활동의 성격에 따라 활동 혹은 활동적인 것에 대한 노인의 욕구가 다를 수 있다는 점을 간과하고 있다. 다시 말해 활동이 공식적인지 비공식적인지에 따라 혹은 개개인의 가치, 생활경험, 인성, 사회적 · 경제적 자원 등에 따라 노인의 사회활동에 대한 욕구가 다르며, 이는 사회활동을 한다고 해서 반드시 생활만족도가 높은 것은 아니라는 것이다.

(2) 분리이론

커밍과 헨리(Cumming & Henry, 1961)가 주창한 분리이론은 사회의 필요와 욕구의 관점에서 노화과정에 접근하고 있다. 분리이론에 따르면 노화에 따른 개인의 쇠퇴와 역할수행기능 약화는 불가피한 과정으로서, 노인의 증가는 사회체계의 기능과 유지에 걸림돌이 된다. 따라서 사람들은 노화와 더불어 사회체계로부터의 '분리'에 관련된 사회적 규범과 가치에 따라 이전 활동으로부터 물러나게 된다(Lynott & Lynott, 1996).

분리이론에서는 이러한 이탈과정이 사회와 노인 모두에게 기능적이라고 주장한다. 즉, 노인의 사회적 분리로 인해 유능한 젊은이들에게 일할 기회가 제공될 수 있으며, 노인들에게는 죽음을 준비할 수 있는 기회가 제공된다는 것이다(Passuth & Bengtson, 1988). 이때 분리는 개인의 의사에 따라 사회로부터 분리되는 개인적 분리(individual disengagement)와 퇴직제도와 같은 사회적 장치에 의해 노인을 분리시키는 사회적 분리(social disengagement)로 구분된다. 개인적 분리의 관점에서는 노인은 노화와 더불어 건강약화와 죽음을 맞이하게 될 확률이 높아지므로 사회적 활동을 감소시킬수록 높은 생활만족도를 갖게 된다고 본다. 사회적 분리의 관점에서는 노인의 사회에 대한 공헌 가능성의 결여, 첨단기술과 지식에 대한 적응능력의 결여 등으로 인해, 노인을 새롭게 교육시키기보다 새로운 지식을 소유한 젊은이들로 교체하는 것이 사회의 기능과 안정을 위해 보다 효율적이라고 본다.

그러나 분리이론은 특히 활동이론을 지지하는 학자들에게 많은 비판을 받았다. 노인들은 강제적인 퇴직명령과 같은 분리경험을 달가워하지 않으며, 퇴직을 장려하는 사회정책들은 결과적으로 고령 노동자들이 가진 노련한 기술과 지식의 상실을 초래하므로 사회적 분리가 반드시 사회에 기능적이라고 볼 수 없다는 것이다. 또한 문화권에 따라서는 노인들이 권위와 권력을 동반하는 새로운 역할을 맡기도 한다고 지적하며, 분리이론이 역사적 · 문화적 영향을 과소평가하고 사회적 분리과정의 보편성과 필요성을 과대평가한 점을 지적하고 있다.

2) 노년기의 가족

(1) 노년기의 가족관계

① 부부관계

배우자는 동반자로서 남은 인생 동안 서로를 지지해 줄 수 있는 중요한 역할을 한다. 결혼생활에서 배우자와 긍정적인 상호작용을 경험하는 사람들은 일상생활에 활력이 넘치고 은퇴에 대한 적응도도 높은 것으로 나타났다.

우리나라는 예전에 노후의 가족관계에서 기혼 자녀와의 동거, 별거가 관심의 초점이 된 반면, 부부문제에는 거의 관심을 두지 않았다(서병숙, 2002). 그러나 자녀동거가구는 갈수록 줄어들고 노인부부가구는 증가하는 추세이므로, 노년기 가정생활의 안정은 부부관계의 질적 측면에 따라 달라질 것으로 보인다. 또한 평균수명의 연장과 자녀 수의 감소로 인해 자녀 독립 후의 기간이 길어지는 등 가족주기도 변화되고 있다. 따라서 노년기에 행복한 가정생활을 누리고 궁극적으로 노년기의 삶의 질을 높이려면 원만한 부부관계를 유지하고 발전시키는 것이 중요한 과제가 되었다.

부부는 자녀가 취직이나 결혼을 하여 독립해 나가면 두 사람만이 남게 되고, 가족주기의 변화로 인해 '빈둥우리(empty nest)' 기간이 연장됨에 따른 변화에 재적응해야 한다. 가족주기의 전환기에서 부부간의 친밀도를 높이고 재결속을 시도하여 긴장을 완화시킴으로써, 이후에 발생하는 역할전환이나 역할변화에 서로 잘 적응하는 것이 노년기의 부부관계를 안정시키는 데 무척 중요하다(김태현, 2007).

노년기에는 여성이 더 독립적이고 자기주장이 강해지는 특성을 지니는데, 이것은 그동안 억눌려 왔던 남성성이 표출되는 것이다. 반면, 남성은 양육적이고 의존적이 되어 여성성을 표출시키기 때문에 각자 양성화되어 가는 경향이 있다. 이와 같은 양성화는 부부관계 적응을 포함하여 노년기의 전반적인 적응에 도움이 된다. 성역할과 정신건강 간의 관계를 살펴본 연구에서는 여성성이 높은 여자 노인들은 생활에 부적응을 보이고 자기비판을 하는 경향이 높았고(Lowenthal, Thurnher, & Chinboga, 1975), 가족 중심적인 경향이 높은 여성은 노년기에 더 많은 문제를 경험하는 데 비해, 양성성이 높은 노인일수록 정신건강이 더 좋은 것으로 나타났다. 또한 신혼 때부터 전통적인 성역할 분담에 익숙해 있던 부부는 남편의 은퇴 후 가사활동 참여 등에서 갈등이 일어날 수 있으므로, 부부가 상호 의존적이고 평등한 관계에서 역할분담을 하는 것이 노년기 부부관계 적응에 보다 긍정적일 수 있다.

노년기 부부는 함께 지내는 시간이 증가하면서 대화시간도 많아지지만, 모든 노부부가 원활한 의사소통을 하지는 않는다. 만족스러운 의사소통을 위해서는 부부간에 공통의 화제가 있어야 하는데, 이를 위해서는 공통의 취미와 관심사를 갖도록 노력해야 한다. 특히 부부 공통의 체험을 갖는 것은 화제를 풍부하게 하므로, 부부가 함께 외출하는 등 행동을 함께하는 반려성(companionship)을 높이는 것이 중요하다(서병숙, 1994). 부부는 오랫동안 서로의 경험을 공유하며 함께 인생의 어려운 난관을 극복하며 살아왔다. 그러므로 부부가 노년기에 조화로운 부부관계를 형성하는 것은 생의 마지막 단계에서 개인의 자아통합이나 삶의 질에 긍정적인 영향을 미치는 요인이 될 수 있다.

② 부모자녀관계

부모자녀관계는 우리나라 가족에서 전통적으로 가장 강한 관계이며, 일생 동안 상호 간에 도움을 주거나 의존하는 역동적인 관계다. 노부모는 경제적인 여유가 있으면 자녀에게 물질적인 도움을 주고 손자 · 손녀를 돌보는 등 도구적인 도움을 제공하는 한편, 자신의 노후부양을 자녀에게 기대하게 된다. 자녀도 마찬가지로 부모와의 관계가 친밀하든 아니든 부모를 만족시켜 줄 의무가 있다고 인지한다(Cicirelli, 1983). 따라서 부모자녀관계는 연속적인 측면에서 호혜적이라 할 수 있다.

이러한 노부모와 성인자녀 간의 원조의 교환이나 결속력에 관한 문제는 최근 사회적 · 학문적으로 관심을 받고 있다. 노부모–성인자녀 간 결속은 크게 양적 측면과 질적 측면으로 구분된다. 양적 측면은 경제적 · 신체적 도움 주고받기, 가족모임이나 일상적 만남, 전화나 편지를 통한 간접적 접촉 등을 포함하는 객관적 결속을 뜻하며, 이러한 객관적 상호작용은 노부모의 심리적 복지에 긍정적인 영향을 미치는 것으로 보고되고 있다(조병은, 1990; 최정혜, 1992). 동시에 상호작용의 양적 측면보다 질적 측면이 더 중요하다는 입장도 있다. 애정과 대화의 상호작용이 노부모와 자녀관계의 질을 높이는 중요한 요인이며, 자녀와의 동거 여부보다는 가족 내 역할과 자녀와의 유대관계가 더 큰 영향을 미친다는 연구 결과(원영희, 1995)는 노부모와 성인자녀의 질적 유대관계의 중요성을 강조하고 있다. 전국적으로 실시된 노인실태조사(한국보건사회연구원, 2011a)에서 노부모와 성인자녀의 관계에 관한 분석 결과를 보면 다음과 같다.

우선 노후 자녀와 부모의 좋은 관계를 위해 중요한 것으로는 '자주 연락하고 방문하는 것(45.7%)' '가까이에 사는 것(15.7%)' '정서적 유대관계(12.6%)' '자녀와 부모가 함께 사는 것(11.8%)' '경제적 도움 주고받기(10.0%)' '도구적 도움 주고받기(1.8%)' '비슷한 가치관(2.3%)' 등의 순으로 나타나, 부모자녀 간 잦은 접촉의 중요성을 높이 인지하고 있음을 알 수 있다. 실제 자녀와 동거하고 있는 노인은 자녀동거를 중요시하는 반면, 자녀와 동거하지 않고 있는 독거가구와 부부가구일수록 자녀와 자주 연락하고 방문하는 것이 중요하다고 답하였다. 교육수준별로는 학력이 높은 경우 자녀와의 동거라는 응답은 낮은 반면, 정서적 유대관계라는 응답률은 높아 교육수준에 따라 자녀와의 관계에서 중요시하는 요소가 다름을 확인할 수 있다. 소득수준별로 살펴보면 소득수준이 높은 노인의 경우 자녀와의 동거와 정서적 유대를 중요시하는 경향이 있으며, 소득수준이 낮은 노인은 경제적인 부양의 교환을 중요시하는 현상이 나타나고 있다.

한편, 2014년도 노인실태조사에 따르면 노부모–성인자녀 간 동거에 관해서 노인들 중 19.1%만이 노후에 자녀와 동거해야 한다는 생각을 표명하고 있었다. 성별로 보면 여성(21.4%)이 남성(15.8%)보다 자녀와의 동거를 더 높이 희망하였다. 또한 65세에서 69세 노인의 경우는 자녀동거 희망 응답률이 13.8%로 낮게 나타난 반면, 85세 이상의 초고령 노인들의 경우는 동 응답률이 38.6%로 높게 나타났다. 즉, 우리나라 노인들은 노인과 자녀들의 가치관 변화 등으로 인해 노인 단독가구가 늘어나는 추세지만, 건강이 약화되고, 경제적 빈곤, 배우자 상실 등의 위기상황에 처하기 쉬운 상황에서는 자녀에게 의존하려는 경향이 더 높아짐을 알 수 있다(한국보건사회연구원, 2014).

또한 노후에 자녀와 동거해야 한다고 생각하는 경우, 동거해야 하는 자녀로는 장남(51.6%), 마음이 맞는 자녀(16.8%), 형편이 되는 자녀(14.7%), 아들(9.9%), 장녀(5.0%), 딸(1.8%)의 순으로, 노후에 자녀와 함께 동거를 희망한다고 응답한 노인 중 많은 수가 장남을 꼽고 있는 것을 알 수 있다. 노인의 제 특성별로 이러한 태도를 비교해 보면, 지역별로는 큰 차이가 없지만 동거하는 경우 장남에 대한 선호가 농어촌지역 노인이 도시지역 노인에 비하여 높다. 따라서 노후의 동거자녀로 여전히 아들에 대한 선호가 강하게 남아 있음을 알 수 있다.

한편, 많은 연구는 병약한 노인을 부양하는 것과 부양 스트레스의 관계에 주목해 왔다. 예를 들어, 송미영과 최경구(2007)가 제시한 치매노인 주부양자의 부양부담에 영향을 미치는 요인은 다음과 같다. 첫째는 사회적 활동의 제한이다. 주부양자는 병약한 노인의 수발로 인해 친구나 이웃 등과의 사회적 관계가 축소되고, 사회참가, 여가생활 등의 사회적 활동이 제한된다. 둘째는 노인과 주부양자 관계의 부정적 변화다. 치매가 진행됨에 따라 상호성에 바탕을 두었던 관계는 일방적 관계로 변화되며, 이러한 역할전환에 따른 관계의 재조정에 어려움을 겪게 되면 역기능적 관계를 형성하게 된다. 셋째는 가족관계의 부정적 변화다. 주부양자 외의 나머지 가족 구성원이 주부양자의 노인에 대한 원조제공에 불만을 제기하거나, 주부양자가 다른 가족 구성원에 비해 부담이 커져 불공평성을 인지함으로써 상호 부정적 감정을 느끼게 된다. 넷째는 심리적 부담이다. 치매노인 주부양자는 부양 역할에 확실한 역할처방이 없으므로 불안이나 죄책감, 무력감 등의 부정적 감정을 경험하게 된다. 다섯째는 재정 및 경제활동상의 부담이다. 주부양자는 치매노인의 수발에 드는 다양한 비용 때문에 재정적 부담을 경험하며, 경제활동에 지장을 받기도 한다. 여섯째는 건강상의 부담이다. 치매노인 가족부양자는 하루 종일 노인을 돌봄으로써 만성적인 피로와 신체적 쇠약 등을 경험하게 된다.

그러나 노부모 부양이 부양자에게 부정적 의미만 주는 것은 아니며 그에 따른 보상도 있다. 노부모와의 관계가 증진되고, 노부모로부터 육아나 가사의 도움을 받는 등 물질적인 도움을 제공받으며, 노화에 대한 지식을 습득하면서 인간적으로 성숙할 수 있는 기회를 얻을 수도 있다.

3) 노년기의 사회적 관계

노인을 둘러싼 사회적 관계는 노인의 생활주기에서 직면하게 되는 여러 위기에 잘 대처하도록 지지해 준다. 노인은 친구나 이웃, 사회활동을 함께하는 지인들과의 관계를 통해 다양한 사회적 지지를 제공받는데, 이를 통해 심리적 · 신체적 안녕을 추구할 수 있다(House, Robbins, & Metzner, 1982). 또한 대인관계를 통해 바깥 세계와 연대를 유지할 수 있으며, 그 결과 역할상실로 인한 정체감의 위기를 극복할 수 있다(박경숙, 2000). 일반적으로 성인기에 왕성한 활동력을 바탕으로 폭넓은 대인관계를 구축한다면, 노년기에는 사회적 관계의 범위가 축소되므로 질적으로 밀도 있는 사회적 관계를 형성하는 것이 중요하다. 여기서는 친구관계와 이웃관계를 중심으로 노년기의 사회적 관계를 살펴보기로 한다.

친구관계는 대체로 같은 생활주기 단계에 있거나 유사한 상황에 처해 있을 때 형성된다. 이러한 친구관계는 서로 의지할 수 있는 상대가 될 수 있으며, 인생의 후반기에 겪게 되는 역할전환의 위기를 원활히 극복할 수 있도록 도와주는 중요한 사회적 관계다. 또한 역사적 경험의 유사성은 노년기에 자아통합을 이루는 데 심리적·정신적 지원체계로서의 역할을 하므로 노년기 친구관계의 유지는 성공적인 노화에 매우 중요하다(김태현, 2007). 따라서 노년기 친구관계에서는 노인들이 성공적으로 새로운 교제를 시작하고, 오래된 친구관계를 잘 유지하며, 친구관계가 가족관계와 균형을 이루고, 노인들이 친구와의 우정에 어떠한 의미부여를 하는지 등의 측면이 중요하게 다뤄진다.

안토누치와 아키야마(Antonucci & Akiyama, 1995)에 의하면, 친구관계는 선택된 임의의 관계이기 때문에 개인의 행복감이나 정신건강에 긍정적인 영향을 미친다. 이를테면 가족은 주어지는 관계이므로 없으면 고독감을 불러일으키지만, 친구는 선택적 관계이므로 존재하면 부가적인 행복감을 제공한다는 것이다. 또한 친구관계에 어떤 문제가 생기더라도 가족보다는 비교적 쉽게 관계를 정리할 수 있으므로 친구관계가 부정적인 감정을 유발하는 이유가 되는 일은 그리 많지 않다. 노인 개인이 보유한 사회적 관계망의 구조를 다양하게 분류하여 비교한 연구에 의하면, 친구가 거의 없는 사회적 관계망을 가진 노인 집단에게서 우울 증상이 가장 높게 나타났으며, 가족과 친구 등 다양한 인간관계를 균형 있게 보유한 노인 집단의 우울 증상이 가장 낮게 나타났다(Fiori, Antonucci, & Cortina, 2006). 이는 노인의 사회적 관계망에서 친구관계가 중요함을 의미하며, 동시에 가족과 친구관계가 균형을 이루는 것이 중요함을 시사하는 결과다.

노년기의 친구관계는 성별에 따라 다르게 나타난다. 일반적으로 여성은 남성보다 더 친밀하고 다양하며 밀도 있는 친구관계를 형성한다(Booth & Hess, 1974). 여성은 전통적으로 가족의 사회적 관계에서 많은 역할을 담당해 왔으며, 친밀한 친구관계를 형성하여 친밀감의 욕구를 충족시키므로, 배우자에게 정서적으로 덜 의존적이다. 따라서 사별이나 이혼 등 배우자 상실의 상황에서 친구관계가 많은 부분을 대체할 수 있다. 이에 비해 남자 노인은 일반적으로 청·장년기까지 친밀한 친구관계를 쌓기보다는 직장 관련의 만남에 더 치중하고 아내에게 정서적 부분을 더 많이 의존하므로 배우자 상실의 위기 시 큰 타격을 입는 경향이 있다.

제2부

실버기업의 경영

제4장

실버산업 공급자로서의 기업

산업은 동종 상품을 생산하고 공급하는 기업군과 이를 수용하고 소비하는 수요자 집단, 그리고 두 집단 간의 교환관계로 구성된다. 따라서 실버산업을 이해하고 경영하기 위해서는 기업, 소비자, 교환을 원활하게 하는 마케팅에 대한 이해가 필요하다.

기업은 시장에 제품이나 서비스를 공급하는 역할을 하며 동시에 신뢰를 통해 소비자에게 안정감, 평안함 등도 함께 제공해야 한다. 이 장에서는 실버기업과 실버기업 경영에 대한 올바른 이해를 도모하기 위해 실버산업 공급자로서의 기업과 기업의 활동을 아우르는 경영이 무엇인가에 대해 살펴본다. 또한 실버시장을 위한 기업의 전략을 살펴봄으로써 기업이 어떻게 실버시장과 실버산업에 접근할 수 있는지를 설명한다.

1. 실버기업의 개념

1) 실버기업의 정의

우리는 뉴스나 신문 등을 통하여 기업이라는 말을 자주 접한다. 그러나 기업이란 무엇인가라는 질문에 대해서는 한마디로 설명하기 어렵다. 그 이유는 기업이라는 용어는 명확한 개념규정이 없이 사용되는 경우가 많기 때문이다. 따라서 어떠한 관점에서 보느냐에 따라 기업을 다르게 정의할 수 있는데, 예를 들어 기업의 활동에 초점을 두면 사람들이 모여 일하는 곳, 제품 또는 서비스를 생산하거나 판매하는 곳 등으로 정의할 수 있다. 추구하는 목표에 초점을 두면 이윤을 내기 위해 노력하는 조직, 매출을 극대화하기 위해 노력하는 조직 등으로 정의할 수 있고, 역할에 초점을 두면 고용기회를 제공하는 조직, 국가경제 발전의 원동력이 되는 조직 등으로 볼 수 있다. 경영학에서도 기업에 대한 정의는 다양하지만, 전술한 예에서 알 수 있듯이 기업을 '하나의 조직'으로 보는 것이 실버산업을 논하고 있는 관점에서 가장 타당하다고 여겨진다. 그러므로 조직이 무엇인가를 이해하는 것이 기업을 이해하기 위한 가장 쉬운 길이다.

조직은 특정한 공동의 목표를 달성하기 위해 체계를 가지고 상호작용하는 사람들의 집합이다. 어떠한 목표를 개인적으로 달성하기 어려운 경우 사람들은 여러 명이 모여 조직을 구성하여 목표를 달성하고자 한다. 조직은 공동의 목표가 무엇인가에 따라 영리조직과 비영리조직으로 구분할 수 있다. 영리조직은 이윤과 관련된 것을 주된 목표로 하는 조직이며, 기업은 대표적인 영리조직이다. 비영리조직은 이윤 이외의 것을 주로 추구하는 조직인데 정부를 예로 들 수 있다. 정부는 일반기업과 달리 제품이나 서비스를 판매하여 이윤을 극대화하고자 노력하는 것이 아니라, 어떻게 하면 주어진 예산을 가지고 국가경제를 발전시켜 국민들의 삶의 질을 향상시킬 수 있는지에 초점을 둔다. 교육기관인 대학도 또 다른 형태의 조직으로 궁극적으로는 우수한 인재를 배출하여 고급인력을 양성하는 것을 목표로 한다. 이 외에도 비영리조직에는 자선단체, 종교단체 등 다양한 종류가 있다.

기업의 주된 행위는 제품이나 서비스를 생산 또는 판매하는 것이고, 기업이 주로 추구하는 목표는 이윤의 극대화다. 따라서 기업은 여러 사람이 모여 제품이나 서비스를 생산 · 판매하여 이윤의 극대화를 추구하는 조직이라고 정의할 수 있다(고동희 외, 2003). 그러므로 실버소비자를 대상으로 그들의 욕구를 충족시킬 수 있는 제품이나 서비스를 생산하거나 판매하여 이윤 극대화를 추구하는 조직을 실버기업이라고 할 수 있다.

2) 실버기업의 목표

기업의 목표는 기업이 달성하려고 하는 성과 및 결과를 말한다. 기업의 목표는 기업행동이 수행되는 모든 과정에서 판단기준의 역할을 하며, 목표가 뚜렷할수록 행동이나 의사결정을 더 쉽게 할 수 있다(이희자, 2001).

앤소프(Ansoff, 1968)는 기업의 목표를 경제적 목표와 비경제적 목표로 구분하였다. 경제적 목표는 거의 모든 기업에서 경영행동에 주요한 영향을 미치며, 경영자가 기업을 지배하기 위해 사용하는 최상위 목표다. 이는 총 자원에 대한 장기적 성과인 이윤을 극대화하는 것으로, 자본의 논리와 사회구조적인 분업의 논리에 따라 자본가 기능과 경제적 기능을 실현하는 것을 의미한다. 비경제적 목표는 사회적 목표라고도 하며, 경영활동을 수정하거나 제약하는 데 영향을 미치는 것으로 사회적 윤리, 사회적 책임 등이 포함된다.

실버산업은 공익성과 수익성이 결합된 산업이다. 실버산업은 자유경쟁원리를 바탕으로 하는 산업이지만 단순히 상품이나 서비스의 판매에만 그치는 것이 아니라 기업의 신용과 신뢰를 통해 노인복지에도 기여한다. 따라서 실버산업에 참여하는 기업은 경제적 목표와 비경제적 목표를 동시에 추구해야 하는데, 이를 동시에 추구하는 것은 곧 기업이 사회적 책임을 수행하는 것이다. 기업은 이러한 역할을 통해 실버소비자에게 새로운 가치를 제공할 수 있다.

3) 실버기업의 역할

실버기업의 역할을 이해하려면 '기업이 어떤 점에서 중요한가'를 생각할 필요가 있다. 기업은 광범위하게는 국민경제활동을 구성하는 하나의 주체라고 할 수 있다. 즉, 기업은 한 나라의 경제를 구성하는 가장 중요한 주체로서 경제를 성장・발전시키는 추진력을 제공하여 경제발전은 물론 사회발전, 정치발전 등에 기여하게 된다(고동희 외, 2003).

실버기업의 역할을 구체적으로 살펴보면 다음과 같다. 첫째, 실버기업은 제한된 자원을 다른 어떤 조직보다도 효율적으로 이용하는 역할을 한다. 이미 설명한 바와 같이 기업의 최대 목표는 이윤 극대화다. 이러한 목표를 달성하기 위해서는 최소의 투입물을 가지고 최대의 산출물을 생산하여야 하므로 자원을 최대한 효율적으로 이용하려고 노력할 수밖에 없다.

둘째, 실버기업은 소비자의 욕구를 만족시켜 생활의 질을 향상시키는 역할을 한다. 실버기업은 소비자가 필요로 하는 제품이나 서비스를 생산함으로써 실버소비자의 욕구를 만족시킨다. 특히 소비자의 욕구는 점점 더 다양해지고 있으며, 다양한 소비자의 욕구에 부응하는 기업만이 살아남을 수 있는 상황이므로 기업은 더욱 다양한 제품과 서비스를 개발해 내야 한다. 실버기업의 제품과 서비스 개발 노력은 소비자의 욕구를 만족시킬 뿐만 아니라 생활의 질을 향상시키므로 사회 전반적인 입장에서 긍정적으로 평가될 수 있다.

셋째, 실버기업은 기업 관련자들의 소득을 증가시키는 역할을 한다. 실버기업은 생산이나 판매 활동을 통하여 이윤을 극대화하려고 노력하며, 이러한 이윤이 분배되는 과정에서 기업의 경영자, 근로자, 기업과 거래하는 여러 관련자의 소득을 증가시키는 역할도 한다.

이 밖에도 실버기업은 새로운 고용기회를 창출하는 역할을 하며, 기업 간의 바람직한 경쟁으로 인해 야기되는 제품의 다양화, 비용절감, 새로운 기술개발 등 여러 가지 중요한 역할도 수행하고 있다.

2. 경영의 개념

1) 경영의 정의

넓은 의미에서의 경영(management)은 조직의 목적을 효율적으로 달성하기 위한 일체의 과정이다. 이러한 정의를 기업이라는 특정 형태의 조직에 적용해 보면, 경영이란 인적 · 물적 자원을 투입하여 제품이나 서비스를 생산하고 이를 판매하는 과정이라고 정의할 수 있다(고동희 외, 2003).

[그림 4-1]에서 보듯이 경영은 크게 세 가지 과정으로 나눌 수 있다. 첫째는 제품 및 서비스를 생산하기 위하여 필요로 하는 생산요소(투입물)를 구입하는 것이고, 둘째는 구입한 생산요소를 투입하여 제품 또는 서비스(산출물)를 생산하는 것이며, 셋째는 산출물을 소비자, 타 기업 및 정부 등에 판매하는 것이다. 이러한 경영은 기술이 급속하게 발달하고 종업원들의 전문성이 높아지며 인간관계가 점점 더 복잡해짐에 따라 더욱 중요시된다. 또한 경영을 하는 데 필요한 지식도 기존의 단순한 경영기법 수준을 넘어서 경제학, 심리학, 사회학 등 다른 범주로 생각되어 왔던 분야의 학문도 필요하게 되었다.

일반적으로 경영은 이윤을 추구하는 영리기업에서만 필요한 것으로 인식할 수도 있다. 그러나 경영의 개념을 목표를 세우고 이를 효율적으로 달성하기 위해 취하는 모든 활동으로 본다면 영리조직뿐만 아니라 학교, 병원, 행정기관 등 다양한 비영리조직에도 경영의 개념을 적용할 수 있다.

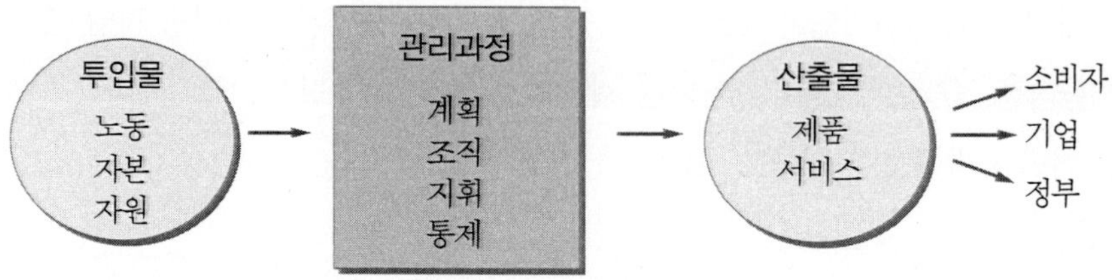

[그림 4-1] 경영의 과정

자료: 고동희 외(2003). 경영학원론, p. 39에서 재구성.

2) 경영의 기능

경영의 기능은 크게 관리기능과 업무기능으로 구분할 수 있다(고동희 외, 2003). 관리기능은 경영을 효율적으로 달성하는 데 필요한 기본적인 기능으로, 조직의 규모가 확대되고 업무가 복잡해짐에 따라 더 많이 요구되는 기능이다.

관리기능은 조직의 목표를 세우고 이를 달성하기 위한 가장 좋은 방법을 찾는 행위인 계획(planning), 수립된 계획을 성공적으로 달성하기 위해 어떤 형태로 조직을 구성할지를 결정하고 인적 · 물적 자원을 배분하는 조직화(organizing), 조직의 목표를 달성하기 위하여 필요한 업무를 잘 수행하도록 종업원들을 독려하는 지휘(leading), 각 구성원이 수행하는 업무가 제대로 추진되고 있는지 감독하는 통제(controlling) 활동을 포함한다.

조직의 업무기능은 업무성격별로 구분되는 기능으로 인사, 재무, 마케팅, 회계, 생산 등이 포함된다. 부서를 만드는 경우에는 이러한 업무기능별로 분리하는 방법이 가장 보편적으로 사용된다. 관리기능과 업무기능은 상호 보완적이어서 업무 분야별로 관리기능이 존재하기도 하고, 관리기능이 업무기능을 보다 효율적으로 수행하도록 보완하기도 한다([그림 4-2] 참조).

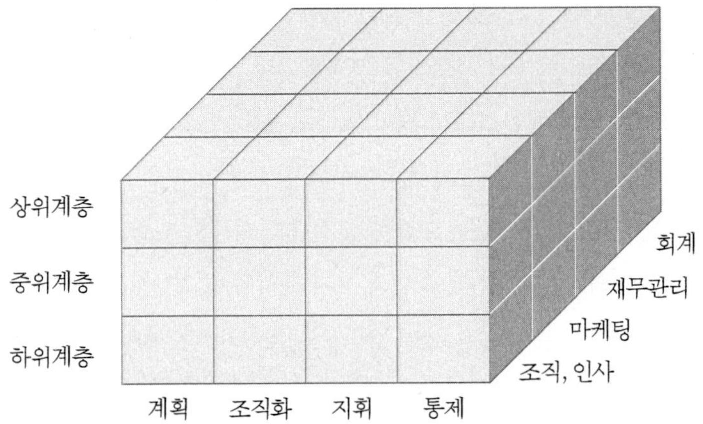

[그림 4-2] 경영의 기능

자료: 고동희 외(2003). 경영학원론, p. 41.

3. 실버기업과 사회

1) 실버기업과 사회의 관계

사회에는 고유한 역할과 기능을 수행하기 위해 많은 제도와 조직이 있으며, 이러한 제도와 조직은 서로 영향력을 행사하며 상호 의존적 관계를 형성한다. 실버기업을 포함한 모든 사회조직 및 제도의 활동 근거는 법, 관습, 관례, 사회적 승인 등의 사회적 계약에 둔다(이희자, 2001).

사회적 계약이라는 관점에서 기업과 사회의 관계를 살펴보면 시대가 변하면서 관계도 변하고 있음을 알 수 있다. 과거 자유시장 경제체제하에서는 사회적인 모든 진보의 원천은 경제성장이며, 기업들이 이윤추구를 위해 서로 경쟁하는 것이 사회가 발전하는 배경이 된다고 보았다. 따라서 기업은 제품 및 서비스의 생산이라는 기본적인 경제적 사명을 가지고 그에 따라 경제적 기능을 수행하는 것이 사회에 최대로 공헌하는 것이었다.

그러나 자본주의가 고도화되고 산업사회가 다원화됨에 따라 기업들이 사적인 이익을 극대화하는 것이 사회적인 공공이익에 기여하게 된다는 믿음이 흔들리게 되었으며, 이러한 인식들이 점차 확대되면서 기업과 사회 간에 새로운 계약관계가 나타나게 되었다. 경제성장과 이익 증대를 위한 기업의 활동으로 인하여 물리적 환경의 오염과 훼손, 사회 특정 집단의 피해와 위험, 불평등 분배와 상대적 빈곤, 도시의 범죄와 부패 등 여러 가지 사회적 병폐가 유발되었다. 이런 경우 사회복지 수준이 높아지지 않을 뿐만 아니라 그러한 병폐를 해결하려면 또 다른 비용이 필요하다는 인식이 나타난 것이다. 따라서 새로운 계약은 기업에 이런 현상에 따르는 사회적 비용을 감소시킬 수 있는 노력을 요구하게 되었으며, 동시에 이러한 현상이 발생하는 것에 대한 책임도 부담할 것을 요구하게 되었다. 실버산업에 참여하는 기업은 그렇지 않은 기업보다 사회의 공익성을 더 많이 고려해야 하는 입장에 있으므로, 이러한 새로운 계약에 대해 보다 분명하게 인식하고 이행해야 할 필요가 있다.

2) 실버기업의 사회적 책임

기업의 사회적 책임(social responsibility)이란 본연의 경제적 역할을 넘어선 보다 폭넓은 일련의 기업활동을 의미한다. 이는 기업도 사회 구성원의 하나인 사회적 기관으로서 많은 권리를 갖고 있으므로 사회 전체의 이익을 동시에 추구할 책임을 수행해야 한다는 개념에서 출발하였다. 여러 학자가 기업의 사회적 책임에 대한 다양한 정의를 제시하고 있는데, 이를 종합하면 기업의 사회적 책임이란 기업활동으로 인해 발생하는 사회경제적 문제를 해결함으로써 기업의 이해관계자와 사회 일반의 요구나 기대를 함께 충족시켜 주어야 하는 기업행동의 규범적 체계라고 정의할 수 있다. 〈표 4-1〉에 사회적 책임에 대한 다양한 정의를 정리하였다.

〈표 4-1〉 사회적 책임에 대한 정의

Bowen (1953)	사회적 책임은 우리 사회의 목표나 가치적 관점에서 바람직한 정책을 추구하고, 그러한 의사결정을 하거나 그러한 행동을 따라야 하는 기업인의 의무다.
Edils & Walton (1961)	사회적 책임은 기업의 활동으로 인해 발생하는 문제의 관점 및 기업과 사회의 관계를 지배하는 윤리원칙의 관점에서 생각될 수 있으며, 이러한 문제의 해결과 윤리의 준수가 곧 기업의 사회적 책임이다.
McGuire (1963)	사회적 책임은 사회에 대한 기업의 경제적 및 법률적 의무뿐만 아니라, 이러한 의무를 넘어서서 전체 사회에 대한 책임까지를 의미한다.
Carroll (1982)	사회적 책임은 주어진 특정시점에서 사회가 기업에 대하여 가지고 있는 경제적, 법률적, 윤리적, 재량적 기대를 모두 포함하는 것이다.
McFarland (1982)	사회적 책임은 개인, 조직, 사회제도들 간의 상호 의존성의 인식과 그러한 인식을 도덕적, 윤리적, 경제적 가치의 틀 내에서 행동으로 옮기는 것이다.
Murray & Montanari (1986)	사회적 책임은 경제적 · 법률적 필요 요건을 넘어서 사회로부터 정당성을 인정받을 수 있는 기업활동이다.

자료: 이희자(2001). 현대경영학-뉴트랜드를 찾아서.

기업의 사회적 책임에 대한 인식은 20세기 초반부터 나타났으며, 두 가지의 기본원리를 바탕으로 하고 있다(신유근, 1994). 그중 하나는 자선의 원리로, '노블레스 오블리주(noblesse oblige)'(높은 신분에는 도의상의 의무가 따른다)라는 격언에서 보듯이 부유한 사회 구성원은 불우한 사람들에게 자선을 베풀어야 한다는 생각에 기인한다. 옛날부터 귀족들은 가난한 사람들에게 자선을 베풀어 왔으며, 현대의 많은 기업가가 공공도서관을 기증하고 가난한 사람들을 위한 주택건설을 지원하며, 교육기관 및 많은 사회기관에 돈을 기부하는 것은 이웃을 보살펴야 한다는 오랜 전통을 계승한 것이다. 국가가 주도하는 사회보험이나 사회보장제도가 없었던 20세기 초까지 기업가들의 자선활동은 사회복지를 대신하여 중요한 역할을 담당하였다.

다른 하나는 수탁의 원리로, 많은 기업 경영자는 자신을 공공의 이익을 위해 일하는 관리자 혹은 수탁자로 간주한다. 즉, 기업 경영자는 주주의 이익을 위해 노력하지만 동시에 대중의 위탁을 받은 지위(수탁)에 있는 것이다. 기업 경영자는 대중에게 영향을 미칠 수 있는 방대한 자원의 사용을 통제하면서 중요한 영향력을 행사하기 때문에 단지 주주뿐 아니라 전체 사회에 대해 좋은 방향으로 자원을 사용할 책임이 있다. 사회적 책임을 수탁책임의 개념에서 해석하면 이것은 공공책임의 원리(public responsibility principle)가 된다.

3) 기업윤리

기업윤리(business ethics)는 기업의 사회적 책임과 관련이 있다. 기업윤리는 어떤 것이 올바른 기업행위인지를 판단하는 기준이며, 기업이 정당하고 공정하며 정의롭게 경영활동을 수행하도록 인도해 주는 기준이다(김동환, 2007). 기업윤리는 법, 종교, 사회적 가치관 등에 따라 결정되며, 기업이 계속하여 존속하고 발전하기 위하여 기업의 소유주, 경영자, 종업원들이 마땅히 행하거나 준수해야 할 도리이자 행동규범이다. 그러므로 기업 경영활동이 사회에 해를 끼치지 않고, 비도덕적인 종업원이나 경쟁자로부터 기업을 보호하며, 사용자의 부당행위로부터 종업원을 보호하고, 기업 구성원들이 자기의 윤리적 신념에 따라 행동할 수 있도록 하는 것을 윤리적 기업행위라고 할 수 있다.

이러한 기업윤리의 중요성은 세계화에 의하여 기업의 활동 범위가 점차 다른 국가로 확산되면서 더 강조되었다. 이에 따라 세계무역기구(WTO) 내에서 부패를 없애 국가 간의 공정한 무역질서를 확립하려는 다자간 노력의 일환으로 '부패 라운드'의 필요성이 제기되었으며, 1999년 2월에는 경제협력기구(OECD)에서 '해외뇌물방지협약'이 발효되었다. 이로 인해 삼성·LG·현대 등 주요 기업들은 기업윤리강령을 마련하고 종업원들에 대한 교육을 강화하고 있으며, 전국경제인연합회도 정경유착의 근절과 함께 해외진출 기업의 투명경영을 강조하는 방향으로 기업윤리헌장을 다시 손질하였다. 특히 2003년 발표된 「부패방지법」과 부패방지위원회의 출범, 공직자윤리강령의 시행 등은 공직자는 물론 정부와 거래하는 기업의 불법 부패행위에 대한 처벌을 규정하고 있어 기업이 윤리경영을 해야 할 필요성은 한층 더 강화되었다(박상안 외, 2007).

4) 기업의 이해관계자

이해관계자(Stakeholder)란 기업과 여러 가지 목적으로 관계를 맺고 있는 환경 주체로서 조직의 의사결정, 정책, 영업에 영향을 받거나 영향을 주는 모든 집단을 말한다(김동환, 2007). 현대 기업은 고객을 비롯하여 종업원은 물론 여러 이해관계자의 지지와 협력 없이는 발전할 수 없으므로 각 이해관계자의 욕구를 충족시키면서 서로 간의 균형을 유지하기 위한 노력을 해야 한다.

이해관계자는 일차적 집단과 이차적 집단으로 구분할 수 있다. 일차적 이해관

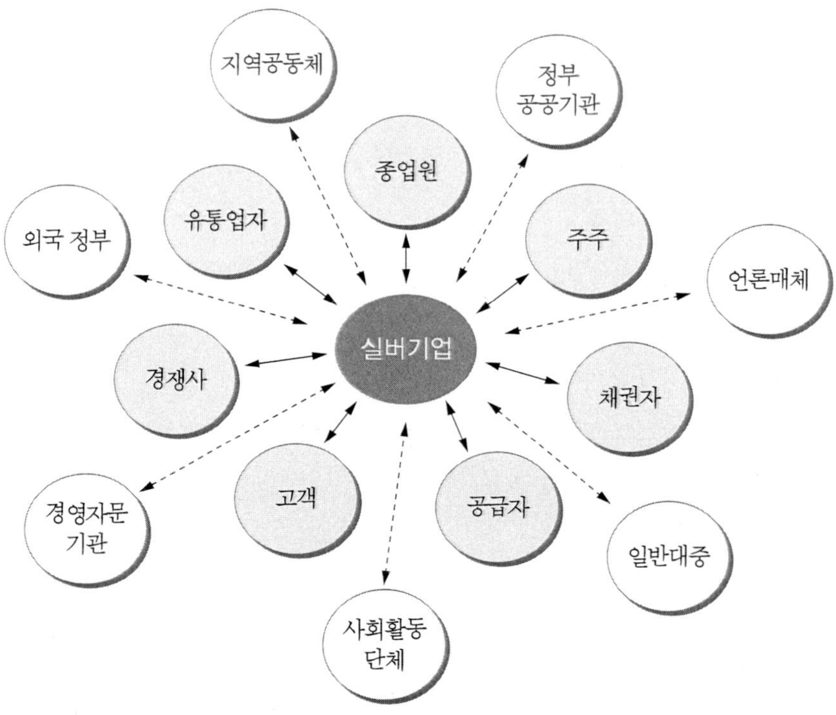

[그림 4-3] 기업과 이해관계자의 관계

계자는 기업의 생존 및 활동에 직접적인 중요한 영향을 주고받는 집단이며 이 중 종업원과 주주는 내부 이해관계자라고 한다. 이차적 이해관계자는 기업활동에 간접적 영향을 미치면서 보다 거시적인 기업환경을 결정하는 집단으로 종업원과 주주를 제외한 모든 이해관계자 집단을 외부 이해관계자로 구분한다([그림 4-3] 참조).

① 일차적 이해관계자

- 종업원(노동조합): 기업에 노동력 제공, 화폐적 보상 및 안정적 일자리 기대
- 주주: 기업에 자본을 투자하고 이윤과 기업가치로 보상받음
- 채권자: 기업에 자금을 빌려 주고 이자로 보상받음
- 공급자: 기업에 필요한 물품 및 원자재 공급, 기업과 거래관계
- 고객: 기업이 생산한 제품과 서비스 구입, 소유한 화폐를 기업에 공급
- 경쟁사: 기업과의 상호 간 경쟁
- 유통업자: 기업의 제품을 시장에 유통시키는 거래관계

② 이차적 이해관계자

- 지역공동체: 기업환경을 제공하고 기업은 지역사회에 일자리를 제공
- 정부 및 공공기관: 기업활동 독려 및 규제, 세금 부과
- 언론매체: 기업의 이미지 형성, 선도 및 홍보
- 일반대중: 기업에 대한 긍정적 · 부정적 여론 형성
- 사회활동단체: 사회적 요구
- 경영자문기관: 기업경영에 관해 조사, 연구, 제안, 충고 역할
- 외국 정부: 기업에 대해 우호적 · 적대적 관계 형성

4. 변화하는 기업환경과 실버기업 경영

1) 기업환경의 변화

(1) 시장환경의 변화

오늘날 기업의 시장환경은 급격하게 변화하고 있다. 시장환경이 변하게 되는 핵심요인은 소비자 욕구의 다양화다. 시장에서 수요의 근간이 되는 소비자 욕구가 다양화되면서 보다 다양한 제품 및 서비스에 대한 요구가 증가되었고 제품의 수명주기는 단축되어 가고 있다. 예상치 못한 경쟁자가 등장하고 신제품이 끊임없이 출현하며 수요예측은 그만큼 어렵고 복잡해지고 있다. 기업은 단순히 소비자의 선호도뿐만 아니라 자사가 속한 시장과 소비자가 속한 사회에 대해 이해하고 통찰하며 시장의 변화를 실시간으로 읽어 내야 한다. 이러한 변화에 민감하고 탄력적으로 대처하지 못하는 기업은 성장과 유지는 물론 생존에까지 위협받는 상황이 되었다.

실버시장을 구성하는 노년층 소비자의 욕구는 젊은층보다 더 다양하기 때문에 실버기업도 이러한 상황에서 예외가 될 수 없다. 과거의 노년층과 미래의 노년층의 특성은 매우 달라질 것이므로 오히려 실버기업은 다른 연령층을 대상으로 활동하는 기업보다 더 극심한 시장 변화를 겪고 있다.

(2) 생산환경의 변화

기업은 제품을 생산하는 과정에서도 많은 변화를 경험하고 있다. 점차 다양화되고 있는 소비자의 욕구에 즉각적으로 대응하기 위해 과거의 소품종 대량 생산체제에서 다품종 소량 생산체제로 변화해 가면서 생산의 로트사이즈(lot size)가 점차 작아지고 있으며, 재고비용 축소를 위한 재고감축에의 압력과 노동비용의 증가, 3D 기피 현상과 같은 근로의욕의 감소, 노동인력 감축 등의 변화가 일어나고 있다(김동환, 2007).

기술이 혁신적으로 발전하면서 생산기술에도 급격한 변화가 요구되고 있다. 예를 들어, 기업은 신기술을 개발하거나 도입하여 생산비용 절감과 이윤 증대를 이룰 수 있다. 또한 생산방식을 바꾸어 종업원에게 좀 더 나은 작업만족도를 제공할 수도 있으며 지속적인 경쟁우위를 확보할 수 있다. 그러나 한편으로는 단순한 사무자동화를 넘어선 전 제조공정의 컴퓨터 베이스화를 위해서 매우 많은 비용이 드는 경우가 많아 실행상의 어려움을 겪기도 한다. 그러나 컴퓨터와 정보기술이 더 확산되고 기업이 신기술 환경에 충분히 적응하면 비약적인 생산성 증가를 경험하게 될 것이다.

(3) 조직구성원의 의식과 문화의 변화

외적인 환경변화와 함께 기업 내부의 조직 구성원의 의식과 조직문화도 변화하고 있다. 가장 큰 흐름은 사람들의 가치관과 기대가 변화하고 있는 것으로 일보다는 여가를 중시하게 되었고, 집단보다 개인주의적인 가치관이 커지고 있다. 과거에는 평생 직장이라는 개념을 가지고 조직에 몰입하던 종업원들이 현대에는 자아실현과 자기욕구 충족을 더 중요하게 생각하게 되면서 이직이 늘어나고 애사심이 낮아지는 현상도 나타나고 있다.

여성인력의 사회참여가 늘어나고 맞벌이 부부가 증가함에 따라 인사의 탄력성이 감소되고 지방근무 및 해외근무를 기피하는 현상이 나타나고 있으며, 생활의 질을 중시하는 경향으로 인해 3D 업종을 기피하면서 중소 제조업이 위기를 맞고 있다. 또한 3차 산업인 서비스 업종이 1 · 2차 산업에 비해 비대해지면서 투기심리의 영향으로 거품 경제가 초래되기도 한다.

이에 더하여 근로자의 요구를 대표하는 노동조합의 활성화, 정부의 ILO(International Labor Organization, 국제노동기구) 가입 등으로 인해 경영자 입장에서는 기업활동을 지속하기 위해 고려해야 할 다양한 요소가 생겨나고 있다.

(4) 사회환경의 변화

기업은 근본적으로 영리를 추구하는 조직이지만 기업의 사회적 영향력이 커짐에 따라 전 세계적으로 기업의 사회적 책임(Corporate Social Responsibility: CSR)에 대한 관심과 요구가 증가하게 되었으며 지속가능 경영을 위한 요소로 자리잡게 되었다. 기업의 사회적 책임은 경제적 · 법적 · 윤리적 · 자선적 책임을 포괄하는 개념으로 주주, 종업원, 소비자 등 기업의 이해관계자들은 기업의 경제적 책임 이외에 환경, 노동, 지역사회 등 사회 전반에 대한 책임을 적극적으로 부담할 것을 요구하고 있다.

이러한 변화에 대응하여 기업은 여러 분야에서 사회공헌활동을 시작하였으며 다양한 경영 분야에 활용하는 경영전략적 사회활동을 추구하기도 한다. 일회적인 단순한 기부형태를 벗어나 사업과 관련 있는 사회문제들을 찾아내어 지속적이고 체계적으로 지원하거나, 장기적인 전략수립과 함께 운영하는 경향이 점차 높아지고 있는 것이다. 실버산업은 공익성과 수익성을 동시에 추구해야 하는 산업 분야이므로, 이러한 사회환경 변화로 인한 영향을 더욱 많이 받는 산업이라고 할 수 있다.

국내기업의 사회공헌 트렌드

'잘 하는 분야'에 집중… 나눔의 質이 높아졌다

국내 기업들의 사회공헌 활동이 해를 거듭할수록 진화하고 있다. 연말연시 불우이웃을 찾아가 위문품을 전달하는 식의 봉사활동으로 생색을 내려는 기업은 거의 사라졌다. 규모도 커지고, 질적으로도 과거와는 비교가 안 될 정도로 발전했다. 전국경제인연합회(이하 전경련)의 조사에 따르면, 조사에 응답한 국내 225개 기업이 2012년 사회공헌에 쓴 금액은 3조 2,494억 원으로 전년(3조 883억 원)보다 5.2% 증가하였다. 1996년 3,000억 원에 불과했던 사회공헌 지출 비용이 16년 동안 10배 이상으로 늘어난 것이다. 1개사별 평균 지출 비용은 144억 4,200만 원으로 조사되었으며 전체 매출액에서 차지하는 비율은 0.22%, 세전 이익에서 차지하는 비율은 3.58%로 일본 기업들에 비해 2배 이상 높은 수준이다.

분야별 지출 현황을 살펴보면 사회복지분야 31.7%, 교육 · 학교 · 학술연구 16.1%, 문화예술 · 체육 11.1%, 기타 25.7%로 나타나 기업의 사회공헌 영역이 확대되고 추진방식이 복잡 다변화되고 있는 것을 시사하였다.

최근 국내 기업 사회공헌의 주요 트렌드는 '잘할 수 있는 분야' 에서의 나눔 활동에 주력하는 것이다. 국내 기업의 84%가 "업(業) 연계형 사회공헌 프로그램을 개발하고 있다."고 응답했다. 생명보험회사는 자살예방사업을 펼치고, 자동차 제조사는 장애인을 위한 차량을 개발하는 식이다.

임직원의 '프로보노(Probono)' 활동을 추진하는 기업들도 꾸준히 늘고 있다. 프로보노는 미국 변호사들이 사회적 약자를 위해 무료로 법률 상담 등의 활동을 펼친 것에서 유래한 말로, 최근엔 전문 인력이 자신의 재능이나 기술을 소외 계층 등에 기부하는 뜻으로 사용되고 있다. 기업들은 임직원의 노하우와 전문성을 사회공헌 활동에 접목시킴으로써, 봉사활동 참여자의 만족도와 업무 숙련도를 높여 주는 효과가 있다. SK그룹은 2009년 18개 관계사에서 마케팅 · 홍보 · 법률 · 재무 · IT · 외국어 · 기술 등의 전문성을 가진 임직원들을 모아 '프로보노 봉사단' 을 꾸렸다. 이들은 사회적 기업, 소상공인에게 무료로 컨설팅 및 멘토링을 지원하고 있다.

글로벌 사회공헌 활동은 단순한 재해 지원이나 구호 활동에서 더욱 확대되는 추세다. 이제는 해외 사업을 벌이는 국가에서 고객에게 실질적인 도움을 주거나, 해당 국가의 어린이나 사회적 약자들이 자립하도록 지원하는 활동이 한층 많아졌다. 아시아나항공은 중국 취항 도시마다 소학교와 자매결연을 하여 교육 기자재를 지원하고, 직업 교육을 진행하고 있다. 전경련 관계자는 "적극적인 글로벌 사회공헌 활동은 해외 시장에서의 효과적인 현지화 전략"이라며 "현지 정부와 소비자들에게 해외 자본에 대한 거부감을 줄이고, 유대감을 형성할 수 있다."고 말했다.

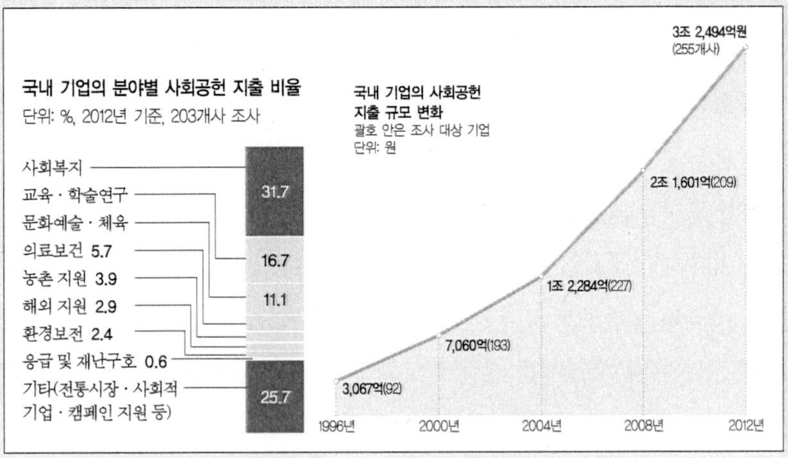

자료 : 전국경제인연합회(2013). 2013 기업 · 기업재단 사회공헌백서.

자료: 조선일보(2014. 3. 14.).

2) 실버기업의 경영전략

실버소비자를 대상으로 하는 실버산업 참여 기업은 실버시장을 단기적인 이해보다는 장기적인 안목에서 접근해야 한다. 또한 다른 산업 분야의 기업보다 공익과 복지 차원에 대한 비중을 높게 두고 실버소비자가 삶의 보람을 느낄 수 있는 제품과 서비스를 창출하여야 한다. 특히 노년층을 대상으로 하는 복지 제품이나 서비스를 주요 사업내용으로 하는 실버산업 참여 기업에게는 일반기업에 비하여 좀 더 높은 수준의 기업윤리의식이 요구되기도 한다. 따라서 실버산업 참여 기업이 사회적 책임을 다하고 윤리경영을 하기 위해서는 우선 건실하고도 지속 가능한 경영을 펼쳐 나가야 한다. 실버산업 참여 기업이 성공적인 기업이 되기 위해 고려해야 할 요소들을 살펴보기로 한다.

(1) 고객만족

성공적인 실버기업이 되기 위한 요소의 한 가지는 고객중심경영이다. 고객중심경영은 정부의 시장개입 효율성에 대한 문제점이 대두되고, 세계화로 인해 국경 없는 시장이 대두됨에 따라 기업 간 경쟁이 더욱 치열해지면서 그 중요성이 더욱 강조되고 있다. 또한 소비자 욕구의 다양화와 지속적인 변화로 인해 이들을 어떻게 만족시키느냐가 기업의 사활을 결정짓는 요인이 되고 있다

이러한 고객중심경영의 중요성은 기업광고를 통해서도 자주 느껴지는데, '고객은 왕이다' '고객제일주의' '평생고객' '고객이 OK할 때까지' 등이 이에 해당한다. 고객과 밀착하고 고객을 만족시키려면 우선 좋은 품질의 제품을 공급하여야 하며, 판매 후에도 제품 결함에 대해 신속하고 친절하게 처리할 뿐 아니라, 고객들이 느끼는 제품에 대한 여러 가지 의견을 경청하여 제품을 개선시켜 나가는 자세가 반드시 필요하다. 실버소비자는 여러 가지 신체적 · 심리적 변화로 인하여 제품에 대해 까다로울 수 있으므로 실버기업은 고객만족을 위해 더욱 노력해야 한다.

고객만족을 실현하기 위한 방법은 다음과 같다. 첫째, 제품을 판매하는 시점에서 고객이 만족할 수 있도록 해야 한다. 소비자들은 제품과 서비스를 구입할 때 자신의 취향에 맞는 것을 선택하고, 품질이 좋은가를 살펴보며 가격이 적당한지를 알아본다. 따라서 구매하려는 제품과 서비스가 이러한 조건을 모두 충족하게 되면 소비자는 구매를 하게 되고, 구매와 동시에 만족을 느끼게 된다. 둘째, 상품을 판매한 후에도 고객이 만족을 느낄 수 있도록 해야 한다. 소비자는 구매 후에 제품을 사용하면서 발생하는 제품 결함이나 더 좋은 제품을 만들기 위한 여러 제안을 얼마나 신속하고 완벽하게 처리해 주는지에 따라 또 다른 만족을 경험하게 된다. 이는 한 번 찾아온 고객을 뺏기지 않으려는 전략으로, 마케팅에서는 방어적 전략이라고 부른다. 미국의 한 마케팅 회사에서 실시한 조사에 의하면 고객의 상품에 대한 불만족은 매출의 15~30%에 손해를 끼치며, 불만족을 경험한 고객의 67%는 더 이상 그 상품을 구매하지 않았다(Assael, 1995). 이러한 결과를 보더라도 고객만족 전략은 기업에 매우 중요하다.

(2) 기업가 정신의 함양

히스리치 교수는 기업가 정신은 재정적 · 심리적 · 사회적 위험을 감수하며 시간과 노력을 투입하여 새로운 것을 개발함으로써 금전적 · 심리적 만족을 얻는 과정이라 정의하였다. 또한 실버기업은 창조적인 기업가 정신을 함양해야 하는데, 이를 위해 기업은 다음과 같은 노력을 전개할 수 있다(고동희 외, 2003).

첫째, 새로운 아이디어를 개진할 수 있는 분위기를 조성한다. 누구든지 창조적인 아이디어를 가지고 있는데 문제는 그 아이디어를 어떻게 발견하는가다. 따라서 기업은 구성원들과 대화를 통해 그들이 가지고 있는 아이디어를 이야기하고, 새로운 아이디어를 만들어 낼 수 있도록 유도해야 한다. 둘째, 여러 가지 아이디어가 있어도 시간 및 자본 등에 한계가 있어 이를 모두 실용화할 수는 없으므로 중요성, 실현 가능성 등을 토대로 우선순위를 부여해야 한다. 셋째, 아무리 사소한 아이디어라도 소홀하게 처리해서는 안 된다. 모든 아이디어는 사소한 것에서부터 시작되고 이것이 결국에는 기업에 커다란 이익을 가져다줄 수 있다. 대표적인 예를 들면, 3M 주식회사는 놓치기 쉽고 버리기 쉬운 아이디어를 실용화하여 지금까지 새로운 상품을 끊임없이 생산하고 있다. 넷째, 개발팀에 유연성을 제공해야 한다. 일단 개발팀이 구성되면 시간 및 예산 등의 작성과 집행에 최대한의 자율권을 부여하여 자유로운 분위기에서 새로운 아이디어를 창출해 내도록 유도해야 한다. 마지막으로 공헌자에게 보상해야 한다. 아이디어를 제공한 사람에게는 어떠한 형태로든 보상을 해 줌으로써 새로운 아이디어에 대한 동기를 부여할 수 있다.

실버산업은 아직 초기단계이므로 관련 기업과 소비자는 그들의 욕구가 무엇인지 명확히 알지 못하거나 이에 어떻게 대응해야 하는지를 모를 수도 있다. 따라서 실버산업에 참여하려는 기업에게 창조적인 기업가 정신은 매우 중요한 요소가 된다.

(3) 핵심역량의 강화

각 기업은 다른 기업이 가지고 있지 않은 뛰어난 능력, 탁월한 고객서비스, 효율적인 제조기술처럼 차별화된 무형의 자원이나 능력을 가지고 있다. 이것을 핵심역량(core competence)이라고 한다. 핵심역량은 현재는 물론 미래에도 기업성장의 견인차 역할을 하며 경쟁력을 확보하고 경쟁우위를 차지할 수 있는 요인이 된다. 핵심역량은 기업 내부에 공유된 기업 특유의 총제적인 능력, 지식, 기술뿐만 아니라 기업이미지, 소비자 정보, 기업 구성원의 창의성과 도전, 유통경로에 대한 영향력, 공급업체와의 원만한 관계 등 기업과 관련된 모든 분야에서 구축하고 발전시킬 수 있다(이희자, 2001).

그러나 핵심역량은 다른 기업이 모방할 수도 있으므로 계속적인 연구개발을 통해 자신이 속한 분야에서 지속적으로 소유하고 강화해야 한다.

(4) 인간을 중시하는 기업

성공적인 기업이 되기 위해서는 인적자원을 효율적으로 관리하고 운영할 수 있어야 한다. 기업 최대의 자산은 기업을 구성하는 종업원이다. 그들이 주어진 업무를 자신의 일처럼 느끼며 업무수행에 만족을 느낄수록 업무의 효율성은 더 높아진다. 아무리 좋은 아이디어나 전략과 기술을 가지고 있어도 이를 적극적으로 협조하면서 실행해 주는 종업원이 없다면 좋은 결과를 기대하기 어렵다.

종업원이 주어진 일에 최선을 다하도록 하는 데 필요한 방안들은 다음과 같다. 첫째, 현재 자신이 속해 있는 조직의 목표가 무엇인지 또한 앞으로의 비전은 무엇인지를 분명히 알려 주는 것이다. 하위계층에게도 가능한 한 많은 정보를 제공하여 소외감을 느끼지 않도록 하는 것이 필요하다. 둘째, 당근과 채찍을 적절하게 사용해야 한다. 예를 들면, 잘하는 사람에게는 상을, 잘못하는 사람에게는 벌을 줌으로써 각자 주어진 일을 성심성의껏 수행하도록 동기를 부여해야 한다. 요즘 많이 시행되고 있는 성과급제도가 좋은 예다. 셋째, 종업원을 자신과 동등한 동료 또는 한 가족처럼 대해야 한다. 이를 위해서는 경영자의 의식구조가 개선되어야 한다. 가능하면 기업 내부의 많은 정보를 종업원에게 제공하고 의사결정에 참여시킴으로써 모든 종업원에게 주인의식을 심어 주어 보다 적극적인 자세로 업무에 임하도록 해야 한다. 요즘 많은 기업에서 최고경영자가 종업원과 같이 식사를 하거나 대화시간을 갖는 것 등은 이러한 관점에서 보면 매우 바람직한 현상이다. 또한 아주 사소한 일일 수도 있으나 관리자가 종업원과 똑같은 작업복을 입고 근무하거나 출퇴근을 함께 하는 것도 의미 있는 일로 받아들일 수 있다(고동희 외, 2003).

제5장
실버소비자의 이해

전 세계적으로 전체 인구 대비 노인인구 비율이 지속적으로 증가하면서 노후생활과 노인에 대한 관심이 높아지고 있다. 이에 따라 자연스럽게 노년층을 겨냥한 상품이나 서비스의 개발이 활발하게 이루어지면서 노년층을 새로운 소비자로 이해하게 되었다. 이 장에서는 실버소비자에 대한 객관적이고 포괄적인 정보를 제시하여 실버소비자가 누구인가를 보다 깊게 이해하고 노인이 소비자로 행동할 때 나타나는 행동특성과 이에 영향을 미치는 요인들을 살펴본다.

1. 실버소비자의 정의 및 특성

우리는 흔히 일상생활을 영위하기 위해 경제적 재화를 구매하거나 사용하고 소비하는 사람을 소비자라고 부른다. 즉, 소비자란 제품, 서비스, 아이디어 등 사람이 살아가는 데 필요한 모든 것을 구매하고 사용하거나 소비하는 개인과 조직 및 구매결정과정에 직간접적으로 영향력을 행사하는 사람들까지 포함하는 포괄적인 개념이다. 이런 개념에서 보면 일상을 살아가는 사람은 모두 소비자이며 여기에는 노년층도 포함된다.

일반적으로 노인은 하나의 기준을 가지고 정의하기 어렵다. 1980년 이전의 마케팅과 소비자 행동에 관한 연구에서는 노년학에서 이미 정의된 노인의 기준을 적용하였다. 노년학에서는 65세 이상의 사람을 '노인(eldery)'이나 '연장자(seniors)'로 구분하였고 이 구분은 현재에도 폭넓게 적용되고 있다. 그러나 최근 이러한 기준은 점점 모호해지고 있다. 같은 연령대에 속해 있는 사람이라도 노화 정도가 서로 다르며, 개인적인 노화도 신체부위나 심리적 또는 사회적 측면에서 일치하지 않기 때문이다.

마케팅에서는 특정 욕구를 공유하고 있는 집단을 하나의 소비자 집단으로 구분한다. 바르토스(Bartos, 1980)는 50~65세 연령집단에서 생물학적 · 심리학적 변화 외에 라이프스타일상의 변화와 은퇴준비로 인한 경제적 변화가 나타난다고 하였는데, 이 연구 결과는 '늙고(older)' '성숙한(mature)' 소비자의 기준을 50세로 낮추는 데 공헌하였다. 라이프스타일과 경제적 변화는 소비자의 사회적 · 심리적 · 생리적 변화에 영향을 끼쳐 여러 가지 새로운 욕구를 발생시키거나 변화시키기 때문이다.

실버소비자를 실제 나이로만 규정한다면 실버마케팅을 모색할 때 시장기회를 놓칠 가능성이 높다. 소비자가 느끼는 주관적 나이와 신체적 나이는 일치하지 않기 때문에 같은 연령대의 노년층을 같은 욕구를 가진 집단으로 분류할 수 없기 때문이다. 쉬운 예로, 조기에 노안이 생긴 사람은 비록 나이가 40대 초반이더라도 실버제품인 노안용 안경을 착용하게 되지만, 실제 나이로만 분류하면 마케터는 이런 소비자를 포착할 수 없게 된다. 따라서 실버마케팅을 진행할 때는 실버시장을 동일한 욕구를 가진 하위소비자집단으로 분류하는 것이 타당하다.

또한 같은 실버산업 내에서 제공하는 제품이나 서비스의 종류에 따라 실버소비자의 나이는 달라질 수 있다. 실버타운의 경우 레저형 실버타운은 상대적으로 젊고 건강한 50~60대를 노년층으로 보지만, 노인요양시설이나 노인전문요양시설에서는 적어도 70대 이상을 노년층으로 본다. 그리고 음식, 청소 등 생활에 필요한 서비스를 제공하는 보조형은 대략 그 중간 연령대를 대상으로 한다. 따라서 기업의 마케팅 목적을 위해 실버소비자를 정의한다면 노령화에 따른 변화로 특정 욕구가 발생한 집단이라고 할 수 있으며, 기업은 자신들이 제공하고자 하는 제품 또는 서비스별로 실버소비자 집단을 다르게 정의해야 한다.

실버소비자는 다른 소비자 집단과 구별되는 독특한 시장을 형성하고 있는데 그 이유는 첫째, 실버소비자는 생물학적 · 사회심리학적 성숙도에서 젊은 층과 다른 단계에 있기 때문이다. 즉, 생물학적 노화로 인해 여러 가지 신체기능이 저하되면서 젊은 층과는 다른 욕구체계와 행동양식을 가지게 된다. 둘째, 실버소비자는 인생을 통해 다양한 경험을 하였고, 이러한 경험의 영향으로 각종 상품이나 서비스에 대한 평가기준이나 소비행태가 젊은 층과 구별되는 특징을 가지고 있다. 다시 말해 소비생활이 인생의 여러 단계에 따라 다른 의미를 가질 수 있다는 것이다. 셋째, 우리나라 실버소비자는 일제강점기, 8 · 15 해방, 6 · 25 전쟁, 급속한 성장발전기 등 젊은 층이 겪지 못한 여러 경험을 함께 공유한 세대이므로 실버소비자들의 소비행동은 젊은 집단의 소비행동과 차이가 나게 된다.

또한 주목해야 할 가장 큰 특성은 같은 실버소비자 집단이라 하더라도 내부적으로 매우 다양하다는 것이다. 어느 연령층보다 긴 세월을 살아오면서 그들이 축적한 생애 경험들은 서로 다른 독특함을 지니게 하므로 표면적으로 드러나는 요구는 비슷해도 내면의 욕구가 다를 수 있기 때문이다. 이러한 특성들은 실버

〈표 5-1〉 실버소비자의 태도와 행동 특성

구분	내용
태도특성	• 노화에 따른 스트레스, 우울증 경험, 소외와 고독을 느낌 • 향수의 대상물에 애착을 보임 • 인생 회고의 과정을 보임 • 사후 흔적을 남기려는 욕구가 강함 • 안정과 보장에 대한 욕구가 강함 • 여가에 대한 관심이 증가함 • 건강하고자 하는 욕구가 강함
행동특성	• 경직성이 강하며 안전한 방법을 찾음 • 구매력이 증가함 • 움직임의 제한, 시력 약화, 계산의 어려움으로 유혹과 사기에 취약함 • 마케터의 정보를 쉽게 수용함 • 쇼핑 자체를 즐김 • 공동구매 의사결정에 익숙함 • 활동적인 집단의 구매자 역할을 함

자료: 김동환(2008). 실버산업론.

시장을 목표로 하는 마케팅 전략을 더 어렵게 한다.

〈표 5-1〉은 기존 연구들을 통해 나타난 실버소비자의 특성을 태도특성과 행동특성으로 나누어 정리한 것이다.

2. 실버산업전략을 위한 실버소비자 이해

일반적으로 여러 산업 분야의 많은 기업이 그들의 전략을 수립하기 위해 인구 변화에 주목한다. 인구학적 변화가 새로운 시장을 발굴하거나 새로운 제품을 개발하거나 재위치화할 수 있는 새로운 기회라고 인식하는 것이다. 같은 맥락에서 기업은 실버시장을 기회가 많은 시장이라고 인식하고 이 시장에 진입하고자 한다. 반면, 다른 기업과의 경쟁에서 경쟁적인 우위를 차지하기 위한 전략을 개발하거나 실행해야 한다는 긴박감을 느끼지만, 그러한 전략이 얼마나 효과적일 것인지에 대해서는 확신하지 못하고 있다. 왜냐하면 의사결정자들이 전략 수립을 평가하고 선택하는 단계에서 도움이 되어야 할 구체적이고 체계적인 정보가 부족하고, 각종 전략의 성공 또는 실패의 원인이 자세히 규명되어 있지 않으며, 데이터가 왜곡되거나 부적절하게 사용되고 있기 때문이다. 마케터가 효율적인 전략을 수립하려면 유용성을 충분히 검증받은 정보가 반드시 필요하다.

실버소비자를 대상으로 계획하는 많은 전략은 실버소비자에 대한 정보를 바탕으로 수립된다. 그러나 정보가 부족하고 동일한 데이터를 서로 다르게 해석하기 때문에 가끔 혼란이 일어나기도 한다. 무엇을 해야 하고, 어떻게 해야 한다는 것에 관한 제안들은 많지만, 실버소비자가 누구인지와 그들의 행동이 어떤지에 대한 이해가 미흡하기 때문에 이를 충분하고 타당하게 설명하기도 어렵다. 현재까지도 실버소비자의 행동에 대한 제안들은 많이 있지만 타당성 있는 경우는 드물며 실제로 지식에 근거한 조언은 거의 없는 실정이다.

효과적인 실버마케팅을 위해서 알아야 할 것들은 여러 가지이지만 아래에 그 중 몇 가지를 예시하였다. 각 항목에 대해 어느 정도 동의하는지를 체크해 보자 (Moschis, 1992).

- 실제 나이와 시장에서의 구매행동은 밀접한 관련이 있다.
- 오늘날의 실버소비자들은 소비를 많이 한다.
- 실버소비자는 상품의 질보다 가격에 더 신경을 쓴다.
- 실버소비자는 특별히 고안된 노인전용 제품과 서비스를 선호한다.
- 실버소비자는 기술적으로 진보된 것을 선호하지 않는다.

결론부터 말하면 이 항목들은 예외가 있을 수는 있지만 대부분 잘못된 것이다. '그렇다'라고 생각하는 항목이 많을수록 실버소비자에 대한 편견이나 고정관념을 많이 가지고 있다고 말할 수 있다. 이러한 편견이나 고정관념을 수정하지 않은 채 일반적인 상식이라 판단하고 마케팅 의사결정 시에 이용한다고 가정하면 마케터는 중대한 실수를 저지를 가능성이 크다. 정확한 정보를 얻기 위해서는 실버시장에 대해 철저히 조사하고, 연구결과들로부터 얻을 수 있는 데이터를 검토한 후, 여러 기업의 마케팅 전략을 살펴보면서 실버시장에 대한 기존 관점과의 차이를 발견해 내야 한다.

1) 나이와 구매행동의 관계

마케터들은 서로 다른 집단은 서로 다른 제품이나 서비스를 필요로 한다는 가정하에 시장을 연령층에 따라 나누는 것을 당연하게 여긴다. 그러나 나이라는 요인이 소비자의 구매행동에 절대적인 영향을 미치는 것은 아니다. 마케터는 시장을 세분할 때 연령대에 따라 구분하기도 하지만 소비자의 욕구, 라이프스타일, 생애주기, 가치관 등을 함께 고려한다. 이러한 현상은 소비자의 욕구가 다양해지고 시장이 복잡해지면서 더욱 두드러지는데, 이는 현대사회에서 나이만으로 소비자를 이해하는 데 한계가 있기 때문이다.

상대적으로 젊은 노년층은 자신을 아직 노인이나 고령자라는 범주에 넣고 싶어 하지 않으며, 독립적이고 활발한 삶을 살고 싶어 하는 노년층은 특별한 관점에서 대하는 사회적 관심이 부담스러울 수 있다. 많은 기업이 광고에서 여러 세대에 통용되는 주제를 사용하고 모든 연령층에 동시에 적용되는 특성을 가진 제품을 개발한다는 사실은 더 이상 놀라운 것이 아니다.

2) 실버소비자의 소비성향

일반적으로 노년층은 근로소득이 없고 구매력이 약할 것이라고 생각하지만 통계상으로 보면 노년층은 생애기간 동안 축적한 재산이 많다. 미국의 경우 50대 이상의 인구가 전체 자산의 70% 이상을 보유하고 있으며, 우리나라도 1990년 이후 55세 이상 가구의 소득이 매년 10%씩 늘어나고 있다고 통계청은 밝히고 있다. 따라서 노년층의 구매력 여부는 더 이상 문제가 되지 않으므로 마케터는 노년층이 많이 구매하고 소비할 수 있다는 가정하에 쉽게 구매할 수 있는 제품과 서비스를 설계한다. 그리고 이런 믿음이 많은 마케터를 노력하게 만든다.

그러나 여러 연구에 의하면 노년층은 소비를 많이 하지 않는 경향이 있는 것을 알 수 있다. 이는 그들이 그들의 재산과 돈을 지키고 싶어 하고, 제품과 서비스의 필요를 그다지 느끼지 않기 때문이다(Moschis, 1992). 의학의 발전으로 과거보다 평균수명이 늘어나 훨씬 오래 살게 되었으나 은퇴는 이전보다 빨리 하게 되면서 노년기가 길어지게 되었으므로, 노년층은 경제적인 면에서 장기적인 노후 대책을 위해 검소하게 생활하려는 경향이 있는 것이다.

이와 반대로 은퇴 이후에도 은퇴 전과 다름없는 라이프스타일을 유지하고 싶어 하는 욕구도 작용한다. 더불어 노년층은 가격보다는 가치에 민감한 소비를 하는 경향이 있어 가격 자체로만 제품을 평가하지 않는다. 그들에게 적합한 가치를 제공하는 제품과 서비스에는 고가제품이라도 젊은 계층보다 쉽게 반응하는 것에서 그러한 점을 알 수 있다.

3) 노인전용 제품의 실체

최근 들어 노년층의 신체적 기능 저하를 보완해 줄 제품이나 서비스들이 많이 개발되어 쉽게 접할 수 있게 되었다. 크게 성공한 제품 중 하나가 노년층의 편리성 욕구를 충족시킨 효도신발이다. 이 외에도 훨씬 큰 문고리, 기능을 단순화하고 사용하기 쉽게 만든 실버폰 등이 있다. 그러나 이러한 제품들이 성공하게 된 배경을 살펴보면 이 제품들은 노년층을 위해 개발되었지만, 단순히 노년층만을 위한 전용제품이 아니라는 것이다. 효도신발은 40대 이상의 중장년층에게도 편한 신발의 대명사로 인식되어 있고, 크기를 확대한 문고리는 인테리어 측면에서 색다름을 제공하기도 한다. 노년층이 소외되는 분야 중의 하나는 첨단기술 관련 제품인데, 이는 노년층이 첨단기술에 거부감이 있다고 인식하기 때문에 나타나는 현상이다. 그러나 노년층은 첨단기술을 싫어하는 것이 아니라 복잡한 것을 싫어하는 것이다. 복잡한 기능을 없애고 버튼 크기와 글자 크기를 확대한 실버폰, 사용이 간편한 디지털 카메라 등이 실버소비자에게 환영받고 있는 현상이 이를 뒷받침한다.

60대 노인 중에서 기존 제품을 사용하기가 힘들어 특수 제작된 노인전용 제품을 필요로 하는 사람은 극히 일부다. 나이가 들면서 생각하는 능력이나 신속 정확하고 유연하게 움직일 수 있는 신체적 기능은 서서히 퇴화하지만, 이런 부분들이 사회적 기능을 방해할 정도로 심각한 수준은 아니기 때문이다. 실제로 80대가 되어도 신체적으로 건강한 사람들이 많다. 이는 사회와 기업들이 노인을 다르게 인식해야 할 만큼 노화현상이 사람의 신체적 능력을 감소시키지 않음을 의미한다.

결국 기업들이 제공하는 제품과 서비스에 따라 실버시장의 크기와 특성은 달라질 수 있을 것이다. 예를 들어, 여가 관련 제품이나 서비스를 제공한다고 가정하면, 이 제품을 수용할 노인의 이미지는 긍정적이고 활동적이고 건강한 성인이다. 반면, 주거 및 건강 관련 서비스의 대상은 독립적인 기능을 수행할 수 없는 노년층을 연상하게 된다. 이처럼 실버소비자를 위한 제품이라고 해도 그것을 수용하는 구체적인 소비자 집단의 특성은 결코 동일하지 않은 것이다.

4) 노화에 대한 사회적 태도

우리는 노인과 노화를 바라보는 사회적 태도가 변하고 있다는 말을 간혹 듣는다. 이는 '노년기'를 인정하고 있다는 의미이며, 보다 많은 사람이 노년기에 진입할수록 이런 경향은 두드러질 것이다. 예를 들면, TV에 나오는 노인과 광고 속 노인의 긍정적인 이미지는 노인들이 더 이상 소외되지 않은 긍정적인 이미지로 인식되고 있음을 전달해 준다.

하지만 통계적으로 보면 노화나 노인에 대한 일반적인 태도는 그다지 긍정적으로 변하지 않았다. 만약 긍정적으로 변화했다면 성형수술, 노화예방 프로그램, 노화예방 약물 등에 투자하는 비용이 압도적으로 증가하지 않았을 것이다. 십 년 혹은 이십 년 전만 해도 이렇게 많은 노화예방 제품이 나타나지 않았다. 수요 없는 공급은 없으며, 제품이나 서비스에 대한 수요가 시장 내에 존재하는 한 실패할 가능성이 높아도 시장은 생성되고 존재하는 것이다.

5) 경험과 소유

일반적으로 노년기에 진입하면 사람들은 소유의 개념보다는 이전에 경험했던 것에 훨씬 큰 의미를 부여한다. 이러한 논리를 적용하면 실버소비자는 새로운 제품을 구매할 때 소유한다는 것보다 그 제품을 경험하는 것에 더 의미를 둔다고 볼 수 있다. 따라서 실버시장을 표적으로 하는 제품과 노년층 대상의 광고는 그것을 소유할 수 있다는 그 자체보다 그것을 구매하고 소비하는 과정에서 얻을 수 있는 경험에 더 비중을 두어야 제품의 가치를 전달할 수 있다.

또한 노년기의 특성을 보면 노년층은 자신이 가지고 있던 소유물을 보다 중요하게 생각하는 경향이 있다. 실버타운에서 일하는 사람들은 가끔 입주할 노인들이 새 가구를 구입할 능력이 있음에도 기존에 사용하던 오래된 가구를 가져오겠다고 고집하는 것을 보기도 한다. 이는 젊은 시절부터 가지고 있던 소유물에 대한 애착과 노년층의 검소한 성향 등이 함께 작용하기 때문일 것이다.

6) 통찰력을 제공하는 라이프스타일 분석

라이프스타일이란 사람들이 생활하는 방식이다. 기업이 소비자에게 접근하기 위한 전략을 수립할 때 소비자의 라이프스타일은 유용한 도구로 이용된다. 라이프스타일 연구는 보편적으로 널리 사용되어 왔고, 최근에도 노년층의 라이프스타일에 대한 자료들은 많이 축적되고 있다. 여러 신문기사 및 조사결과를 통해 보더라도 현재 우리나라의 노년층의 라이프스타일이 과거에 비해 많이 변화하고 있는 것을 알 수 있다. 노후에는 자녀에게 부양받아야 한다는 수동적인 생각에서 벗어나 스스로 부양하고 자립해야 한다는 능동적 생각이 확대되고 있으며, 직장에서의 퇴직이 인생에서의 은퇴라는 생각에서 변화하여 퇴직 이후의 삶은 새로운 인생의 시작이라는 인식이 확산되고 있다. 건강관리에도 보다 적극적이며 새로운 지식에 대한 관심도 많아져 이전보다 활기차고 생기 있게 생활하며 자신의 삶을 추구하는 노년층을 쉽게 만날 수 있다. 가사 중심에서 여가문화 중심으로 변화해 가고 있는 소비경향에서도 가치관과 라이프스타일의 변화가 실버소비자의 구매와 소비태도에 영향을 미칠 것이라는 것은 쉽게 짐작할 수 있다.

일부 노년학자는 라이프스타일의 토대를 노인의 개성이라고 보고 개성은 사람들의 행동을 결정하는 데 큰 영향을 미치는 요인이 아니며, 30세가 지나면 거의 변하지 않는다고 주장하였다. 실제로 얀켈로비치(Yankelovich, 1987)의 연구에서는 50세 이하와 50세 이상인 사람들의 라이프스타일이 사실상 차이가 없는 것으로 나타났다. 이처럼 노년층의 라이프스타일이 젊은 층의 성인들과 그다지 큰 차이를 보이지 않는다는 연구결과를 보면 연령별 라이프스타일을 마케팅 도구로 사용하는 것은 회의적일 수 있다.

그러나 노년기에는 은퇴, 자녀 출가, 배우자 상실 등 커다란 생애사건을 겪고, 실버소비자의 외부 환경도 끊임없이 변화하므로 그들의 라이프스타일도 변하게 된다. 뿐만 아니라 이러한 사건과 환경요인들은 개인마다 미치는 영향이 다르기 때문에 실버소비자 간에도 서로 다른 라이프스타일을 형성하게 한다. 〈표 5-2〉에 제시된 연구들은 이러한 견해를 뒷받침하고 있다.

라이프스타일은 특정 집단이 공유하고 있는 특정 생활양식이며, 라이프스타일에 가치, 태도, 의견, 관심 등과 같은 개인적 특성과 인식과정, 선호도 및 분명한 행동적 특성이 포함된다고 보면, 이는 소비자들의 생각과 행동을 예측하는

〈표 5-2〉 실버소비자의 라이프스타일 연구

연구자	연구내용
Bartos(1980)	생활주기에 따라 변화하는 시간, 돈, 건강 등의 변호에 관련된 문제들에 어떻게 적응하는가를 기초로 6개 집단으로 구분하여 소비특성과 매체이용 특성을 논함
Horan & Belcher (1982)	구매의사결정 행동특성을 연구함에 있어서 라이프스타일과 의욕에 의해 시장을 세분하고 유형별 특성을 밝힘
Day 등(1987)	라이프스타일 및 심리묘사적 특성을 137개의 AIO 문항으로 구성, 이에 따라 시장을 세분하고 각 시장별 특성과 마케팅 대응전략을 연구함
Hawes(1988)	라이프스타일 특성 프로파일을 제시하고 이를 통한 세분화의 유용성을 서술함
Gollub & Javitz (1989)	은퇴한 노년층을 대상으로 라이프스타일과 가치관을 측정한 대규모의 조사로 노년층에 대한 이해를 돕고 그들 간의 차이점을 서술함
Sorce 등(1989)	심리묘사적 특성을 기본으로 하는 라이프스타일 문항에 따라 이질적 특성을 가진 6가지 유형으로 시장을 세분하고 각 시장의 프로파일을 제시함
Moschis(1996)	노년층의 생각, 태도, 행동적 특징에 따라 라이프스타일상의 특성을 논하고 이에 따른 마케팅 전략 수립. 노화에 따른 심리적 · 사회적 변화를 고려한 Gerontographics 세분화 모형을 개발함
Gunter(1998)	노년층 시장의 라이프스타일과 심리묘사적 특징을 통하여 실버소비자의 소비행동을 더 잘 이해할 수 있음을 논함
김훈철(1992)	기존 노인층에 비해 뉴실버층이 경제적 · 시간적 · 체력적으로 여유가 있으며 활력과 매력이 넘치는 소비자 집단임을 밝힘

자료: 이의훈, 신주영(2004). 라이프스타일을 통한 실버시장 세분화 연구.

데 사용할 수 있다. 시장의 특성을 기술하기 위해 가장 보편적으로 쓰이는 인구통계적인 변수들과 함께 라이프스타일 변수를 활용하는 것은 시장에 대한 통찰력을 얻을 수 있는 유용한 방법이 될 것이다.

7) 미래 실버소비자에 대한 준비

일반적으로 새로운 세대는 이전 세대와는 달라졌거나 변화된 행동을 보일 것이라고 생각한다. 연구자들은 미래의 실버시장이 현재의 시장과는 다를 것이라고 보는데, 앞으로 실버시장에 진입할 세대가 성장하고 생활해 온 환경은 이전 세대와 매우 다르기 때문이다. 통신기술의 발달로 이전 세대보다 정보 수집력이 높아지고 경제력 증가와 자아인식의 성장으로 자신에 대한 소비가 늘어나는 추세만 보아도 과거 세대와의 차이를 알 수 있다. 또한 실버소비자에 대한 이해가 완전하다고 해도 미래의 환경이 변화한다는 것도 주의해야 한다.

그러나 기업은 미래 실버시장의 도전과 요구에 대비하면서도 미래의 시장이 오늘날의 시장과 비슷할 것이라고 생각하는 경향이 있다. 또한 미래시장을 예측하고 그 특성을 연구하기 위해 사용하는 접근법들을 살펴보면, 현재의 실버시장에 대한 자료를 축적하는 데 치우치는 경향도 적지 않다. 엄밀하게 말하자면 현재의 실버시장에 대한 지식은 미래에는 쓸모없어질 가능성이 높다. 오늘날의 노인에 대한 정보는 미래의 노인에게는 적용되지 않기 때문이다.

한국 신(新)중년 611만 명(전체 인구의 12%), 연 122조(총소비의 18%) 쓴다

◆ 롯데백화점은 지난 6월부터 '특별고객 그룹' 10만 2,000명을 집중 관리하고 있다. 이들은 2008년엔 5만 6,000명에 불과했지만, 5년 만에 2배 가까이 늘었다. 1인당 연간 소비액도 5년 만에 20%(620만 원 → 750만 원) 증가했다. 최근 이들에게 DM(고객 유치를 위한 정보성 메일)을 발송했는데, 평균 반응률(상품 구매로 이어지는 비율)이 전체 고객 평균(39%)보다 월등히 높은 56%였다. 이는 VIP고객과 비슷한 수준이었다. 이 '특별 그룹'은 바로 '6070 빅핸즈(큰손)'로서 상위 20% 고객 중 60대 이상 고객층을 말한다.

신중년은 백화점, 건강식품, 여행, 공연 등 다양한 분야에서 '큰손'으로 부상 중이다. LG경제연구원에 따르면 현재 전체 인구의 12%가량(611만 명)인 신중년은 전체 총소비의 18%(122조 5,000억 원)를 차지하고 있다.

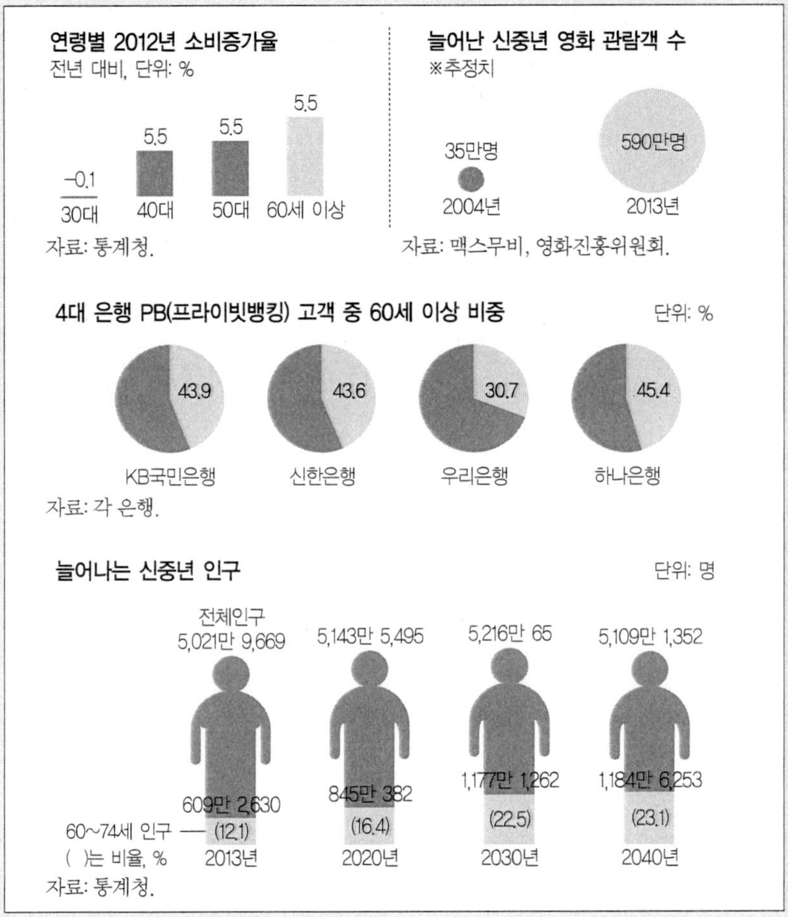

◆ '파워 컨슈머' 신중년

GS shop이 50대 이상을 목표로 해 만든 신중년 전용 쇼핑몰 콜센터에는 주문 전화가 하루 60건 정도 걸려온다. CJ오쇼핑의 신중년 고객은 2008년 20만 명에서 올해 40만 명으로 껑충 뛰었고, 총구매액 비중도 5년 새 122% 증가했다. 이들은 고가(高價)의 보정 속옷과 화장품에서도 주요 구매자다. 40만 원에 달하는 고급 캐비어 화장품은 60대 이상 고객이 전체 구매 고객의 20%를 차지한다. 전체 고객 중 60대 이상 비중은 5.9%다. 신중년은 수입차 시장에서도 '큰손'이다. 올해 10월까지 등록된 수입차 7만 8,571대 중에서 8.7%인 6,898대가 60세 이상이 구매한 것이다.

◆ '생활 · 여가 · 문화도 '신중년 바람'

케이블방송 예능프로그램 '꽃보다 할배' 처럼 여행을 하는 신중년도 부쩍 늘었다. 여행사 하나투어의 전체 여행자는 2009년 118만 4,000명에서 올해 173만 2,200명으로 46%가량 증가했지만, 같은 기간 신중년 여행자는 10만 7,500명에서 27만 3,900명으로 155% 늘었다. 인터파크 투어 역시 신중년 고객들은 여행상품 구매에 평균 123만 원가량을 쓰는 것으로 나타나, 40대(131만 원) 다음으로 고급 여행상품 소비를 많이 하고 있다. 신중년은 특히 문화 소비의 '큰손'이다. 영화진흥위원회에 따르면 신중년 영화 관객은 2004년 35만 명에서 2013년 590만 명으로 16배 가까이 증가했다. 인터넷 영화 예매 사이트인 맥스무비에서는 "신중년 관객이 10대 관객 수에 육박했는데, 신중년 관객을 위한 특화된 시사회를 준비 중"이라고 한다. 예술의전당 전체 공연 티켓 중 10%는 신중년이 사고 있으며, 전체 유료 회원 7,400명 중 20%는 신중년이다.

자료: 프리미엄조선(2013. 12. 3.).

3. 실버소비자행동

실버산업에 참여하는 기업이 소비자행동을 연구하는 이유는 경쟁이 치열한 현대사회에서 기업이 생존하고 발전하기 위해서는 반드시 성공적인 판매가 전제되어야 하고, 성공적 판매를 위해서는 소비자와 관련된 모든 것을 알아야 하기 때문이다.

노년층의 소비행동을 이해하려면 소비자행동이 무엇이며 소비자행동에 영향을 미치는 요인들이 무엇인지를 알아야 하고, 이들 간의 인과관계 및 영향관계를 이해해야 한다. 이 절에서는 소비자행동의 개념과 과정을 살펴보고, 노인들이 소비자로 행동할 때 나타나는 행동특성과 이에 영향을 미치는 요인들을 살펴본다.

1) 소비자행동의 이해

소비자행동은 인간의 욕구를 충족시키기 위해 일어나는 행동이다. 인간의 사회적 활동의 대부분은 직간접적으로 선택과 소비라는 행동과 깊은 관계를 가지며 이러한 선택 및 소비 행동은 소비자행동으로 나타난다.

흔히 소비자행동이라고 하면 제품의 구매 및 사용과 관련된 소비자의 외형적 행동만을 의미하는 것으로 생각하기 쉽다. 그러나 소비자행동을 연구하는 학자들은 소비자의 내면에서 일어나는 심리적 변화에 더 큰 관심을 보인다. 외형적으로 나타나는 소비자의 행동을 이해하고 다음 행동을 예측하려면 그런 행동을 유발시킨 내적 원인과 의사결정과정에 대한 이해가 매우 중요하기 때문이다. 따라서 소비자행동이라는 개념은 상당히 포괄적인 개념으로 이해해야 한다.

소비자행동이란 제품을 탐색 · 평가 · 획득 · 사용 또는 처분할 때 개인이 참여하는 의사결정과정과 신체적 활동이라고 정의할 수 있다. 또한 소비자행동은 구매 및 사용 또는 소비를 위한 소비자의 최종적인 실행행동은 물론 구매결정과 관련하여 발생하는 소비자의 내적 · 외적 행동과정 모두를 포함한다(이학식, 안광호, 하영원, 2006). 좀 더 구체적으로 살펴보면 제품을 직접 구매하고 사용하고 소비하는 행동, 구매결정을 위해 정보를 수집하고 제품이나 상표를 서로 비교 검토하는 행동, 특정 제품이나 상표를 인지하고 그에 대한 태도와 선호도를 형성하는 행동, 그러한 과정에서 발생하는 소비자의 심리적 움직임까지 소비자행동의 범주에 포함되는 것이다.

(1) 구매의사결정과정

소비자는 자신이나 가족 혹은 타인을 위하여 여러 가지 제품을 구매하는데, 이러한 구매행동은 구매 당시의 특정 욕구를 충족시키기 위한 것이다. 특정 욕구는 어떤 시점에서 자신의 현재 상태와 그에 상응하는 바람직한 상태 간에 상당한 차이를 느끼게 되면 그 차이를 해소하기 위해 자연스럽게 나타나게 된다.

한 예로 갈증이 나면 자연히 갈증이 나지 않는 상태를 원하게 되고 마실 것에 대한 욕구가 발생한다. 구매의사결정과정에서는 이렇게 욕구를 인식하게 되는 것을 문제를 인식한다고 표현한다.

소비자는 문제가 인식되면 이를 충족시켜 줄 수단에 대한 정보를 탐색하게 되며, 이때 자신이 기억하고 있는 정보를 떠올리거나 이것으로 충분하지 않을 때는 새로운 정보를 탐색하여 적절한 수단이 있는지를 알아보게 된다. 이 단계를 정보탐색이라고 하며, 소비자는 정보탐색을 통해 얻어진 정보를 토대로 여러 가지 대안을 놓고 비교・평가하여 자신의 지불 능력에 비추어 가장 마음에 드는 대안을 선택하고 그것을 구매하게 된다. 즉, 구매과정은 특정 상표에 대한 구매결정뿐 아니라 그 상표를 취급하는 여러 점포 중 한 점포를 선택하는 과정과 해당 점포 내에서의 쇼핑과정을 포함한다. 또한 제품을 구매하고 사용하면서 소비자는 제품에 대해 만족감이나 불만족감을 가지게 되는데, 소비자의 불만족감은 이를 해소하기 위한 불평행동으로 이어진다.

이러한 일련의 소비자 의사결정과정에는 소비자의 학습 상태, 개성, 라이프스타일 등의 개인적 요인과 문화, 사회 계층, 준거집단, 가족 등의 환경요인이 영향을 미치게 되므로 소비자행동은 보다 다양하고 복잡한 양상을 보이게 된다.

(2) 정보처리과정

정보처리과정은 소비자가 마케팅 정보에 노출되는 것으로부터 시작된다. 소비자는 거의 매일 수많은 제품, 광고, 판매원 등의 마케팅 자극물에 노출되며, 자신의 의사결정을 위한 정보탐색과정에서 더 많은 정보를 얻기 위해 스스로를 의도적으로 여러 가지 정보에 노출시킨다. 이렇게 노출된 많은 정보, 즉 자극물에 흥미를 느끼면 소비자는 그 정보에 주목하게 되어 정보의 내용이 무엇인지를 이해하고자 하는데, 이런 현상을 정보처리라고 한다. 이렇게 처리된 정보는 과거의 정보와 경험이 들어 있는 기억 속에 새로운 정보로 저장되며 그 내용들을 토대로 대상에 대한 새로운 태도가 형성되거나 기존의 태도가 변화된다.

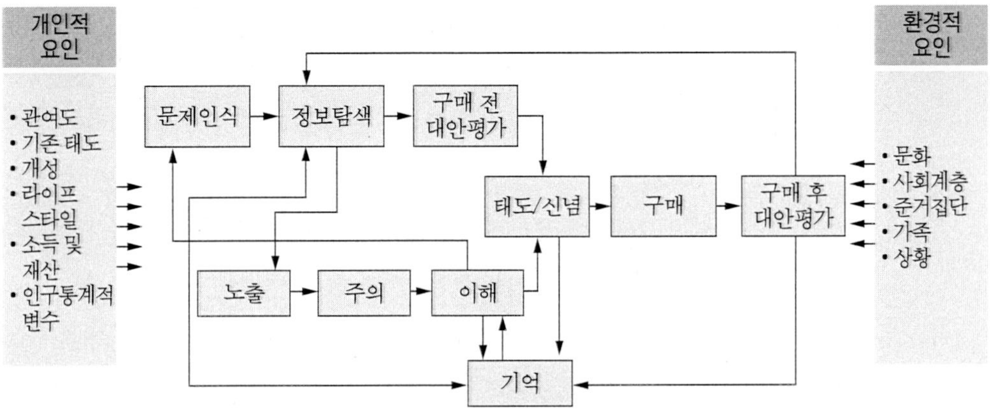

[그림 5-1] 실버소비자의 구매의사결정과정 및 정보처리행동

자료: 이학식 외(2006). 소비자행동 마케팅전략적 접근, p. 36에서 재구성.

이처럼 일련의 과정을 거쳐 처리된 정보는 당면한 구매의사결정에 영향을 미치거나, 추후 소비자가 새로운 구매의사결정을 할 때 기억 속에서 나와 구매의사결정과정에 영향을 미치게 된다. 이해를 돕기 위해 [그림 5-1]에 실버소비자의 구매의사결정과정과 정보처리행동을 도식화하였다.

2) 실버소비자의 구매행동 특성

(1) 정보습득

실버소비자는 여러 가지 원천으로부터 정보를 얻는다. 그중 가장 신뢰할 만하고 이용하기 쉬운 원천은 그들 자신의 경험과 지식이다. 몇몇 연구에서 실버소비자들은 구매결정 시 제품과 서비스에 대한 과거의 경험과 지식을 많이 이용하며, 개인적 판단과 경험을 매우 중요하게 여긴다고 보고하고 있다(Schiffman, 1971; Schutz, Pamela, & Hawkes, 1979).

또한 다른 사람을 통해 얻는 다양한 정보는 실버소비자의 정보탐색 행동에 특별한 의미를 부여하게 된다. 그러므로 가족, 친지, 친구는 실버소비자가 중요한 구매결정을 할 때 유용한 정보를 제공해 주며, 그들에 대한 신뢰도는 경제적 · 사회적 중요성이 높을수록, 잘못된 선택으로 인한 위험수준이 높을수록 증가한다. 실버소비자가 정보원천으로 젊은 층보다 가족을 더 중요하게 생각하는 것은 가족이나 친지를 친구나 이웃 혹은 판매원보다 더 믿고 의지하기 때문이 아닌가 생각된다. 노인요양시설에 들어가는 것을 결정할 때 다른 사람들이나 친척들의 의견이 많이 관여하는 경향이 이에 해당한다.

실버소비자는 TV, 신문, 라디오, 잡지와 같은 전통적인 대중매체를 통해 주로 정보를 얻으며, 이 중 가장 영향력 있는 매체는 단연 TV다. 우리나라의 한 연구에서는 연령대가 높아질수록 TV 시청량이 증가하여, 70세 이상의 경우 가장 적게 시청하는 청소년층과 비교할 때 거의 5배 정도이고, 노인 응답자의 90% 이상이 TV를 통해 뉴스와 정보를 주로 얻는다고 보고하였다(김영주, 정재민, 2006). 실버소비자는 TV를 가장 널리 이용하면서 가장 믿을 수 있는 정보매체로 여기는 편이다. 대체로 그들은 광고에서 노인들이 초라하게 묘사되거나 특정한 방향으로 치우치고 고정된 이미지로 묘사된다고 생각함에도 불구하고 대중매체를 신뢰하는 경향이 있다(김상훈, 최환진, 1997; Goldring & Compay, 1987). 이 외에 다른 정보원천으로는 전화번호부, 정부나 소비자단체에서 발간하는 보고서, 판매원, 매장 내 판촉, 샘플 등이 있는데 실버소비자는 이러한 원천을 통해 좀 더 구체적인 정보를 얻기도 한다. 또한 노년층을 대상으로 발간되는 신문이나 잡지는 훨씬 효과적인 정보원천이 된다.

정보원천을 대중매체 등의 공식적 원천과 가족, 친구, 이웃 등의 비공식적 원천으로 구분한다면 실버소비자는 비공식적 정보원천을 더 중요하게 생각하며, 그중에서도 가족 구성원과 친구들을 가장 신뢰한다. 그러나 비공식적 원천을 더 중요하게 생각하면서도 가끔은 공식적 원천의 영향을 받기도 한다. 공식적 원천 중에서는 대체로 TV와 신문에 대한 신뢰도가 높으며, 구매의사결정 시에는 신문의 영향력이 다른 어떤 매체들보다 높게 나타났다(Schreiber & Boyd, 1980).

TV와 신문의 신뢰도와 영향력 사이의 차이점은 다음과 같이 설명할 수 있다.

먼저, 실버소비자는 정보를 처리하는 데 어려움을 느끼며 처리속도가 젊은 층보다 느리다. TV는 시청자의 의지와 관계없이 정해진 속도로 흘러가지만 신문은 원하는 만큼의 속도와 횟수로 내용을 습득할 수 있다. 두 번째는 실버소비자는 고정된 수입으로 생활하기 때문에 신문에 끼어 있는 쿠폰이나 전단지, 홍보인쇄물 등의 특별한 판매촉진물에 더 잘 반응하는 경향이 있다.

소비자로서 이용하는 정보원천의 종류는 노년층과 젊은층 간에 큰 차이가 없지만 정보원천에 대한 노출 정도와 신뢰도는 차이가 있다. 실버소비자는 외부에서 얻어지는 정보에도 영향을 받지만 과거의 경험이 보다 강력한 내적 원천으로 작용하는 경향이 있다. 또한 광고와 같이 기업이 제공하는 정보를 이용하는 데 점차 더 어려움을 느끼기도 하지만 비공식적인 인적자원을 쉽게 이용할 수 없을 때는 부족분을 보충하기 위해 기업이 제공하는 정보를 신뢰하기도 한다(Moschis, 1992).

(2) 제품평가와 선택

실버소비자는 브랜드, 제품, 서비스를 평가할 때 다양한 기준과 속성을 이용하며 제품이나 서비스 종류에 따라 다른 기준을 사용하는 경향이 있다.

대부분의 구매의사결정 시 중요한 고려사항 중의 하나는 가격이다. 실버소비자는 다른 연령층에 비해 상점에서 특별 할인품을 더 많이 찾는 경향이 있다. 하지만 구매상황에 따라 가격의 중요성은 달라진다. 예컨대, 제품과 서비스의 가치나 품질이 비슷할 때는 가격의 중요성이 더 커지고, 제품의 품질이나 성능이 다양할 경우에는 가격은 이차적인 역할을 한다. 일반적으로 실버소비자는 가치를 가격보다 중요하게 생각한다(Miklos, 1982).

또 다른 기준 중의 하나는 광고에 실린 정보다. 미국 조지아 주립대학교 노인소비자연구센터(Center for Mature Consumer Studies: CMCS)의 연구에 의하면 55세 이상 소비자 중 30% 정도가 실버소비자를 표적으로 한 광고를 보고 광고가 마음에 들어서 그 제품을 구입한 경험이 있는 것으로 조사되었다. 반면, 동일한 비율의 소비자는 광고에서 보여 준 노인의 이미지가 불만족스러워 제품을 사지 않은 경험이 있는 것으로 나타났다(Moschis, 1989). 이러한 연구결과는 광고 내용이 구매의사결정에 영향을 미칠 수 있으므로 광고 모델 선정 시에 주의해야 함을 시사한다.

65세 미만의 소비자는 노인 모델을 자신과 동일시하지 않는 경향이 있으며, 65~74세 연령층은 광고에서의 노인 묘사에 가장 민감하였다. 연구결과에 따르면 실버소비자는 자신을 실제 나이보다 젊게 인식하는 경향이 있으므로 자신보다 어린 모델을 선호하고 효과도 높은 것으로 나타났다. 반면, 75세 이상의 소비자는 노년기의 규범이 내면화되어 노인에 대한 고정관념에 보다 잘 적응하는 것으로 나타났다(부경희, 2005; Moschis, 1989).

품질보증은 모든 구매상황에서 중요한 속성은 아니지만 때로는 중요한 문제가 되기도 한다. 몇몇 연구에서 노년층 소비자가 젊은 층보다 더 많은 보증을 요구하며, 구매 시에 보증을 가장 중요한 속성으로 평가하는 것으로 나타났다(Moschis, 1989; Whirlpool Corporation, 1983). 보증을 강조하는 것은 구매와 관련된 위험을 줄이고자 하는 실버소비자의 욕구를 반영한 것일 수도 있다. 또한 이들은 견본제품을 선호하며, 지역 내에 서비스센터를 가진 제조업자를 선호하는 경향이 있었다.

내용은 '실버'라도 포장은 '젊음'으로

'아름다운 50대가 늘어나면 일본이 변한다.' 일본의 유명 화장품업체 시세이도가 몇 년 전 실버시장을 공략한다며 내세운 광고 문구다. 그러나 50대 이상을 겨냥한 이 안티에이징 화장품은 판매가 거의 되지 않았다. 50대 이상 여성들이 '50대'라는 표현에 거부감을 느낀 것으로 분석됐다. 이후 시세이도는 특정 연령대를 강조하기보다 제품 기능을 부각하는 쪽으로 광고 전략을 바꿨다. 기능성 고급 화장품으로 광고하자 두둑한 지갑을 가진 시니어층의 구매가 줄을 이었다.

지난 2011년 ○○백화점이 서울 본점에 오픈한 실버 기프트 편집숍은 최근 실적 저조를 이유로 문을 닫았다. 실버시장이 커질 것으로 보고 건강보조식품, 의료용품 등을 한데 모아 진열한 매장 앞에 '실버'라는 단어를 붙인 게 패착(敗着)이었다. 백화점 측이 겨냥한 50~60대 실버소비자들은 자신을 실버라 생각하지 않을 뿐더러 실버용 매장에 매력을 느끼지 못했다.

시니어층은 자신의 나이를 곧이곧대로 받아들이지 않는다. 외국의 연구 결과에 따르면 실버 소비자는 자신의 나이를 실제 나이보다 6~12년 젊게 인식한다고 한다. 골프 여행 상품을 기획할 때 '시니어투어' 보다 '챔피언투어'로 하거나, 화장품 판촉을 할 때 '50세 이상을 위한 메이크업' 보다 '열 살 젊어지는 메이크업' 이란 표현을 쓰는 게 더 효과적인 것도 이 같은 이유다.

자료: 매일경제(2013. 7. 16.).

(3) 구매습관 및 패턴

① 구매방법

노년층에게 가장 많이 선호되는 상품구입 방법은 점포 내 구매다. 미 북동부 중소도시에 사는 260명의 노인을 대상으로 실시한 설문조사에 의하면 소매점을 이용해 본 적이 없다고 응답한 사람은 8%에 불과했다(Moschis, 1992). 여러 보고서에서는 점포 내 구매가 실버소비자에게 중요한 사회적 활동이 되고 있다고 밝히고 있으며, 실버소비자는 홈쇼핑보다 점포 내 구매를 더 선호하지만 소매점 구매와 관련된 인구통계학적인 정보는 거의 밝혀지지 않고 있다(Barnes & Peters, 1982; Moschis, 1992). 그러므로 지금까지 발표된 일부 성향은 특정 형태의 구매에만 적용할 수 있는 것이다. 예를 들면, 고소득 실버소비자가 저소득 실버소비자보다 소매점에서 가전제품, 보험, 화장품, 인테리어용품, 구독물, 과자나 사탕류를 구매하는 비율이 더 높았고, 지위가 높을수록 그러한 제품을 구매할 가능성이 더 높았다. 또한 자기 집을 소유한 사람이 그렇지 않은 사람에 비해 가구나 전자제품을 구매하는 비율이 높은 것으로 나타났다.

홈쇼핑을 포함한 무점포 판매방식은 1990년대에 카탈로그를 이용한 우편 주문 구매가 등장한 이후 계속 성장했다. 오늘날 집에서 물건을 구입하는 방법은 방문판매, 우편 주문, 전화 주문, 인터넷 쇼핑, 홈쇼핑 등으로 다양하다.

실버소비자의 무점포 구매에 대한 초기 연구에서는 소수의 고객만이 집에서 쇼핑을 즐긴다고 보고되었으며, 1990년대 들어 무점포 구매 빈도가 증가하는 것으로 나타났다. 미국에서 실시한 어느 연구에서는 50대 이상의 소비자 중 69%가 지난 3개월간 우편을 통해 제품 및 서비스를 주문한 경험이 있는 것으로 나타났고, 또 다른 연구에서는 매년 적어도 한 건 이상 주문하는 비율이 70% 이상인 것으로 나타났다. 실버소비자는 TV 방송이나 인터넷을 통한 구매도 친숙하게 여기는 것으로 나타났으며 카탈로그를 통한 구매는 55~64세 연령집단이 가장 많이 이용했다고 보고하였다(AARP, 1990; Darian, 1987).

2008년도에 이루어진 한 연구에 의하면 우리나라 60대 이상의 노년층 중 컴퓨터나 인터넷을 이용하는 비율은 11.4%에 이르며, 이 중 10% 이상이 쇼핑몰 판매 및 구매를 목적으로 컴퓨터나 인터넷을 이용하는 것으로 나타났다(계명대학교, 2009). 이 수치는 2004년의 조사결과(한국보건사회연구원, 2005)에서 60대 이상 노년층의 5.4%만이 이용한다고 응답하였던 것과 비교하면 2배 이상 증가한 것이다. 이러한 추세로 볼 때 앞으로 무점포 구매율은 계속 증가할 것이다.

그러나 실버소비자가 무점포 구매방식을 이용하기는 하지만 젊은 층 소비자보다 구매율은 떨어진다. 젊은 층은 생활주기상 가족 수가 많아 구매의 필요성이 많고 인터넷 및 통신기기에 익숙하기 때문에 구매 시 장애를 덜 느끼지만 실버소비자는 그렇지 않아서 구매를 많이 하지 않는 것으로 볼 수 있다(Moschis, 1992).

온라인 '큰손' 부상한 실버세대

온라인 쇼핑 시장에서 60대 이상 '실버고객'이 큰손으로 떠오르고 있다. 건강한 실버세대 인구가 늘면서 골프 · 등산 · 낚시 등 레저용품을 온라인에서 구매하는 '어르신'이 급증한 덕이다. 기존 오프라인에서 주로 구매하던 지팡이 · 보청기 등 건강 관리 용품도 온라인 매출이 꾸준히 늘어나는 추세다.

아웃도어용품은 통 크게 쓰되 나름 취향을 유지하는 60대 이상 고객의 구매 성향을 잘 드러낸다. G마켓에 따르면 지난 11월 한 달간 60대 이상 고객이 등산장비를 구매한 비율은 전년 동기보다 346% 늘었다. 남성용 등산재킷 판매도 83% 증가했다. 전체 연령대에서 등산장비와 등산재킷 판매가 각각 78%, 68% 늘어난 것과 비교하면 증가폭이 최대 4배 이상 차이가 난다.

실버세대가 무리 없이 즐길 수 있는 골프 · 낚시 등 비교적 정적인 아웃도어용품도 인기가 높다. 골프 드라이버는 전체 연령대에서는 지난해보다 15% 많이 팔리는 데 그쳤지만 60대 이상 고객에서는 100%나 더 팔렸다. 골프 연습용품과 바다낚시 바늘 등도 각각 전년보다 189~225% 늘어났다.

충격을 줄여 주는 T자 손잡이 등산용 지팡이나 넘어질 때 골반과 고관절을 보호해 주는 팬티형 보호패드 등 실버층을 위한 맞춤형 레저용품도 온라인에서 쉽게 찾아볼 수 있다.

60대 이상 고객 수는 아직 전체 고객 중 1%대다. 이 미미한 숫자를 온라인 쪽에서 신경 쓰는 이유는 객단가 때문이다. 2012년 매출을 분석한 결과 60대 이상 고객이 다른 연령층보다 1인당 평균 구매금액이 약 50% 많은 것으로 나타났다.

지난해보다 올해 60대 연령의 구매가 늘어난 제품에는 실버용품(85%), 물티슈 · 성인패드류(77%) 외에도 노트북PC(54%), TV · 냉장고 · 세탁기 · 에어컨(45%), 침구 · 커튼 · 인테리어(42%) 등이 포함되어 구매품목이 다양해지고 있는 것과 동시에 다른 연령대에선 잘 구매하지 않는 고가 제품도 온라인을 통해 구매하고 있는 것으로 나타났다.

건강관리용품 시장도 함께 커지고 있다. 60대 이상 고객이 2011년 19%, 2012년 16% 등 전년보다 늘어나자 G마켓에서는 지난해부터 실버세대 전용 카테고리를 운영하고 있다. 롯데닷컴에서는 지난해 11월보다 올해 11월 건강 관리 제품 매출이 20% 늘었다. 작동이 편리한 가정용 체온계와 건강식품을 쉽게 조리하는 오쿠세트 등이 인기 상품으로 꼽힌다. 옥션에서는 3~4만 원대 혈압계가 잘 팔린다. 대부분 판매에 특별한 자격이 필요 없는 일반 건강관리용품이다.

60대 고객 구매 늘어난 제품

구분	전체 연령(%)	60대 이상(%)
실버용품	33	85
물티슈/생리대/성인패드	12	77
노트북/데스크톱	12	54
TV/냉장고/세탁기/에어컨	12	45
침구/커튼/인테리어	6	42
내비게이션/하이패스/블랙박스	6	40
전체	4	16

자료: G마켓(2012년 1~11월).

자료: 매일경제(2012. 12. 4.).

② 구매 필요성

일부 연구에 의하면 실버소비자의 구매는 경제적 필요성에만 국한된 것이 아니라 사회적 · 미학적 필요로도 행해지고 있다는 것을 알 수 있다(Barnes & Peters, 1982; Moschis, 1992). 이들은 점포 내에서 사회와 상호작용하면서 쇼핑의 큰 즐거움을 경험하는데, 이때 구매하는 상품 종류와는 관계가 없다. 노년층은 쇼핑을 하기 위해 육체적인 수고를 해야 하지만 그와 동시에 수고에 대한 사회적 보상을 경험하게 된다. 이러한 보상은 주로 심리적인 것으로, 예를 들면 쇼핑을 통해 사회에 속해 있다는 소속감, 사회의 일부분임을 느끼는 것 등이다. 즉, 노년층에게는 구매를 한다는 행위 자체가 젊은이들과 어울릴 수 있는 기회를 제공하며, 그것이 쇼핑 목적이 되기도 한다는 것이다.

또 실버소비자는 때로는 거주지에서 멀리 떨어진 점포를 이용하기도 한다. 중요한 구매일수록 구매를 위해 먼 거리를 이동한다고 생각하기 쉽지만, 실버소비자들이 멀리 가는 경향은 이전에 학습된 구매행동 패턴 때문일 가능성이 더 크다(Mason & Smith, 1974). 인생 초년기에 특정한 제품은 특정 장소에서 구매하도록 사회화되면 이러한 행동 패턴이 노년기에 이를 때까지 계속된다고 볼 수 있다.

③ 구매빈도

일부 연구에서 실버소비자 중 50% 정도는 매주 한 번, 30% 정도는 매주 두 번 정도 가정용품이나 식료품을 구매한다고 보고하였다(Schutz et al., 1979). 이는 다른 연령층에 비해 비교적 횟수가 높은 편인데, 이유는 노년층이 시간과 노력을 최소화하고 절약하려는 의도가 없고, 구매과정을 통해 시간을 보내고 세상과 연결되어 있다는 느낌을 받고 싶어 한다는 점 때문으로 추측된다.

또한 생필품 구입빈도가 잦은 것은 노인들이 단기기억력 저하로 인해 보다 효과적인 구매를 할 수 있는 능력이 떨어지고 있음을 암시한다. 메이슨과 비어든(Mason & Bearden, 1978)은 노인들은 기억력이 감퇴하기 때문에 젊은 층보다 구매목록을 많이 이용한다고 하였다. 구매목록은 구매할 물품을 잊어버리는 것을 방지하여 기억력을 증진시키는 수단이 되므로, 실버소비자는 구매할 품목의 목록을 작성하고 메모하면서 기억력 저하에 효과적으로 대처할 수 있다.

④ 구매시간대

노년층이 선호하는 구매시간을 조사한 연구는 거의 없지만 대체로 노년층은 상점이 덜 붐빌 때 쇼핑하기를 좋아하는 것으로 나타났다. 실제로 메이슨과 비어든(Mason & Bearden, 1978)의 연구에 따르면 많은 실버소비자가 낮 12시 이전에 식료품을 구매하는 경향이 있는 것으로 조사되었다. 반면, 젊은 층은 구매행동을 가족단위의 즐거운 경험으로 활용하거나, 낮에는 근무를 해야 하므로 저녁시간대에 구매하기를 선호하였다.

⑤ 구매편의성

실버소비자의 구매성향 중 대부분은 나이가 들어 발생하는 생물학적 · 사회

심리학적 변화 때문에 나타난다. 구매편의성은 모든 연령층에서 중요하게 여기는 구매결정요소이기는 하지만 편의성의 종류에는 차이가 있다(Moschis, 1992). 예를 들면, 젊은 사람들은 쇼핑에 할애할 수 있는 시간이 한정되어 있으므로 시간적인 편의성을 높게 평가하는 반면, 노년층은 상점까지 가는 데 어려움을 느끼므로 물리적 근접성을 더 중요하게 생각한다. 한편, 실버소비자는 다른 연령층에 비해 이용하는 점포 수가 적으며, 전문점보다 백화점을 선호하는 경향이 높았다. 왜냐하면 백화점이 전문점보다 다양한 상품구색을 갖추고 있어서 여러 곳을 다니기 힘든 노년층의 편의성을 높여 주기 때문이다.

⑥ 애호행동

실버소비자는 자신에게 적극적으로 관심을 보이는 점포나 판매원을 좋아하며, 상인들의 그러한 행동을 오랜 단골고객에 대한 감사와 존중의 표현으로 보는 경향이 있다(Moschis, 1992). 활동이론과 관여이론의 관점에서는 노년층이 상인들의 관심 행동을 자신이 사회적으로 인정받는다는 것으로 느끼며, 이런 느낌이 단골이 되기로 결심하는 데 중요한 역할을 한다고 본다. 물론 실버소비자는 점포를 선택할 때 여러 가지 판단기준을 사용하지만, 그중에서도 상인들이 제공하는 서비스를 가장 중요한 것으로 생각한다. 서비스란 판매원의 예의 바르고 참을성 있는 대우, 고객이 상품을 찾을 때 도와주는 것, 상품 선택을 도와주는 것, 점포 밖까지 짐을 운반해 주는 것, 집까지 배달해 주는 것, 지쳤을 때 쉴 수 있는 공간을 제공해 주는 것 등이다. 이러한 서비스는 소비자의 연령이 높을수록 더욱 중요하다고 생각하는 것으로 나타났는데, 그 이유는 실버소비자는 노화해 가면서 정보처리능력 저하와 몸의 움직임 둔화 등의 인지적 · 생물학적 변화를 겪게 되고 이로 인해 쇼핑에 어려움을 느끼게 되기 때문이다. 또한 판매원이 비슷한 연배일 경우, 실버소비자들은 그 점포를 더 친숙하게 느끼는 편이다.

실버소비자가 소매점을 평가하고 선택할 때 사용하는 기준은 나이, 점포유형, 구매목적에 따라 각기 다르게 나타난다(Moschis, 1990). 의류 및 신발 상점에서의

"할머니도 유혹한다"… 日 다이신 백화점의 성공비결

MBC 교양프로그램 'MBC스페셜'은 '다이신, 할머니를 유혹하다'를 방송하면서 일본 내 불경기로 백화점들이 연속 문을 닫는 와중에 홀로 건재하고 있는 도쿄 다이신 백화점의 성공 전략을 소개하였다. 제작진은 "불경기 속에서도 살아남은 백화점의 경영비법을 통해 참된 경영철학이 무엇인지를 생각하게 되는 계기가 됐으면 좋겠다."고 설명했다.

일본 도쿄 오타(大田)구 쇠락한 상점가에 위치한 다이신 백화점. 다이신이 위치한 오타구 지역에는 대형 백화점과 마트 8개가 치열하게 상권을 다투고 있다. 8개의 거대기업들을 물리치고 다이신은 6년 연속 지역 매출 1위를 지키고 있다. 매출 1위의 비밀은 30년 넘게 매장을 가득 메우고 있는 단골 할머니들이다. 할머니들이 매일 가고 싶은 백화점. 그들은 왜 다이신에 열광하는 것일까.

◆ 다이신에는 특별한 무언가가 있다

다이신 백화점에서 판매하는 상품은 모두 18만여 종. 칫솔 종류만 300여 종이며 애완동물 사료는 1만여 가지를 넘어선다. 일반 매장에선 좀처럼 볼 수 없는 이색 상품도 많다. 100년 전통의 비누, 포마드와 새똥으로 만든 세안제는 물론 돼지털로 만든 칫솔, 분말 치약은 다이신의 스테디셀러다. 단 한 명의 고객이라도 원한다면 상품을 갖추어 놓는 것이 다이신의 경영철학이다.

자료: MBC 스페셜(2011. 9. 23.).

◆ **노인들의 쇼핑 천국**

하루도 빼지 않고 다이신을 찾는 고객은 160여 명으로 주로 고령층이다. 노인용 캐리어, 보행기, 신발, 기저귀 등의 고령용품은 타의 추종을 불허할 정도로 그 종류가 다양하다. 다른 매장에서 볼 수 없는 카세트테이프, 세탁과 탈수 부분이 나뉜 2조식 세탁기 같은 구식제품들은 최신식을 다루기 힘든 노인들의 요구를 만족시킨다. 노인을 위한 배려는 매장 곳곳에서 드러난다. 생선회 3점, 김밥 1개 등 고령자의 양과 기호도를 배려한 소량팩 코너는 단연 최고의 인기를 구가한다.

다이신 백화점의 니시야마 히로시(西山敷 · 64) 사장은 방송을 통해 경영비법을 공개했다. 첫째는 고객들과 친밀한 관계를 유지하는 것이다. 그가 매장에 얼굴을 자주 비치며 직접 접객을 하니 직원들도 더 열심일 수밖에 없다. 영업시간 중에 상품 진열을 하면서 언제나 보이는 곳에 직원을 두어 고객이 필요로 할 때마다 제품에 대한 정보를 제공할 수 있는 환경을 만든다. 두 번째는 "반경 500m 점유율 100% 주의하라." 다. 다이신이 위치한 오타구 지역에는 대형마트와 대형슈퍼 체인점이 무려 8개나 포진해 있지만, 다이신의 반경 500m 지역은 어떤 거대자본도 들어서지 못하고 있다. 이 특별한 백화점이 지역 상권의 무려 70% 이상을 점유하고 있기 때문이다. 다이신은 편도 500m를 최대 상권으로 정해 고령자를 집중 공략하는 소(小)상권 전략을 쓰면서 지역 주민을 대상으로 한 다양한 서비스를 제공한다. 세번째는 "지역에 환원하라." 다. 다이신은 3년 전부터 지역 주민들을 위한 마쯔리(축제)를 열고 있다. 매년 여름과 겨울, 두 차례 백화점 주차장에서 마쯔리가 열린다. 니시야마 사장은 고객, 아이들, 주변 지역 상점에 직접 초대권을 돌리며 마쯔리를 홍보한다. 다이신은 마쯔리를 여는 데 회당 1,000만 엔의 예산을 들인다.

자료: 한국경제(2011. 9. 23.).

주된 선택기준은 판매원의 도움과 반품 용이성, 친숙한 상표의 제품 구색 여부, 할인판매 가능성 등이었다. 식료품점의 경우는 청결성, 명확한 가격표시, 판매원의 친절성 등이었다. 가구나 가전제품처럼 비교적 고가의 제품인 경우 직원의 도움이 가장 중요한 선택 기준으로 나타났으며, 병원은 접근 용이성, 의료비용의 적절성, 서류작성에 도움을 줄 수 있는 직원의 유무 여부, 유명한 의사의 유무 여부 등이 중요한 기준이었다. 그리고 금융기관의 경우는 고객에게 도움을 줄 수 있는 유능한 전문가와 직원이 있는지가 중요한 요인이었다.

선택한 점포에 대한 충성도는 업종에 따라 차이는 있지만 대체로 젊은 층 소비자보다 높은 경향이 있다. 특히 개인적인 관계가 있거나 노인들이 필요로 하는 다양한 점을 도와줄 수 있는 직원이 있는 경우에는 그 점포에 대한 충성도가 높은 것으로 보고되고 있다.

무점포 구매 시에도 실버소비자는 그 기업에 대해 이전부터 가지고 있는 친숙성 때문에 특정 기업을 선택하는 경향을 보였다. 즉, 실버소비자는 잘 알려진 브랜드, 잘 알려진 기업, 제품과 브랜드에 대한 과거 경험, 판매원의 접근성, 기업에 대한 과거 경험들을 토대로 친숙성을 형성하며 이런 요인들을 중요 기준으로 삼고 있었다. 뿐만 아니라 제품시연과 판매원에 의한 구매 후 후속 조치, 신용구매 가능성, 제품시험 가능성 등도 중요한 기준으로 활용되었다.

3) 실버소비자의 정보처리

(1) 나이와 관련된 인지능력 차이

사람들은 나이가 들면서 인지처리능력이 변화하게 된다. 생물학적 관점과 심리적 발달 관점에서 이러한 변화를 설명해 본다(Moschis, 1992).

생물학적 관점은 신경 시스템적 차원에서 나이가 인지능력에 미치는 영향을 설명하는 것이다. 그중 하나인 처리자원(processing-resource) 이론에 의하면 나이가 많아지면서 처리자원 능력이 감소하므로 기억, 지식, 문제해결, 논리성이 감소한다는 것이다. 정신적 활동에는 여러 수준의 인지자원이 필요한데 이것은 나이가 들어 감에 따라 감소하며 특정 시점, 최대 할당 정도, 연령 등에 따라 개인차가 크다. 이러한 현상은 나이가 들면서 신경 시스템에 의해 수행되는 신호의 상대적인 강도, 뇌의 신호 대 소음의 비율이 감소하기 때문에 나타난다. 이 비율이 낮아지면 정보처리에 필요한 시간이 늘어나며, 자극을 구분하기 위해 더 많은 정보가 필요하게 된다.

또 하나의 이론은 노화하는 신경계에서 자극이 지속된 결과, 신경소음을 증가시킨다는 자극지속 모델이다. 나이가 들면서 자극의 흔적이 신경계에 오랫동안 남아 있게 되는데, 이 때문에 나중에 제시된 자극은 모호해지고 처리가 늦어지게 된다는 것이다.

심리적 발달 관점에 따르면 환경과의 활발한 상호작용과 기억 개발은 일생에 걸쳐 일어나게 된다. 많은 연구결과는 장시간에 걸쳐 지속된 환경과의 상호작용이 정보처리 능력을 향상시킨다고 보고하였다. 환경과 효과적으로 상호작용하는 데 필요한 노년층의 정보처리 기술은 '전문성' 혹은 '경험'과 관련성이 있다. 즉, 일생을 통하여 과업을 수행하면서 획득한 경험들은 노년층이 정보를 효율적으로 처리하는 데 도움을 주게 된다. 다시 말해 생체적인 변화로 인해 인지능력은 쇠퇴하는 경향이 있으나, 축적된 많은 경험이 인지체계에 대한 생체적 효과를 감소시키거나 신체적으로 나타나는 쇠퇴를 어느 정도까지는 보상하는 역할을 하는 것이다.

(2) 실버소비자와 광고 커뮤니케이션

일반적으로 노년층은 설득을 잘 당하는 편이며, 특히 광고 메시지에 쉽게 현혹되는 것으로 밝혀졌다. 소비자가 정보를 처리할 때 이미 가지고 있는 자원이 풍부하고 광범위할수록, 또 이를 처리하려는 노력을 많이 할수록 설득이 어려워지는데, 나이가 들수록 자원이 감소하고 처리능력이 떨어지므로 설득이 쉬워지는 것이다. 노년층이 광고 메시지를 잘 받아들이고 광고에서 전달하는 것을 그대로 믿는 경향은 이러한 설명을 증명한다.

노인들이 설득을 잘 당하는 또 다른 이유는 정보처리 속도가 느려지기 때문이다. 나이가 들면서 생물학적으로 신경계를 통해 전해지는 신호의 강도가 감소하며, 감각 신경계에서 유지되는 자극을 추적하는 시간은 길어지기 때문에, 단기간의 노출에서 받게 되는 자극을 처리하기 위해서는 보다 많은 시간이 필요하다(Axelord, 1963). 즉, 노인들이 짧은 시간 동안 제시되는 광고 메시지를 보고 그 안에 어떤 정보가 있는지를 알아차리기 위해서는 상대적으로 많은 시간이 필요하게 된다. 이런 현상은 TV 광고에 대한 이해도를 감소시키고 대중매체를 통한 메시지에서 제공되는 정보에 대해 옳고 그름을 판단하며 관련된 것과 그렇지 않은 것을 분리하여 판단할 수 있는 능력에 영향을 미친다.

또한 사람들은 기억을 자극하는 특별한 속성에 집중하며 그렇게 지각된 속성은 의사결정에 영향을 미치게 된다. 노년층은 모든 속성을 다 중요하게 지각하지 않기 때문에 상대적으로 중요하지 않다고 지각한 정보에 특별히 취약할 수 있다(Evans, Penny, Skorpanich, & Held, 1984). 더불어 노년층은 새로운 정보나 익숙하지 않은 환경을 처리하는 능력이 젊은 층에 비해 부족하다고 스스로 여기기 때문에 광고가 제시되는 그대로를 수용하는 경향이 있다(Phillips & Sternthal, 1977).

광고는 소비 대상에게 의도한 바를 그대로 수용시킬 수 있을 때 가장 효과적이다. 노화와 함께 나타나는 인지적 · 신체적 · 심리적 변화들로 인해 노년층은 광고 내용을 그대로 수용하기도 하지만 왜곡하여 지각하는 경우도 많아지게 된다. 따라서 노년층을 대상으로 광고를 시행하려 할 때는 노년층 소비자의 정보처리 능력의 변화, 매체 이용 습관, 광고 내용에 대한 반응 등을 연구하고 이해해야 한다.

4) 실버소비자의 구매만족과 불평행동

(1) 실버소비자의 취약성

일반적으로 노년층 소비자는 시장에서 희생당하고 불이익을 가장 많이 받는 집단으로 간주된다. 노년층의 의료 혹은 보험 관련 사기피해 비율이 높다는 사실이 이러한 믿음을 뒷받침해 주고 있으며, 이런 불이익은 '노인이 되는 현상'이라고 불릴 정도로 보편화되어 있다. 하지만 이러한 것들이 노년층의 취약성에 대한 정확한 해답을 제공하지는 못한다. 그 이유는 노년층이 자신들의 취약성을 알아차리지 못하고 있거나, 혹은 불이익을 당하고 있는 것을 인정하기가 어렵기 때문이다.

여러 연구에서 노년층 소비자의 불평성향이 낮다고 보고하고 있는데, 여기에서 그들이 나쁜 경험을 상기하는 능력이 부족할 뿐만 아니라, 불공정한 행위를 감지하거나 취약성을 알아차리는 능력이 부족하다는 점을 발견할 수 있다(Moschis, 1992). 한 예로 미국은퇴자협회인 AARP(American Association of Retired Persons)가 소비자의 입장에서 속임을 당했다는 사실을 얼마나 자주 경험했는가를 물었을 때 노년층 응답자들이 중년층 응답자들보다 속임을 적게 느낀다고 답하였다(AARP, 1990). 이러한 연령 간 차이는 상인들은 소비자를 속이려 한다고 생각한다는 질문에 대한 응답에서도 나타났다. 이러한 사실은 노년층이 불공정행위를 구분하고 싫어하기는 하지만 직접 당하게 되는 사기행위는 알아차리지 못하는 경우가 많다는 것을 암시한다. 또한 이 자료들은 노년층이 제품이나 서비스에 대해 만족하지 않아도 중년층보다는 불만을 덜 제기할 것이라는 점도 보여준다.

즉, 실버소비자가 사기행위에 취약하고 강매의 희생자가 되기 쉽다고 생각되고 있지만, 여러 자료를 토대로 살펴보면 이 사람들이 정말로 피해를 입었는지, 만일 그렇다 하더라도 그들이 정말로 젊은 층보다 더 취약한지, 또는 그저 특정한 제품이나 서비스에 대해서만 더 취약한지를 명확하게 알 수는 없다(Moschis,

1992). 뿐만 아니라 비윤리적 상업행위에 대한 민감성을 측정하는 지표로 불평행동이 이용되고 있지만 이 행동은 불평을 할 수 있는 능력, 정확한 반응표현, 구매성향, 사업의 표적 대상화 등 나이와 관련된 다른 요인을 설명해 주지 못하므로 취약성의 정도를 측정하는 데 좋은 지표가 되지 못한다. 따라서 상업적 영향력에 대한 노년층의 민감성을 토대로 이 문제에 접근하는 것이 더 타당할 수 있다. 즉, 불공정행위, 잘못 구매한 경험, 사회적 고립, 정신적 · 신체적 변화, 신체건강에 대한 지각 등이 노년층의 구매행동 시의 취약성을 설명해 주는 것이다.

(2) 실버소비자의 취약성 측정지표

불공정한 영업행위에 대한 인지는 구매 전에 사기행각을 알아차리고 피할 수 있는 수단이 되므로 실버소비자가 기업의 불공정행위를 얼마나 인식하고 있는지가 노년층의 취약성을 측정하는 데 이용될 수 있다. 관련 연구들에 따르면 노년층 소비자는 불공정하며 불합리한 기업행위를 젊은 층보다 적게 인지하고 있는 것으로 나타났다. 부당한 강매, 제품의 안전도, 광고, 보증 등과 관련된 사항에 대한 인지도가 낮았으며, 응답자들의 75%가 그들에게 노출된 여섯 가지의 사기행위 중 두 가지 이상을 발견하지 못하기도 했다(Ganim, 1979; McGhee, 1983).

실버소비자의 과거 구매경험을 검토하는 것도 취약성을 평가하는 기준으로 사용할 수 있다. 불만족스러운 구매경험이 많은 것은 이들이 사기를 당했거나 제품에 취약했기 때문이며, 불공정행위를 인지하지 못한 것이 원인이 된다. 만약 실버소비자가 구매 관련 경험이 많고 비윤리적 행위에 대한 인지도가 높다면 제품에 대한 불만족스러운 경험은 감소될 것이다.

또한 은퇴나 배우자 상실과 같이 노년기에 경험하게 되는 생애사건이 여러 방향으로 취약성에 영향을 미칠 수 있다(Moschis, 1992). 은퇴나 배우자 상실과 같은 사건으로 인해 실버소비자는 은퇴자나 미망인으로 살게 되는데 이는 평생 해 보지 않았던 새로운 역할이므로 이런 역할을 어떻게 수행해야 하는지를 알지 못한다. 따라서 실버소비자는 주변에서 역할수행을 위한 기준을 찾게 되며, 이 과정에서 대중매체는 노년기의 역할수행을 위한 규범과 기대를 제공해 주는 무한한 정보원천으로 작용하게 된다. 대중매체와 광고에서 보여 주는 나이에 관한 부정적인 이미지에 영향을 많이 받은 사람일수록 노년기에 대한 고정관념이 많아지고 더욱 노인화되는 경향이 있어 결과적으로 스스로의 보호능력에 대한 자신감을 약화시키고 취약성을 증가시키게 된다.

노화의 정도 또한 취약성 측정지표로 이용할 수 있다(Moschis, 1992). 노화는 슬픔, 외로움, 두려움을 증가시키며, 이런 경험은 불쾌한 감정을 완화시켜 줄 수 있는 제품이나 서비스에 대한 욕구를 발생시켜 신체적으로 젊어지게 하고 성적 능력을 높이거나 숙면을 취하게 도와주는 제품에 대한 관심도가 높아진다.

청각이나 시각적 능력과 같은 감각기관의 변화는 노년층이 판매원과 상호작용을 할 때나 마케터가 제공하는 정보를 이용할 때 영향을 줄 수 있다. 즉, 제품에 첨부되어 있는 정보를 읽는 능력이 쇠퇴하여 제품을 비교하는 데 어려움을 겪을 수 있다는 것이다. 한 연구에서는 50세 이상의 노년층이 구매결정을 할 때 젊은 층보다 라벨이나 포장에 쓰인 정보에 의지하는 경향이 더 크다고 밝혔다

〈표 5-3〉 쇼핑 시 장애요인 (단위: %)

항목	비율
상품설명서 내용이 어렵고 외래어가 많아 이해하기 어렵다.	78.8
상품설명서의 글자 · 표시가 작아 잘 볼 수 없다.	78.0
새로운 가전기기 · 상품은 복잡해서 다루기 어렵다.	67.8
쇼핑하면서 앉아서 쉴 만한 곳이 없다.	59.3
포장 · 뚜껑을 개봉하기가 힘들다.	46.3
노인을 위한 물건만 전문적으로 취급하는 곳을 찾기 힘들다.	40.1
노인에게 필요한 물건이 없어 불편하다.	29.0
AS가 제대로 안 되거나 시간이 오래 걸린다.	26.2
물건을 교환 · 반환하고자 할 때 거절한다.	24.8
판매원이 늙었다고 불친절하게 대하거나 무시한다.	20.0

자료: 한국소비자보호원(2002). 소비자시대.

(National Food Processors Association, 1990). 〈표 5-3〉은 한국소비자보호원에서 조사한 자료를 도표화한 것으로, 이에 의하면 구매 시 겪는 가장 큰 어려움은 '상품설명서 내용이 어렵고 외래어가 많아 이해하기 어렵다(78.8%)'로 나타났다. 그 다음은 '상품설명서의 글자 · 표시가 작아 잘 볼 수 없다(78.0%)' '새로운 가전기기 · 상품은 복잡해서 다루기 어렵다(67.8%)'였다.

요약하면, 앞에 서술한 내용들로 노년층의 취약성 정도를 충분히 설명하기는 어렵지만 부당한 영업행위를 인지하지 못하거나 잘못 구매한 경험이 많을 경우, 중대한 생애사건들을 경험한 경우, 노년기에 나타나는 신체적 변화 등으로 인해 부당한 영업행위에 더 취약해진다고 예측할 수 있다. 이처럼 노년층의 취약성에 영향을 미치는 요인들은 취약성을 유발하는 다른 요인에도 영향을 미친다.

(3) 실버소비자의 구매만족과 불만족

일반적으로 나이가 들면서 제품이나 서비스에 대한 소비자 만족수준이 높아진다고 한다. 조지아 주립대학교의 노인소비자연구센터(CMCS)에서 연구한 결과, 슈퍼마켓의 서비스에 대해서는 55세 이상 소비자의 80% 정도가 만족하였으며 금융기관, 의사, 치과의사, 백화점, 설비 제조업자, 세탁소에 대한 만족도도 높게 나타났다. 보험회사에 대해서는 60% 정도가 만족스러워했으며 주택보수 서비스에 대해서는 70% 정도가 만족하는 것으로 나타났다(Moschis, 1992).

실버소비자가 시장에서 취약한 존재로 인식됨에도 불구하고 구매만족도가 높게 나타나는 이유를 설명한 연구들은 많다(AARP, 1990; Mason & Bearden, 1978; McGhee, 1983; Whirpool Corporation, 1983). 소비자 만족은 교육수준과 사회경제적 지위가 낮고 소득수준이 낮은 노년층 집단에서 높게 나타났는데 이런 경향은 노인집단의 특성으로 간주할 수 있으므로 만족도는 나이보다 사회경제적 환경과 더 관련이 있을 수도 있다(McGhee, 1983). 사회경제적 수준이 높은 실버소비자는 그렇지 않은 소비자보다 시장에 대해 더 많이 알고 있기 때문에 시장에 대해 더 높은 기대를 하게 되며 그로 인해 상대적으로 만족감이 낮아지는 결과를 가져올

"어르신, 월 120% 수익 보장합니다." 검은 유혹

60~80대 중산층 노후 자금 노린 사기범죄, 5년 새 30% 증가

65세 이상 노인 인구가 650만 명에 달하는 등 고령층 인구가 늘면서 이들이 사기꾼들의 표적으로 떠오르고 있다. 경찰청에 따르면 만 60세 이상 사기 범죄 피해 사건은 해마다 늘어 2010년부터 지난 5년간 28.8%(1만 7,622건→2만 2,700건) 증가했다.

'○○유통' 대표라고 자칭한 임 모씨는 "한 달 만에 120% 수익을 보장하겠다."며 사업 투자를 미끼로 노인 422명을 끌어들여 이들로부터 투자금 명목으로 37억 원을 받아 챙긴 혐의를 받고 있다. 기업 간부, 공무원, 교사 출신 등 중산층 퇴직자가 대부분인 피해 노인들은 임씨의 말만 믿고 수천만 원에서 수억 원에 이르는 돈을 건넸다가 피해를 봤다.

지난달에는 1,000원짜리 건빵을 건강식품인 것처럼 속여 60~70대 노인들에게 30만 원에 팔아 온 조 모씨가 경찰에 구속됐다. 조씨가 2007년부터 최근까지 건빵, 라면 등을 "질병을 낫게 해주는 특수 제품"이라며 값을 뻥튀겨 팔아 챙긴 돈은 3억 8,000만 원. 노인 192명이 속아 넘어갔다.

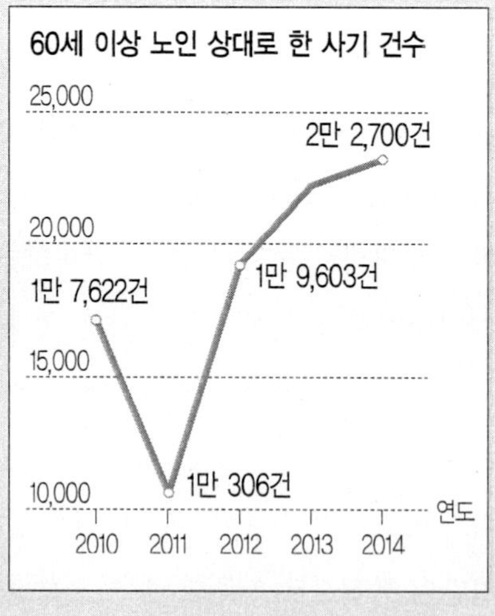

경찰청 관계자는 "기존 노인 사기 범죄가 피해자를 무작위로 선정해 돈을 뜯어내는 방식이었다면 최근엔 경제적 여력이 있는 '중산층' 노인이 주된 타깃"이라 했다. 퇴직금 등 여윳돈이 있는 중산층 노인들에게 접근해 투자를 권유하고 거액을 가로채는 수법이다.

자료: 조선일보(2015. 8. 22.).

수 있다(Moschis, 1992). 같은 맥락에서 교육수준이 높을수록 그들이 할 수 있는 선택에 대한 관심이 높아지므로 결과적으로 불만족이 더 많이 발생할 수도 있을 것이다.

또한 구매기회가 많을수록 기대심리가 높아져 만족도는 낮아지게 된다고 단순하게 설명할 수도 있다. 나이가 들면 구매기회가 감소하게 되므로 젊은 층보다 노년층의 만족수준이 높다는 것은 당연한 결과로 볼 수 있다. 게다가 사람의 기대수준은 제품에 대한 정보가 많을수록 높아지는데 노년층은 구매 전에 정보를 많이 탐색하지 않는 경향이 있어 만족도가 높을 수도 있다(Deshpande & Krishnan, 1979).

실버소비자의 만족도가 높은 이유를 노년층은 오랜 기간의 구매경험을 통해 축적된 제품지식이 많고 효과적인 구매전략을 보유하고 있기 때문이라고 설명하기도 한다. 실버소비자들은 구매 시에 자신들의 제품지식과 경험을 활용하기 때문에 익숙하고 다양하게 구매하던 제품들에 대해서 보다 만족스러운 구매를 할 수 있다. 반면, 익숙하지 않은 제품들에 대해서는 기대하는 만족수준도 낮기 때문에 잘못된 구매를 하더라도 크게 실망하지 않는다. 프리드먼과 바서만(Friedman & Wasserman, 1978)의 연구에서는 안경, 장례서비스, 집수리서비스 등에 대한 노년층의 만족도는 90% 이상이었으며, 자동차, 의류, 식품구매 등에서도 높은 만족도를 나타내었다. 예를 들면, 의류를 잘못 구매했다 하더라도 나이가 들면서 체형이 변해서라고 여기게 되어 크게 불만족하지 않는다.

몇몇 연구에서 실버소비자는 제품보다 서비스에 더 큰 불만족을 느끼는 경향이 있는 것으로 나타났다. 이는 서비스구매 시에는 제품구매 시보다 더 많은 정보가 필요한데, 노년층은 어려운 정보들을 이해하고 인지하는 능력이 감소하므로 실제보다 더 큰 기대감을 가질 수 있기 때문이다(Bernhardt, 1981).

결론적으로 실버소비자가 젊은 층 소비자보다 제품과 서비스에 대한 만족도가 높은 경향이 있으나, 이는 특정 제품이나 특정 유형의 사업에만 적용된다고 할 수 있다. 나이가 들면서 더 많이 사용하게 되는 제품이나 서비스에 대한 만족도는 그렇지 않은 제품이나 서비스보다 낮게 나타난다. 이런 현상은 여러 가지 활동을 해야 하는 제품과 서비스인 경우 더욱 그렇다. 왜냐하면 노년기에는 생리적 변화로 인하여 행동에 제약을 받을 수 있기 때문이다. 그러나 노인들은 자신들의 제약을 인식하거나 적응하지 못할 수도 있으므로 그런 종류의 제품이나 서비스에 대한 불만족 사항을 제품이나 서비스 제공자의 탓으로 돌리는 것이다.

(4) 불만족의 결과

실버소비자의 불만족은 여러 상황을 통해 나타난다. 첫째는 물건을 구입할 수 없을 때 발생한다. 원하는 물건을 구입하지 못하거나 가장 선호하는 가게에서 원하는 제품을 구매하지 못했을 때 불만족하는 것이다. 둘째는 가장 보편적인 소비자 불만족 유형으로 제품의 사용과정에서 발생하는 불만족이다. 셋째는 소비자가 제품에 대해 항의하거나 반환 또는 환불을 요구할 때 이에 대한 제조업자나 점포 판매원의 태도에서 발생한다. 마지막으로, 정부 또는 지방자치단체 수준에서 처리되는 제품이나 서비스의 불평 해결방법에 대한 것으로 이는 소비자 불만족의 가장 적은 부분을 차지하는 유형이다.

불만족의 원인이 조금씩 다른 만큼 이에 대한 소비자의 불평행동에도 차이가 있다. 여러 원인 중 제품구입의 어려움으로 인한 불만족의 수준이 가장 낮다. 메이슨과 비어든(Mason & Bearden, 1978)의 연구에 따르면 원하는 제품을 구입하지 못한 경험을 한 실버소비자는 94%에 달했으나 이에 대한 불만족의 표시로 그 점포를 다시 방문하지 않은 소비자는 6% 정도였다고 한다.

번하르트(Bernhardt, 1981)는 실버소비자는 문제를 해결하기 위해 적극적인 행동을 취한다고 하였다. 이 연구에 따르면 61.5%의 노인들이 당면한 문제를 해결하기 위해 의도적인 행동을 취하였다. 반면, 실버소비자는 젊은 층만큼 적극적 행동을 취하지 않으며 이는 젊은 층보다 확신을 가지고 자신의 상품경험에 비추어 만족스러운 소비행태를 취하고 있기 때문에 다른 연령층보다 불평행동이 적은 것이라고 설명하기도 한다(Mason & Bearden, 1978).

여러 가지를 종합하여 보면 실버소비자가 불평행동을 적게 하는 이유는 다음과 같다(Moschis, 1992). 첫째, 실버소비자는 젊은 사람들보다 구매한 제품이나 서비스에 대해 더 만족하는 경향이 있다. 그 이유는 앞서 언급한 것처럼 그들이 제품이나 서비스의 성과에 대해 낮은 기대감을 가지고 있거나 불합리한 영업행위에 대한 인지수준이 낮기 때문이다. 둘째, 실버소비자가 여러 경로를 통해 문제를 해결할 체력이 부족한 것에 기인한다. 여러 연구에서 실버소비자가 불평행동을 하지 않는 이유는 '노력할 가치가 없어서' '시간적 가치가 없어서'로 나타났

〈표 5-4〉 연령별 소비자 만족수준 (단위: %)

구분	35세 이하	35~49세	50~64세	65세 이상
불만족스러운 제품의 반환	67.8	60.0	49.0	42.1
불평처리에 대한 만족*	76.0	77.8	78.3	81.8
제조업자에게 직접 불평함	26.4	26.3	23.0	17.7
불평처리방법에 대한 만족*	42.4	47.1	49.6	59.5
연방, 주립, 지방정부에 불평사항 등록	18.8	19.1	19.9	19.2
불평처리방법에 대한 만족*	39.9	24.4	32.4	30.8

* 불평사항을 등록한 사람을 대상으로 함

자료: Moschis, G. P.(1992). *Marketing to Older Consumers: A Handbook of Information for Strategy Development*.

〈표 5-5〉 실버소비자가 불평행동을 하지 않는 이유 (단위: 명, %)

이유	빈도	비율
정확히 판단치 못한 것은 본인 잘못이라는 생각에	41	33.6
세상을 살다 보면 이런 일도 있을 수 있다는 생각에	23	18.9
절차는 알고 있지만 귀찮다는 생각이 들어서	23	18.9
어떻게 처리해야 할지 절차를 몰라서	16	13.1
오랜 시간이 지난 후 피해 사실을 알게 되어서	9	7.4
남들에게 이런 사실을 말하는 것이 창피해서	8	6.5
기타	2	1.6

자료: 한국소비자보호원(2002). 소비자시대.

다. 셋째, '아무것도 얻지 못할 것이다'라고 생각한다는 것이다. 미국은퇴자협회(AARP, 1990)의 조사에서는 불평하지 않는 이유로 '별다른 차이가 없을 것이다'로 표현한 응답자가 51%에 달하고 있었다. 이 외에도 '너무 바빠서(46%)' '그럴 권리에 대해 잘 몰라서(32%)' '어떻게 불평해야 할지 몰라서(23%)' '창피할 것 같아서(19%)' '판매자나 회사를 기분 나쁘게 하기 싫어서(16%)' 등이 불평행동을 하지 않는 이유로 나타났다. 이러한 이유는 젊은 소비자가 불평하지 않는 이유와 비슷하다. 한국소비자보호원(2002)은 우리나라 실버소비자가 불만이나 피해를 스스로 감수하는 이유가 무엇인지 알아본 결과, 그들은 소비자 불만이나 피해가 구조적인 것이기보다는 개인적인 잘못이라고 생각하는 경향이 있다고 하였다.

기업과 마케터가 실버시장을 잘 이끌기 위해서는 실버소비자들이 제품 및 서비스에 대해서 가지고 있는 취약성과 불만족의 원인을 이해할 필요가 있다(Moschis, 1992). 기업의 여러 가지 마케팅활동에 대해 실버소비자가 더 취약하다는 직접적인 증거는 부족하지만, 생물학적·사회심리학적인 변화로부터 추론해 보면 노년층이 젊은 소비자보다 비윤리적인 경영활동에 훨씬 취약한 것은 사실이다. 이러한 사실은 마케터에게 도전과제와 기회를 동시에 부여한다.

취약성은 곧 잘못된 결정이나 경험으로 이어지므로 유쾌하지 않은 결과를 경험한 실버소비자는 판매자에게 등을 돌리게 된다. 소비자가 손해 보지 않도록 하는 것이 판매자의 책임이라고 생각하지 않을 수도 있지만, 실버소비자가 제품이나 서비스를 구매하고 사용면서 겪을 수 있는 어려움을 극복하도록 도와주는 것은 마케터들에게 경쟁우위(competitive edge)를 제공한다. 이러한 시도는 실버소비자에게 기업에 대한 신뢰를 가질 수 있게 하고 우호적인 구전효과를 약속할 뿐 아니라 노년층과 그들의 가족, 관련 행정기관, 그들을 돌보는 젊은 소비자에게 기업의 좋은 이미지를 전달하고 강화시켜 줄 수 있다. 즉, 불만족의 원인을 이해하는 것은 실버소비자를 대상으로 하는 마케팅 노력의 필수 전제조건이라고 할 수 있다.

실버소비자가 시장에서 능률적 · 효과적으로 기능할 수 있도록 좀 더 도와준다면 실버소비자의 판매자에 대한 만족도는 더욱 증가하고 불만의 소리는 줄어들 것이다. 반면, 그러한 노력이 없다면 그들은 불만족감에 대해 공개적으로 알리지 않더라도 불쾌했던 경험을 다른 사람들에게 말한다거나 그 상점과 거래를 중단하는 것과 같은 방법으로 불만족감을 표현할 것이다. 그러므로 기업이나 소비업체는 실버소비자의 불만족도를 낮은 수준에 머무르게 함으로써 장기간의 이익을 보장받을 수 있을 것이다.

제6장 실버마케팅

우리나라에서도 급격히 진행되는 노령화 현상과 더불어 실버마케팅에 대한 관심이 증대되고 있다. 마케팅은 소비자가 원하는 것을 충족시킬 수 있는 제품이나 서비스를 제공하여 매출을 일으키고 수익을 확보하는 것이다. 전체 시장을 구성하는 세부 시장 중에서 특히 실버시장의 욕구를 충족시키려는 기업의 마케팅 활동을 실버마케팅이라 할 수 있다.

이 장에서는 실버마케팅이 무엇인가를 이해하기 위해 실버마케팅의 기본을 형성하는 마케팅 개념에 대해 알아보고, 실버마케팅의 주요 요소 및 관리과정에 대해 설명한다.

1. 실버마케팅의 개념

1) 실버마케팅의 정의

기업이 제품을 생산하고 판매하여 이익을 획득하고자 하는 것은 생존하고 발전하기 위해서다. 기업의 생존에 필요한 가장 중요한 요소는 제품을 판매하는 것인데, 판매가 가능하려면 자신의 제품을 매력적으로 보이게 해야 하며 동시에 수시로 변하는 환경에 적응해 가야 한다. 이처럼 기업이 변화하는 환경에서 목적을 달성하기 위해 자신의 제품을 매력적으로 보이게 하여 상대방에게 수용하도록 하는 활동이 마케팅이며, 이는 기업이 수행하는 여러 활동 중 가장 핵심적인 활동이다(이학식, 현용진, 2002). 마케팅(marketing)이란 말은 시장을 의미하는 마켓(market)에서 파생된 단어로, 19세기 말 혹은 20세기 초에 미국에서 나타난 것으로 알려져 있다. 마케팅이라는 단어에서 나타나듯이, 마케팅은 시장을 중심으로 진행되는 모든 활동을 의미한다.

실버소비자는 기업이 제공하는 제품이나 서비스를 통하여 필요한 욕구를 충족시키고 그 대가로 기업에 비용을 지불하며, 기업은 소비자를 통해 수익을 올림으로써 기업을 유지하고 지속적인 발전을 도모한다. 이러한 관계는 생산과 소비가 다른 주체에 의해 이루어지고 생산을 담당하는 기업과 소비를 담당하는 소비자가 서로 필요한 것을 교환한다는 기본전제를 바탕으로 한다. 기업은 실버소비자가 필요로 하는 제품이나 서비스를 제공하기 위해 먼저 제품이나 서비스를 개발할 수 있는 아이디어를 생성한 다음, 생성된 아이디어 중에서 유망한 일부 아이디어를 선별하여 제품을 개발하게 된다. 그러나 본격적인 제품개발 단계 이전에 선별된 아이디어를 실버소비자가 좋아할 것인지와 구매할 의사가 있는지를 확인하는 절차를 반드시 거쳐야 한다. 이는 제품개발에 들어가는 시간과 비용이 상당하므로 잘못된 아이디어를 제품으로 개발하는 실수를 막기 위한 것이다. 제품개발 이후에는 이 제품을 얼마에 팔 것인지, 어디서 팔 것인지, 어떤 방법으로 목표로 하는 시장에 제품의 존재와 소비자가 얻을 수 있는 혜택을 알릴 것인지를 결정해야 한다. 이러한 일련의 활동을 마케팅 과정이라 하며, 이러한 활동은 일회적이 아니라 기업이 존재하는 한 계속적으로 반복되어야 한다.

즉, 실버마케팅이란 기업과 실버소비자의 목적을 충족시켜 주는 교환을 만들어 내기 위해 아이디어, 제품, 서비스의 개발, 가격의 결정, 촉진, 유통 등을 계획하고 실행하고 평가하는 것을 계속적으로 진행해 가는 과정이다(이의훈, 김숙응, 2004).

2) 실버마케팅의 주요 개념

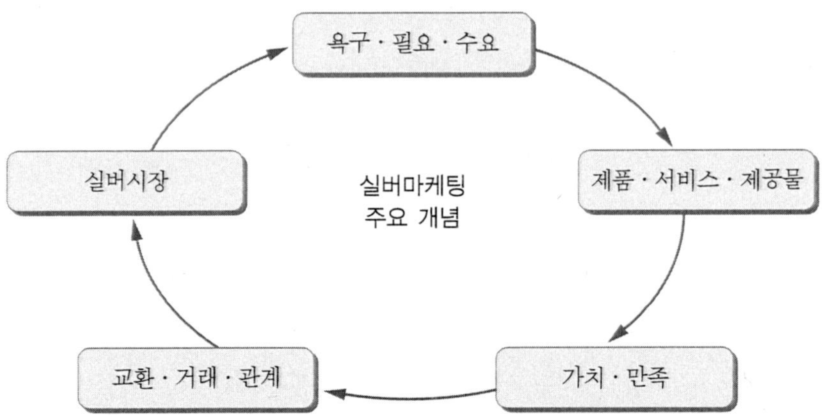

[그림 6-1] 실버마케팅의 주요 개념

자료: 이의훈, 김숙응(2004). 21세기 시장선점을 위한 실버마케팅, p. 38.

(1) 욕구 · 필요 · 수요

실버마케팅에서 가장 기본적인 요소는 실버소비자의 욕구다. 욕구는 근본적으로 결핍된 상태를 의미한다. 실버소비자는 노화가 진행됨에 따라 신체적 · 사회적 · 심리적인 변화를 경험하게 되는데, 이에 따라 이전에는 느끼지 못했던 여러 문제에 직면하게 되며 자연스럽게 이것을 보충하려는 욕구가 발생하게 된다. 떨어진 시력, 근력, 체력과 안정 등에 대한 신체적 · 물리적 욕구, 사회적 소속감, 가족의 돌봄 등의 사회적 욕구, 자긍심, 존경 등의 개인적 욕구 등이 그것이며, 이러한 욕구는 마케터에 의해 만들어지는 것이 아니라 인간의 기본적인 본능 중의 일부다.

한편, 이러한 욕구를 충족시키는 특별한 목적물을 대상으로 하면 '필요'가 생기게 된다. 즉, 어떤 욕구를 실현시킬 수 있는 구체적인 수단에 대한 욕구를 '필요'라고 한다. 예를 들면, 책을 읽기 위해 어떤 노인은 돋보기를 원하지만 다른 노인은 더 밝은 조명을 원할 수 있다. 이 경우 책을 읽고 싶다는 것은 근본적 욕구이며 돋보기와 더 밝은 조명에 대한 욕구는 필요가 된다. 따라서 필요는 그 사람이 속한 사회의 특성에 따라 달라진다고 할 수 있다.

수요란 욕구와 관련된 다른 개념으로 욕구가 구매력과 구매의지에 의하여 뒷받침된 것을 말한다. 소비자가 어떤 제품에 대한 욕구가 있다고 해서 반드시 구매로 이어지는 것은 아니며, 욕구가 구매력과 구매의지에 의해 뒷받침될 때 비로소 그 제품에 대한 구매가 이루어진다. 다시 말해 수요란 지불할 수 있는 능력과 구매하고자 하는 의지에 의하여 뒷받침되는 특정한 제품에 대한 욕구다. 예를 들면, 많은 실버소비자가 은퇴 후 고급형 실버타운에 입주하기를 원하지만, 실제로는 경제적 능력이 있는 경우에만 입주할 수 있다.

기업들은 지속적인 성장을 위해 끊임없이 신제품을 개발하고 판매한다. 그러나 신제품을 출시하기 이전에 그 제품에 대한 수요를 예측하는데, 수요는 분명히 존재하지만 규모가 작아 수익성이 없다고 판단되면 신제품 개발이나 시장 개척을 미루게 된다. 대표적인 예가 우리나라의 실버시장이다. 아직은 시장을 탄탄하게 지탱할 실버소비자의 수가 적기 때문에 기업 입장에서는 수익성을 의심하게 되고, 그 결과 시장 내의 소비자는 만족스러운 제품을 만나기가 어려워진다.

그러나 시각을 조금 더 넓혀 소비자의 욕구라는 차원에서 접근하면 노년층뿐만 아니라 여러 연령층에서 동일하게 존재하는 욕구를 발견할 수 있다. 관련된 사례로 로봇청소기를 들 수 있다. 일반적으로 나이가 들면서 청소가 힘들고 귀찮아질 수 있기 때문에 자동으로 청소해 주는 로봇청소기는 이러한 욕구를 해결해 줄 수 있는 수단이 된다. 그러나 청소를 힘들고 귀찮아하는 욕구는 다른 연령층에도 존재한다. 이를 증명하듯 현재 우리나라에서는 로봇청소기의 상당수가 혼수용으로 구매되거나 젊은 연령층에서 구매되고 있다. 실제로 실버시장만을 보고 로봇청소기의 개발을 미루었던 한 기업은 잘못된 수요 예측으로 시장선점의 기회를 놓쳐 시장에서 성공하지 못하는 결과를 낳았다.

기업이 실버소비자의 욕구를 제대로 발견하고 그것을 충족시키면 소비자와 기업은 모두 만족할 수 있다. 그러나 실버소비자가 필요로 하지만 시장의 규모가 작다는 이유로 제품이나 서비스가 제공되지 않는다면 실버소비자는 할 수 없이 적절하지 않은 제품이나 서비스를 이용해야 하므로 불만족한 소비자로 남을 가능성이 높다.

(2) 제품 · 서비스 · 제공물

소비자는 제품과 서비스를 사용함으로써 그들의 욕구와 필요를 충족시킨다. 제품은 욕구를 충족시킬 수 있는 모든 것을 지칭하는데, 일반적으로 물리적 형태가 있으며 구매를 통해 소유권을 가질 수 있는 유형적인 것은 제품, 형태가 없고 소유할 수 없으면서 판매 목적으로 제공되는 활동이나 혜택은 서비스라고 지칭한다. 노년층 소비자를 위해 제공되는 로봇청소기, 돋보기, 보청기, 실버주택, 건강보조식품 등은 제품의 예이며, U-Healthcare, 방문간호, 실버카드와 같은 금융서비스 등은 서비스의 예다. 제품이나 서비스는 별도로 제공되기보다는 서로 결합하여 제공되는 경우가 많다. 예를 들면, 실버타운에서는 주택과 입주자를 돌보는 서비스가 결합되어 제공된다.

마케팅의 주체는 기업에만 한정될 수도 있지만 이익과는 관계없이 자신이 가진 것을 제공하고 반대 급부를 얻고자 하는, 즉 교환을 하고자 하는 모든 조직과 개인으로 볼 수도 있다. 이 경우 마케터가 시장에 제공할 수 있는 것에는 유형 제품과 무형 서비스뿐만 아니라 사람, 조직, 아이디어, 운동경기 등 많은 것이 포함되며, 이렇게 마케팅 주체에 의해 시장에 제공되는 모든 것을 제공물이라고 한다.

(3) 가치 · 만족

소비자는 제품이나 서비스를 통해 그들의 욕구와 필요를 충족시키지만, 동시에 그것을 얻기 위해 지불해야 하는 대가를 생각한다. 따라서 소비자가 제품을 선택할 때 기준이 되는 개념은 각 대안이 소비자에게 제공할 수 있는 가치다. 실버제품이나 서비스가 이를 필요로 하는 실버소비자에게 가치와 만족을 전달할 수 있다면 성공할 수 있다. 소비자는 자신의 입장에서 최고의 가치를 얻을 수 있는 제품을 선택하기 때문이다.

소비자는 혜택을 얻기 위해 비용을 지불하는데, 이때 혜택은 고객이 받는 것이며 비용은 고객이 주는 것이다. 이러한 혜택과 비용 간의 비율이 가치다. 마케터는 고객에게 제공하는 가치를 높이기 위해 혜택을 증가시키거나 비용을 감소시키는 전략을 사용할 수 있다. 또한 혜택을 증가시키고 비용은 감소시키는 전략, 비용 증가보다 혜택을 더 많이 증가시키는 전략, 비용 감소보다 혜택을 더 적게 감소시키는 전략을 고려할 수 있다.

만족이란 욕구가 충족된 정도이며, 만족수준이란 가격을 고려한 어떤 대안의 가치가 소비자의 욕구를 충족시킨 정도를 말한다. 실버소비자는 자신의 욕구를 충족시켜 주는 제품이나 서비스를 구입한 경우에는 만족하지만 그렇지 못하면 불만족스러워 할 것이다. 아울러 만족한 고객은 계속 고객으로 남지만 만족하지 못한 고객은 다른 경쟁기업의 고객이 될 가능성이 높아진다.

(4) 교환 · 거래 · 관계

마케터는 제품과 서비스를 시장에 제공하고 그 대가로 자신이 원하는 반대급부를 얻고자 한다. 교환이란 이와 같이 시장 참여자가 누군가에게 무엇을 제공하고 바람직한 것을 얻는 것이다. 교환이 실제로 발생하기 위해서는 교환 전보다 더 좋아지거나 최소한 나빠지지 않는다는 교환조건에 대해 당사자들이 어느 정도 합의해야 한다. 교환은 가치를 창조하는 과정으로 설명되기는 하는데, 그 이유는 정상적인 경우 교환을 통하여 양측이 더 좋은 상황에 이를 수 있기 때문이다. 실버소비자가 실버마케팅을 통하여 제공기업과 교환을 한다면 교환 전보다 더 좋은 상태에 있어야 한다.

거래란 당사자들 간의 합의하에 가치를 교환하는 것이며 기업과 시장에 국한시켜 보면 당사자들 간에 가치를 사고파는 것을 말한다. 즉, 실버소비자가 기업에게 비용(주로 화폐)을 주고 대안(주로 제품)을 받는 행위라고 할 수 있다.

이러한 교환이 지속적이고 장기적으로 발생하는 것을 관계라고 한다. 이익은 시장의 핵심주체들과 좋은 관계를 구축하게 되면 자연히 발생한다. 실버소비자는 다른 연령대의 소비자 집단보다 충성도가 더 높고 좋은 관계를 유지하고 싶어 하므로, 이들과 좋은 관계를 먼저 구축하는 기업은 경쟁력뿐만 아니라 장기적인 이익을 얻을 가능성도 높다.

(5) 실버시장과 실버산업

교환과 관계의 개념은 시장의 개념으로 귀착된다. 기업의 관점에서 시장이란 자사제품을 통해 욕구를 충족시키고자 하는 구매력 있는 고객의 집합이다. 이때 고객이란 현재의 실제 고객과 앞으로 예상할 수 있는 잠재 고객을 모두 말한다. 같은 맥락에서 실버시장은 실버제품의 실제 구매자와 잠재 구매자의 조합으로 이루어지며, 구매자는 교환과 관계를 통하여 충족하고 싶은 특정 욕구나 필요를 가지고 있다. 다시 말해, 실버시장은 욕구가 있고 교환에 참가할 수 있는 자원을 가지고 있어야 하며, 시장의 크기는 이러한 자원을 원하는 정도와 교환할 수 있는 사람 수에 따라 달라지게 된다.

실버시장에는 직접 구매하거나 구매를 원하는 실버소비자 외에 그들을 위해 대신 구매하는 사람도 있다. 실버소비자는 자신을 위하여 직접 제품을 구매할 수도 있고, 다른 사람을 위해 (예를 들면, 손자를 위한 선물 등) 구매할 수도 있다. 반대로 다른 사람(예를 들면, 자녀들)이 소비자들에게 필요한 제품이나 서비스를 구매해 주기도 한다.

이렇게 실버제품 구매자가 실버시장을 구성한다면, 실버제품 판매자는 실버산업을 구성한다. 실버산업과 실버시장의 관계는 [그림 6-2]에 나타나 있다. 그림에서 보면 판매자와 구매자는 네 가지 흐름에 의해 연결되어 있다. 판매자는 시장에 제품과 서비스, 커뮤니케이션을 제공하고 그 대가로 돈과 정보를 받는다. 안쪽의 선은 돈과 상품의 교환을 보여 주고 바깥쪽의 선은 정보의 교환을 나타낸다.

마케터는 본질적으로 시장에 관심이 있다. 실버시장을 목표로 하는 마케터는 실버시장의 욕구와 필요를 이해해야 하며, 가장 잘 제공하고 봉사할 수 있는 자신의 시장을 선택해야 한다. 그렇게 함으로써 마케터는 실버시장의 고객에게 가치와 만족을 창조할 수 있는 제품과 서비스를 개발하여 제공하고, 그 결과로 기업의 매출과 이익을 창출하게 된다.

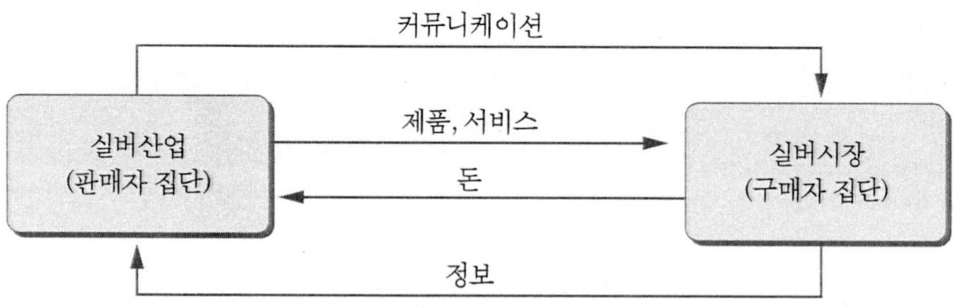

[그림 6-2] 실버시장과 실버산업

자료: 이의훈, 김숙응(2004). 21세기 시장선점을 위한 실버마케팅, p. 36.

3) 실버마케팅의 중요성

현대사회에서 마케팅의 중요성은 매우 크다. 세계적으로 매년 수십 조 달러에 이르는 제품과 서비스가 생산되는데, 그중 상당 부분이 상품개발, 포장, 유통, 광고, 인적 판매 등의 마케팅 비용으로 쓰인다. 실버시장에서 성공하려는 기업에게도 예외는 아니다. 그러므로 이러한 활동을 얼마나 효과적 · 효율적으로 수행하느냐에 따라 시장에서의 성패가 결정될 것이다.

실버마케팅은 실버소비자의 생활방식이나 사고방식에도 큰 영향을 미친다. 마케팅은 기본적으로 소비자의 욕구를 반영하여 상품을 만들고, 그들이 지불할 수 있는 가격을 매겨 상품을 제공하는 활동이다. 그러므로 실버마케팅은 이전에는 욕구를 만족시킬 적절한 수단을 발견하지 못해 기존의 방식을 유지하는 것을 당연하게 여기던 실버소비자에게 새로운 생활방식을 제공할 수 있고, 이를 통해 그들의 사고방식을 변화시킬 것이다.

실버마케팅은 실제로 실버소비자의 생활의 질을 높여 주는 역할을 수행할 수 있다. 예를 들면, 노년층의 몸에 잘 맞는 의류를 개발하거나 노년층의 생활에 보다 적합하고 편리한 용품을 제공하는 것이다. 실버소비자는 보다 적합한 제품을 수용함으로써 자신의 생활의 질과 수준을 높일 수 있게 된다. 또한 실버마케팅을 통해 노년기의 건강관리를 위한 정보를 제공하는 공익적 활동을 수행할 수도 있다.

2. 실버마케팅의 관리 철학

성공적이며 바람직한 마케팅 활동은 기업목적을 달성하고 고객의 욕구를 충족시키며 기업이 속한 사회에 공헌할 수 있는 결과를 가져올 수 있어야 한다. 우리 사회에는 실버소비자와 관련된 문제에 관여하는 개인이나 조직들이 많으며,

이들은 종종 기업이 소득이 많지 않은 실버소비자로부터 이익을 얻기 위하여 마케팅 활동을 해야 하는가, 실버소비자의 복지를 향상시키기 위한 실버마케팅의 역할은 무엇인가 등의 다양한 의문을 가지게 된다. 마케터의 입장에서 보면 실버산업은 아직 초기단계이므로 실버시장에 적합한 제품이나 서비스가 부족한 상태다. 한편, 사회단체나 정부의 입장에서는 사회적 약자인 노년층을 보호해야 하고, 일부 빈곤 노년층의 기본적인 생계까지 걱정해야 하는 실정이다.

기업이 이러한 상황에서 실버시장을 활성화하고 긍정적인 실버마케팅활동을 하기 위해서는 실버마케팅에 대한 분명한 관리 철학을 가지고 있어야 한다. 기업의 마케팅활동의 결과는 기업과 고객, 사회의 세 부문에 영향을 미치는데 마케터가 어느 부문에 더 관심을 가지는지에 따라 관리철학을 구분할 수 있다.

1) 판매 개념과 마케팅 개념

판매 개념은 기업 중심의 사고방식을 가지고 있는 기업이 흔히 가지고 있는 관리 철학 중 한 가지다. 이 개념은 고객을 그냥 두어서는 자발적으로 충분히 구입하지 않을 것이라는 가정하에 기업이 대규모 판매 및 촉진 활동을 수행하며 공격적인 영업과 촉진 활동을 벌여야만 한다는 것이다. 판매 개념은 공급이 수요를 초과하는 경우나 일반적으로 소비자가 잘 찾지 않는 제품, 예를 들면 백과사전이나 보험 등의 경우에 흔히 볼 수 있는 것으로 기업이 매출을 늘리고자 할 때 종종 활용된다. 이때 기업의 목표는 시장에서 원하는 것을 제공하는 것이 아니라 기업이 만든 것을 파는 것이다. 우리는 가끔 방송이나 신문에서 판단력이 부족한 실버소비자에게 사기적인 판매 기법으로 구입을 강요하여 사회적인 문제를 일으키는 일부 판매원을 본다. 이러한 판매 방법은 장기적으로 성장을 도모하려는 기업에게는 위험하다. 실버소비자에 관한 여러 연구에 의하면 (Deshpande & Krishnan, 1979; Miklos, 1982; Moschis, 1992), 제품에 만족하지 못한 실버소비자는 대부분 해당 제품이나 동일 기업의 제품을 다시 구입하지 않았다.

게다가 만족한 구매자는 평균 세 명 정도의 타인에게 좋은 경험을 이야기하지만, 불만을 가진 구매자는 자신의 나쁜 경험을 서른 명 정도에게 전달하였다. 특히 실버소비자는 만족할 경우 충성도를 유지하는 비율이 상대적으로 높다는 것을 고려하면 기업 중심의 판매 개념은 잘못된 것이다.

마케팅 개념은 고객의 입장에서 기업과 관련된 여러 가지 활동을 전개하고자 하는 마케팅 관리 철학이다. 이 개념은 조직의 목적을 달성하려면 목표 시장의 욕구와 필요를 파악하여 시장이 원하는 것을 경쟁기업보다 더 효과적이고 효율적으로 전달해야 한다는 것으로 기업의 고객의 욕구충족에 더 관심을 둔다.

판매 개념과 마케팅 개념은 가끔 혼동되는데 [그림 6-3]에서 두 개념을 비교해 보았다. 판매 개념은 기업 내부에서 외부로의 관점을 취하고 있다. 이 개념은 생산공장에서 시작되어 기업의 현재 제품에 초점을 맞추고 수익성 있는 판매를 달성하기 위하여 대량의 판매 및 촉진 활동을 지향한다. 즉, 기존 제품의 판매와 촉진 활동을 강화하여 매출을 증가시켜 이윤을 남김으로써 조직의 목적을 달성하고자 하는 것이다. 반면, 마케팅 개념은 기업 외부에서 내부로의 관점을 취한다. 이 개념은 시장을 잘 정의하고 고객의 욕구에 초점을 맞추며 고객에게 영향을 주는 모든 활동을 조정하고 고객의 가치와 만족에 기초하여 장기적인 고객관계를 창조함으로써 수익을 낸다. 다시 말해 시장의 고객이 가진 욕구를 통합된 마케팅 활동을 통해 만족시킴으로써 이윤을 창조하려는 생각이다. 결과적으로 고객욕

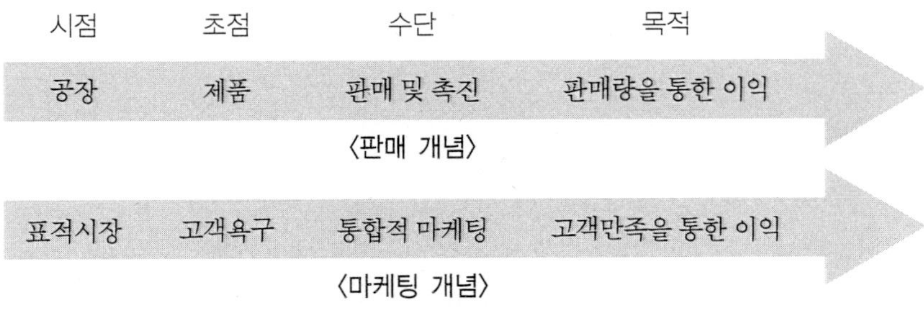

[그림 6-3] 판매 개념과 마케팅 개념의 비교

자료: 이의훈, 김숙응(2004). 21세기 시장선점을 위한 실버마케팅, p. 44.

구에 집중하고 가치를 제공하는 것이 판매와 수익으로 연결된다는 것이다.

2) 사회복지 지향의 마케팅 개념

사회복지 지향의 마케팅 개념은 기업과 실버소비자의 관계에 집중하는 마케팅 개념에서 한 걸음 더 나아가 사회 전체의 복지도 함께 고려한다는 관리 철학이다. [그림 6-4]에서 볼 수 있듯이 사회복지 지향적 마케팅 개념은 소비자, 기업, 사회가 균형을 이루어야 가능한 것으로, 마케팅 개념이 장기적으로는 고객이나 사회복지를 해칠 수 있다는 인식이 나타나고 환경문제, 과소비, 과도한 물질주의 등으로 인해 소비자의 복지문제가 기업과 연관된 문제로 부각되면서 대두되었다.

마케팅 개념에서 목표 소비자들은 기업의 제공물을 구매할 여유가 있는 소비자들이다. 그러나 실버소비자들 중에는 필요하지만 구매능력이 없는 상대적 빈곤층이 다른 집단보다 더 많다. 이러한 특성을 무시하고 마케팅을 전개한다면 대가를 지불할 능력이 있는 실버소비자는 혜택을 받을 수 있지만 그렇지 않은 소비자는 소외될 수밖에 없다. 또한 대부분의 기업에서 필요는 있지만 시장의 규모가 충분히 크지 않을 경우에는 투자를 회피할 것이다. 이것이 현실적으로

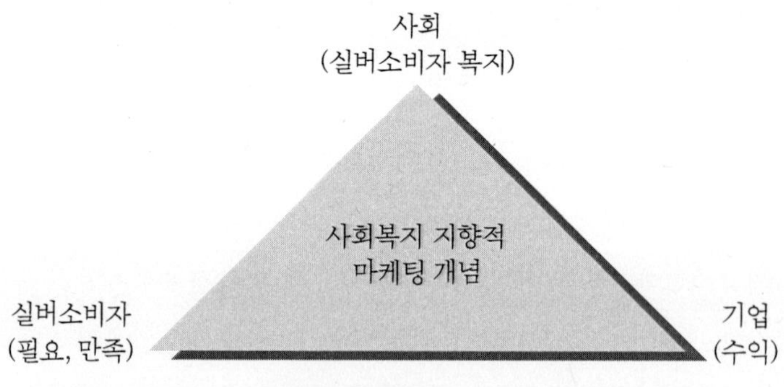

[그림 6-4] 사회복지 지향적 마케팅 개념의 구성요소

자료: 이의훈, 김숙응(2004). 21세기 시장선점을 위한 실버마케팅, p. 45.

실버산업이 충분히 성장하지 못하는 중요한 이유다. 그러나 실버소비자의 욕구가 존재하고 계속 증가할 것이 분명하다면 관련 산업을 전개하기 위한 사회적 차원의 개입이 필요하다.

사회적 개입은 기업이 사회적 책임 차원에서 행할 수도 있고 현실적으로 개입할 수 있는 자원을 가진 중앙정부나 지방자치단체가 지원책을 강구할 수도 있다. 예를 들면, 맞벌이 부부는 병약 노인(예를 들면, 치매노인)을 돌볼 수 있는 시간적 여유가 부족하다. 그러므로 이런 노인을 돌보기 위한 시설이나 서비스가 필요할 것이다. 하지만 현실적으로 기업이 이러한 서비스를 제공하고 수익을 창출하기는 어렵다. 이런 경우 기업은 사회적 책임 차원에서 관련 서비스를 제공하고, 정부가 기업을 지원한다면 사회적 차원에서 모두가 만족할 수 있을 것이다.

이처럼 단기적인 수익창출이 어려워 기업이 진출하지 못하는 분야에서는 사회적인 차원에서 필요한 제품과 서비스가 노년층 소비자들에게 제공되도록 사회복지 측면에서의 마케팅이 전개되어야 한다.

'스트롱 시니어' 시장 열린다

LG경제연구원 보고서 경제력 갖춘 810만 명 대기, 건강관리 · 여행업 등 유망

'실버산업' 하면 보통 요양이나 수발, 의료서비스를 떠올린다. 일본을 보면 고령자는 보호를 요하는 사회적 약자라는 시각에서 실버산업을 바라보는 경우가 많았다. LG경제연구원은 12일 '신사업 기회, 스트롱 시니어를 잡아라' 보고서에서 건강과 경제력을 바탕으로 능동적인 삶을 추구하는 '스트롱 시니어(Strong Senior)' 가 늘면서 이들 대상의 신사업 기회가 많은 것으로 전망했다. 다음은 보고서 개요다.

스트롱 시니어는 경제력, 지적 능력, 건강을 갖춘 고령층으로 국내에서는 1955~1963년 태어난 810만 명의 베이이붐 세대가 주류로 부상할 것이다. 이들은 전체 토지시장의 42%, 건물시장의 58%를 보유할 정도로 잠재 구매력이 강해 소비 주도세력으로 떠오를 전망이다. 스토롱 시니어는 자유 시간을 의미 있게 소비하길 원하고, 사회와 연결해 주는 인간관계를 원하며, 건강이나 경제력에 대한 불안요소를 제거하고 싶어 한다.

이들을 대상으로 라이프스타일 제안 사업(여가 활용), 인간관계 구축 사업, 금융 컨설팅, 건강관리 비즈니스가 유망하다. 인간관계 구축 사업의 경우 특정 테마를 가진 동호회 성격의 여행사가 시장성이 있다. 일본의 클럽 투어리즘(Club Tourism)은 비슷한 취향과 여행 목적을 공유하는 사람들을 모아서 이들이 스스로 여행 내용이나 일정을 계획해서 떠나도록 지원하는 서비스를 제공한다. 남극 등 특정 지역을 전문가와 함께 여행하는 것도 좋은 테마가 될 수 있다.

자료: 중앙일보(2006. 10. 12.).

3. 실버마케팅의 과정

1) 실버마케팅의 프레임워크

[그림 6-5]는 실버제품이나 서비스를 위한 마케팅 전략, 계획의 수립, 실행과정을 전체적으로 보여 주고 있다.

일반 기업이나 실버시장을 주 대상으로 하는 기업은 우선 기업의 사명이나 목표를 분명히 해야 한다. 그다음 기업의 환경을 경제적 · 정치적 · 사회문화적 · 법적인 측면에서 철저히 분석하여 앞으로의 추세나 기업의 활동에 영향을 미치는 정도를 예측해야 한다. 물론 이 과정에서는 기업의 환경 중 가장 중요한 실버소비자의 특성과 욕구를 이해하는 데 집중적인 노력을 기울여야 한다.

한편, 실버시장과 실버소비자에 대한 이해는 실버시장을 세분화하는 자료가 된다. 흔히 실버시장을 단일시장으로 여기는 경향이 있는데, 이는 실버소비자의 다양한 욕구나 실버시장의 특성을 제대로 이해하지 못하기 때문이다. 다음으로 기업은 세분시장 내의 실버소비자에 대한 구매행동 분석과 경쟁기업 및 세분시장의 매력도를 고려하여 목표세분시장이 정해지면 마케팅 목표를 수립하게 된다. 다음 단계로 마케팅 목표를 달성하기 위해 구체적인 마케팅 믹스[1] 전략을 고려하여 마케팅 수행 프로그램을 수립하고 실행에 옮긴다. 마지막으로 목표시장에서의 반응을 평가하여 마케팅 감사 등을 통해 수정사항이나 개선 분야를 파악함으로써 차기 마케팅 목표 및 전략수립에 반영하게 된다.

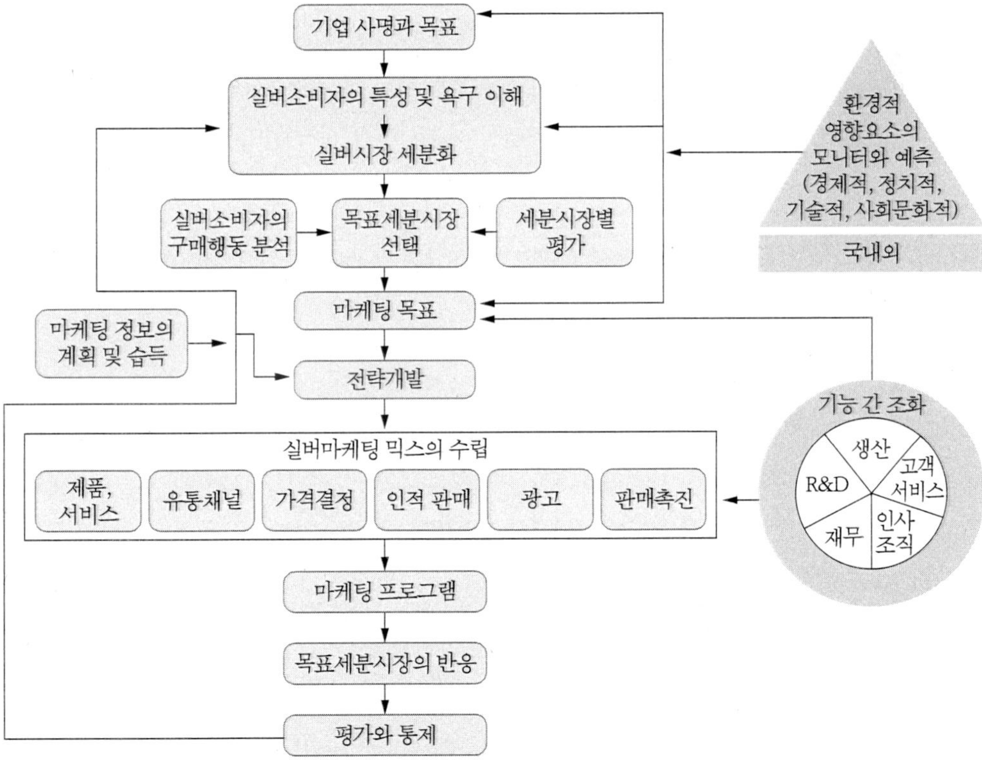

[그림 6-5] 실버마케팅의 프레임워크

자료: 이의훈, 김숙응(2004). 21세기 시장선점을 위한 실버마케팅, p. 69.

1) 마케팅 믹스란 기업이 표적시장에서 원하는 목표를 달성하기 위해 사용하는 통제 가능한 세부적인 마케팅활동들의 집합이다.

2) 실버마케팅 과정

전략적 계획이 실버기업의 전반적인 사명과 목표를 규정한다면, 기업 내의 실버마케팅은 기업 차원의 전략목표 달성에 기여할 수 있는 중요한 역할을 수행하게 된다(이학식, 현용진, 2002). [그림 6-6]에 전체적인 실버마케팅 관리과정과 기업의 마케팅 전략에 영향을 미치는 요인들이 제시되어 있다.

중앙에 있는 실버소비자를 전체시장으로 보면, 실버기업은 전체시장을 확인하고 그 시장을 소규모의 세분시장으로 나눈 후, 여러 개로 나눈 소규모의 세분시장 중 가장 희망적이고 매력적인 세분시장을 선정하고, 이 세분시장의 욕구를 충족시키는 데 집중하게 된다. 실버기업은 자신의 통제하에 수행되는 요소인 제품 · 가격 · 경로 · 촉진활동으로 구성되는 마케팅 믹스를 설계한다. 실버기업이

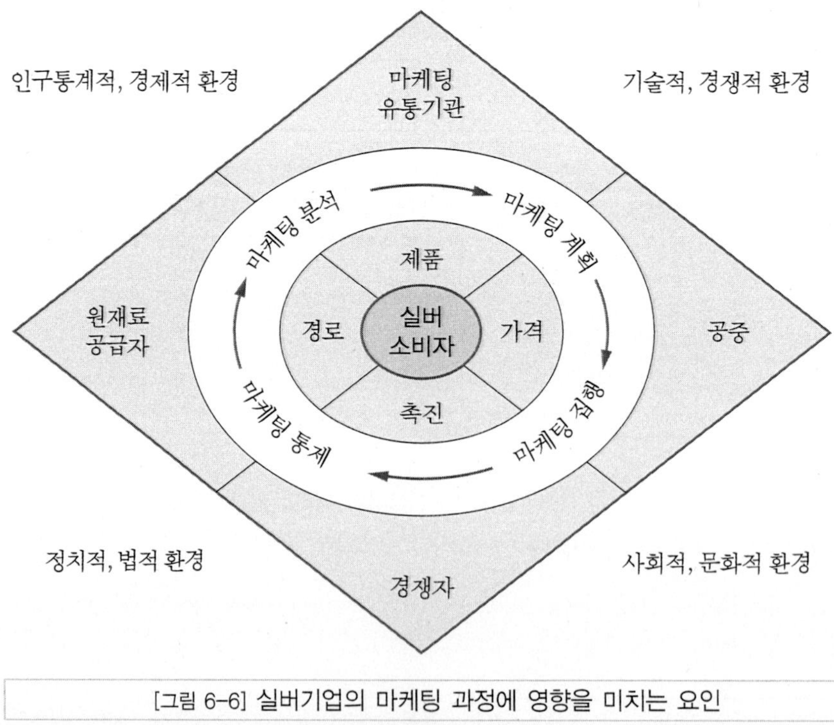

[그림 6-6] 실버기업의 마케팅 과정에 영향을 미치는 요인

자료: 이의훈, 김숙응(2004). 21세기 시장선점을 위한 실버마케팅, p. 57.

최적의 마케팅 믹스를 결정하여 수행하기 위해서는 마케팅 분석 · 계획 · 집행 및 통제 활동을 해야 한다. 이러한 활동을 수행할 때 실버기업은 자신을 둘러싸고 있는 환경을 주시하고 그 환경에 적응해야 한다.

(1) 실버소비자와 연결

기업이 효과적인 실버마케팅을 수행하기 위해서는 실버소비자를 잘 알고 신중하게 분석해야 한다. 대체로 실버기업들은 어떤 특정 시장 내의 모든 실버소비자의 욕구를 충족시킬 수 없다는 것을 알고 있다. 왜냐하면 특정 시장 내에는 다양한 소비자가 존재하며, 이들은 각기 다양한 욕구를 가지고 있기 때문이다. 따라서 기업은 전체시장을 작게 나누고, 분류된 세분시장 중 최적의 세분시장을 선택하여 경쟁자보다 더 우수한 방법으로 그 특정 세분시장을 충족시키고 수익을 창출할 수 있는 전략을 수립하고자 한다. 이러한 과정은 실버시장 세분화, 실버표적시장 선정, 실버시장 포지셔닝의 세 단계로 설명할 수 있다.

① 실버시장 세분화

시장 세분화란 특정 시장 내에서 서로 다른 제품이나 마케팅 프로그램을 수단으로 접근할 수 있는 서로 다른 사용자 집단을 확인하는 과정이다.

마케팅은 소비자의 욕구를 확인하여 만족시키는 것을 목표로 한다. 실버시장은 여러 유형의 고객, 제품 및 욕구로 형성되어 있고, 기업이 가지고 있는 자원과 능력은 한정되어 있으므로, 기업은 목표를 달성하기 위해 어떤 유형의 소비자를 만족시킬 수 있는지를 판단하고 선택해야 한다. 실버소비자 집단은 국가 · 지역 · 도시 등의 지리적 변수, 나이 · 성별 · 소득 · 교육수준 등의 인구통계적 변수, 사회계층 및 생활양식 등의 심리적 변수, 구매 상황 · 추구하는 혜택 · 사용률 등의 행동적 변수 등을 기준으로 구분될 수 있다. 이처럼 다양한 소비자를 각각의 다른 욕구, 특징, 행동을 가진 집단으로 분류하는 과정을 시장 세분화라고 한다.

모든 시장은 여러 세분시장으로 구성되어 있지만, 시장을 세분화하는 것이 항상 유용하지는 않다. 전체시장은 실버시장과 다른 세분시장들로 구분할 수 있는데, 과연 실버시장을 하나의 세분시장으로 보고 다르게 접근해야 하는지에 대해 의문을 가지는 기업도 있다. 만약 그렇다면 이 세분 실버시장이 과연 충분한 크기를 가지고 있는지, 혹은 어떤 특정한 마케팅 자극에 대해 유사한 반응을 보이는 실버소비자로 구성되어 있는지, 이 세분 실버시장에 접근하는 것이 가능한지 등을 고려해 보아야 한다. 만약 이러한 조건을 충족시키지 못한다면 시장에서 실버시장을 독립된 세분시장으로 분리해 내는 것은 포기해야 한다.

기업은 실버시장이 하나의 동일한 세분시장인가 하는 것에도 의문을 가져야 한다. 결론적으로 말하자면 실버시장은 다수의 다양한 욕구를 가진 이질적인 여러 세분시장이 모여 이루어진 것이다. 예를 들면, 은퇴 이후 자동차를 새로 구입하려고 하는 실버소비자를 가격이 비싸더라도 크고 편안한 차를 구입하려는 집단과 저렴한 가격에 유지비가 적게 드는 경제적인 자동차를 원하는 집단으로 구분할 수 있는데 이는 각각의 다른 세분시장이 되는 것이다.

한 가지 종류의 모델로 모든 소비자의 욕구를 충족시키기는 어렵다. 기업은 하나 혹은 소수의 세분시장이 원하는 독특한 욕구를 보다 잘 충족시킬 수 있도록 그들의 노력을 집중시키는 것이 오히려 현명한 방법이 될 것이다. 그러므로 실버기업은 인구통계적 · 지리적 · 행동분석적 및 기타 특성을 이용해 시장을 세분화하고 각 세분시장이 하나의 마케팅 기회가 될 수 있는지도 평가해야 한다.

② 실버표적시장 선정

시장 세분화에 따라 실버시장은 여러 개의 세분시장으로 나뉜다. 실버기업은 여러 세분시장에 대해 충분히 검토한 후 하나 혹은 소수의 세분시장에 진입할 수 있다. 실버표적시장 선정, 다시 말하여 시장 표적화는 각 세분시장의 매력도를 평가하여 진입할 하나 또는 그 이상의 세분시장을 선정하는 과정이다. 세분시장의 매력도는 세분시장의 크기, 성장률, 수익성 등 여러 가지 변수를 사용하여 평가한다.

표적시장을 선정할 때는 세분시장의 매력도를 평가하는 것 이외에도 기업의 목적과 자원을 고려해야 한다. 아무리 세분시장이 매력적이라도 그 세분시장에 진입하는 것이 자사의 장기적인 목적과 배치된다면 표적시장으로 삼을 수 없다. 또한 기업이 표적시장으로 삼을 세분시장의 욕구를 충족시킬 수 있는 인적·물적·기술적 자원을 갖추고 있는지도 평가해야 한다. 마지막으로 접근하고자 하는 목표시장에서 경쟁기업보다 더 잘할 수 있다고 판단되어야 한다. 매력적인 시장은 누구에게나 매력적으로 보이기 때문에 경쟁기업이 진입할 가능성도 고려해야 한다.

자원이 제한적인 기업은 하나 혹은 극소수의 세분시장에만 진입하는 것이 바람직한데, 이 경우 매출액 규모는 크지 않아도 수익성은 높게 창출할 수 있다. 한편, 실버소비자의 유형은 다르지만 기본적인 욕구가 동일한 경우에는 서로 관련 있는 몇 개의 세분시장을 선택할 수도 있다. 대기업은 완벽한 제품을 다양하게 제공하면서 세분시장 전부를 충족시킬 수도 있다.

③ 실버시장 포지셔닝

일단 실버기업이 어떤 세분시장에 진입할 것인가를 결정하고 나면, 실버기업은 그 세분시장에서 어떤 위치를 점유할 것인가를 결정해야 한다. 대부분의 표적시장에는 동일한 고객집단을 대상으로 하는 경쟁사 및 경쟁제품이 있다. 소비자에게 자기 회사의 제품이 선택되기 위해서는 자사의 제품이 경쟁사의 것보다 우수하다는 것을 소비자에게 인식시켜야 한다.

제품포지션이란 소비자의 인식 속에서 어떤 제품이 경쟁사 제품과 비교하여 상대적으로 차지하는 위치를 말한다. 포지셔닝이란 어떤 제품을 경쟁제품에 비하여 차별적으로 받아들일 수 있도록 고객의 인식 속에 위치시키는 노력이다. 만약 시장에서 어떤 제품이 경쟁사의 제품과 똑같다고 인식한다면 소비자는 굳이 그 제품을 구매할 이유가 없다. 그러므로 기업은 자사 제품이 표적소비자의

〈표 6-1〉 실버시장 포지셔닝을 위한 가이드라인

항목	근거	예
안락함에 초점을 맞춘다	안락함은 나이가 들면서 우선적으로 추구되는 가치임	안락한 자동차, 동년배 판매원의 편안한 설명 등
안전함을 판다	육체적 활동성의 저하로 보다 많은 위험을 인식함	대형자동차, 전자안전장치, 건강유지 프로그램 등
편리함을 추구한다	다양한 기능보다 쉽고 편리한 기능을 선호함	가전제품의 음성안내, 알람 기능, 휴대전화의 큰 글씨 등
목적의식을 북돋운다	지적 자극과 사회적 유용성에 대한 욕구가 증가함	재교육 프로그램, 봉사활동
사회적 연계를 유지한다	고립, 소외감을 피하고 싶어 함	교류의 장 마련, 결연가족 구성
향수를 자극한다	단기 기억력 감소, 과거 기억 회상이 많아짐	성장기에 들었던 음악, 음식 및 관련 서비스

자료: 김숙응, 이의훈(2009). 실버산업의 이해.

인식 속에서 경쟁제품과 비교하여 분명하고 독특하며 최고의 바람직한 위치를 차지할 수 있도록 해야 한다.

기업은 경쟁사보다 더 낮은 가격을 제시하거나 높은 가격이지만 혜택이 더 많다는 점을 제시하여 제품을 포지셔닝할 수 있다. 만일 더 많은 혜택으로 포지셔닝하기로 했다면 기업은 실제로 경쟁사보다 더 많은 혜택을 제공해야 한다. 왜냐하면 실제로 차별화된 마케팅 노력이 수반되어야 효과적인 포지셔닝이 가능하기 때문이다. 〈표 6-1〉은 실버시장 포지셔닝에 이용할 수 있는 몇 가지 가이드라인을 보여 준다.

(2) 실버마케팅 믹스와 마케팅 프로그램

마케팅 믹스란 기업이 표적시장에서 원하는 목표를 달성할 수 있도록 하기 위해 사용하는 통제 가능한 마케팅 변수의 집합으로, 현대 마케팅활동을 수행하기 위한 주요 수단이다. 통제 가능하다는 것은 마케터의 판단에 따라 의사결정할 수 있음을 의미한다. 즉, 제품 디자인이나 제품 구색의 결정, 가격결정 및 조정,

IT · 자동차 업계, '부유한 노년층의 지갑을 열어라' 특명

정보기술(IT)업계가 부유한 노년층 소비자의 지갑을 열기 위해 관련 제품과 서비스 개발에 박차를 가하고 있다.

인구 고령화로 질병에 시달리는 환자도 함께 늘면서 제약업계는 연구비 지출을 늘리는 등 발 빠른 대응에 나서는 것으로 알려졌다. 세계 최대 비영리 연구기관인 미국 바텔 연구소에 따르면, 65세 이상 미국인 중 86%가 최소 한 종류의 만성질병에 시달리고 있다. 두 가지 이상의 질병으로 고생하는 비율도 절반이 넘었다. 이러한 추세에 발맞춰 글로벌 생명과학 업계의 연구투자비는 지난해 이후 현재까지 3.1% 증가했다.

상대적으로 고령화와 연관성이 적어 보이는 자동차업계도 관련 제품과 서비스 개발에 노력 중이다. 미국 포드는 운전자의 심장 이상 징후를 미리 감지해 차량을 자동으로 안전하게 정차시키는 기능을 최근 선보였다. 미국의 65세 이상 노인 중 30%는 심장 기능에 이상이 있는 것으로 알려지면서 노년층 운전자가 늘면서 교통사고가 증가할 수 있다는 불안감도 한몫했다. 이 시스템은 차량 내부 카메라와 운전대에 설치된 센서를 통해 운전자의 머리 움직임과 심장마비 징후를 모니터링해 이상 신호 발생 때 브레이크가 자동으로 작동하도록 했다.

100세 이상 노인이 5만 4,000명(지난해 9월 기준)에 달하는 세계 최고 고령국 일본의 도요타도 노년층의 안전운전을 위한 센서와 스캐너 기능을 강화한 신차를 개발해 주행시험에 돌입했다.

사회복지 선진국 스웨덴에서 노년층 사용자에 특화된 스마트폰을 제조하는 도로(Doro)의 경우 노년층 고객을 사용 패턴과 성향 등에 따라 여섯 종류로 세분화하고 있을 만큼 '실버 마케팅' 에 공을 들이고 있다. 도로의 매출은 지난해보다 70% 늘었다.

영국에서는 노년층의 소셜미디어(SNS) 사용이 눈에 띄게 늘고 있다. 영국 방송통신 감독기관 오프콤(Ofcom)의 최근 보고서를 보면 55~64세 사이 인구 중 트위터와 페이스북을 비롯한 소셜미디어 사용자 비율은 2011년 4분의 1에도 못 미쳤지만 최근에는 3분의 1을 넘어섰다. 인터넷뱅킹을 비롯한 전자결제시스템

이용 비율도 2005년보다 두 배가량 늘었다.

아마존의 '킨들'을 비롯한 전자책의 경우, 55세 이상 연령층의 이용 비율이 가장 높았다. 또한 영국 베이비붐 세대의 3분의 1은 '셀카(selfie)' 촬영을 즐길 정도로 노년층의 '셀카 열풍'도 뜨겁다.

노년층 대상 온라인 포털도 속속 등장하고 있다. 지난해 말 론칭 이후 매달 25만 명의 '어르신' 사용자가 이용하는 사이트로 성장한 실버서퍼스닷컴(www.siversurfers.com)이 대표적인 예다. 실버서퍼스닷컴은 노년이 관심을 가질 만한 뉴스와 더불어 자유로운 의견 교환을 위한 커뮤니티 기능 등을 제공하고 있다.

자료: 조선비즈(2014. 10. 21.).

유통경로의 결정, 촉진방법의 결정 등은 모두 마케터가 통제할 수 있는 사항들이다(이학식, 현용진, 2002). 마케팅 믹스는 전통적으로 제품(product), 가격(price), 유통(place), 촉진(promotion)의 네 가지로 구성되어 있어 '4Ps'라고도 하며, 각 변수에는 많은 요소가 포함되어 있다. [그림 6-7]에 각 P에 속하는 여러 가지 마케팅 변수를 정리하였다.

수많은 마케팅 믹스 요소들을 혼합하여 진행계획을 수립한 것을 마케팅 프로그램이라고 한다. 마케팅 믹스는 표적시장에서 강력한 포지셔닝을 하기 위해 기업이 사용할 수 있는 전술적 도구를 모아 놓은 것이며, 마케팅 프로그램은 제품, 디자인, 가격 결정, 촉진, 유통 등의 마케팅 믹스에 대한 다양한 의사결정을 적절히 결합한 것이다. 효과적인 마케팅 프로그램은 구체적인 세분시장이나 제품 혹은 서비스에 적합하도록 여러 요인을 고려하여 신중하게 설계되어야 한다. 특히 실버소비자는 자신의 욕구, 인생 경험, 생활주기 등에 따라 마케팅 자극에 서로 다르게 반응할 수 있으므로, 이들이 각 마케팅 믹스 요소에 대해 어떻게 반응할 것인지를 면밀히 검토한 후 최적의 마케팅 프로그램을 설계하고 활용해야 한다.

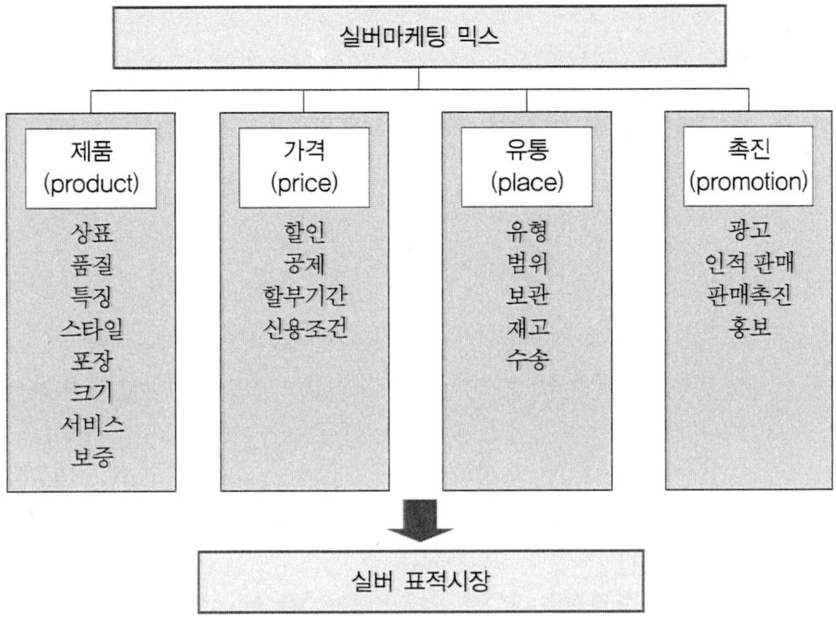

[그림 6-7] 실버마케팅 믹스의 구성 변수들

자료: 이의훈, 김숙응(2004). 21세기 시장선점을 위한 실버마케팅, p. 61.

① 제품전략

실버소비자에게 제공할 것이 어떤 제품인지가 결정되어야 다른 마케팅 믹스를 결정할 수 있기 때문에 제품은 마케팅 믹스 요소 중 가장 중요하게 관리되는 대상이다. [그림 6-7]에 제시되어 있는 것과 같이 제품관리에는 제품 그 자체를 무엇으로 하느냐에 관한 의사결정뿐만 아니라 상표에 대한 결정, 제품의 품질 및 특징에 대한 결정, 어떻게 포장할 것인가, 어떤 서비스를 함께 제공할 것인가 등 제품과 연결되는 다양한 부분에 대한 의사결정이 포함된다.

노년기에는 누구에게나 생물학적인 변화가 발생하므로 실버소비자는 점점 환경을 지배하기 어려워진다. 이런 변화 때문에 실버소비자는 독립적으로 생활하고 기능하는 것이 불가능해지지는 않는다 해도 종종 스트레스와 좌절감을 느낄 수 있으며, 생활상에서 나타나는 문제를 해결하기 위해 새로운 부가적인 노력을 기울여야 하기도 하며, 때로는 라이프스타일을 변화시켜야 할 수도 있다. 만약 실버시장에 참여하는 마케터가 제품에 어떤 변화를 줌으로써 노년기에 발생하는 취약점을 보완할 수 있도록 한다면 실버소비자는 그러한 제품에 긍정적으로 반응할 것이고 충성도도 높아질 것이다.

예를 들면, 시력변화로 인하여 야간운전을 피하기 시작할 수도 있고, 근육이나 관절에 영향을 미칠 수 있는 조깅과 같이 격렬한 운동을 걷기와 같이 덜 격렬한 운동으로 대체할 수도 있다. 미각의 변화로 맛에 둔감해질 수 있기 때문에 실버소비자를 대상으로 하는 식품제조업자나 요리사는 맛을 강화하기 위해 음식의 간, 향, 색깔 등을 변화시켜야 한다. 후각능력의 변화는 연기나 가스가 있다는 것을 경고하는 도구가 개발될 필요성을 제기하기도 하며 청력의 쇠퇴는 보청기와 같은 특정 상품에 대한 필요성을 느끼게 한다.

더불어 신체상의 물리적인 변화를 잘 수용할 수 있도록 포장과 용기 디자인은 쉽게 열 수 있고 더 크고 잘 알아볼 수 있도록 해야 한다. 또한 신체의 형태도 변화하기 때문에 의류관련 사업자들은 실버소비자들의 필요를 충족시킬 수 있는 적절한 치수와 형태의 옷과 신발을 디자인해 제공해야 한다.

서비스 차원에서 예를 들어 보면, 노년기에는 요실금 문제가 많아지므로 관광버스기사는 자주 정차할 필요성이 있고 버스에는 노인들이 복용하는 많은 약물을 냉장 보관하기 위해서 작은 냉장고가 필요할 수도 있다. 소화능력 변화는 약 복용량을 조정하는 것 이외에도 느린 소화능력으로 인해 발생할 수 있는 약물들 상호 간 부작용의 가능성을 염두에 두고 처방을 내려야 할 필요성을 제시한다. 노화는 각종 질환과 연결되므로, 예를 들어 관절염이나 뇌졸중으로 인한 기능적 장애가 발생하여 특정 의약품이 필요하게 될 수도 있다.

상대적으로 젊은 50~74세의 소비자는 노화를 암시하거나 전제로 하는 제품에 부정적으로 반응할 수 있지만, 75세 이상의 소비자의 경우 마케터는 실버소비자의 마음속에 있는 연령에 맞게 제품을 설계해야 한다. AT&T 사가 나이 든 은퇴한 소비자를 위한 전화수신증폭기, 자동긴급다이얼 부착 및 오후 장거리 할

인요금 이용 장치 등을 개발하여 성공한 것은 그런 예로 볼 수 있다. Choice Hotels는 TV 리모컨, 큰 버튼이 있는 전화기, 투숙객들이 밤에도 손쉽게 찾을 수 있도록 벽에 부착된 전등스위치 등을 갖춘 실버소비자용 객실을 별도로 마련하여 좋은 반응을 얻었다(Moschis, 1992).

제품전략의 관점에서 볼 때 각각의 세분화된 실버소비자 집단은 인생에서 가장 중요하게 생각하는 것이 서로 다르며, 따라서 특정 혜택을 제공해 주는 제품에 대한 반응도 모두 다르다. 예를 들면, 병약하지만 사회활동을 좋아하고 젊을 때와 같이 여전히 활동을 유지하고 싶어 하는 실버소비자는 그들의 사회활동을 지속시켜 주고 촉진시키도록 도와주는 제품의 가치를 높이 평가하는 반면, 병약하여 집에 있고 싶어 하는 실버소비자는 일상생활을 보다 수월하게 만들어 주는 제품들에 주로 관심을 보인다. 같은 노화의 정도나 유사한 질병이 있어도 사회활동을 좋아하는 실버소비자는 다양한 서비스를 제공하는 사교 클럽을 보다 매력적으로 느낄 것이며 집에 머무르기 좋아하는 소비자는 다양하고 편리한 홈케어(home-care) 서비스에 더 흥미를 보일 것이다.

마케터가 염두에 두어야 할 또 한 가지는 많은 실버소비자는 다른 사람을 위한 선물로 제품과 서비스를 구매한다는 것이다. 자신이 사용하기 위해 제품을 구매하는 것뿐만 아니라 다른 사람을 위한 제품을 구매하는 그들의 욕구를 이해하면 사랑하는 누군가를 위해 제품을 구매하려는 실버소비자에게 도움을 줄 수 있게 되며, 그 결과로서 실버소비자로부터 충성도를 확보하면서 시장에서 좀 더 유리한 위치를 차지할 수 있다.

또한 마케터들은 실버소비자의 자녀와 친척들에게 제품에 대해 소구할 수 있어야 하는데 이는 이들이 실버소비자의 의사결정에 큰 영향력을 발휘하기 때문이다. 금융상품이나 건강관련 제품 구매와 같은 여러 결정에서는 이런 영향력이 크게 작용하지 않을 수도 있지만 요양원을 옮기는 것과 같은 결정에서는 중요하게 작용할 수 있다. 우리나라의 경우 실버용품에 관한 광고를 살펴보면 자녀들에게 소구하는 경우가 많은 것을 쉽게 볼 수 있다.

해외 실버상품 마케팅 성공 사례

◆ 기존상품에 비해 기능을 보강하거나 디자인을 개선하는 등 제품을 고급화하여 구매력 있는 실버 계층에게 어필한 상품

- 관절염 환자용 골프장갑(미국): 손전문 정형외과 의사가 디자인한 제품으로 손의 힘이 부족하거나 특히 관절염을 앓는 노년층이 선호. 장갑을 낀 것 같지 않을 정도의 편안한 착용감을 제공
- 천연원료로 만든 화장품(브라질): 실버계층의 건조한 피부에 적합하도록 천연 재료를 원료로 수분을 다량 함유한 화장품을 개발하고, 젖은 상태에서 잡아도 미끄러지지 않는 포장 재질을 사용함. 주요 구성성분을 큰 글씨로 표기하여 쉽게 보이도록 하였으며 성숙한 피부(mature skin)라는 우회적 표현으로 노년층 대상의 전문미용제품 브랜드를 표방

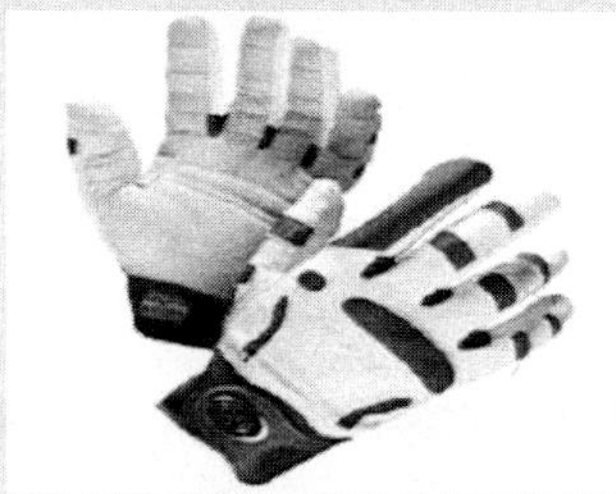

◆ 새로운 아이디어를 상품화하여 노년층의 독특한 욕구를 충족시킨 상품

- 실리콘제 병뚜껑(일본): 병이나 컵에 끼워 떨어뜨리거나 흔들어도 음료가 넘치지 않도록 하는 실리콘제 뚜껑으로 누워서 사용 가능하며 가볍게 물면 입구가 열리도록 설계하여 손떨림이 심한 고령자도 빨대를 사용하지 않고 쉽게 음료를 마실 수 있음
- 전화통화음 강화기(독일): 간단한 설치와 조작으로 기존 전화에 연결하여 최대 35dB까지 소리를 높일 수 있어 청력 저하로 인한 전화통화 불편을 감소시킴

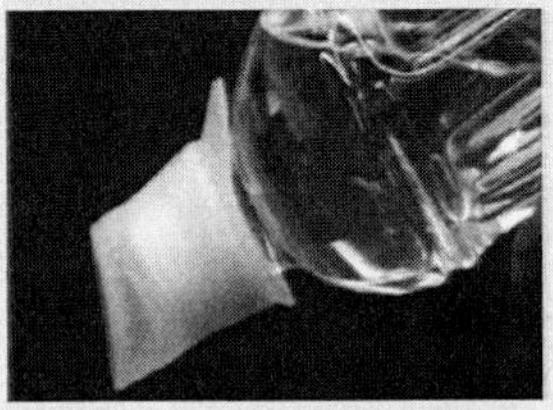
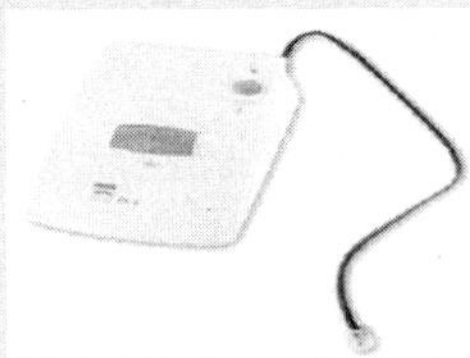

◆ 신체적 기능이 약화되거나 거동이 불편한 노년층의 사고를 방지하는 데 도움이 되도록 설계하여 안전에 대한 욕구에 어필한 상품

- 문달린 욕조(독일): 욕조에 출입문을 달아 기존 욕조의 턱이 높아 발생할 수 있는 미끄러짐이나 위험을 감소시킴. 투명한 아크릴 재질로 출입문을 만들어 욕조 내부에서 발생할 수 있는 미연의 사고를 쉽게 감지하도록 디자인함
- 화상방지 샤워 장치(영국): 물 온도가 48도가 넘으면 자동으로 밸브가 닫히도록 설계하여 뜨거운 물에 데이는 것을 방지. 샤워기 머리와 호스 사이에 끼우면 작동되도록 설계하여 설치가 간단하고 사용 시 별도의 조작이 필요하지 않음

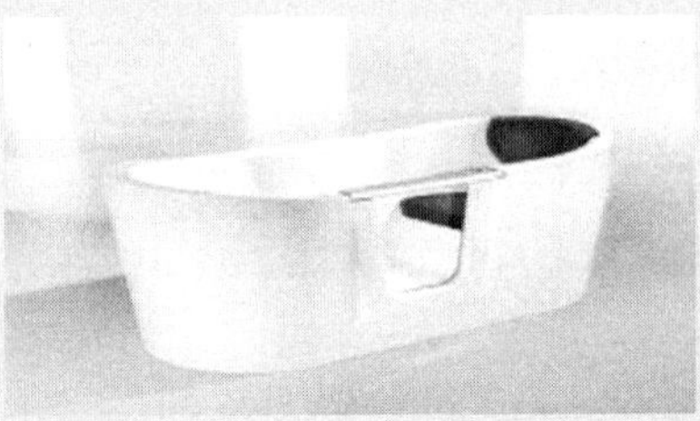
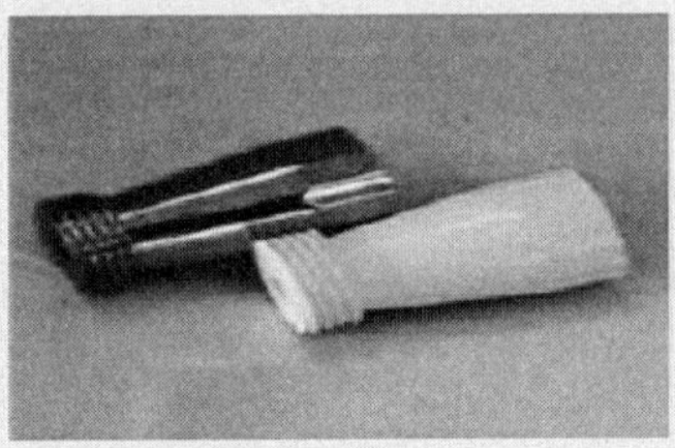

자료: Global Business Report 11-035, KOTRA. (2011. 10. 31.).

② 가격전략

가격은 제품이나 서비스의 가치를 화폐단위로 표현한 것으로 모든 마케터는 자신이 제공하는 제품이나 서비스에 대한 가격을 결정해야 한다. 가격결정은 당연히 다른 마케팅 믹스 요소를 동시에 고려해야 하는 가장 어렵고 복잡한 의사결정의 하나다. 제공하려는 제품의 시장수요를 결정하는 요소 중 하나이면서 경쟁사 간의 매출액과 시장점유율에 큰 영향을 미쳐 궁극적으로 기업의 이익에 직접적 영향을 미치기 때문이다.

실버소비자를 대상으로 하는 제품가격결정은 어디에 기준을 두어야 할 것인가를 먼저 고려해야 한다. 많은 기업이 목표달성을 위해 고가정책을 사용하고 싶어 하겠지만 실버소비자의 경우 절약이 생활의 기본처럼 되어 있는 집단이 있는 반면, 앞날이 얼마 남지 않았으니 여생을 편하게 즐기고 마감하기 위해 아낌없이 소비하는 집단이 있음을 고려해야 한다.

많은 실버소비자는 평생을 절약하며 생활해 왔고 앞으로도 그렇게 생활하고자 하는 경향이 있으므로 비교적 저렴한 제품을 선호하기도 한다. 그렇지만 마케터는 단지 저가격 전략에만 초점을 둔다면 실버소비자의 충성도를 구축할 수 없다는 점도 명심해야 한다. 실버소비자는 수입이 없거나 적으므로 상품, 서비스, 소매점 등의 저가전략을 매력적으로 여기기는 하지만 만약 그들이 특정 상품을 가격 때문에 사용하고 있다면 이러한 개인적인 성향은 다른 장소에서 더 낮은 가격의 상표나 상점을 찾게 되면 곧 변하게 될 것이다. 따라서 실버소비자의 욕구를 잘 충족시킬 수 있는 제품을 개발하여 제공하는 것이 우선되어야 하며, 세분시장 중 특히 가격에 민감한 시장일 경우 합리적인 가격전략을 검토하여야 할 것이다. 반면, 실버소비자가 충분히 만족하는 제품이나 서비스의 경우 프리미엄 가격전략도 구사할 수 있다.

실버소비자를 대상으로 하는 가격전략의 구체적인 수단에는 노년층 할인, 세일, 쿠폰, 환불, 리베이트 등이 있는데, 이러한 수단을 이용하여 다양한 가격절약 혜택을 제공하거나 여러 가지 지불수단을 이용할 수 있게 함으로써 재구매를 유도할 수 있다.

③ 유통전략

제품이 생산자에게서 생산되어 소비자에게 도달하기까지는 여러 단계에 거쳐 교환과 분배가 이루어지며 흘러가게 되는데 이러한 활동을 유통이라 하며 이러한 활동 및 과정에 참여하는 모든 개인과 기업의 집합을 유통경로라고 한다. 유통경로는 제품의 판매를 실제로 담당하는 기관이므로 이를 잘 관리하는 것은 판매실적과 직결된다. 유통기관은 매우 다양하며 새로운 형태의 유통기관이 계속 등장하고 있다.

제품은 필요한 사람에게 필요한 때와 장소에서 편리하게 구매될 수 있도록 공급되어야 하므로 마케터는 고객의 편의성을 우선적으로 고려하면서 동시에 유통비를 절감할 수 있는 방식을 강구하여야 한다. 노년기는 여러 가지 요인으로 인해 변화가 발생하는 시기이므로 실버소비자를 표적으로 하는 마케터는 유통전략을 결정하고 구사할 때 이를 고려해야 한다.

유통전략결정에서 가장 먼저 고려해야 할 점은 노년기에 나타나는 생물물리학적 변화로 인한 신체적 취약성이다. 이동이 힘들어지는 노년기의 특성을 고려하여 소매점에 계단의 사용을 최소화하고 자동 출입문을 설치하는 것 등으로 출입을 편하게 해야 한다. 실버소비자의 성향을 고려하여 점포까지의 거리를 가깝게 하여 걸어가는 수고를 최소화하고 실내 온도를 안락하게 하는 것도 실버소비자가 그 점포에서 편안한 쇼핑을 즐길 수 있도록 하는 방법이 된다. 또한 노년층의 거주지, 집단생활의 현황을 파악하여 우편물 방식으로 제품을 소개하고 간편한 주문방식이나 직접 배달하는 직거래방식을 강구하거나, 더 나아가 전자상거래방식의 활용을 꾀할 수도 있다.

라이프스타일도 효과적인 유통전략을 전개하는 데 이용될 수 있다. 제품과 서비스를 판매하는 여러 소매점에 대한 선호도는 개인의 라이프스타일에 따라 다르므로 효과적인 유통전략의 전개는 라이프스타일 군집에 따라 달라져야 한다. 병약하지만 외출과 사회활동을 선호하는 실버소비자에게 효과적으로 접근하려면 마케터는 전문점이나 백화점처럼 여러 제품을 한 장소에서 비교하면서 볼 수 있으며 다양한 서비스를 경험할 수 있는 다각화되고 혼합된 매장을 고안해야 한다. 특정 점포를 선정할 때는 점포에서 가정배달서비스를 제공할 수 있는가도 고려해야 한다. 반면, 병약하여 외출을 싫어하는 실버소비자는 주로 직접마케팅

경로를 사용하여 만족시킬 수 있다. 다이렉트 메일, 텔레마케팅, 온라인 쇼핑, 직접방문판매, 가정배달서비스, 픽업서비스 등의 집 안에서도 쇼핑할 수 있는 다양한 서비스가 포함되어 있는 경로를 개발하는 것이 효과적인데, 이런 경로를 외출을 선호하는 소비자들을 위해 개발한 것과 비교해 보면 그 차이를 확연하게 알 수 있을 것이다.

마케터와 소매점은 실버소비자의 구매행동에 관련된 요인들에 주목해야 한다. 쇼핑빈도, 구매습관, 상점을 선택하는 기준, 상점에 대한 선호도 등은 제품과 서비스에 따라 달라진다. 여러 면에서 실버소비자와 젊은 층 소비자는 비슷한 습관을 가지고 있고, 같은 방식으로 소매점을 평가한다. 다만 가족규모가 축소되고 각 생활단계마다 직면하는 환경적 요소들이 다르기 때문에 구매행동이 다르게 나타날 뿐이다.

소매점이 실버소비자에게 소구할 수 있는 기술이나 전략을 몇 가지 열거해 보면 다음과 같다.

- 실버소비자의 욕구와 노화에 따른 신체적 · 심리적 변화에 대해 점원을 교육시킨다.
- 실버소비자에게 존경과 정중함, 인내를 가지고 대하도록 점원을 훈련시킨다.
- 가격표가 읽기 쉬운지 항상 확인한다.
- 선반에 물건을 놓거나 꺼낼 때 항상 도움을 제공한다.
- 실버소비자에게 제품의 장점과 단점을 잘 설명할 수 있는 능력을 갖춘다.
- 적당한 수의 '현금전용 계산대'를 설치한다.
- 실버소비자가 피곤할 때 쉴 수 있는 의자 등을 점포 곳곳에 설치한다.
- 교통수단을 제공한다.
- 구매위험을 줄일 수 있는 전략(예를 들면, 환불보장, 무료환불제도, 제품 회수 및 교환 제도 등)을 제공한다.

가정에서 제품이나 서비스를 구입하는 실버소비자의 성향은, 사회 · 인구통계학적 특징, 라이프스타일, 구매방법의 유형, 고려 중인 제품이나 서비스들과 관련된 수많은 요소에 따라 결정된다. 실버시장에 관심이 있는 마케터는 실버소비자의 구매행동상의 특징을 인식하고 이해하고 있어야 하며 시장세분화를 시도해야 한다. 이러한 세분화는 단순히 나이에 따라 이루어지기보다는 구매특징, 라이프스타일과 같은 보다 유용한 요소들에 따라 이루어져야 한다. 더 나아가 이러한 세분화는 고려 중인 마케팅 방식에 따라 달라지는 경향이 있다. 실버소비자에게 소구하기 위해서 마케터는 기업과 브랜드의 명성, 대체할 수 있는 지불 수단, 구매 전후의 개인적인 서비스 등의 요소를 강조해야 한다.

노인을 위한 나라의 신(新)산업, 일본은 실버시장에서 골드를 캔다

과거 '부양 대상' 으로만 여겨졌던 일본 시니어들이 강력한 소비 계층으로 떠오르면서 일본 기업과 그들의 제품을 바꾸고 있다. 베이비붐 세대인 '단카이(團塊) 세대' 은퇴 시점인 2007년부터 본격적으로 형성된 '액티브 시니어' 시장은 일본의 고령화율과 나란히 팽창 중이다.

중 · 장년층을 타깃으로 하는 일본 도쿄 신주쿠(新宿)의 게이오 백화점 8층은 '시니어의 공간' 으로 불린다. 이곳에는 중 · 장년층을 위한 한방 상담소와 한방 찻집, 마사지 숍, 건강식품 매장, 보청기를 비롯한 의료 기기 매장 등이 있다. 고령자 취향에 맞춰 튀지 않게 디자인된 등산용품과 여행가방 등을 판매하고 있고, 이들을 위한 식당가를 운영한다. 매장 종업원은 50대 이상이 대부분이고, 상품 진열대 글씨는 큼직하다. 게이오 백화점 매출에서 시니어 소비자가 차지하는 비중은 70%에 달한다. 백화점 측은 시니어들이 지갑을 연다는 것은 곧 매출 증대를 뜻하기 때문에 시니어의 동선을 고려해 매장을 설계하고, 친근감을 느끼도록 50대 이상 종업원들을 배치하고 있다고 한다.

2,200만 대 이상 팔린 후지쓰 사의 시니어 전용 휴대전화 '라쿠라쿠 폰' 은 청력이 안 좋은 시니어들을 위해 자동으로 볼륨을 높여 주는 기능과 상대방의 말 속

도를 늦춰서 들려주는 기능을 탑재하였다.

유명 식품 업체 이토햄은 시니어들이 햄버거와 소시지 같은 육류 제품의 맛을 즐기고 싶은 데도 치아나 소화 문제가 부담스러워 포기한다는 데 착안하여 '자연 식감' 을 특징으로 한 햄버거와 소시지 등을 발매하였다. 이가 약한 고령자들이 먹기 힘든 육류 등을 잘게 조리해 식감을 좀 더 부드럽게 하되, 본연의 맛은 유지하도록 과하지 않게 만든 것이다.

가정용 개호(介護 · 돌보기) 식품 최대 업체인 큐피는 시니어들을 위해 판매 전략을 바꾼 케이스다. 큐피는 포장에 '개호 식품' 이라는 표기를 없앤 반찬들을 잇달아 내놓고 있다. 큐피 관계자는 "시니어들은 '개호' 나 '시니어' 라는 단어 자체에 거부감을 갖는다" 며 "상품 포장은 물론, 취급 판매처도 개호 전문 매장을 벗어나 일반 식품 매장으로 확대해 나갈 방침" 이라고 하였다.

현재 일본의 액티브 시니어는 다른 나라의 고령층보다 컴퓨터나 스마트폰을 능숙히 다루면서 상품 정보에 대한 접근성이 높고, 가격과 품질에 더 민감하고, 젊음을 지향하면서, 상품 구매를 통한 자아실현 욕구도 높은 편으로 정의되어 있다. 하지만 이는 전형적인 분류일 뿐, 일본 시니어들의 소비 특성은 업계마다, 품목마다 다를 수밖에 없다는 것이 전문가들의 분석이다. 무라타 히로유키 도호쿠대 교수는 "시니어시장은 매스 마켓이 아니라 다양한 마이크로 마켓의 집합체" 라며 "각 기업들이 시니어시장 규모만 보고 시니어 소비 심리를 정확히 파악하지 못한다면 새로 세운 상품 · 서비스 전략도 실패할 수밖에 없다" 고 조언한다.

자료: 조선닷컴(2013. 11. 27.).

④ 촉진전략

촉진은 기업이 소비자에게서 원하는 반응을 얻기 위해 의도된 설득적 메시지를 각종 매체를 통해 소비자에게 커뮤니케이션 하는 행위이며 대체적으로 마케팅 커뮤니케이션이라 지칭된다(이학식, 현용진 2002). 기업이 좋은 제품과 서비스를 만들고 제공하고자 해도 소비자가 알지 못하면 아무 소용이 없게 되므로 기업은 소비자와의 커뮤니케이션을 효과적으로 하기 위해 다양한 방법을 강구하고 있다. 대표적인 촉진 수단으로는 광고, 홍보(PR), 인적 판매, 판매촉진 등이 있으며 각 수단은 각각 다른 특징과 비용이 소요되므로 효과적인 촉진전략 수립을 위해 마케터는 이를 잘 이해하고 적절히 이용할 수 있어야 한다.

실버소비자에게 접근하려는 기업은 실버소비자의 변화와 특성에 적합하도록 촉진전략을 수립해야 한다.

가장 많이 사용하는 광고의 경우 노년기의 생물학 · 물리학적 변화를 고려해야만 한다. 시력 변화는 광고의 표현방식에 영향을 미치는데 이탤릭체나 장식체, 함부로 날려 쓴 글씨체보다 크고 단정한 형태의 글씨, 빨강 · 노랑 · 오렌지 같은 밝은 색상, 명도와 채도의 적절한 대비, 높은 단계의 조명 사용 등은 실버소비자들이 광고를 보다 잘 알아볼 수 있게 도와준다. 청각능력의 변화는 고밀도와 저음의 소리를 사용할 필요가 있다는 것을 제시한다. 여성 모델보다는 남성 모델이 권장되고 클로즈업이 필요하며 말의 빠르기에도 유의해야 한다. 방송광고에서 배경음악은 메시지를 방해하지 않을 정도로 사용해야 하며 메시지는 느리고 반복적으로 전달하는 것이 효과적이다. 인지능력의 변화로 노년층은 단어보다 색상과 그림이 사용된 것을 더 잘 기억하고 단기기억능력이 감소하므로 광고를 요점을 중심으로 반복적으로 제시할 수 있어야 한다. 정보처리능력의 감소는 심도 있는 처리도 어렵게 하므로 실버소비자가 많은 정보를 흡수하기를 기대하는 상황에서 마케터는 단순하고 눈에 잘 들어오며 실버소비자에게 친숙한 요인들을 사용하여 광고를 만들고, 광고와 연관된 제품과 서비스를 쉽게 연상할 수 있도록 연결 고리를 개발해야 한다.

마케터가 실버소비자와의 커뮤니케이션을 향상시킬 수 있는 또 다른 방법은 특정 자극을 변화시켜 인지를 위한 노력을 최소화하게 하고 외부정보를 찾거나 예전에 배웠던 정보를 회상하거나 새로운 정보를 부호화하기 위한 시간을 줄일 수 있도록 하는 것이다. 예를 들어, 신문의 중요한 정보나 포장지는 색상이나 크기를 통해 눈에 띄게 할 수 있고, 개념이나 생각을 전달하는 데 상징을 이용할 수 있다. 긍정적 결과와 부정적 결과를 함께 제시하고 상대적인 또는 비교 형식으로 정보를 제공하는 것도 정보처리를 보다 쉽게 할 수 있는 방법이 된다.

라이프스타일 연구는 촉진전략을 수립하고 결정하는 데에도 기본적으로 활용된다. 병약하지만 사회활동을 선호하는 실버소비자에게는 대중매체와 점포 내에서의 촉진활동이 효과적일 수 있다. 광고는 활동적인 라이프스타일을 유지하기를 원하는 그들에게 제품이나 서비스가 어떻게 도움을 줄 수 있는지를 제시하는 주제가 효과적이다. 반면, 집에 있기를 좋아하는 실버소비자에게는 전통적인 대중매체나 인쇄매체를 통한 제품광고가 효과적이며 광고에서는 제품이 일상적인 생활을 보다 쉽게 유지하는 데 도움이 될 것이라는 제안을 담은 주제가 효과적이다. 예를 들어, 전자레인지의 경우 활동적인 실버소비자들에게는 집에서 요리하는 시간을 절약하여 사회활동에 더 많은 시간을 사용할 수 있게 해 주는 것으로 제시될 수 있으며, 병약하고 집 안 생활을 선호하는 실버소비자에게는 최소한의 육체적 · 정신적 노동으로 식사를 마련할 수 있는 상품으로 제시될 수 있다.

촉진은 다양한 매체를 통해 전달되므로 실버소비자의 매체사용행동을 이해하는 것도 촉진전략 결정에 필요하다. 실버소비자의 매체사용습관을 요약하면 가장 많이 이용하는 매체는 TV이며 두 번째는 신문이다. 잡지와 라디오의 인기는 이보다는 덜하지만, 종종 균형 있는 판촉전략을 구사하기 위해서는 이를 활용하는 것도 바람직하며 최근 들어 인터넷의 사용비율이 높아지면서 인터넷이 주요 매체로 등장하고 있다. 또한 교육수준이 점차 높아지면서 인쇄매체의 소비가 증가하고 있는데 노화의 영향으로 표준 규격의 인쇄매체 이용은 감소하는 경향이 있다.

마케터는 TV나 라디오 프로그램, 신문의 섹션 등 실버소비자가 어떤 내용을 관심 있어 하는지도 알아야 한다. 이는 TV나 라디오의 어떤 프로그램에 광고를 삽입할 것인지, 어떤 인쇄매체나 섹션에 광고를 제시할 것인지에 대한 결정에 도움이 된다. 대중매체를 통한 광고를 하기 위해서는 실버소비자가 주로 이용하는 특정 프로그램의 시청시간과 내용을 알아야 최소의 비용으로 최고의 성과를 거두는 효과적 전략결정 및 관리가 가능하다.

이와 함께 대중매체에 제시된 인물이 프로그램이나 내용의 선호에 영향을 미칠 수 있으므로 광고 모델은 연령뿐만 아니라 노인들의 특성이나 선호도를 설명하는 데 도움이 되는 요소에 기초하여 선택되어야 한다. 즉, 예를 들면 모델을 선택할 때에는 모델의 연령보다는 태도, 음성, 라이프스타일 같은 요인에서 모델과 시청자가 유사한지가 더 적절한 기준이 된다. 미국의 경우 55세 이상의 실버소비자 중 약 1/3 이상이 광고에서 부적절하게 연령에 대한 고정관념을 사용한 회사의 제품을 불매한 경험이 있다고 한다. 이처럼 연령에 대한 고정관념이 실버소비자의 감정을 상하게도 하지만, 그렇다고 그 반대로 지나치게 상반된 이미지를 보여 주는 것도 위험하다. 노인들의 일반적인 인지와 일치하지 않는 그들에 대한 과도한 긍정적인 이미지를 보여 주는 것은 '역고정관념'으로 간주될 수 있다. 예를 들면, 오토바이를 멋지게 타거나 자유자재로 현대적 춤을 추는 노인의 모습은 오히려 우스꽝스러운 이미지로 전달될 수도 있는데, 이것은 그동안 유지되어 온 노인에 대한 고정관념과 지나치게 모순되기 때문이다.

또한 광고에 대한 55세 이상 노년층의 반응을 살펴보면, 유용한 정보는 거의 없고 적당히 얼버무려 뭔가를 팔려고 한다는 부정적 인식이 주를 이루었다. 노년층이 선호하는 광고는 현실을 창조적으로 반영하거나, 현실적이고, 직접적으로 생활을 조망하는 것 등이다. 노년층은 억지웃음을 자아내는 광고보다 자신들이 알고자 하는 내용과 정보가 들어 있는 유머러스한 광고를 좋아하는 것으로 나타났다. 영국에서의 한 조사결과에 따르면 실버소비자에게는 섹스어필 광고와 유명인사 등장 광고가 가장 인기가 낮은 반면, 정보와 유익한 내용을 담은 광고가 가장 선호되는 것으로 나타났다(Moschis, 1996). 우리나라에서도 연령 증가에 따라 광고에 적극적이지 않고 흥미가 감소하며 신뢰도도 감소하는 것으로 조사된 바 있다(CPR협회, 2002).

3) 실버마케팅 활동 관리

실버기업은 표적시장에서 목표를 최대한 달성할 수 있는 마케팅 믹스를 설계하고 실행에 옮기고자 한다. 이러한 활동에는 분석, 계획, 집행 및 통제라는 네 가지의 마케팅 관리기능이 포함된다.

[그림 6-8]은 이들 마케팅활동 간의 관계를 보여 주는데, 기업은 기업 전체 차원에서의 전략적 계획을 수립한 후 각 사업부, 제품 및 상표에 대한 마케팅 계획 등을 수립한다. 이후 집행과정을 통해서 기업의 전략적 목표가 성취될 수 있도록 전략적 마케팅 계획을 수행한다. 마케팅 계획은 마케팅 부서의 구성원들이 실행하는데, 이들은 기업 외부 및 기업 내의 다른 부서에 있는 구성원들과 협력하여 계획을 수행한다. 통제과정은 마케팅 계획과 활동의 결과를 측정하고 평가하여 목표가 성취될 수 있도록 시정조치를 취하는 것이다. 마케팅 분석과정은 기타 여러 마케팅 관리활동을 수행하는 데 필요한 정보와 평가사항을 제공한다.

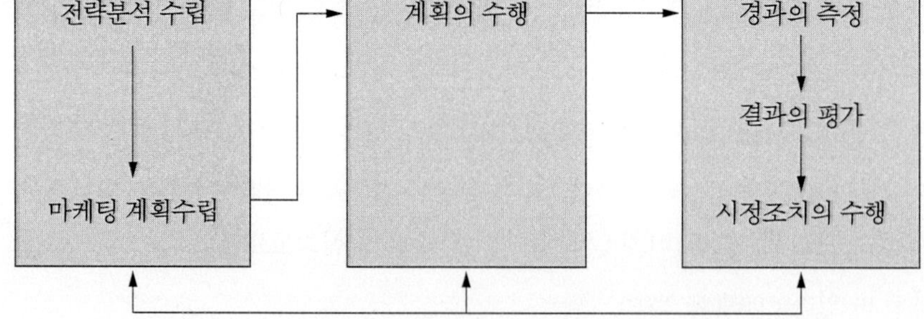

[그림 6-8] 실버마케팅 분석, 계획수립, 집행 및 통제 사이의 관계

자료: 이의훈, 김숙응(2004). 21세기 시장선점을 위한 실버마케팅, p. 63.

(1) 실버마케팅 분석

실버마케팅 기능을 관리하는 것은 기업이 처한 상황을 완벽하게 분석하는 것에서부터 시작된다. 마케팅 분석이란 기업 내에서 수행되는 각각의 다른 마케팅 활동을 수행하는 데 필요한 여러 가지 투입요소를 적절하게 제공하기 위해 기업의 내외부 환경과 능력을 파악하는 것이다.

실버기업은 시장과 마케팅 환경을 분석함으로써 매력적인 사업기회를 발견할 수 있으며 더불어 환경적 위협을 피할 수 있다. 이와 함께 현재 및 장래의 마케팅활동에 대해 자사가 가지고 있는 강점과 약점을 분석함으로써 자사가 최선을 다해 추구할 수 있는 기회가 어떤 것인가를 발견하고 결정할 수 있다.

실버시장에 처음 진입하거나 이미 실패를 경험한 기업은 시장 정보를 더욱 면밀히 수집하고, 그 정보에 의거해 의사결정을 수행하여야 한다. 특히 20~30대의 마케터들은 실무에 투입되어 의사결정을 할 경우 실버소비자를 잘못 이해할 경우가 많으므로 주의해야 한다.

(2) 실버마케팅 계획수립

전략적 계획수립을 통하여 실버기업은 각 사업단위가 수행해야 할 것이 무엇인가를 결정한다. 즉, 마케팅 계획수립은 실버기업이 전사적인 전략적 목표를 달성하는 데 필요한 마케팅 전략을 결정하는 것이다. 그리고 각 사업단위, 제품 및 상표수준에서 세부적인 마케팅 계획도 수립되어야 한다.

마케팅 계획은 제품 또는 상표 계획을 중심으로 수립하는데, 어떤 계획을 수립하고 진행해 나갈 것인지를 간결하게 정리하는 집행 요약서, 현재의 마케팅 상황 및 위협과 기회에 대한 분석, 목표설정 및 문제점 파악, 마케팅 전략과 프로그램에 대한 계획, 예산 계획, 통제 계획의 단계로 구성된다.

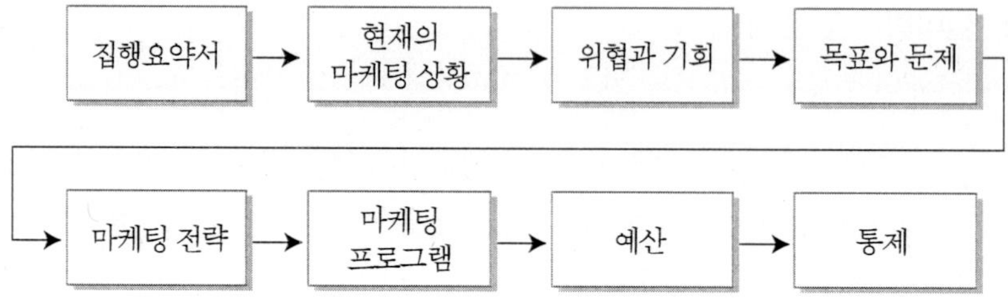

[그림 6-9] 실버마케팅 계획의 구성요소

자료: 이의훈, 김숙응(2004). 21세기 시장선점을 위한 실버마케팅, p. 64.

(3) 실버마케팅 집행

훌륭한 전략을 수립하는 것은 실버마케팅 활동을 성공적으로 이끌기 위한 출발점에 불과하다. 아무리 뛰어난 마케팅 전략계획을 수립한다고 하여도 기업이 그것을 적절히 실행하지 못한다면 별다른 성과를 거둘 수 없다. 실버마케팅 집행이란 전략적인 실버마케팅 목표를 달성하기 위해 수립한 실버마케팅 전략과 계획을 행동으로 옮기는 과정이다. 집행단계는 실버마케팅 계획을 효과적으로 실천할 수 있도록 일별 · 월별 활동을 포함한다. 실버마케팅 계획의 수립이 어떤 실버마케팅 활동을 왜 하는가에 대한 결정이라면, 집행은 누가, 언제, 어디에서, 어떻게 하는가에 대한 결정이다. 많은 경영자는 '일을 제대로 하는 것(집행)이 올바른 일을 하는 것(전략)보다 더 중요하다'고 생각한다.

성공적인 집행활동을 위해서는 실행계획을 통해 달성해야 할 목표를 위해 수행되어야 할 과업들이 무엇인지, 그중 특히 중요한 과업은 무엇인지를 명확히 해야 한다. 그리고 이 과업들을 누가 어떻게 수행할 것인지를 밝히고 각자의 의사결정과 행동을 어떻게 조정할 것인가에 대한 지침을 정해 놓아야 한다. 이를 위해서 조직의 공식적 구조를 명백히 하는 것이 중요한데, 부서 간 혹은 부서 내 구성원 간의 권한과 커뮤니케이션 경로를 미리 정해 놓아야 하며, 태스크포스 조직 및 위원회 등의 임시조직의 역할을 명백히 해야 한다.

실버마케팅 활동을 성공적으로 집행하는 데 영향을 주는 또 다른 요인은 기업의 의사결정 및 보상 시스템으로, 이것은 계획수립, 예산편성, 보상 및 기타 활동의 지침이 되는 공식적 및 비공식적인 업무 운영 절차다. 만약 어떤 실버기업이 단기적인 결과를 중심으로 보상을 한다면 구성원들은 장기적인 목표를 달성하는 것에는 큰 관심을 가지지 않을 수도 있다.

전략이 성공적으로 실행되기 위해서 실버기업의 마케팅 전략은 자사의 기업문화와 잘 조화되어야 한다. 기업문화란 조직 내의 구성원들이 공유하고 있는 가치와 신념의 체계로서, 그것은 기업의 집단적인 정체성이며 의미다. 이 기업문화는 모든 기업 수준에서 비공식적으로 사람들의 행동을 이끌어 간다. 즉, 기업의 스타일 및 문화와 조화를 이루지 않는 실버마케팅 전략은 집행하기가 어렵게 될 것이다.

(4) 실버마케팅 통제

실버마케팅 계획의 집행과정에서 여러 가지 사건이 발생할 수가 있기 때문에, 실버마케팅 부서는 계속적인 마케팅 통제과정에 개입하여야 한다. 실버마케팅 통제란 실버마케팅 전략과 계획의 결과를 측정, 평가하고, 마케팅 목표달성을 성취할 수 있는 수정조치를 취하는 활동을 말한다.

실버마케팅 통제는 [그림 6-10]과 같이 4단계로 되어 있다. 통제를 위해서는 우선 분명한 마케팅 목표가 설정되어 있어야 한다. 그 후 마케터는 그 목표시장에서의 성과를 측정하고, 기대치와 실제 성과 간에 차이가 있을 때는 그 차이의

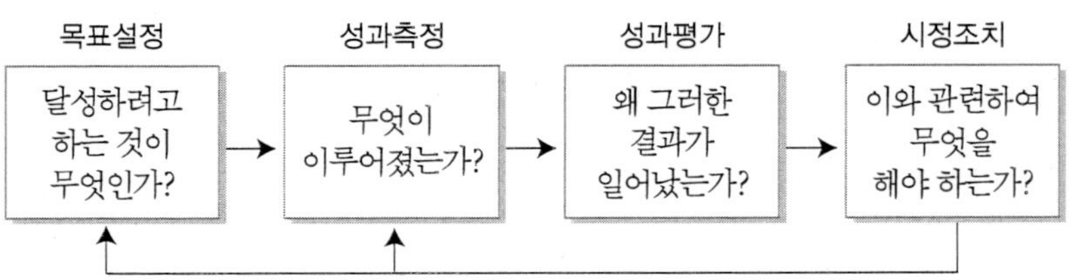

[그림 6-10] 통제과정

자료: 이의훈, 김숙응(2004). 21세기 시장선점을 위한 실버마케팅, p. 67.

원인을 규명하고 평가해야 한다. 마케팅 목표와 실제 성과 간의 차이를 줄이기 위해서는 적합한 시정조치를 마련해야 하는데, 이때는 마케팅 활동 프로그램을 변경하기도 하지만 경우에 따라서는 목표를 변경하기도 한다.

통제과정은 운영 통제와 전략적 통제로 구분할 수 있다. 운영 통제에는 연차계획에 대해서 계속적으로 성과를 체크하며 필요한 경우 시정조치를 취하는 것이 포함된다. 운영 통제의 목적은 연차계획에서 설정한 판매량, 이익 및 기타 목표를 달성할 수 있도록 하는 것이다. 또한 운영 통제에는 상이한 제품, 지역, 시장 및 유통경로의 수익성을 정하는 것도 포함된다. 앞의 여러 가지 정보를 이용하여 경영진은 어떤 제품 또는 어떤 마케팅 활동이 확대, 축소 또는 제외될 것인가를 결정하게 된다.

전략적 통제는 자사의 기본적인 전략들이 이용할 수 있는 기회에 잘 조화되고 있는가를 살펴보는 것과 관련된다. 실버마케팅 전략과 프로그램이 시장상황이나 기타 환경요인들로 인하여 급격히 진부해지는 경우가 발생할 수 있어서 각 실버기업은 주기적으로 시장에 대한 전반적인 접근방법을 재평가해야 하기 때문이다.

그러한 전략적 통제에 적합한 주요 도구를 마케팅 감사라고 한다. 마케팅 감사(marketing audit)란 문제와 기회를 결정하고, 기업의 마케팅 성과를 향상시키기 위한 행동을 계획하기 위하여 마케팅 환경, 목표, 전략, 활동에 대해 전체적 · 체계적 · 독립적 및 주기적으로 검토하는 것이다. 실버마케팅 감사에는 소수의 문제가 있는 분야뿐만 아니라 한 기업의 모든 주요 마케팅 차원이 포함되며, 보통 기업의 마케팅 부서보다는 비교적 독립적이고 객관적이며 경험이 많은 외부기관에 의해 행해진다. 마케팅 감사는 위기에 처해 있을 때만 이루어지는 것이 아니라 주기적으로 수행된다.

4) 실버마케팅 관리부서의 조직

실버기업은 마케팅 분석, 계획수립, 집행, 통제 등을 수행할 실버마케팅 관리부서를 설계하여야 한다. 만약 실버기업의 규모가 작다면 한 사람만으로도 조사, 판매, 광고, 고객서비스, 기타 마케팅활동을 모두 수행할 수 있을 것이다. 그러나 실버기업의 규모가 커질수록 마케팅활동의 범위와 종류 및 수행해야 할 기능들이 다양하고 복잡해지므로 효과적인 마케팅 계획과 집행을 위해 마케팅 전문 부서의 조직은 필수적이 된다. 대부분의 대규모 기업의 마케팅 관리부서에는 수많은 마케팅 전문가가 배치되어 있다.

실버마케팅 관리부서는 여러 가지 유형으로 정리해 볼 수 있다. 기능별 관리부서는 여러 가지 상이한 마케팅 활동을 기능별로 구분하여 조직화한 것으로 가장 일반적인 마케팅 관리부서 조직 형태다. 마케팅 기능은 판매 관리자, 광고 관리자, 홍보 관리자, 마케팅조사 관리자, 고객서비스 관리자, 신제품 관리자 등으로 구분할 수 있다.

전국적으로 또는 국제적으로 활동하는 기업은 종종 지역별로 관리부서를 조직하는데, 지역별 조직에서 판매원과 마케팅 담당자에게는 특정한 국가, 지역 및 구역별로 임무가 주어진다. 지역별로 관리부서를 조직하면 판매원들은 특정 지역에 정착하여 활동하게 되므로 그들의 고객을 더 잘 알 수 있게 되며 최소한의 시간과 비용으로 업무를 수행할 수 있는 장점이 있다.

매우 상이한 여러 가지 제품이나 상표를 생산하는 기업은 제품별로 관리부서를 조직하고 운영하기도 한다. 이러한 조직에서 제품 관리자는 특정한 제품이나 상표에 적합한 완벽한 전략과 마케팅 프로그램을 수립하고 실행하는 것이 가능해진다. 담당하는 제품의 생산과 판매에 적합한 마케팅 믹스를 효과적으로 구성할 수 있으며 제품에 대한 문제점을 빨리 인지하여 신속하게 반응할 수 있다. 때때로 제품별 관리부서 조직은 젊은 관리자들에게 훌륭한 훈련기반이 되기도 하는데, 이는 제품별 관리부서 조직을 통해 젊은 관리자들이 기업 운영의 거의 모든 분야를 접해 볼 수 있기 때문이다. 반면, 이러한 장점과 함께 상응하는 단점도 있는데 가장 큰 것은 제품별 관리부서 조직이 예상외로 많은 비용을 유발할 수 있다는 것이다. 이 관리 조직의 주목적은 한 관리자가 각각의 주요 제품을 관리하도록 하는 것이지만, 각 제품 관리자가 하위의 제품 및 상표 관리자를 고용하면서 부서의 크기를 키우게 되면 결국 관리자의 증가로 비용이 상승하는 구조가 되고 만다. 여러 실버기업에서 제품별 관리 조직이 정착되어 있지만 마케팅 환경의 급격한 변화로 인해 상당수 기업은 제품관리자의 역할에 대해 재고하고 있다.

하나의 제품군을 서로 다른 욕구와 선호성을 가지는 여러 시장에 판매하는 기업의 경우에는 시장별 관리부서 조직이 바람직하다. 예를 들면, 특정 식품군을 생산하는 기업은 마케팅 조직을 식품점 담당, 음식점 담당 및 기관 담당 등으로 구분하고 각 집단에 시장 전문가를 배치하는 것이다. 기관담당사업부에는 학교, 대학, 병원 및 교도소 등을 대상으로 계획을 세우는 독립적인 시장전문가를 소속시킨다. 시장별 관리부서 조직은 제품별 관리부서 조직과 유사한데 이 시장별 조직의 가장 큰 장점은 특정한 고객세분시장의 욕구에 맞도록 기업을 조직할 수 있다는 것이다.

여러 개의 상이한 지역시장 및 고객시장에 적합하도록 다수의 상이한 제품을 생산하는 대규모 기업은 기능별, 지역별, 제품별 및 시장별 관리부서 형태를 혼합하여 조직한다. 이는 각 기능, 제품 및 시장에 경영자들의 주의를 골고루 분산시키기 위한 것이다. 그러나 이러한 조직 유형도 역시 여러 단계의 관리 계층이 만들어지면 비용이 증가하고 조직의 탄력성을 상실할 수 있다.

따라서 실버기업은 자사의 제품 및 상표의 특성, 내적 · 외적 환경, 활동 범위 등을 잘 고려하여 효과적인 마케팅 관리부서를 조직할 수 있어야 한다.

제3부

실버산업의 분야

제7장 실버여가산업

대다수 노인은 노동보다는 휴식과 여가활동으로 시간을 보내고 있다. 최근에 노인들은 삶의 질을 높이기 위한 방편으로 적극적인 여가활동에 대한 인식이 높아지고 있으며, 동시에 공적연금의 수혜 등으로 인해 구매력도 점점 증가하고 있다. 따라서 노인들의 여가시간을 보다 의미 있게 보내도록 지원할 수 있는 실버산업 분야는 향후 지속적으로 팽창할 것으로 보인다. 이 장에서는 노년기 여가활동의 중요성 및 실태를 살펴보고, 노년층을 대상으로 한 국내외 여가산업을 소개한다.

1. 노년기 여가활동의 중요성

여가(leisure)는 원칙적으로 경제적 기능(노동)과 반대의 개념이며, 심리적 · 정서적 측면의 자유, 즐거움과 관련되는 것이다. 또한 의무나 강제성이 최소화되고 자발성이 최대한으로 발휘되는 선택적 행위이며, 자신이 속한 사회의 문화적 가치를 기반으로 한다(Kaplan, 1960). 따라서 여가활동은 노동이나 가족에 대한 의무 또는 사회적 제약에서 벗어나 자유롭게 시간을 보내며 기분을 전환하고, 지식을 넓히거나 자발적으로 사회활동에 참여하여 창조력을 발휘하기 위해 행하는 개인의 임의적인 활동의 총체다.

젊은 세대에게 여가활동은 심신의 피로를 회복하고 새로운 생활을 재창조하기 위해 에너지를 충전하기 위한 수단이 된다(Parker, 2002). 그러나 직업전선에서 물러난 대다수 노인은 자신에게 부과된 일정한 역할 없이 막연하게 긴 시간을 보내는 경우가 많으므로 노년기의 여가는 젊은 세대의 여가와 성격이 다르다.

노년기에 접어들면서 노인들은 신체적 기능의 감퇴, 사회적 관계의 축소 및 역할상실, 주변 사람들의 무관심 등으로 인해 욕구상실과 근심, 좌절과 무기력함을 느끼게 되는 경우가 많다. 특히 건강의 약화, 의존성의 증가, 사회적 역할과 기능의 박탈로 인해 파생되는 노인의 고독감은 노인 개인에게 열등감이나 분노의 감정, 우울과 같은 부정적인 영향을 미칠 뿐만 아니라 사회적 문제로도 대두되고 있다. 따라서 여가활동은 노인들이 무료함에서 벗어나고 고독감을 극복하는 데 매우 유용하며, 노인들 스스로도 사회적으로 의미 있고 활기찬 삶을 영위하기 위해 여가활동의 중요성을 높이 인식하게 되었다. 구체적으로 노인들은 여가활동을 통해 다음과 같은 욕구를 충족할 수 있다(Kaplan, 1960).

- 무료한 시간을 만족스럽게 보내려는 욕구
- 사회 속에서 의미 있는 개체로 인정받고 싶은 욕구

- 의존이나 복종의 관계가 아닌 동반자적인 대인관계를 즐기고자 하는 욕구
- 자기표현과 성취감의 기회를 가지려는 욕구
- 건강과 체력을 유지하고 보호하려는 욕구
- 적절한 정신적 자극과 신선한 충격을 가지려는 욕구
- 사회적으로 유용한 서비스를 제공하여 타인으로부터 존경받고 싶은 욕구

이와 같이 노년기의 여가활동은 정신적 · 육체적 건강을 유지하고 발전시키는 등 노인 개인의 다양한 욕구를 충족시켜 준다. 동시에 여가활동은 노인들에게 친밀한 사회적 관계망을 조성하는 기회를 제공함으로써 지역사회 내 노인들을 통합시키는 긍정적 측면을 지닌다(서병숙, 1994; 송정선, 1997).

특히 미래의 노년층인 베이비붐 세대(1955~1963년생)는 기존의 노년층과는 인생관과 생활양식에서 큰 차이를 보인다. 이들은 단일 최대 소비주도층이고, 주택, 자동차, 영화산업의 성장을 주도해 왔으며, 높은 교육수준과 소득수준을 보유한다. 가치관 역시 기존의 집단주의적 가치관보다는 개인주의적 가치관을 지니며, 자녀 수가 적고, 높은 소비지출이 생활화되어 있다. 또한 이들은 높은 사회참여와 주체의식을 갖는 특징을 보인다. 이들에게 여가문화 생활은 노인이 된 이후에도 지속적으로 향유해야 할 중요한 부분이다. 따라서 미래의 노년층은 사회활동에서 한 발짝 물러나 소극적인 생활을 영위하기보다는 주체적이고 적극적인 삶을 추구하는 가운데 학습활동, 사회활동, 취미활동 등을 통해 자아통합을 이루고자 할 것이다.

2. 노년기 여가활동의 실태

1) 노인의 여가활동 유형

노인들이 여가나 사회활동에 참여하는 형태는 개개인에 따라 다양하게 나타난다. 김성순(1991)은 노인들의 여가유형을 사회참여에 가까운 근로형, 사교오락형, 참여활동형 그리고 여가에 가까운 한거형(閑居型), 자기완성형, 폐쇄형으로 나누었다. 다음은 각각의 유형에 대한 설명이다(조추용, 2003 재인용).

- 근로형은 가급적 구체적인 일에 몰두하며 집중하는 적극적인 유형이다.
- 사교오락형은 다른 사람들과 흥미로운 일을 함께 하기 좋아하는 유형이다. 인간관계의 유지와 정보교환을 통해 노후의 여가생활을 즐긴다.
- 참여활동형은 정치활동, 학술활동, 지역사회 문제해결, 캠페인, 동창회, 향우회, 친목회, 자원봉사활동 등 각종 사회활동에 참여하여 삶의 보람을 찾는 유형이다.
- 한거형은 사회적으로 중책을 맡았던 사람이 홀로 또는 소수의 동료와 조용히 쉬거나 정적인 여가를 즐기는 유형이다.
- 자기완성형은 젊었을 때는 제약이 있었던 일들을 노후에 즐기는 것으로 인격 완성에 집중한다. 기도나 독서와 같은 내면적인 몰두에 집중하는 특성을 지닌다.
- 폐쇄형은 심신 또는 경제적 사정으로 타인과 잘 어울리지 못하고 삶의 의욕이 저하된 상태에서 여생을 보내는 유형이다.

또한 박근수(2011)는 노인여가시설을 이용하고 있는 노인들의 여가활동유형을 일중심형, 가사중심형, 레저중심형으로 분류하여 분석하였다. 그 결과를 보면, 자아존중감, 정신건강, 삶의 만족도 등의 노인들의 심리적 상태에 긍정적인 영향을 미치고 있는 여가활동 유형은 가사중심형보다는 레저중심형, 일중심형인 것으로 제시되었다. 또한 가사중심형에는 여성이, 일중심형에는 남성이 압도적으로 많은 비중을 차지하고 있어 여가유형에도 성별 분업화 현상이 뚜렷하게 나타나고 있음을 알 수 있다.

2) 노인의 여가활동 현황

노인들은 생활 전체가 여가시간이므로 이 시간 자체가 즐겁고 유익하다기보다는 무료하기 쉽다. 따라서 노인이 삶의 보람을 느끼고 사회적으로도 의미를 부여할 수 있는 유익한 방향으로 여가를 선용하도록 하기 위해 새롭게 노인문화를 창조할 필요가 있다.

그러나 최근까지도 우리나라 노인들의 여가활용은 다양하고 적극적인 여가생활의 향유보다는 수동적이고 정적인 여가활동에 집중되어 있다. 통계청(2013)

〈표 7-1〉 65세 이상 노인의 주말 및 휴일 여가활동 (단위: 천 명, %)

여가활동	전체	남	여
TV 및 DVD 시청	71.4	74.6	69.1
여 행	4.5	7.1	2.7
스포츠활동[1]	4.5	7.9	2.1
종교활동	17.0	12.9	20.0
가사일	30.2	14.1	41.6
휴 식	35.3	39.9	32.0
사교 관련 활동	13.7	16.4	11.9
기 타[2]	5.9	8.8	4.0

주: 복수응답
1) '스포츠 관람' 포함
2) '문화예술관람' '컴퓨터게임' '창작적 취미' '자기개발' '봉사활동' 포함
자료: 통계청(2013). 고령자통계.

의 사회조사에 따르면, 노인의 주말 및 휴일 여가활동은 대부분 TV나 DVD 시청(71.4%)이 차지하고 있으며, 휴식(35.3%), 가사일(30.2%), 종교활동(17.0%), 사교 관련 활동(13.7%), 기타 활동(5.9%), 여행(4.5%), 스포츠 활동(4.5%) 등의 순으로 나타났다(〈표 7-1〉 참조).

또한 2014년 노인실태조사 결과, 지난 1년간 29.7%의 노인이 여행을 경험하였고 여행경험이 있는 경우의 횟수는 1회가 56.8%로 가장 많았으며, 2회 32.2%, 3회 7.8%, 4회 이상 12.2% 등으로 조사되었다. 인구사회학적 특성에 따른 여행경험의 차이를 살펴보면, 도시지역 노인이 농어촌지역 노인보다 여행횟수가 더 많았고, 남자노인이 여자노인에 비해 높았다. 또한 연령이 낮을수록, 배우자가 있는 노인, 자녀동거가구 및 노인부부가구, 교육수준 및 가구소득수준이 높을수록 기능상태에 제한이 없는 경우 여행횟수가 더 많은 것으로 조사되었다. 이와 더불어 사회단체활동에 대해서는 동호회(클럽) 참여는 전체 노인의 4.9%, 친목단체는 43.3%, 정치사회단체는 0.5%로 나타났다(한국보건사회연구원, 2014).

2004년도 우리나라 국민의 문화예술 및 스포츠 관람률에 대한 통계청의 보고(2005)에 의하면, 문화예술 및 스포츠 관람률이 현재 노인세대는 10.8%인 데 반해, 1954~1968년에 출생한 베이비붐 세대는 4배 이상 높은 46.4%로 나타났다. 이와 같이 현재 노인세대의 문화 향유율이 저조하고 다른 세대와 격차가 있는 것은 노년기 문화활동의 문제점으로 지적된다(한국문화관광정책연구원, 2006).

이렇듯 미래의 노인인구인 베이비붐 세대가 현재 노인세대와는 달리 높은 문화적 욕구와 활동수준을 보이고 있다는 것은 우리에게 시사하는 바가 크다. 이들은 여행이나 문화예술관람, 스포츠, 컴퓨터게임, PC 통신, 자기계발 등에 대해 높은 욕구를 보여, 향후 활동적이고 적극적인 문화 및 여가생활을 영위하고 자기계발에 대한 욕구를 표출할 가능성이 높을 것으로 예상된다(김동배, 2000; 오영희, 2006).

실버로드족 가방에 뭐가 있을까?

실버로드족의 여행가방에는 무엇이 들어 있을까.

실버로드족은 노년을 뜻하는 'silver' 와 해외를 뜻하는 'abroad' 를 합친 신조어. 기존 노년층과 달리 은퇴 후에도 여가활동과 소비생활을 즐기는 이들은 해외여행도 적극적이다. 힐링을 목적으로 여행하는 것을 선호하는 실버로드족이 늘면서 이들을 겨냥한 다양한 상품들이 등장하고 있다.

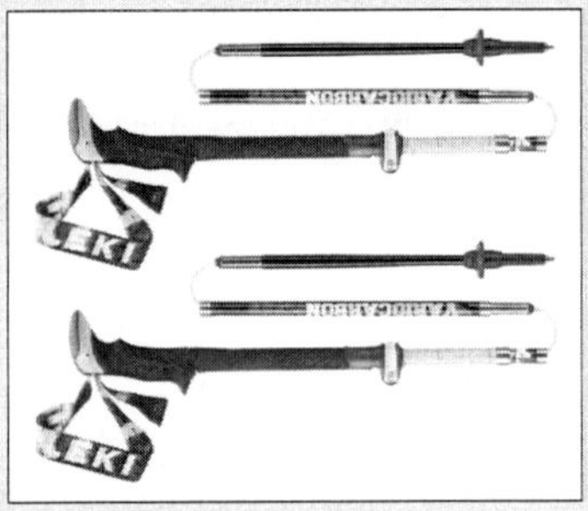

우선 '워킹 스틱' 이 있다. 워킹 스틱은 관절에 전해지는 충격을 30% 정도 감소해 체력 소모를 줄일 수 있다. 하중을 분산시켜 다리에 전해지는 힘이 적어져 피로함을 방지할 수 있기 때문에 실버 세대의 여행 '잇 아이템' 중 하나다. 스틱 전문 브랜드 레키에서 내놓은 '뉴 투어스틱' 등이 인기다. 실버세대를 위한 전용 여행용 클렌저도 있다. '시니어 클린' 은 중년 이후부터 분비되어 모공 속에 쌓이는 지방산 제거에 효과적인 제품이다. 이제는 해외여행의 필수품이 된 휴대전화도 실버세대용 로밍 서비스가 등장했다. SK텔레콤의 'T로밍 실버 무한톡' 은 만 65세 이상의 실버세대가 대상인 무제한 데이터 로밍 요금제다. 하루 5,000원으로 전 세계 134개 국가에서 이용할 수 있다. 카카오톡과 같은 모바일 메신저와 페이스북, 트위터와 같은 SNS 등의 소용량 콘텐츠를 주로 이용하는 고객들에게 유용하다.

자료: 동아일보(2014. 10. 31.).

3. 노년기 여가활동에 영향을 미치는 요인

노년기 여가활동에 관한 연구는 주로 그 실태에 관심이 집중되는 경향이 있으며, 노인들의 여가활동 빈도 및 다양성 등에 영향을 미치는 요인에 관한 연구는 많지 않다. 지금까지 여가활동에 영향을 미치는 요인에 관한 연구결과들을 정리하면 다음과 같다.

첫째, 경제적 여유는 노년기 여가활동의 참여도 및 다양성에 긍정적 영향을 미친다. 일반적으로 소득이 높은 노인일수록 여가활동에 더 적극적이고 참여 형태도 다양하다. 여가활동은 최소한도 이상의 비용이 들기 때문에 경제생활을 우선시하는 저소득 노인들은 여가활동에 적극적으로 참여하는 데 어려움이 있다.

둘째, 경제활동 여부는 노년기 여가활동의 전제가 된다(유영주, 김순기, 2000). 현재 경제활동을 하고 있는 노인의 경우는 여가활동에 할애할 시간적 · 정신적 여유가 많지 않다. 하지만 은퇴했거나 현재 경제활동을 하지 않는 노인은 시간적 여유가 있으므로 여가활동에 시간과 에너지를 쏟을 수 있다.

셋째, 노인의 건강상태 역시 여가활동에 직접적인 영향을 미친다. 노인의 건강상태가 좋을수록 여가활동에 더 많이 참여하는 편이고, 건강상태가 나쁠수록 참여도 낮아짐을 알 수 있다(안수민, 2004; 이선미, 1991; Strain, Carmen, Grabusic, Searle, & Nicole, 2002). 따라서 건강상태가 좋지 못한 노인일수록 역할이 없음에 따른 무료함을 호소할 가능성이 높다.

넷째, 노인의 교육수준은 여가활동의 유형에 영향을 미친다. 교육수준이 높은 노인들은 다양한 종류의 여가활동에 참여하는 경향이 있는 반면, 저학력 노인들은 단순한 여가활동을 하거나 사회참여에 큰 관심을 드러내지 않는 경향이 있다(안수민, 2004; 이선미, 1991).

다섯째, 노인이 갖고 있는 사회적 지지망은 노인의 여가활동 참여와 상관이 있다(Zimmer, Hickey, & Searle, 1995). 사회적 지지망이 큰 노인은 그렇지 않은 노인보다 여가활동에 참여할 기회가 더 많고 여가활동 참여에 대한 억제요인이 더 적은 것으로 나타났다. 활동적인 가족 구성원의 존재 여부, 가족이나 친구들의 지지나 격려 등은 노인의 여가활동 참여를 높이는 데 긍정적인 영향을 미친다(Sallis, Hovell, & Hofstetter, 1989).

여섯째, 자녀와의 동거도 노인의 여가활동과 관련이 있다. 자녀와 동거하는 노인은 정서적으로 교류하고 신체적으로 접촉할 자녀가 있으므로 여가활동에 관심을 덜 가지는 반면, 자녀와 별거하는 노인은 자녀가 제공하는 심리적 자원을 다른 관계에서 찾고자 하므로 여가활동에 적극적으로 참여하는 경향이 있다(원영희, 1999).

일곱째, 거주지역은 생활양식이나 여가활동의 접근성에 차이를 가져온다(Riesman, 1963). 노인이 거주하고 있는 지역에 여가시설이 적은 경우 여가활동의 범위나 빈도가 줄어들 가능성이 높다(장인협, 최성재, 1987). 반면, 여가시설이 많은 도시지역 노인은 농촌지역 노인에 비해 여가활동이 다양하고 참여도가 높다(원영희, 1999).

여덟째, 청장년기의 여가활동 경험은 노년기에도 지속적으로 영향을 미칠 수 있다. 즉, 노년기 이전의 여가활동에 대한 유용성 인식 및 활용방법에 대한 사회화 경험은 노년기에도 비슷한 경험을 하도록 돕는다(이선미, 1991).

4. 실버여가산업의 현황

1) 실버여가산업의 특성

급속한 고령화의 진행과 더불어 노인들의 여가선용 문제는 세계적으로 새로운 사회문제로 대두하고 있다. 노인을 위한 다양한 여가나 문화서비스는 노인들이 가지고 있는 다양한 욕구를 충족시킴으로써 만족스럽고 생산적인 삶을 영위하도록 하기 위한 수단이 될 수 있다.

여가활동을 산업화한 실버여가산업이란 기존 여가산업에 노인의 특성을 고려한 제품이나 서비스를 지칭하는 것이다. 이때 노인의 특성이란 노화, 사회경제적 측면, 문화적 측면, 노인성 질환 등을 말하며, 이러한 특성을 반영한 여가시설, 여가제품, 여가인력, 프로그램 등이 실버여가산업에 포함된다.

실버여가산업은 크게 ① TV, 영화, 음악 등의 문화산업, ② 여행, 레저 등의 관광레저산업, ③ 운동, 스포츠 시설 운영 등의 스포츠산업으로 분류할 수 있다. 노인을 대상으로 한 여가산업은 주로 복지적인 성격을 가지며, 공급주체가 다양하고 많다는 특징을 지닌다. 또한 실버여가산업은 노인들의 여가활동 수요가 다양하고 소규모여서 산업이 고도화되어야 한다는 특징이 있다(한국문화관광정책연구원, 2009).

보건복지부 고령화 및 미래사회위원회(2005b)에서는 실버여가산업을 발전시키기 위해 노인용 스포츠 종목 및 용품 개발, 노인용 게임 개발, 고령친화 휴양단지 조성, 노인방송 기반 구축 등을 핵심과제로 제시하고 있다. 하지만 노인을 대상으로 하는 여가산업은 노인의 경제, 교육수준의 향상, 가치관의 변화로 인해 향후 발전 가능성이 크지만, 동시에 위협요인도 뒤따른다(보건복지부, 고령화 및 미래사회위원회, 2005b). 위협요인을 몇 가지 제시하면 다음과 같다. 첫째, 여가시설이 고급화되면서 이용가격이 상승하여 경제적으로 여유 있는 노인들만 사용하는 부익부 빈익빈 현상이 심화될 수 있다. 둘째, 급속한 고령화로 인해 국내 업체들이 여가산업 관련 생산에 대한 태세가 갖추어지기 전에 수요가 확대됨으로써 부족한 시설이나 상품을 대부분 수입에 의존하게 된다. 셋째, 일반적으로 노인을 대상으로 하는 사업은 수익창출을 위한 민간차원보다 공공차원에서 접근한다는 인식이 팽배하므로 산업화가 지연될 수 있다.

현재 노인들을 둘러싼 외부 환경이 변하면서 우리나라 노인들의 여가문화에 대한 욕구는 나날이 높아지고 있다. 하지만 현재 노인을 위한 여가시설이나 프로그램, 산업화는 미흡한 실정이다. 앞으로는 노인들의 자아실현, 능력계발 등을 목표로 설정한 프로그램이나 테마 중심적이고 통합적인 프로그램, 감상 및 체험과 결합한 프로그램 등이 다양하게 개발될 것으로 기대한다.

2) 실버여가산업의 사례

(1) 한국의 실버여가산업

보건복지부 고령화 및 미래사회위원회(2005b)에서는 우리나라의 여가산업을 문화산업, 스포츠산업, 관광레저산업으로 나누고, 각각의 시장규모에 노년층의 인구비중과 노인들의 소비비중을 고려하여 노인 여가시장 규모를 추계하였다. 이에 의하면 노인 여가시장의 총 규모는 2002년의 경우 약 2조 4,000억 원이며, 세부적으로는 문화시장이 8,333억 원, 스포츠 시장이 1,840억 원, 관광레저시장이 1조 3,914억 원이었다.

한편, 통계청의 자료를 인용하여 가계지출 중 여가비용이 포함된 교양오락 항목의 지출을 연도별, 연령별로 구분하여 살펴보면, 모든 연령집단에서 교양오락 소비지출이 매년 증가하고 있음을 알 수 있다. 2003년에서 2007년으로 오면서 60세 이상 노인들의 지출 증가율은 완만하게 높아지는 추세이지만, 50~59세의 지출 증가율은 35.7%나 증가하여 향후 장 · 노년층의 여가생활에 대한 지출은 꾸준히 증가할 것으로 보인다(〈표 7-2〉 참조).

우리나라 노년층의 여가관련 소비지출을 증가시키는 예로서 여행상품을 살펴보겠다. 국내 여러 여행사에서는 노년층과 성인 자녀들을 겨냥하여 다채로운

〈표 7-2〉 가구주 연령별 가구당 월평균 교양오락 소비지출 (단위: 원, %)

연도＼연령	29세 이하	30~39세	40~49세	50~59세	60세 이상
2003	90,965	99,612	92,953	87,924	58,367
2004	98,411	105,424	98,489	91,945	60,246
2005	93,836	109,092	105,468	99,672	63,099
2006	94,122	108,524	108,952	107,929	60,508
2007	121,459	122,012	110,496	119,285	66,157
증감률(03/07)	33.5	22.5	18.9	35.7	13.3

자료: 통계청(각 연도). 가계동향조사.

효도여행 상품을 마련하고 있다. 여행상품은 국내여행부터 해외여행에 이르기까지 다양하며, 안전하고 편안하게 이동하게 하고 복잡한 절차를 간소화하여 노인들이 편하게 즐길 수 있도록 해 준다. 또한 여행 도중에 효도편지 낭송 시간이 있는 여행상품 등 효의식이 높은 한국인의 정서에 맞춘 노인 여행상품들이 개발되고 있다.

노인들의 여가활동은 과거에는 간접경험에 의존하는 경우가 많았지만, 최근에는 직접적인 체험형태로 변화되고 있다. 단순한 여행뿐만 아니라 주말농장형 유기농 채소재배 프로그램, 모험, 드라이브 등의 체험형 레저상품 등을 즐기는 소위 체험형 여가가 늘어나고 있다. 특히 자연체험이나 역사문화답사여행 등은 노년층에게 큰 인기를 얻고 있다. 이러한 현상은 젊은 층이 적극적이고 모험적인 체험을 즐기는 데 비해, 노년층은 자연과 더불어 여유롭게 학습할 수 있는 기회를 선호한다는 것을 말해 준다.

(2) 미국의 실버여가산업

미국은 민간기업이 주도하는 실버산업이 발달한 나라다. 그중에서도 국내외 일반여행 및 학습을 겸한 여행, 야외 스포츠(골프, 게이트볼 등), 스포츠 교실, 휴양지 여행 등 여행 및 레저 분야가 인기가 있다.

특히 국내외 여행은 노인들이 가장 선호하는 상품으로 프로그램 중 학습과 문화 유적답사를 겸한 여행이 개발되어 많은 노년층이 이용하고 있다. 그중 엘더호스텔(elderhostel)[1]은 55세 이상의 성인에게 여행과 학습을 혼합한 형태의 평생학습 프로그램을 제공하고 있다. 이 프로그램은 현재까지 4백만 명이 넘는 중·노년기 성인들에게 새로운 지식과 기술을 습득할 기회를 제공하였다. 프로그램의 목적은 지역사회 및 전 세계 다른 문화권 사람들과의 교류를 통해 적극적인 사회참여를 가능하도록 하는 것이다. 그 내용을 보면 자전거여행, 문화사찰 등의

1) ROAD SCHOLAR(http://www.elderhostel.org)

여행 프로그램을 비롯하여 미술, 문학, 컴퓨터 등의 다양한 장르가 망라되어 있다. 이러한 프로그램에 참여하는 것은 학습효과를 가져올 뿐만 아니라 같은 세대 간에 네트워크를 형성해 준다는 장점도 있다.

또한 엘더트렉스(eldertreks)[2]와 같은 어드벤처 여행회사에서는 50세 이상의 장·노년층을 대상으로 아프리카 사파리 파크나 케냐 정글을 여행하는 특화된 여행상품을 제공한다. 이 여행상품에는 전문지식이 풍부한 코디네이터가 동행하며, 소그룹으로 여행할 수 있다는 점과 광고홍보물과 실제 여행 내용이 일치하기 때문에 소비자들에게 좋은 평가를 받고 있다.

시니어용 웹사이트들은 노년층이 여가를 다양하게 활용할 수 있도록 다채로운 정보를 제공하며, 회원들끼리 온라인 커뮤니티를 형성할 수 있는 장을 마련하여 그들 간의 의사소통 및 여가활동을 촉진한다. 미국은퇴자협회(American Association of Retired People: AARP)는 미국 전역에 걸쳐 50세 이상의 회원 약 4천만 명을 확보하고 있는 만큼 두터운 온라인 커뮤니티를 형성하고 있다. 또한 50세 이상의 시니어를 대상으로 창시한 EONS[3]의 경우에도 트위터, 블로그, 온라인 커뮤니티 서비스, 게임 등 다양한 서비스를 제공하고 있다.

미국의 경우 노인들이 각종 문화관람 입장이나 TV/라디오/음악기기, 장난감/애완동물/스포츠기기 구입 등을 포함하여 엔터테인먼트 관련 지출 비중이 점차 높아지고 있다. 미국 소비자의 연령별 엔터테인먼트 소비지출을 살펴보면, 2002년 35~44세가 2,685달러로 가장 높았고, 그다음이 45~54세로 2,565달러, 그리고 55~64세가 그 뒤를 이은 2,297달러로 신노년층의 엔터테인먼트 관련 지출액이 높았다(보건복지부, 고령화 및 미래사회위원회, 2005b). 실제 문화예술 관람비율도 노인이 다른 연령대에 비해 낮은 편이 아니다. 오히려 65~74세에 해당하는 전기노인의 클래식 음악회와 오페라 관람률은 44세 이하 연령층보다 높게 나타났고, 뮤지컬이나 기타 연주 관람률 역시 34세 이하의 연령층보다 높았다(한국

2) http://www.eldertreks.com

3) http://www.eons.com

문화관광정책연구원, 2004). 이와 같이 노인들의 문화예술 관람비율은 매년 증가추세에 있으므로 향후 미국사회에서 노년층을 대상으로 한 엔터테인먼트 관련 시장규모는 더욱 확대될 것으로 보인다.

(3) 일본의 실버여가산업

일본은 최근의 경기침체의 영향으로 전체 소비 지출액은 매년 축소되고 있으나 노년층의 구매력은 경기에 크게 영향을 받지 않고 있으며, 특히 60대의 경우에는 오히려 증가추세를 보인다. 예를 들면, 교양 및 오락 부문의 지출은 20대보다도 60대의 지출이 압도적으로 많고, 70대의 경우도 20대보다 많다. 이처럼 일본 노년층의 여가문화에 대한 소비지출 수준이 높은 것은 실버여가산업 발전의 토대가 되고 있다.

일본은 미국과 마찬가지로 민간기업이 주로 실버산업을 주도하고 있으며, 노인을 대상으로 한 고급화 추세가 큰 특징이라고 볼 수 있다. 일본의 대표적인 여행사인 JTB가 제안하는 로열로드긴자(Royal Road Ginza)[4]와 같은 고가의 여행상품은 1인당 요금이 최저 260만 엔인 세계일주 크루즈 여행, 세계 유명 도시에서 콘서트만 집중적으로 보는 여행 등 비싸기는 하지만 특이하고 잊지 못할 경험을 원하는 은퇴자를 겨냥하고 있다.

노인을 대상으로 한 여행상품 중에는 신체적 기능저하로 인해 쉽게 여행을 갈 수 없는 노인을 대상으로 간병인이 동반하는 여행상품도 있다. 다소 비용이 높기는 하지만, 숙련된 간병인이 동반하여 말벗이 되어 주고 여행기간 동안 처음부터 끝까지 섬세하게 돌봐 주므로, 혼자 외출하기가 어려운 병약한 노인들에게 잊지 못할 여행의 기회를 제공할 수 있다.

미국과 마찬가지로 일본에도 1986년에 엘더호스텔 협회가 창설되어 여행과 학습을 겸한 평생교육 프로그램이 운영되고 있다. 이 협회는 노인들의 다양한

---

4) http://www.royalroad.jp

욕구에 적합한 양질의 학습기회를 제공함으로써 노인들이 배움의 즐거움과 사회적 관계를 조성할 수 있는 기회를 공유하도록 하고 노년기의 적극적인 사회참가를 이끌어 갈 수 있도록 한다.

최근 일본 노인들에게는 도심형 온천이 인기를 끌고 있다. 도심형 온천은 노인만이 아닌 전 연령층을 대상으로 하지만, 특히 노인들이 건강 등의 이유로 도심에서 즐길 수 있는 가까운 온천을 선호한다는 점에 착안하였다. 도쿄에 있는 도심형 온천인 '오에도 온센모노가타리[5)]'는 테마공원과 같은 시설을 구비하고 있다. 이곳에는 선술집을 비롯한 다양한 음식점이 들어서 있으며, 전통적인 놀이문화를 즐길 수 있도록 활 쏘기, 부채 던지기, 고리 던지기, 표적 던지기 등 다양한 놀이시설도 마련되어 있다. 또한 코미디나 연극 관람이 가능하도록 공연장도 설치되어 있다.

일본 시니어포털사이트인 SENIORCOM[6)]은 50대 이상의 고령자들을 대상으로 건강, 미용, 음식, 영화, 간병에 관한 정보를 제공하고, 학습이나 온라인 커뮤니티의 장을 제공하는 등 다양한 서비스를 구축하고 있다. 또한 치매예방을 위한 그림 그리기 책과 닌텐도 DS와 같은 두뇌개발 게임 등도 개발되어 노인들로부터 좋은 반응을 얻고 있다.

5. 실버여가산업 활성화를 위한 과제

실버여가산업의 활성화를 위해서는 다음과 같은 측면을 보완 · 강화시켜 나가야 할 것이다(이지용, 2006).

첫째, 실버여가산업과 관련된 법제도를 정비해야 한다. 노인여가 관련 산업체 및 관련 기관에 대한 체계적인 지원을 위해서는 「노인복지법」, 「관광진흥

5) http://www.ooedoonsen.jp

6) http://www.seniorcom.jp

법」, 「국민체육진흥법」, 「문화산업진흥법」, 「방송법」 등 관련 법제도의 정비가 우선되어야 한다.

둘째, 실버여가산업 진흥을 위한 정부의 제도적 방안이 마련되어야 한다. 노인여가휴양시설 설치 활성화를 위한 민간자본의 참여 유도와 민간/외국인 투자 유도를 위한 지원방안이 모색되어야 한다. 또한 노인들이 여가상품이나 여가서비스를 이용할 때 신체적 · 정신적 · 재정적 피해를 방지하기 위해 정부 차원의 규제와 지도 및 감독이 필요하다.

셋째, 실버여가산업의 R&D 관련 실행전략이 필요하다. 실버여가산업은 향후 고부가가치 산업으로서 내수시장, 수출시장을 주도할 것이므로 국가 경제성장에 미치는 파급효과가 클 것으로 예측된다. 실버여가산업의 효과적 정책 추진을 위해 정부 부처 간에 다양한 수준과 형식의 정책협의와 협력 조정이 제도화되어야 한다.

넷째, 노인여가시설의 확충과 정비 및 프로그램 개발이 필요하다. 노인들이 보람 있고 풍요로운 여가생활을 보낼 수 있도록 열악한 노인여가시설을 양적으로 확충하고 질적으로 향상시킬 수 있는 정책적 지원이 뒷받침되어야 한다. 또한 교통이 편리하고 접근성이 좋은 장소에 노인여가시설을 설립하여 양적으로 증대시키고 양질의 프로그램이 운영될 수 있도록 해야 한다.

제8장
실버교육산업

이 장에서는 노인교육의 중요성 및 실태, 노인대상의 교육산업 및 향후 과제에 대해 기술한다. 노인교육의 범위는 넓게 규정할 수도 있지만 이 장에서는 좁은 의미에서 노인을 위한 교육(education for older people), 즉 고령학습자를 대상으로 하는 교육적 실천과 관련 교육산업에 초점을 둔다.

1. 노인교육의 필요성

평균수명이 연장되어 노년기가 길어짐에 따라 노년의 삶을 더욱 풍요롭고 보람되게 만들기 위한 다양한 욕구가 증가하고 있다. 그중 학습과 교육에 대한 노인들의 욕구가 빠르게 증가하고 있는데, 이것은 다음의 다섯 가지로 분류할 수 있다(최성재, 장인협, 2008).

첫째, 대처능력 욕구(coping needs)다. 연령 증가에 따라 노인들은 인지능력과 기능 저하로 인해 불편함을 경험하게 되는데, 교육을 통해 이를 극복하고 사회 속에서 정상적인 기능을 유지하고자 한다. 이를 위해서는 주로 보수교육이 이루어지는데, 교육내용에는 읽기 · 쓰기 교육, 법률 · 경제 · 상식 교육 등이 포함된다.

둘째, 표현적 욕구(expressive needs)다. 이것은 취미활동 혹은 단체활동에의 참여욕구를 뜻하며 음악, 미술, 서예, 도자기 공예, 스포츠 등의 취미생활이 포함된다. 이와 같은 취미활동이나 사회활동 등을 통해 형성된 사회적 관계망은 노인들의 중요한 사회적 지지원이 된다.

셋째, 공헌적 욕구(contributive needs)다. 이는 남을 돕고 헌신하고자 하는 욕구로서, 노인들은 지역사회활동이나 보건 및 의료, 사회복지기관, 종교단체의 다양한 자원봉사활동에 참여함으로써 긍정적인 자아개념을 형성하고 삶의 만족도를 높이고자 한다. 이와 관련된 노인교육은 사회공헌활동을 위한 구체적인 정보와 활동에 필요한 기능훈련을 제공할 수 있다.

넷째, 영향력 욕구(influence needs)다. 노인들은 지역사회의 다양한 단체에 가입하여 영향력을 행사하고자 하는데, 이때 교육을 통해 자신들이 할 수 있는 사회적 역할이나 기술적 훈련, 활동에 대한 평가를 제공받을 수 있다.

다섯째, 초월적 욕구(trascendence needs)다. 이는 생의 마지막 단계에서 점차 죽음에 가까워지면서 인생의 본질적인 의미를 찾고자 하는 욕구다. 이때 교육은 인생의 정리와 회고, 자아통합이 잘 이루어지도록 돕는다.

이와 같이 노인교육은 노년기의 심리사회적 · 신체적 변화에 효과적으로 대처할 수 있도록 도와주며, 노인들에게 학습의 주체로서 성장할 수 있는 기회를 제공한다. 또한 노인교육은 노인들이 적극적인 사회참여를 통해 고령사회에서 자신들의 역할을 새롭게 모색하고, 권리를 당당하게 요구할 수 있도록 도움으로써 노년기의 다양한 욕구를 충족시켜 준다.

그럼에도 우리나라에서 실시되고 있는 노인교육은 단순한 정보제공이나 무료한 시간을 달래기 위한 취미활동이 대부분이며, 레크리에이션 위주로 진행되어 왔다. 또한 평생교육 차원에서 노인학교, 노인대학, 노인교실 등의 명칭으로 사회복지기관, 종교단체, 대학의 사회교육기관, 기타 민간단체에서 실시되고 있는 노인교육은 대개가 무료이며, 교육내용도 노인교육의 교수학습내용 혹은 방법상의 독특성이나 교육대상인 노인들의 욕구나 필요 등이 충분히 고려되지 않은 경우가 많다(김명자, 송말희, 2006). 따라서 노인을 대상으로 한 교육은 그들의 학습욕구를 충분히 반영할 수 있는 다양한 교육 프로그램으로 구성되어야 하며, 여가시간을 메우기 위한 수단이 아닌 정보와 기술훈련을 제공하고 노인들의 내적인 성장을 이끌어 내야 한다. 즉, 노인교육은 노인의 자아정체성을 강화시키는 것은 물론 자존감을 높일 수 있는 수단으로서 그 역할을 다하도록 고안되어야 한다.

2. 노인교육의 성격과 내용

1) 노인교육의 성격

생애주기에 따라 교육의 성격은 달라진다. 이를테면 개인의 발달단계에 따라 독립성이나 행동에 대한 책임감과 같은 개인 내적 요소가 달라지며, 개인이 학

〈표 8-1〉 아동교육, 성인교육 및 노인교육의 특성 비교

구분	아동교육	성인교육	노인교육
자아개념	• 타자에 대한 의존성(교사 중심)	• 자기주도성의 증대(학습자 중심)	• 자기주도성 내지는 노화에 따른 타자의존성 증대
경험의 역할	• 학습의 자원	• 학습-직업(생활)에서 상호 환류됨	• 전문적 경험의 축적, 교육·문화적 계승 혹은 치매로 인한 경험의 퇴화
학습과제	• 발달단계와 과학적 연구에 기초를 둔 학습과제(교과 중심)	• 사회, 직업, 생활에서 요구되는 과제(경험 중심, 과제 중심)	• 생활, 삶의 보람, 취미 등 고령화에 대응하는 과제(생활, 교양 중심)
교육과정	• 공교육으로 법제화된 교육과정	• 학습과제에 기초를 둔 프로그램	• 학습과제에 기초를 둔 프로그램
학습결과	• 학력 형성, 직업에 대한 예비적 사회화	• 즉각적 응용, 경력 재구성	• 인생의 평온 • 내세적 이해에 응용
학습조직 및 방법	• 공적 교육기관 • 단위제 혹은 학년제	• 평생학습기관 • 재교육 방식	• 지역사회 평생학습기관 • 평생학습 방식
학습동기	• 학문적 성과 • 장래에 대한 기대	• 사회적 역할기대	• 인생의 적응과 통합

자료: 한정란(2001). 교육노년학.

습하기를 원하는 내용과 기술뿐만 아니라, 학습내용의 수용 가능성에 영향을 미치는 경험 유무도 달라진다(한정란, 2001). 〈표 8-1〉은 자아개념, 경험의 역할, 학습과제, 교육과정, 학습결과, 학습조직 및 방법, 학습동기의 측면에서 아동교육, 성인교육, 노인교육을 비교 정리한 것이다.

노인교육은 노인들이 학문적 성과나 사회적 역할기대에 대한 충족보다는 인생의 통합을 이루는 것이 주요 목적이며, 아동교육에 비해 자기주도적인 성격을 띤다. 교육과정은 사회적 역할이나 과제에 치중하기보다 지역사회의 평생학습기관에서 노년기의 보람을 찾기 위한 생활 혹은 교양 중심의 프로그램이 중심이 되며, 그러한 학습의 결과는 인생의 평온 등 내적인 안정감을 유지하는 것으로 이어진다.

2) 노인교육의 내용

노인교육에서 다루는 내용은 크게 적응을 위한 교육, 생존을 위한 교육, 사회참여를 위한 교육, 의미 재발견을 위한 교육으로 분류할 수 있다(〈표 8-2〉 참조). 첫째, 적응을 위한 교육에는 노인들에게 가장 큰 관심사인 건강관리에 대한 내용부터 여가, 경제, 가족, 노년기의 심리사회적 변화에 관한 것이 포함된다. 둘째, 생존을 위한 교육에서는 취업이나 복지 관련 교육, 보수교육들이 주로 다루어진다. 셋째, 사회참여를 위한 교육에는 노인들의 사회참여 증진을 위한 사회봉사 관련 교육이나 노인들의 권리 주장을 위한 역량강화 교육 등이 포함된다. 넷째, 의미 재발견을 위한 교육에는 노인들이 인생을 회고, 정리하여 자아통합을 이루도록 하기 위한 죽음교육, 종교교육 등이 포함된다.

〈표 8-2〉 노인교육의 주요 내용

구분	영역	내용
적응을 위한 교육	건강관리	노화로 인한 신체의 변화, 노년기 질병의 예방과 치료, 치매와 정신건강, 식생활, 운동, 건강습관 등
	여가와 취미	미술, 원예, 공예, 음악, 무용, 서예, 사진, 요리, 동화구연 등
	사회적 변화	노인의 사회적 역할, 새로운 관계망의 구성, 클럽활동, 정치적 활동 등
	노인심리	노인의 심리적 변화, 인간의 전 생애 발달, 상담, 기억술 훈련, 노년기 우울증 등
	노후경제	재산관리, 주거 선택과 관리, 상속과 증여, 지출계획, 저축과 투자, 사회기부의 방법 등
	가족	가족의 의미, 가족 내 노인의 역할, 가족관리기술, 가족과의 대화, 가족 캠프 등
생존을 위한 교육	일반교양	외국어, 컴퓨터, 역사, 정치, 사회문제, 신문 읽기, 도서관과 문화원 이용법 등
	취업	노인의 일, 직업탐색 기술, 구체적인 직종과 관련된 기술 및 지식 등
	노인복지	노인복지시설, 노인 이용 가능 시설, 복지제도, 연금제도, 의료보험, 보험상품 등
사회 참여를 위한 교육	사회봉사	봉사의 중요성, 지역사회에서의 노인의 역할, 각종 봉사단체, 봉사에 필요한 기술 훈련 등
	노인의 권리	노인의 권리, 정치의 의미, 의사결정 연습, NGO 활동 등
의미 재발견을 위한 교육	죽음	죽음의 의미, 죽음을 위한 준비, 유서 작성, 모의 장례식 등
	종교	종교의 의미, 종교의 역사, 경전 해석, 각종 종교행사 참여, 성지순례 등
	기타	자서전 쓰기, 회상, 여행, 견학, 답사, 독서토론 등

자료: 한정란(2001). 교육노년학.

3. 실버교육산업의 현황

1) 노인교육의 실태

2014년도 전국노인실태조사(한국보건사회연구원, 2014)에 의하면, 지난 1년간 평생교육 참여경험이 있는 노인은 전체 65세 이상 노인의 13.7%로 저조하였다. 구체적으로는 남성노인(8.5%)보다 여성노인(17.3%)의 평생교육 경험이 더 높았으며, 65~69세(14.7%), 70~74세(14.5%), 75~79세(14.6%), 80~84세(12.0%), 85세 이상(6.3%)으로 초고령 노인들의 평생교육 참여율이 낮았다. 또한 노인독거가구의 참여율(16.2%)이 다른 가구 형태에 비해 가장 높았고, 교육수준이 높을수록, 미취업일수록, 신체적 기능제한이 없는 경우에 평생교육 참여율이 상대적으로 조금 더 높게 나타났다.

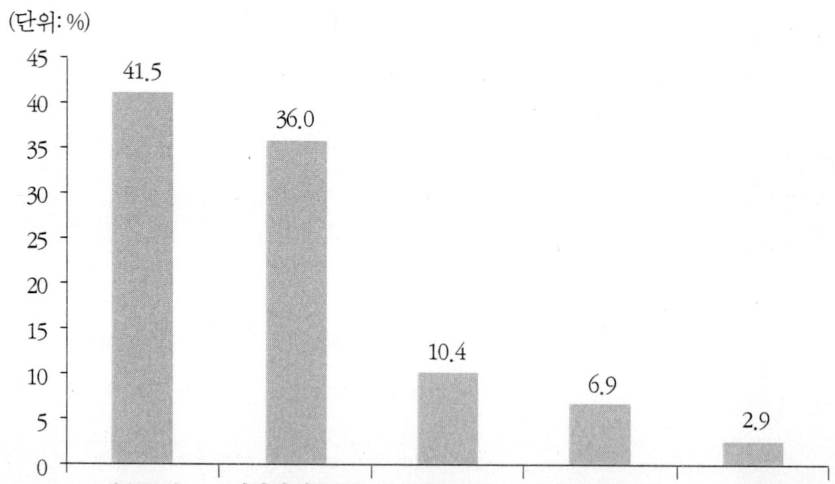

[그림 8-1] 평생교육 프로그램 내용

자료: 한국보건사회연구원(2014). 2014년도 노인실태조사.

한편, 노인이 참여한 적이 있는 평생교육 프로그램 내용을 보면, 예술문화(댄스, 가요, 음악) 관련 교육이 41.5%로 가장 많았고, 그다음은 건강관리(증진) 및 운동 관련 교육 36.0%, 어학교육 10.4%, 정보화 교육 6.9%, 인문학 2.9% 등의 순이었다([그림 8-1] 참조). 성별로 보면 남성노인은 여성노인보다 정보화, 인문학, 취업/직업 프로그램에 더 많이 참여하였으며, 여성노인은 남성노인보다 건강관리/운동 프로그램, 예술문화 프로그램에 더 많이 참여하였다.

평생교육 프로그램에 참여하고 있는 경우 실시 기관을 살펴보면, 시 · 군 · 구청/동 · 읍 · 면 주민센터(24.3%)와 노인여가복지시설인 노인복지관(24.2%)이 약 절반 가까이 차지하고 있다. 그다음은 공공 문화센터(사회복지관, 종합복지관, 여성회관, 문화예술회관 등) 14.4%, 경로당 12.6%, 종교기관 9.3%, 사설 문화센터(백화점, 신문사, 방송사 등) 또는 사설학원 8.2%, 대한노인회 2.4%, 학교 2.2%의 순으로 나타났다([그림 8-2] 참조).

교육부는 평생교육을 통한 교육복지를 강화하기 위해 평생교육정책을 추진

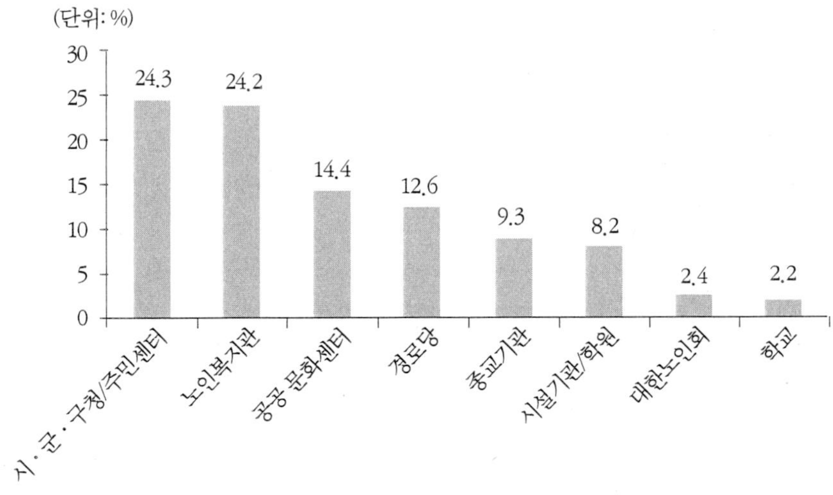

[그림 8-2] 평생교육프로그램 실시 기관

자료: 한국보건사회연구원(2014). 2014년도 노인실태조사.

〈표 8-3〉 대상별 평생교육 프로그램 현황 (단위: 개)

시설구분	어린이	청소년	성인	노인	통합	계
2011	23,208	30,970	77,977	2,306	8,315	142,776
2012	20,680	11,378	82,759	2,348	12,278	129,443

자료: 교육부, 국가평생교육진흥원(2013). 평생교육백서 2011~2012.

해 오고 있다(교육부, 2013). 2011~2012년 대상별 평생교육 프로그램 현황을 보면 노인을 위한 평생교육 프로그램은 2011년 2,306개, 2012년 2,348개 수준에 머무르고 있으며, 전체 대비 비중도 2011년 1.6%, 2012년 1.8%로 가장 적었다. 노인 대상 프로그램이 이루어지는 평생교육 기관은 대부분 평생학습관에서 운영되었는데 그 비중은 2011년 83.8%, 2012년 81.3%에 이르고 있다.

평생학습은 생애 각 시기에 다양한 학습기회를 제공해야 하기 때문에 유아기에서부터 노인기까지 광범위한 연령층과 많은 사람들의 다양한 흥미와 관심에 대응하는 프로그램을 운영하는 것이 필요하다. 이를 위해서는 노인을 대상으로 평생학습 기회를 제공하는 데 필요한 다양한 인적 · 물적 인프라가 확충되어야 한다.

2) 실버산업으로서의 노인교육

지금까지 노인을 대상으로 한 교육의 제공 주체는 지방자치단체나 노인복지관 등으로, 노인교육은 대부분 공적 차원에서 무료로 제공되었다. 하지만 갈수록 증가하는 노인들의 다양한 교육욕구를 충족시켜 주기 위한 노인교육 프로그램의 개발은 산업으로서의 가치를 지닌다. 특히 자격증 취득을 위한 교육, 취업 노인들의 생산능력과 경력을 제고하기 위한 직업재교육 등의 산업화는 노인들의 고용기회를 확대시키고 나아가서는 국가의 경제적 안정에 긍정적인 역할을 할 것이다(김명자, 송말희, 2006).

2006년도 고령친화산업 활성화 전략 보고서(저출산고령사회위원회, 2006)에서는

2020년에는 평생학습 참여율이 2004년 조사 시점의 희망 참여율인 19.8%의 2배 수준에 이를 것이라는 가정하에 실버교육산업 매출액을 전망하였다.[1] 그 결과 교육시장의 규모는 약 1조 957억 원에 이를 것으로 전망되어, 실버교육산업은 20년 전인 2001년에 비해 약 118배 정도 증가할 것을 예측하였다(〈표 8-4〉 참조). 또한 2001년 현재 실버교육산업은 전체 모태산업의 0.24%에 불과하지만, 2020년이 되면 그 비율이 1.28% 정도로 높아질 것으로 예측되어(〈표 8-5〉 참조), 실버교육산업의 성장 가능성을 가늠해 볼 수 있다.

실버교육산업 영역 중에서도 직업훈련과 교양강좌, 시민교육을 포함하는 일자리 교육 및 훈련은 특별히 전략적으로 활성화되어야 하는 산업이다. 이는 평균수명의 연장과는 반대로 퇴직연령은 빨라지고 있으므로 퇴직 후 재취업의 기회를

〈표 8-4〉 2020년 실버교육산업 매출액 전망 (단위: 백만 원, 명)

구분	60대 이상 인구의 1인당 매출액	추정인구	승수	총 매출액
직장연수	0.002369687	11,543,828	5.42	148,265.48
학원수강	0.003665817	11,543,828	5.42	229,361.15
교양강좌	0.004791393	11,543,828	5.42	299,785.72
직업훈련	0.005141058	11,543,828	5.42	321,663.41
기타	0.001544918	11,543,828	5.42	96,661.70
계				1,095,737.48

* 승수=60대 이상 인구의 2020년 예상 참가율(2004년 조사 평생학습 희망참가율의 2배/2004년 실제 참가율)

자료: 저출산고령사회위원회(2006). 고령친화산업 활성화 전략(II).

1) 각 평생학습 유형별 2020년 참여율이 2004년 실제 참여율에 2004년도의 실제 평생학습참여율 대비 2배 수준의 희망 참여율의 비율(5.42)을 곱한 수치가 될 것으로 간주하여, 여기에 2020년 시점의 추정 60대 이상 인구를 다시 곱하여 평생학습 참여 노인인구 규모를 계산하였다. 여기에 평생학습 유형별 60대 이상 인구 1인당 매출액을 곱해 줌으로써 평생학습 유형별로 60대 이상 인구가 소비하는 매출액을 추정하였고, 이를 모든 평생학습 유형에 대해 합산함으로써 2020년 전체 실버교육사업의 규모를 전망하였다(저출산고령사회위원회, 2006).

〈표 8-5〉 실버교육산업의 시장규모 추정 (단위: 억 원, %)

구분 \ 연도	2001	2010	2020	연평균 성장률
모태산업	383,069	560,013	857,256	4.3
실버교육산업	935	3,594	10,957	13.8
모태산업 대비 비중	0.24	0.64	1.28	-

자료: 저출산고령사회위원회(2006). 고령친화산업 활성화 전략(II).

갖고자 하는 노인들의 수요에 대응하기 위한 직업훈련의 필요성이 높아지기 때문이다. 일자리 교육 및 훈련 분야의 시장규모는 2020년에는 7,697억 원에 이르러 2001년 대비 11.5배 정도 성장할 것으로 전망된다(저출산고령사회위원회, 2006).

4. 실버교육산업 활성화를 위한 과제

노인교육이 우리 사회에서 산업으로 활성화되고 양질의 교육내용을 담보하기 위해서는 정부와 민간 쌍방의 노력이 필요하다. 〈표 8-6〉은 정부의 담당부처별 실버교육산업 전략품목의 정책적 활성화 방안을 정리한 것이다(저출산고령사회위원회, 2006).

실버교육산업 전략품목은 크게 직업훈련과 교양강좌, 시민교육 영역으로 분류할 수 있는데, 각 영역별 정책적 활성화 방안을 구체적으로 살펴보면 다음과 같다. 직업훈련 관련 교육은 주로 고용노동부가 담당하며, 활성화 방안에는 고령자 적합 유망직종의 개발, 직업훈련 프로그램의 개발과 보급, 직업훈련 프로그램에 관한 DB 구축과 제공이 포함된다. 또한 교양강좌 및 시민교육과 관련된 교육은 주로 교육부 소관인데, 교양강좌 관련 교육으로는 대학시설 활용 촉진, 저소득층에 대한 바우처 제도 도입, DB 구축 · 제공 활성화 등이 요구되며, 시민교육에는 시민교육 프로그램 개발 및 보급, 고령자 자원봉사단에 대한 교육지

〈표 8-6〉 실버교육산업 전략품목의 활성화 방안

전략품목/정책지원		구체적 내용	담당부처
직업훈련	취업이나 직무능력 향상을 위한 직업훈련		
	고령자 적합 유망직종의 개발	• 미래 산업수요의 변화와 노동시장 환경변화 및 외국의 사례 등을 토대로 고령자 적합 유망 직종의 발굴 및 개발	고용노동부
	직업훈련 프로그램의 개발 및 보급	• 고령자 적합 유망직종의 원활한 수행이 가능하도록 양질의 직업훈련 프로그램을 개발하고 이를 적극적으로 보급	고용노동부
	DB 구축/제공	• 직업훈련 프로그램의 내용, 실시 장소 등에 대한 DB를 구축하여 훈련 희망자에 대한 상담 및 정보제공 기능 강화	고용노동부
교양강좌	문화, 교양, 건강, 컴퓨터, 어학, 여가선용 관련 교육		
	대학시설 활용 촉진	• 야간과 주말을 이용하여 대학시설이 적극 활용될 수 있도록 지원 및 유도	교육부
	저소득층에 대한 바우처제도 도입	• 저소득층의 교양강좌 참여지원을 위한 바우처 제도 시행	교육부
	DB 구축/제공	• 교양강좌 프로그램의 내용, 실시 장소 등에 대한 DB를 구축하여 교육 희망자에 대한 상담 및 정보제공 기능 강화	교육부
시민교육	사회봉사나 사회참여 관련 교육		
	시민교육 프로그램 개발/보급	• 사회봉사나 사회참여 관련 교육 프로그램을 개발하여 관계 교육기관에 보급	교육부
	고령자 자원봉사단에 대한 교육지원	• 자원봉사 희망 고령자 주도 모임에 대해 필요한 교육지원 • 고령자 자원봉사단 지도자 연수 프로그램의 개발 및 연수 실시	교육부
	시민교육 실무자에 대한 체계적 연수 지원	• 시민교육 담당 실무자의 연수를 지원함으로써 시민교육의 질 개선 도모	교육부
	DB 구축/제공	• 시민교육 프로그램의 내용, 실시 장소 등에 대한 DB를 구축하여 교육 희망자에 대한 상담 및 정보제공 기능 강화	교육부

자료: 저출산고령사회위원회(2006). 고령친화산업 활성화 전략(II).

원, 시민교육 실무자에 대한 체계적 연수 지원, DB 구축 · 제공 등의 활성화가 포함된다.

이러한 노력을 통해 노인교육의 전문성이 제고되면 다양한 욕구를 가진 여러 계층 노인들에게 맞춤형 교육을 제공하게 될 것이다. 또한 노인들은 교육에 대한 접근성이 높아져서 교육기회를 더 많이 가질 수 있으며, 인적 자원으로서 능력이 배양되어 자립과 자활능력이 강화될 것이다.

부유한 실버세대, '골드세대'로 주목받아

미국… 평생교육시장 2년새 50% 성장

프랑스… 6명 중 1명꼴 '멋지게 나이 들기'

동남아… 선진국 '은퇴자 이민' 잡기 총력

◆ "실버(silver)를 골드(gold)로…."

한국보다 앞서 고령사회로 진입한 미국 · 유럽 등 선진국에서는 구매력 있는 고령층이 '골드세대'로 주목받으면서 이들을 겨냥한 산업도 급부상하고 있다. 뉴욕의 전직 교사였던 한 여성은 지난 9월 '원 데이 유니버시티' 강좌에 참석했다. 이른바 평생교육 프로그램의 하나인데, 아이비리그 대학교의 교수들이 와서 하루 온종일 가르치고 토론하는 프로그램이었다. 참석비용은 200달러. 50~90대 노인 200여 명이 참석한 이날 강의 주제는 '심리학과 창조: 천재, 광인, 그리고 당신' 등 매우 학술적이었다. 하지만 강의실 분위기는 젊은 대학생들보다 진지했다. 포움 씨는 "충분한 지적 자극을 받아 돈이 아깝지 않다."고 말했다.

◆ 미국 은퇴 노인들 뜨거운 학습열기

은퇴 노인들의 뜨거운 학습열기 덕택에 미국에서는 요즘 노인 유료강좌가 번창하고 있다. 50대 이상의 노인을 대상으로 한 평생교육시장은 현재 60억 달러(약 5조 7,000억 원) 수준이다. 2년 전의 40억 달러보다 20억 달러나 늘었다. 2011년에는 80억 달러로 늘어날 전망이라고 한 교육시장 조사기관은 추정했다. '원 데이 유니버시티' '러닝 아넥스' '콜로라도 프리 유니버시티' 등 실버교육시장을 겨냥한 유료교육기관도 미 전역에 100여 곳이나 된다.

미국의 경우 2차 세계대전 이후 태어난 베이비붐 세대(1946~1964년 출생)는 총 6,200만 명이다. 이는 미국 인구의 22%에 달한다. 이들은 2차 세계대전 후 경제적 번영기에 태어나 부유하며, 대체로 건강한 편이다. 그래서 그들은 은퇴를 제2의 인생이라고 생각한다. 소비성향도 강해 기업들은 이들을 고객으로 잡기 위해 갖가지 아이디어를 내놓고 있다.

◆ 젊은 층 못지않은 프랑스의 실버 패션족

프랑스에서는 은퇴 계층을 '제3의 인생' 이라고 부른다. 직장을 그만두고 대략 70대 초반까지를 말한다. 요즘엔 평균수명이 더 늘어나 '제4의 인생' 이라는 말까지 등장하고 있다.

프랑스의 65세 이상 고령인구는 1,010만 명, 인구 6명당 1명꼴(16%)이다. 2010년이면 60세 이상 인구가 20세 미만 인구보다 더 많아진다. 2050년이면 60세 이상 인구가 전체의 35.1%를 차지하고, 그중 75세 이상 고령층도 전체 인구의 18.1%를 차지할 것으로 예상된다.

고령화에 맞춰 프랑스 실버산업은 '멋지게 나이 들기' 테마를 내세우며 점점 번성하고 있다. 프랑스어로는 '비엥 비에이르'(Bien-Vieillir), 영어로는 '에이징 웰'(Aging Well) 붐이다.

잡지 천국인 프랑스에서는 20 · 30대 여성지들처럼 은퇴 계층을 겨냥한 월간지도 여럿 있다. 〈노트르 탕〉 〈세뇨르 플뤼스〉 〈비브르 플뤼스〉 등에는 매달 여행 및 스파 정보, 건강식과 좋은 레스토랑, 패션 및 뷰티, 취미생활, 연애, 절세법 및 주택 정보 등이 골고루 게재된다.

프랑스 실버산업의 특징은 연령파괴다. 일찍부터 몸매관리, 체력관리를 한 덕에 젊은 층 못지않게 건강하고 날씬한 패션족이 많다. 그래서 20 · 30대의 팽팽한 미인들만 화장품 광고 모델로 내세우는 게 아니다. 어느 세계 최대 화장품 그룹은 노화방지크림의 광고 모델로 68세의 제인 폰다를 내세웠다.

◆ 동남아 국가들의 실버세대 유치 경쟁

구매력을 갖춘 실버세대는 자국 내에서는 물론이고, 전 세계적으로 '귀한 몸'

으로 대접받고 있다. 동남아 국가들은 서구의 여유 있는 실버세대를 유치하기 위해 실버산업을 집중 육성하고 있다. 실버산업으로 국내 산업을 육성하고, 관광산업도 발전시키는 두 마리 토끼잡이에 나선 것이다. 사시사철 따뜻한 기후와 저렴한 물가, 영어 사용 환경 같은 이점은 '시니어(Senior) 이민' 마케팅을 벌이는 동남아 국가들의 경쟁력이다.

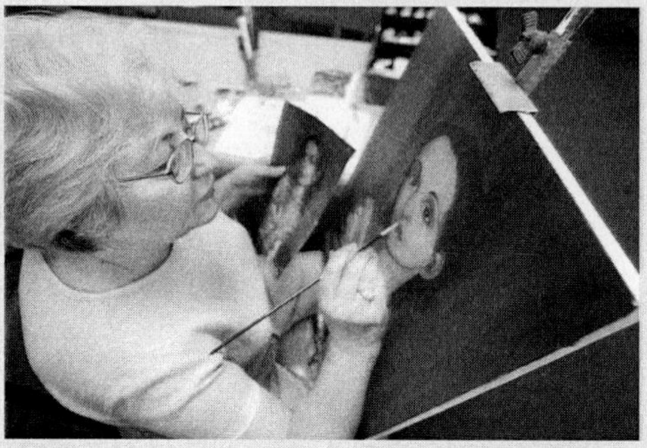

▲ '골드세대'는 여유 시간과 재력을 바탕으로 예술을 향한 열정을 새롭게 불태운다. 미국 노스캐롤라이나 주 뉴번 시니어센터의 유화 강좌에 참석한 노인이 작품을 마무리하고 있다. /AP=연합

대다수 동남아 국가에는 이민제도가 없다. 그 대신 일정 규모의 예치금을 내거나 회원권을 사면 오래 머물 수 있는 장기 이주제도를 운영하고 있다.

말레이시아는 2003년 말부터 해외 실버세대를 겨냥한 'Malaysia, my second home(말레이시아, 나의 또 다른 고향 · MM2H)'이라는 이민 유치 프로그램을 운영하고 있다. 이 프로그램은 일정기준을 충족하는 사람들에게 말레이시아에 가능한 한 길게 체류할 수 있도록 허용해 주는 제도다. 대상자는 50세 이상으로, 말레이시아의 금융기관에 최소 15만 링깃(약 4,500만 원)의 고정 예금이 있다는 증거를 제시해야 하거나 월 1만 링깃(약 300만 원) 이상의 월소득을 입증해야 한다.

MM2H로 비자를 받으면 ▲내국인과 동일한 교육혜택 ▲신규차량 반입 시 면세 혜택 ▲부동산 매매 시 양도소득세 내국인 대우 등의 혜택을 준다. 비자는 5년 만기지만 연장이 가능하다. MM2H가 입소문을 타면서 말레이시아에는 최근 영국 · 중국 · 일본 출신 실버세대들의 러브콜이 쇄도하고 있다.

타이는 정부가 직접 나서서 2,500만 원가량의 회원권(엘리트 카드)을 해외 고령층에게 팔고 있다. 탁신 총리가 2003년 아시아태평양경제협력체(APEC) 정상회의에서 공식 판매를 천명한 '타일랜드 엘리트 카드'는 타이 관광청이 직접 발

급하며 회원권의 각종 혜택을 타이 정부가 보증한다.

엘리트 카드 회원은 알파인 · 나바티니 · 윈드밀 · 블루캐년 등 타이의 명문 회원제 골프장의 그린피를 면제받고, 타이에 입국할 때 외교관에 준하는 대우를 받는다. 또 공항에서 호텔까지 무료 리무진이 제공되고, 왕복 항공료 50% 할인 등의 혜택도 받는다. 타이 체류기간도 일반 관광객이 30일인 데 비해 엘리트 카드 회원은 180일이며, 체류기간 중 최고급 스파를 하루 한 차례 무료로 이용할 수 있다. 특급호텔과 레스토랑 20~30% 할인, 연간 1회 건강검진 무료, 5,000평 이하의 토지소유 허용 등의 특전도 따른다.

필리핀은 50세 이상에 대해서는 영주비자 신청에 필요한 필리핀은행 예치금(5만 달러)을 2만 달러로 낮추고 해외 실버세대 유치에 총력을 기울이고 있다. 필리핀은 또 영주를 원하는 실버세대의 주거 마련을 위해 미국 · 일본 · 홍콩 · 한국 기업들과 합작해 바고 · 바탕가스 등 4곳에 실버타운을 개발하고 있다.

자료 : 조선일보(2006. 11. 17.).

제9장

실버금융산업

실버금융산업은 노인을 위한 전문적인 금융서비스를 말한다. 실버금융산업은 노후의 안정된 생활을 위하여 자산을 안정적으로 증식해 주는 자산증식금융, 고령자의 자산 및 상속과 관련된 자산관리금융, 건강관리 등 위험에 대비한 실버보험 등으로 구분될 수 있다. 저축을 통한 자산증식 금융상품으로는 정부가 가입을 강제하는 공적연금인 국민연금과 준공적연금인 퇴직연금, 사적연금인 개인연금이 있다. 노인을 위한 자산관리금융상품은 주택연금, 유언신탁과 가족신탁 등 노인의 니즈에 따라 다양한 금융상품이 등장하고 있다. 실버보험은 가입 연령과 보장내용에 있어서 고령층에 초점을 맞춘 보장성보험을 통칭하는 것으로, 노인을 대상으로 한 의료 및 장례뿐만 아니라 중장년들의 문화와 여가생활 및 건강과 연계된 다양한 보험상품이 나타날 것으로 전망되고 있다. 이 장에서는 실버금융산업의 개념과 필요성 그리고 주요 분야를 논하고자 한다.

1. 실버금융산업의 개념과 필요성

1) 실버금융산업의 개념

실버금융산업은 노후의 안정된 생활을 영위하기 위한 금융상품을 취급하는 금융산업 분야를 말한다.

노년이 되면 대부분 직장에서 은퇴하기 때문에 근로행위를 통해서 벌어들일 수 있는 소득이 없거나 소득규모가 크게 줄어들게 된다. 따라서 실버금융산업은 근로행위를 할 수 있는 중장년의 시기에 안정적이며 인간다운 노후를 준비하기 위해서 연금, 저축, 부동산 등을 활용하여 미래에 사용할 수 있는 소득을 미리 준비할 수 있게 해 준다.

또한 실버금융산업은 인생의 황혼기에 반드시 경험하게 되는 자산관리, 상속 등 금융과 관련된 사항들을 전문적으로 처리할 수 있도록 지원하고 있다. 뿐만 아니라 노후에 발생할 수 있는 각종 질병이나 불의의 재난과 사고로부터 발생한 경제적 손실에 대비할 수 있도록 해 준다.

따라서 실버금융산업은 중장년기에 노후를 대비하여 준비하는 저축 관련 상품, 노인의 자산관리, 노인과 관련된 보험의 세 부분을 포괄하고 있다.

2) 실버금융산업의 필요성

고령화사회의 도래로 인하여 노인과 예비고령자를 대상으로 하는 다양하고 새로운 금융서비스 시장이 형성되고 있다. 이처럼 실버금융산업이 급속하게 성장하는 이유는 다음과 같다.

첫째, 노인의 평균수명이 길어짐에 따라 은퇴 후 소득 없이 생활해야 하는 시기가 늘어났다. 따라서 노후를 대비하기 위하여 저축을 가능한 한 많이 해야 할 뿐만 아니라 저축으로 형성된 자산을 더 많이 증식시키기 위한 효과적인 투자의 필요성이 높아지고 있다. 그러므로 소득이 있는 젊은 시절에 노후생활을 준비하기 위한 연금, 예금, 보험, 각종 펀드상품에 대한 수요가 크게 증가하게 된다. 그러나 똑같은 금액을 노후를 위해 준비했더라도 어떤 저축수단을 선택하였는지에 따라 미래의 수익률은 크게 달라질 수 있다. 이에 따라 자산을 안정적이면서도 높은 수익률로 증식하기 위한 다양한 금융상품이 등장하게 되고, 금융자산관리 및 금융컨설팅산업도 새롭게 등장하여 시장이 확대된다.

둘째, 노인이 소유하고 있는 자산의 관리에 대한 필요성이 증가하였다. 노인은 한평생 자신이 벌어들인 소득과 재산을 관리하는 데 많은 관심을 가지고 있다. 고령화사회가 도래함에 따라 자신의 금융소득과 자산을 관리해야 할 시기가 길어지게 되고, 이를 어떻게 운용하느냐에 따라 재산을 잃을 수도 증식할 수도 있다.

따라서 노년층은 여생 동안 자신의 자산을 관리하는 전문적인 자산관리서비스의 필요성을 크게 느끼게 된다. 즉, 노년기에는 자신의 자산에 대한 관리를 통하여 노후를 편안하게 보낼 수 있는 자금을 확보하고, 생을 마감한 후에는 자신의 자산을 사회에 기증하거나 가족에게 상속해 주는 관리자가 필요하다. 따라서 노년층을 대상으로 한 신탁 등 자산관리서비스의 중요성이 더욱 커지게 되었다.

셋째, 노인을 위한 건강관리 등 위험에 대비한 보험상품에 대한 수요가 증가하였다. 의료기술이 발달함에 따라 사망위험은 크게 감소하였지만 노인에게 크고 작은 질병의 발생위험은 증가할 수밖에 없다. 오히려 평균수명이 증가하면서 병을 가지고 살아가는 기간은 이전보다 더 길어질 수도 있다. 따라서 의료비 부담의 증가에 따른 질병치료와 간병 및 요양에 대한 금융수요가 커지게 되었다(김대익, 2007).

또한 건강을 유지하기 위한 관심과 노력이 확대되면서 건강을 유지하고 관리하는 서비스에 대한 다양한 욕구가 증가하였다. 그리고 보다 적정한 가격과 수준이 전제되는 장례 관련 서비스의 필요성도 커지고 있다. 따라서 향후에는 이러한 다양한 보험상품의 필요성으로 인하여 보험상품에 대한 수요가 크게 확대될 뿐 아니라 새로운 보험시장이 끊임없이 창출되고 성장하게 될 것이다.

두려운 은퇴… 65세 이후 노후생활 4억 필요

65세에 은퇴한 고령층 인구가 사망 시점까지 노후생활을 영위하려면 4억 원 이상의 소득이 필요하다는 연구 결과가 나왔다. 최소한의 생활을 유지할 수 있는 최저생계비만도 2억 원이 있어야 하는 것으로 조사됐다.

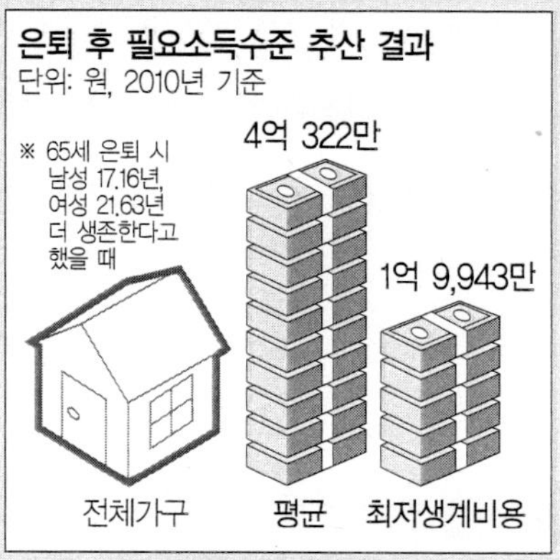

한국보건사회연구원(보사연)은 23일 '초고령사회와 노후소득' 보고서에서 은퇴 후 사망할 때까지 소비를 충당하는 데 요구되는 '필요소득수준'이 2010년 기준 평균 4억 322만 원으로 집계됐다고 밝혔다. 월 기준으로는 평균 153만 원이다.

보고서상 월 평균 필요소득수준(153만 원)은 보사연이 통계청의 '2010년 가계동향조사자료'를 근거로 추산한 65세 이상 인구의 평균소비지출액(81만 9,000원)보다 많은 액수다. 지출액보다 소득이 배 가까이 많아야 정상적인 노후생활이 가능하다는 얘기다. 특히 최저생계비를 기준으로 한 필요소득수준도 1억 9,943만 원, 월 평균 68만 8,000원에 달했다.

보사연의 은퇴 후 필요소득수준 추산은 건강한 노년 생활을 기준으로 삼았다. 또 은퇴 연령은 65세 기준과는 달리 실제 60세 정도인 현실과 질병 치료비 등을 감안하면 실제 은퇴 후 필요소득수준은 크게 늘어날 전망이다.

자료: 국제신문(2015. 1. 23.).

2. 실버금융의 주요 분야

1) 저축을 통한 자산증식 금융상품

(1) 저축형 금융상품의 특징

저축형 금융상품은 자신이 여유가 있을 때 노후를 대비하여 저축하고 고령이 되었을 때 저축한 자금을 일시금이나 연금 형태로 수령하여 사용하는 금융상품을 말한다.

사람들은 현재의 소비에 가장 큰 만족감을 느끼기 때문에 미래의 소비를 위해 현재의 소비를 희생하려고 하지 않는 경향이 있다. 요컨대, 지금 이 순간에 자신이 가진 소득을 쓰고자 하는 마음이 더 크기 때문에 먼 미래를 위해 저축을 하기가 어려운 것이다. 따라서 노후생활을 안정적으로 보내기 위해서는 소득이 있을 동안에 노후를 위한 저축을 할 수 있도록 국가가 강제하는 것이 필요하다.

실버금융은 강제적인 공적금융과 자발적인 개인금융으로 나눌 수 있다.

강제적 공적금융은 국가가 국민들에게 강제적으로 공적인 금융을 통하여 노후를 위한 자금을 저축하도록 하는 것을 말한다. 국민연금, 공무원연금, 군인연금, 사학연금 등의 공적연금이 대표적이다. 공적연금은 가입대상이 봉급생활자와 자영업자(국민연금), 공무원(공무원 연금), 군인(군인연금), 사립학교 교직원(사학연금) 등으로 다를 뿐 정부가 강제하는 연금이라는 공통적인 특징을 가진다.

자발적인 개인금융은 개인의 선택에 의해서 가입과 해지를 할 수 있는 금융상품을 말한다. 대표적으로 퇴직연금과 개인연금이 자발적인 개인금융에 해당한다. 퇴직연금은 회사가 근로자를 위해 은퇴 이후 안정적인 생활을 유지할 수 있도록 지원하는 제도다. 하지만 퇴직연금은 자발적 개인금융에 포함되지만 국가로부터 규제와 인센티브를 받기 때문에 준공적연금에 가깝다고 할 수 있다.

개인연금은 개인이 자유롭게 선택하여 가입하는 금융상품으로서 누구나 자신의 노후생활을 위해 일정금액을 자발적으로 적립하고 은퇴 후에 연금으로 원리금을 수령할 수 있는 장기저축제도다.

(2) 공적연금으로서의 국민연금

① 국민연금의 특징

국민연금은 국가가 시행하는 강제 저축이다. 사람은 현재의 소비를 가장 만족스러워하기 때문에 노후를 위한 저축을 개인에게 자유롭게 맡겨 두면 대부분의 소득을 현재를 위해 지출해 버리기 쉽다. 가난한 사람은 당장의 생활이 어려워 노후준비를 할 여유가 없다고 하고, 부유한 사람 역시 자신은 재산이 많으므로 별도의 노후준비가 필요 없다고 여기며, 젊은 사람들은 먼 훗날의 노후문제를 지금부터 준비할 필요가 있느냐는 생각을 하기 때문에 노후생활을 준비하지 못할 우려가 크다.

한편, 노후생활에 대한 대비가 되어 있지 않은 사람이 많을수록 빈곤노년층이 많아지고, 이를 국가재정을 통해 해결하려고 한다면 소득이 있는 사람들이 세금을 더 많이 부담해야 한다. 이렇게 되면 성실하게 노후를 준비한 사람은 자신의 노후를 위한 지출뿐만 아니라 노후를 준비하지 못한 사람에 대한 소득도 지원하는 이중부담을 지게 된다. 따라서 최소한의 노후생활을 보장하기 위해서는 소득활동을 하는 사람은 누구나 의무적으로 국민연금에 가입하도록 하는 것이 훨씬 더 바람직하다.

따라서 노후문제에 대비하기 위해 국가가 나서서 사회 구성원 간의 공동체적 연대와 세대 간의 부양체계에 기초를 둔 국민연금제도를 도입하게 되었다.

② 국민연금의 운영 체계

국민연금은 가입자, 사용자 및 국가로부터 일정액의 연금불입 금액을 징수하고, 이를 재원으로 노령, 사망, 장애 시에 연금을 지급하는 체계로 운영된다.

가입자는 사업장가입자와 지역가입자, 임의가입자, 임의계속가입자로 구분된다. 사업장가입자는 국민연금에 가입된 사업장의 18세 이상 60세 미만의 사용자 및 근로자로서 국민연금에 가입된 자다.

지역가입자는 국내에 거주하는 18세 이상 60세 미만의 국민 중 사업장가입자가 아닌 가입자다. 단, 다른 공적연금에서 퇴직연금이나 장애연금을 받는 연금수급권자와 국민기초생활보장법에 의한 수급자, 소득활동에 종사하지 않는 배우자, 소득활동에 종사하지 않는 27세 미만인 자는 지역가입자가 될 수 없다.

임의가입자는 사업장가입자와 지역가입자가 될 수 없는 사람이 60세 이전에 본인의 희망에 의해 가입신청을 하여 가입한 사람을 말한다.

임의계속가입자는 가입기간이 20년 미만인 가입자가 60세가 되어 국민연금 가입자 자격을 상실하였으나 가입기간이 부족하여 연금을 받지 못하거나 가입기간을 연장하여 더 많은 연금을 받기 원할 경우 65세가 될 때까지 신청에 의하여 임의로 계속 가입된 사람을 말한다.

〈표 9-1〉을 보면 2014년 말 기준으로 국민연금 가입자는 2,112만 5,135명으

〈표 9-1〉 국민연금 가입자 현황 (단위: 명, %)

구분 \ 연도	2009	2010	2011	2012	2013	2014
계	18,623,845	19,228,875	19,885,911	20,329,060	20,744,780	21,125,135
사업장 가입자	9,866,681 (53.0)	10,414,780 (54.2)	10,976,501 (55.2)	11,464,198 (56.4)	11,935,759 (57.5)	12,309,856 (58.3)
지역가입자	8,679,861 (46.6)	8,674,492 (45.1)	8,675,430 (43.6)	8,568,396 (42.1)	8,514,434 (41.0)	8,444,710 (40.0)
임의가입자	36,368 (0.2)	90,222 (0.5)	171,134 (0.9)	207,890 (1.0)	177,569 (0.9)	202,536 (1.0)
임의계속 가입자	40,935 (0.2)	49,381 (0.3)	62,846 (0.3)	88,576 (0.4)	117,018 (0.6)	168,033 (0.8)

주: 매년말 기준임. ( ) 안은 전체에 대한 비중임
자료: 국민연금공단(http://www.nps.or.kr).

〈표 9-2〉 국민연금 급여종별 수급자 현황 (단위: 명)

구분＼연도	2009	2010	2011	2012	2013	2014
계	2,602,630	2,820,649	3,015,244	3,310,211	3,440,693	3,586,805
노령연금	2,149,168	2,330,128	2,489,614	2,748,455	2,840,660	2,947,422
장애연금	74,535	76,280	75,895	75,934	75,041	75,387
유족연금	378,927	414,241	449,735	485,822	524,992	563,996

주: 1988~각 연도까지 수급자였던 자를 포함한 누계 기준임
자료: 국민연금공단(http://www.nps.or.kr).

로 가입자 중 58.3%가 사업장가입자이며 40.0%는 지역가입자다. 사업장가입자 수가 상대적으로 꾸준히 증가하고 있다.

국민연금에는 노령으로 인한 근로소득 상실을 보전하기 위한 노령연금, 주 소득자의 사망에 따른 소득상실을 보전하기 위한 유족연금, 질병 또는 사고로 인한 장기근로능력 상실에 따른 소득상실을 보전하기 위한 장애연금 등이 있다.

〈표 9-2〉를 보면 2014년 기준으로 국민연금 급여종별 수급자는 노령연금 수급자가 294만 7,422명으로 전체의 82.2%를 차지하고 있고 유족연금 수급자 56만 3,996명 15.7%, 장애연금 수급자 7만 5,387명 2.1% 순이다.

③ 국민연금의 부과방식

연금의 부과방식은 적립방식과 부과방식으로 구분될 수 있다. 적립방식은 국민들이 불입한 금액을 기금형태로 운용하여 수익금을 포함하여 연금형태로 돌려받는 체계를 말한다. 즉, 자신이 불입한 것을 자신이 연금으로 수급받는 의미를 가진다. 이 경우 기금에서 수익이 발생하지 않는다면 불입한 금액보다 더 적은 혜택을 볼 수도 있다는 문제점이 있다. 또한 안정적으로 연금제도를 운영하기 위해서는 많은 자금을 기금형태로 적립하여 운용해야 하는 운영상의 어려움도 있다.

부과방식은 현재의 노년층을 젊은 층이 부양하는 방식을 의미한다. 다시 말해

그해 노년층을 위한 연금지급에 필요한 재원을 그해에 중장년층에게 부과하는 것이다. 이 방식은 노년층이 누리는 연금혜택이 자신이 불입한 금액과 직접적인 연관이 없으며, 대규모의 연금기금을 운용할 필요가 없고 운용수익률과 관계없이 안정적으로 연금을 지급할 수 있다는 장점을 가진다. 그러나 노인인구가 많아지고 중장년층의 인구가 적어지면 젊은 세대들의 부담이 커지는 문제가 있다.

선진국의 경우 초기에는 기금을 적립하여 연금제도를 운용하였으나 평균수명의 연장으로 인해 연금수급자가 증가하면서 재정의 안정을 꾀하고 예산지출의 부담을 줄이기 위해 점차 부과방식으로 변경하고 있다.

④ 국민연금의 기능

국민연금에는 세대 내 소득재분배 기능과 세대 간 소득재분배 기능이 동시에 포함되어 있다. 세대 내 소득재분배 기능이란 동일한 세대 내의 고소득 계층에서 저소득 계층으로 소득이 재분배되는 것을 말한다. 국민연금의 급여를 계산할 때 가입자 전체의 평균소득을 포함시킨다. 따라서 저소득층의 경우에는 전체 가입자의 평균소득이 자신의 소득보다 높기 때문에 더 많은 연금을 받는 데 비해 고소득층은 전체 가입자의 평균소득이 자신의 소득보다 낮아 저소득층에 비해 상대적으로 연금혜택이 적다. 그러므로 국민연금은 납입한 보험료 대비 수령하는 연금급여가 저소득층에게 더 유리하여 소득격차를 줄임으로써 동일한 세대 내에서 소득재분배 기능을 수행하게 된다.

세대 간 소득재분배란 미래세대인 젊은 층이 현재의 노년층을 지원하는 것을 말한다. 국민연금이 처음 시작될 시점에서 보면 노년층은 연금납입기간이 짧고 연금납입금을 적게 내고 많은 혜택을 받는 반면, 미래세대는 향후 지속적으로 노년층에 비해 상대적으로 더 많은 납입금을 내고 혜택은 더 적게 받게 된다. 따라서 연금의 운용 측면에서 보면 젊은 층이 현재의 노년층의 연금을 대신 지원하는 형태가 된다(국민연금공단, 2015).

이처럼 국민연금이 최초로 시작될 때 연금납입금액을 낮추어 주는 이유는 국민연금이 시행되는 초기 가입자의 경우 자신의 노후를 위한 국민연금을 납입해야 할 뿐만 아니라 국민연금이 실시되기 전에 노후를 맞이하여 연금혜택을 누리지 못하는 부모를 부양해야 하는 이중부담을 지게 되기 때문이다. 따라서 이들의 부담을 완화하기 위해 국민연금 초기에는 낮은 연금납입금에서 출발하여, 단계적으로 납입금을 높여 가도록 하였다.

그러므로 국민연금은 제도 도입 초기의 가입자가 연금제도가 성숙한 이후의 미래세대에 비해 연금납입 부담 대비 수익률이 높게 설계되어 있어서 현재의 가입세대가 다음 세대로부터 일정한 소득지원을 받는 세대 간 소득재분배의 기능을 가지게 된다.

(3) 퇴직연금

① 퇴직연금의 정의

퇴직연금은 기업이 근로자 재직기간 중 사용자가 퇴직금 지급재원을 외부의 금융기관에 적립하고, 이를 기업 또는 근로자의 지시에 따라 운용하여 근로자 퇴직 시 연금 또는 일시금으로 지급하도록 하는 제도다. 퇴직연금은 근로자의 노후소득보장과 생활안정을 위해 도입되었다.

1인 이상의 기업은 퇴직급여제도인 퇴직금제도와 퇴직연금제도 중 하나 이상의 제도를 설정하여야 한다. 그러나 퇴직연금제도는 법정 퇴직금 제도와 달리 노사합의에 의해 자율적으로 도입하는 제도로서 강제성은 없다.

② 퇴직연금의 종류

퇴직연금은 적립방법, 적립금 운용 권한과 책임 등에 따라 확정급여형 퇴직연금과 확정기여형 퇴직연금, 개인형 퇴직연금으로 구분된다.

확정급여형 퇴직연금(Defined Benefit: DB)은 근로자가 퇴직할 경우 수령할 퇴직급여가 기존의 퇴직금처럼 근무기간과 평균임금에 의해 사전에 확정되는 제도다. 다시 말해 퇴직금을 퇴직 전 3개월 평균임금×근속연수로 산정하듯이, 근로자가 퇴직할 경우 받는 퇴직급여의 수준이 정확히 결정된다. 단지 회사가 퇴직연금자산을 운용하기 때문에 운용성과에 따라 회사가 부담할 금액이 늘어나거나 줄어들게 될 뿐, 근로자는 확정된 금액을 받는다.

반면, 확정기여형 퇴직연금(Defined Contribution: DC)은 회사가 부담할 금액이 사전에 확정(근로자 연간 임금의 1/12 이상)되는 제도다. 이 경우 근로자가 직접 퇴직연금 자산의 운용방법을 결정하고 그 운용성과가 자신의 퇴직급여에 반영되게 된다. 회사의 부담금은 미리 정해지는 반면, 근로자가 받는 돈이 운용수익에 따라 달라지게 된다.

〈표 9-3〉 퇴직금과 퇴직연금의 비교

	퇴직금제도	퇴직연금제도	
		확정급여형	확정기여형
사용자 부담금	사전에 미리 적립해야 하며 퇴직 시 일시 부담	사용자의 적립금 운용 실적에 따라 다름	가입자 연간 임금총액의 1/12 이상
적립금 운영 권한 및 책임	–	사용자	근로자
퇴직급여액	확정 (근속 1년마다 30일분 평균임금)	확정 (근속 1년마다 30일분 평균임금 이상)	적립금 운용성과에 따라 변동
퇴직급여 형태	일시금	연금 또는 일시금	연금 또는 일시금
적립방식	회사 외부로 적립해야 하는 규정 없음	60% 이상 회사 외로 적립	전액 회사 외로 적립
수급권 보장	수급권 불확실 (회사부도, 지급능력 없을 경우 등)	수급권 보장	수급권 보장
중도 인출	중간 정산으로 가능	불가능 (담보대출만 가능)	제한적 허용 (특별한 사유가 있는 경우 한정)

자료: 미래에셋퇴직연금연구소(2010). 퇴직연금사용설명서.

개인형 퇴직연금(Individual Retirement Pension: IRS)은 근로자가 퇴직하거나 이직할 경우 받는 퇴직급여(퇴직금 또는 퇴직연금일시금)를 본인 명의의 개인퇴직계좌로 이전하여 은퇴 이후 노후자금으로 활용할 수 있도록 하는 것이다.

세 가지 유형의 제도는 사업장별로 선택하여 개설될 수 있으며, 근로자는 이 중에 하나만 선택하여야 한다.

(4) 개인연금

개인연금은 최소한의 노후생활을 보장하기 위해 국가가 강제적으로 시행하는 공적연금인 국민연금, 기업이 공적연금에 준하여 시행하는 퇴직연금과는 달리 여유 있는 노후생활에 필요한 소득을 보장하기 위한 개인적인 금융상품이다.

개인연금은 1994년 6월에 개인연금저축이라는 명칭으로 도입되어 판매가 시작되었고, 2001년 1월에는 연금저축으로, 2013년 3월부터 연금저축계좌로 명칭이 변경되었다. 개인연금에 가입할 경우 연간보험료 또는 저축액에 대하여 연말정산을 할 때 소득세 산정에서 공제를 받는 혜택을 부여함으로써 국가가 개인의 연금 가입을 간접적으로 지원 · 촉진하고 있다.

개인연금은 금융기관별로 상품의 명칭이 다른데, 은행에서 판매되는 상품은 연금저축신탁, 보험회사의 상품은 연금저축보험, 그리고 증권회사의 상품은 연금저축펀드라고 불린다.

본질적으로 상품구조는 같지만 연금저축보험은 연금수령 개시일 이전에 사망이나 장애 등의 사고가 발생할 경우 보험금이 지급되는 보장기능이 추가되어 있다. 연금저축펀드는 가입자의 납입액이 펀드에 투자되기 때문에 자본시장이 호황일 경우 높은 수익을 가져올 수 있지만 불황일 경우 원금보장이 안 될 수도 있는 위험이 있다.

개인연금보험의 대체 상품도 보험회사별로 다양한 이름으로 판매되고 있는데, 그중 대표적인 상품은 변액연금보험 또는 변액유니버설 연금보험이다. 이 상품은 개인연금 상품과 같은 연간납입 보험료에 대한 소득공제 혜택은 없으나,

10년 이상 장기 보유할 경우 투자수익에 대하여 비과세 혜택을 받을 수 있다. 이러한 연금보험 대체 상품들은 수익창출의 기본이 되는 이자지급 방식에 따라 확정금리형, 변동금리형, 변액[1] · 신탁형으로 분류되기도 한다(이순재, 김헌수, 2009).

2) 노인을 위한 자산관리 금융상품

(1) 고령특화 금융상품의 특징

고령화사회가 도래하게 되면서 노인을 위해 특화된 금융상품들이 개발되고 시장이 커지고 있다. 금융상품은 안정성, 수익성, 유동성에 따라 특징지을 수 있다. 안정성은 금융자산의 가치를 얼마나 오랫동안 유지할 수 있느냐는 것이고, 수익성은 금융자산의 증식에 초점을 두는 것이고, 유동성은 현금화를 얼마나 빨리 시킬 수 있느냐는 것이다. 통상적으로 안정성이 높으면 수익성은 낮고, 수익성이 높으면 안정성은 낮다. 유동성은 현금이 가장 높으며, 정기예금 등 기간이 정해져 있는 금융상품은 현금보다 유동성이 낮고, 부동산 등 실물자산은 유동성이 매우 낮은 편이다.

미래보다 현재를 중요시하는 노년층은 수익성보다는 안정성과 유동성이 높은 금융상품을 선호하게 된다. 고령화율이 높은 일본의 경우 자산구성 중 예금이 증가하고 주식이 감소하여 고령이 될수록 안전자산을 선호함을 알 수 있다.

일반적으로 노년층은 안전한 예금상품으로부터 발생하는 이자소득을 주로 추구하기 때문에 고령화가 진행될수록 장기적으로 저축률이 하락하고 자산축적이 약화될 뿐만 아니라 고령인구의 위험기피로 인해 주식 등 위험자산의 수요가 적어질 가능성이 높아진다.

1) 변액보험상품은 보험계약자가 납입한 보험료 가운데 일부를 주식이나 채권 등에 투자해 그 운용 실적에 따라 계약자에게 투자 성과를 나누어 주는 보험상품을 말한다.

(2) 고령특화 금융상품의 사례

① 주택연금

주택연금은 주택은 있으나 특별한 소득원이 없는 노인이 주택을 담보로 사망할 때까지 자택에 거주하면서 노후생활자금을 연금형태로 지급받는 것이다. 가입자가 사망하면 연금지급이 중단되고 상속인이 그간 지급된 연금수령분을 상환하지 않으면 주택을 처분하여 그동안의 대출금과 이자를 상환받는 방식이다.

주택연금은 역모기지론(逆모기지, reverse mortgage loan)이라고도 하는데, 부동산을 담보로 주택저당증권을 발행하여 장기주택자금을 대출받는 모기지론과 자금 흐름이 반대방향이기 때문이다. 가입자에게 그동안 지급된 연금과 이자의 합계가 주택 처분가격보다 적을 때는 차액을 법정 상속인에게 돌려주지만, 처분가격이 대출금액에 미치지 못하더라도 차액을 청구하지는 않는다. 가입조건은 1가구 1주택, 주택 소유자와 배우자의 나이는 60세 이상, 한국감정원 평가액이 시가 9억 원 이하의 주택을 소유한 경우에 해당한다.

주택연금은 기본적으로 종신지급 방식이지만 종신방식과 종신혼합방식 등 가입자가 자신의 상황에 맞게 선택할 수 있다. 종신방식이란 주택담보금액을 기준으로 매달 일정 금액을 지급하는 방식이다. 반면, 종신혼합방식은 대출한도의 50% 이내에서 개별 인출을 허용하고 나머지 부분에 대해서는 매달 연금으로 지급한다. 연금을 받는 가운데 가끔 목돈이 필요할 것이 예상된다면 종신혼합방식을 선택하면 된다. 종신방식 이외에 자신이 선택한 일정 기간 동안만 월지급금을 받는 확정기간 방식을 선택할 수도 있다.

주택연금은 60세 이상으로서 주택을 소유한 사람을 대상으로 하며, 가입 시점의 주택가격에 따라 총 연금액을 산정하기 때문에 앞으로 주택가격의 하락이 예상되면 빨리 가입하는 것이 유리하다.

내 집으로 연금받고 살자…주택연금 가입자 급증

부동산 많아 효과적 은퇴준비 수단으로 주목

통계청의 가계금융복지조사에 따르면, 지난해 기준 은퇴를 본격적으로 시작하는 국내 50대 가구가 4억 3,025만 원으로 자산을 가장 많이 보유하고 있고, 이중 77.7%가 실물자산(부동산)에 편중돼 있었다.

주택연금은 사는 집을 처분하지 않고 연금액을 보충해 노후에 생길 수 있는 소득부족에 대처할 수 있는 방법이다.

특히 올해 저금리 추세가 가속화되면서 상반기 중 주택연금 가입자가 크게 늘었다. 한국주택금융공사에 따르면, 지난 상반기 주택연금 가입자는 3,065명으로 2007년 상품 출시 이후 반기 기준으로 가장 많았다. 총 가입자는 2만 5,699명이다.

주택연금은 부부 중 한명이 먼저 사망하면 남은 배우자에게 현금흐름이 전액 넘겨진다. 이 때문에 연금액을 책정할 때는 부부 중 연소자를 기준으로 한다. 올해 기준 3억 원 주택의 경우, 주택소유자가 72세라고 가정할 때 배우자가 70세인 가입자는 월 98만 6,000원을 수령하지만 60세인 가입자는 월 68만 2,000원을 받는다.

주택연금은 중도일시금 수령도 가능하다. 종신연금은 일반적으로 연금지급이

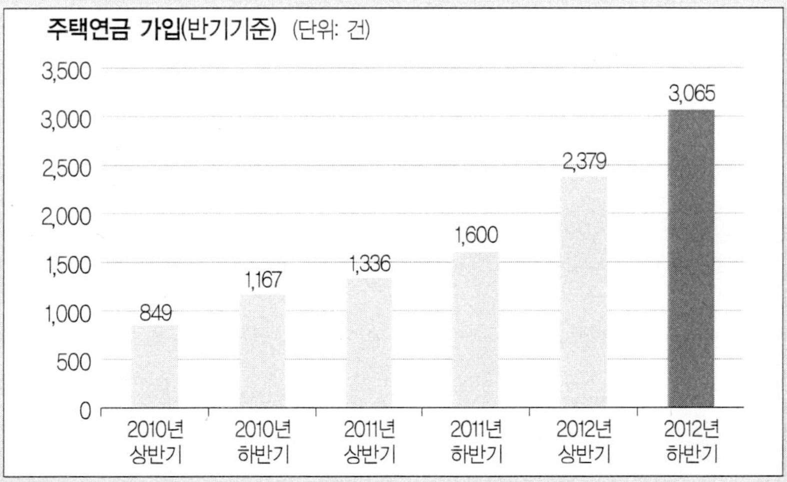

자료: 한국주택금융공사.

주택연금 정액형 월지급금 예시 (단위: 천 원)

주택가격 / 나이	1억 원	2억 원	3억 원	4억 원	5억 원	6억 원
50세	145	290	435	580	725	870
55세	170	340	510	680	850	1,020
60세	227	455	682	910	1,138	1,365
65세	272	544	816	1,088	1,360	1,632
70세	328	657	986	1,315	1,643	1,972
75세	403	807	1,210	1,614	2,017	2,421
80세	505	1,011	1,517	2,023	2,529	3,035

자료: 한국주택금융공사.

시작되면 해지가 안 되지만, 주택연금은 중도해지를 할 수 있어 주택을 팔아 자금을 충당할 수 있다.

주택연금 가입 도중 주택가격이 오른다면, 해지 후 재가입하는 옵션도 있다. 주택연금 지급액은 신청 시점의 부동산 시가를 기준으로 하기 때문에 집값이 최고점에 도달했다고 판단될 때 신청하면 유리하다. 일례로 현재 70세에 3억원 주택을 소유한 가입자라면 정액형 방식으로 매월 98만 6,000원을 수령하는데, 신청 시점에 부동산 시가가 떨어진다면 그만큼 지급률이 낮아진다.

자료: 뉴시스(2015. 8. 3.).

② 유언신탁과 가족신탁

유언신탁은 상속을 둘러싼 가족 간 분쟁에 대응하여 유언서 작성에 관련된 상담, 공증받은 유언의 보관 · 집행까지를 수탁하여 행하는 금융서비스를 말한다. 이와 관련하여 유산정리서비스도 등장하고 있다. 유산정리서비스는 재산 조사, 재산목록 작성, 분할협의서 작성 안내 등 상속인이 처리할 일을 대신 처리해 주는 서비스다. 이 서비스가 각광받는 이유는 대부분의 상속재산이 부동산이기 때문이다. 부동산 상속은 현금이나 유가증권과는 달리 형제간 공유 형태가 많아서 상속이나 처분에 시간이 소요된다. 따라서 가족 간 분쟁이 발생하기 쉬워서 전문적인 서비스를 받아야 할 필요성이 제기된 것이다.

나아가 자산승계 문제에 대한 컨설팅서비스도 이루어지고 있다. 이 서비스는 장래에 발생할 수 있는 상속문제를 해결하기 위해 가족구성이나 재산상황을 분석하여 고객별 필요에 맞도록 금융자산 관리계획을 제시해 주는 것이다.

이와 유사한 것으로 가족신탁이 있다. 가족신탁은 노인이 금융상품이나 재산을 금융기관에 위탁하고, 금융기관이 이를 수탁하여 운용함으로써 그 수익으로 노후를 보내는 것이다. 노인은 신체기능과 사고능력이 저하되면서 자산운용이나 관리에 부담을 가지게 된다. 따라서 가족신탁을 통해 발생한 운용성과를 의료비나 간병비용으로 활용하고, 신탁한 재산에 대한 관리 및 처분은 노인의 의지대로 결정할 수 있다. 결과적으로 원활한 자산승계도 가능하다(서윤석, 2008).

이러한 실버특화금융상품은 앞으로 더욱 다양해지고 전문적으로 개발되어 상품시장이 급속하게 커질 것으로 전망된다.

3) 노인을 위한 보험상품

실버보험은 가입연령과 보장내용을 고령층에 초점을 맞춘 보장성보험을 통칭하는 용어다. 하지만 연금보험, 자동차보험 등과 같이 보험 관련 법규에서 사용하는 법률상 용어는 아니며, 통상적으로 지칭되는 용어다.

실버보험은 노인 본인이 직접 가입하는 경우보다 자녀들이 부모를 위해 가입해 주는 경우가 많아 '효(孝)보험'이라고도 불린다. 최근 들어 고령화의 진전에 따라 노후 대비에 대한 관심이 늘어나 실버보험에 대한 수요가 급속도로 증가하고 있다. 한편, 한 조사결과를 보면 예비노인들은 노후준비 차원에서 자발적으로 실버보험에 가입하여 직접 보험료를 납부하는 경우도 많은 것으로 나타났다(부산복지개발원, 2009a).

실버보험은 일반적으로 보면 주 보험으로 일반사망 및 재해사망 등의 사망보험금을 보장하고 있으며, 선택특약으로 치료비, 치매간병비 등을 보장하는 상품으로 이루어져 있다.

그러나 실버보험은 노인에게 특화되어 개발된 보험상품이기 때문에 노인성 질환, 특히 골절, 치매, 암, 뇌졸중, 급성심근경색 등에 대한 보장이 강조되어야 하며, 재해사망에 대한 보장 역시 중점적으로 이루어져야 한다.

실버보험 시장이 최근 급성장하고 있으므로 노인을 대상으로 한 의료 및 장례뿐만 아니라 중장년들의 문화와 여가생활 및 건강과 연계된 다양한 보험상품도 나타날 것으로 전망되고 있다.

실버보험도 다른 보험과 마찬가지로 기존에 가지고 있던 질병에 대해서는 보장하지 않으며, 가입 전에 건강검진을 받아야 한다. 건강검진 없이도 가입된다고 광고하는 보험은 보장 범위가 제한적이거나 보험료에 비해 보장금액이 미미해서 실효성이 낮은 편이다.

〈표 9-4〉 실버보험과 일반 보장성보험의 비교

구분	실버보험*	일반 보장성보험
주요 가입 대상	50~70세	20~55세
보험가입 가능 연령	40~80세	15~60세
주요 보장 내역	노인성 상해 · 질병, 치매간병, 장례서비스 등	상해, 질병, 간병 등

* 각 항목에 대한 세부사항은 회사별, 상품별로 상이할 수 있음
자료: 금융감독원(http://www.fss.or.kr).

〈표 9-5〉 선택특약에 의한 주요 보장 내용(예시)

구분	보장 내용
질병특약	노인성 질병* 등으로 인한 각종 비용을 보상하는 특약으로 진단자금, 입원비 및 수술자금 등을 보장
상해특약	고령층의 사고와 골절 등으로 인한 각종 비용을 보상하는 특약으로 치료비, 장애급여금 및 수술자금 등을 보장
치매간병특약	치매로 인한 간병비용 등을 보장

* 당뇨병, 고혈압성질환, 뇌출혈, 협심증 등 선택특약 약관에서 정하는 질병
자료: 금융감독원(http://www.fss.or.kr).

3. 우리나라 실버금융산업의 발전을 위한 정책방안

노인인구의 증대, 소득증대, 평균수명의 증대 등으로 인하여 노후를 안정적으로 보내기 위한 금융서비스를 지원하는 실버금융산업은 향후 급속하게 확대될 것으로 전망된다. 특히 실버금융산업에서 국민연금 등 공적연금의 중요성은 낮아지고 민간 실버금융시장은 더 확대되고 다양화될 것으로 보인다. 공적연금은 연금납입금 대비 연금수급액 비율과 소득대체율이 점차 낮아지고 있어 노후생활을 위한 수단으로서 충분하지 못한 편이다. 따라서 이를 보완하기 위한 민간 실버금융상품이 다양하게 제시될 것이고, 소비자는 자기 책임하에 금융상품을 선택하여 노후를 추가적으로 준비할 필요가 있다. 최근 들어 금융권에서 건강연계상품, 높은 수익률과 안정성, 연금지급의 편의성 등을 갖춘 다양한 상품이 경쟁적으로 쏟아져 나오고 있다.

실버금융산업이 노인들의 실질적인 금융서비스 수요를 충족시키기 위해서는 다음과 같은 정책적 개선이 필요하다. 첫째, 민간 실버금융상품의 수혜 연령층을 낮출 필요가 있다. 공적연금 수급자의 연령을 65세 이상으로 높이는 추세이지만 직장에서의 은퇴는 55세 전후로 이루어지는 경우가 많다. 그러므로 55세에서 65세까지의 금융서비스 사각지대에 놓여 있는 노년층을 위한 집중적인 금융상품이 개발될 필요가 있다.

둘째, 실버금융상품의 다양화가 필요하다. 현재 저축, 주택 위주로 되어 있는 실버금융상품은 주식, 부동산, 귀금속, 지적재산권 등 다양한 금융자산을 활용한 금융상품으로 확대되어야 한다. 운용방식도 연금, 보험 등 개별금융상품보다는 종합적인 자산관리서비스로 고도화되어야 한다.

특히 현재 주택연금의 경우 적용 대상을 주택에 한정하고 있는데, 상대적으로 소득이 불확실한 농어민 등의 특수한 상황을 고려하여 주택뿐만 아니라 농지, 전답, 과수원 등 토지를 동시에 담보할 수 있는 방안이 마련되어야 할 것이다.

셋째, 저소득층을 위한 공적 실버금융상품이 새롭게 확충되어야 한다. 민간 실버금융상품의 특성상 금융서비스가 필요한 저소득층은 서비스에서 소외될 가능성이 높다. 따라서 국가가 저소득층을 위한 주택금융 등 장기적이고 저비용의 금융서비스를 제공함으로써 복지적 측면의 공익성과 경제적 측면의 효율성을 조화시킬 필요가 있다.

대한민국은 노인시대… 실버 재테크 시장 커진다

베이비 부머들이 실버세대로 본격 진입하면서 고령층을 위한, 또는 고령화에 대비한 '실버 재테크'가 급부상하고 있다. 금융사들은 앞 다투어 관련 상품과 서비스를 세분화시켜 출시하면서 금융소비자들의 관심을 끌고 있다. 전문가들은 우리나라에서도 은퇴 후 노후자금 마련이 재테크의 중요한 목표가 되고 있다고 분석하고 있다.

국내 보험사들은 이에 착안, 베이비붐 세대를 대상으로 퇴직 후 30년을 대비하기 위한 각종 실버 상품을 개발하고 있다. 특히 보험사들은 기존에 최대 60~80세로 연령을 한정했던 것과 달리 100세까지 넓힌 보험상품을 쏟아내고 있다. 특히 최근 출시되는 개인연금보험 상품들은 20 · 30세대 등 특정 세대를 겨냥한 맞춤형은 물론 가입 후 가입자에게 일어날 수 있는 다양한 상황에 대비해 가입자가 연금수령 등의 옵션도 선택할 수 있도록 설계하고 있다.

보험사에 비해 상대적으로 시장 진입이 뒤쳐졌던 은행권도 노후테크 상품 및 서비스 개발에 열을 올리고 있다. 은행은 광대한 지점망을 바탕으로 한 접근성과 은행서비스의 간편함을 내세워 시장을 공략하고 있다. 한 시중은행 관계자는 "연령이 높을수록 투자성향이 보수적인 경향을 보인다"며 "보험사와 달리 안정적인 수익에 기반한 다양한 상품을 개발하는데 주력할 것"이라고 말했다.

농협은행은 전국 200개 영업점을 노년층과 50대 은퇴 준비자를 집중적으로 공략할 거점 지점으로 육성하고, 이 지점 안에 노년층의 재테크 상담과 은퇴 설계를 전담할 '시니어 전용 창구'를 운영하기로 했다. 은행권에서 노년층만을 전담하는 창구와 콜센터가 만들어지는 것은 이번이 처음이다. 또 농협은행의 NH은퇴연구소는 영업점 전문 상담인력(은퇴설계 카운셀러)을 지난해 연초 350명 수준에서 연말 900명으로 확대 배치했다.

신한은행은 지난해 4월 은퇴브랜드인 '신한미래설계'를 선포한 뒤 은퇴전용 상담창구인 '미래설계센터'를 운영하고 있다. 신한은행은 종전에 70개였던 이 센터를 올 들어 325개로 확대했고, 연내 900여개의 모든 영업점으로 확대할 계획이다.

우리은행은 은퇴자금을 구분해 은행, 보험, 펀드 등에 분산투자 할 수 있는 '우리청춘 100세 통장 · 적금 · 예금'을 제공하고 있으며 현재 카드 부분도 개발하고 있다.

기업은행은 은퇴시장 공략을 위해 다음 달 은행권에서 유례를 찾기 힘든 만기 10년 적금상품을 내놓는다. 길어야 3~5년에 불과한 기존 적금상품의 만기를 대폭 늘려 만기 10년 이상인 보험사들의 연금보험 상품에 맞서 은행권으로 은퇴 자금을 끌어들이겠다는 전략이다.

자료: 아주경제(2015. 1. 12.).

제10장
실버주택산업

노년기에는 중년기에 비해 사회참여 정도가 감소함에 따라 집에 머무는 시간이 더 길어지게 된다. 생애주기에 따른 라이프스타일을 감안해 보면 노년층의 집은 젊은 층이 생각하는 집과는 다소 다른 의미를 가질 수 있다. 이 장에서는 노인주택의 의미, 노인을 배려한 주택의 장래 수요추이, 노인주택의 유형과 기능, 노인주택산업의 향후 전망 등에 대해 고찰해 본다. 특히 우리나라는 아직 일상적인 '집'에 대한 가치가 지배적이므로 노인의 일상생활을 지원해 주는 주택의 중요성을 산업화로 견인할 수 있는 방안을 모색하는 것이 필요하다.

1. 실버주택의 필요성과 유형

1) 필요성

일반적으로 사람들은 노화가 진행되면 사회활동의 폭이 좁아지면서 집 안에서 지내는 시간이 점차 길어지게 된다. 따라서 노년층이 사는 주택에는 그들의 신체적 또는 심리사회적 노화에 따라 새롭게 제기되는 욕구가 반영되어야 한다. 특히 우리나라는 급속한 산업화로 인해 사회구조나 생활방식이 서구화되면서 노인만으로 구성된 부부가구나 단독가구가 차지하는 비중이 현저하게 높아지고 있다. 따라서 노년층에게 친화적인 주거환경에 대한 정책적 검토가 적극적으로 이루어져야 할 것이다.

우리나라의 산업전문가들은 고령자용 주택이나 요양시설 또는 주택개조사업을 포함하는 고령친화주택산업을 고령화사회에 필요한 산업 분야 중 하나로 주목하고 있다.

그러나 여러 연구결과(부산복지개발원, 2009b; 한국보건사회연구원, 2015)에서 보면, 절대 다수의 노인들은 젊은 층과 마찬가지로 지역사회에서 일반가구를 형성하여 살고 있다. 다만, 최근까지의 추이를 보면 노인이 가구주인 경우 가구원 수가 지속적으로 감소하고 있고, 노인단독가구 비율이 눈에 띄게 증가하고 있다. 게다가 노인들은 노화가 더 진행되어도 자신의 집에서 계속 살고 싶다는 욕구가 높게 나타난다(부산복지개발원, 2009b).

이러한 경향을 보면 우리나라에서 실버주택산업의 발전을 논하기에는 다소 시기상조라는 판단을 해 볼 수도 있다. 하지만 돌봄 사각지대나 개조되지 않은 불편한 주택에서 살고 있는 취약한 노인들을 고려하면, 노인용 주택은 최소한의 수요에 부응할 만큼 공급되어야 한다.

2) 유형

실버주택이란 고령자들이 살기 편하도록 지어진 주거공간으로 노인이 주로 시간을 보내면서 생활하는 거처다. 넓은 의미의 실버주택에는 노인용으로 건립된 주택뿐만 아니라 기존 주택을 개조한 것과 돌봄 기능이 부가된 요양시설도 포함된다.

다양한 실버주택은 노인주거의 스펙트럼으로 설명할 수 있다. [그림 10-1]을 보면, 노인들은 노화가 진행되면서 의존성이 증가할수록 주택에 대한 욕구가 단계별로 진행되는 것을 알 수 있다. 따라서 노인용 주택을 선택할 때는 노인의 잔존능력과 욕구에 따라 자치성, 독립성, 경제성, 사회적 관계라는 특성을 고려해야 한다. 이러한 특성을 기준으로 노인에게 필요한 주거를 살펴본다.[1)]

첫째, 거주자의 자치성에 기준을 두면 일반주택인 집에서 화살표 방향으로 진행할수록 거주노인의 자치성은 낮아지므로 의존성을 지원하는 기능은 높아져야 한다. 따라서 의존성에 대한 지원이 자치성의 유지보다 중요하다고 판단되는 취약노인은 지원기능이 부가된 실버주택으로 옮겨 갈수록 편리한 환경에서 생활할 수 있다.

둘째, 공간의 독립성에 초점을 두면, 일반주택인 집에서 화살표 방향으로 갈수록 거주노인의 독립성이 떨어지면서 사생활은 보장받기 어려워진다. 만약 노인이 독립성보다 사고예방이나 안전에 비중을 둔다면 일반주택보다 실버주택을

[그림 10-1] 노인주거의 스펙트럼

자료: 김수영, 모선희, 원영희, 최희경(2009). 노년사회학.

1) 김수영, 모선희, 원영희, 최희경(2009). 노년사회학, pp. 183-184를 요약.

선호할 수 있다. 예컨대, 집과 보호주택은 독립성이 높아 사생활을 보장받을 수 있지만, 요양시설, 전문요양시설, 병원은 '시설'에 해당하므로 공동생활로 인해 사생활 보호가 어려워진다.

셋째, 경제성의 측면에서 보면 독립된 공간인 집에서 화살표 방향으로 갈수록 비용이 많이 들게 된다. 즉, 거주자를 돌보기 위한 지출이 많아진다. 하지만 일단 집중적인 돌봄을 위해 공간과 제품 또는 기기들을 구축하고 나면 시설은 공동 주거가 가지는 이점으로 인해 경제성이 있을 것이다.

넷째, 사회적 관계를 고려해 보면 집에서 멀어질수록 거주노인은 사회적 관계를 형성하기가 어려워진다. 특히 기존에 살던 근린지역에서 멀어질수록 대인관계는 더 취약해질 것이다.

요약하면, 실버주택은 '독립과 자율' '보호와 안전'이라는 기준에 따라 다양한 유형으로 구분되므로 노인은 기호, 정서적 또는 신체적 욕구, 경제상태 등에 따라 필요한 주택을 선택할 수 있다. 하지만 현실적으로 볼 때 노인은 의존성이 증가할수록 자신의 거주지를 스스로 결정할 수 있는 권한이 약화되며, 그 대신 돌봄 주체인 가족부양자의 의사가 더 중요해지는 경향이 있다.

2. 실버주택 산업화의 가능성 검토

1) 수요자와 공급자를 고려한 실버주택

노년층을 위한 주택[2])을 어디에 어떻게 지을 것인가를 결정하려면 당연히 노년층 수요자의 주거욕구가 제대로 반영되어야 한다. 그러므로 실버주택 건립 시에는 예산투입에 따른 효과성과 운영의 합리성에 더해 입주대상 노인들의 주거

2) 이때 주택은 포괄적인 개념으로 다양한 노인주택과 노인요양시설을 모두 포함시킨다.

욕구가 동시에 고려되어야 한다. 즉, 수요자와 공급자의 관점에서 검토해 봐야 한다는 것이다.

우선 노년층 수요자의 요구를 전제로 해 보면 그들이 가장 원하는 주택은 기존 주택(ordinary home)을 개조한 것이나 소규모 공동주택이다. 다시 말해 노인들이 살던 집을 개조하여 계속 살게 하거나 아니면 개인의 사생활과 존엄성을 지켜 줄 수 있는 소규모 주택을 건립하는 것이다. 요컨대, 노인이 가장 선호하는 주택은 지금까지 내가 살던 집이며, 그다음은 자신에게 친숙한 지역사회에 있는 소규모 집단주택이다. 이처럼 노인들이 대규모 시설을 선호하지 않는 이유는 대규모 시설은 많은 이점이 있음에도 불구하고 인권 차원에서 비판을 받고 노인의 자립성마저 감퇴시킨다고 평가되기 때문이다.

한편, 정부는 공공정책의 일환으로 무료 양로시설이나 요양시설을 값싼 부지에 계획된 예산으로 건립하여 빈곤 노인들을 대규모로 보호함으로써 비용을 절감하고자 한다. 뿐만 아니라 영리를 추구하는 민간기업의 경우도 유사한 논리에 따라 도시의 외곽에 실버주택을 지은 결과, 낮은 접근성으로 인해 이용률이 떨어지는 것을 흔히 볼 수 있다. 대표적인 예로서 우리나라의 경우 1990년대 수도권에 건립하였다가 경영난으로 폐쇄한 유료노인주택 여러 곳을 들 수 있다.

2) 주거정책 패러다임의 변화

노인들이 지역사회에서 안정적으로 살기 위해서는 주택을 포함하는 주변환경도 고령친화적으로 조성되어야 한다. 외국의 경우 일부 도시에서는 고령의 시민들을 위한 고령친화도시 프로젝트가 활발하게 진행되고 있다.[3] 이러한 프로젝트를 지지하기 위해서는 전반적으로 노인주거를 위한 정책의 패러다임이 변

3) 미국 애틀랜타 시의 aging Atlanta, 뉴욕 시의 age-friendly NYC, Advantage Initiative 프로젝트 등이 있다(서울시정개발연구원[2010]. 서울의 고령친화도시 추진전략, SDI 정책리포트 제64호).

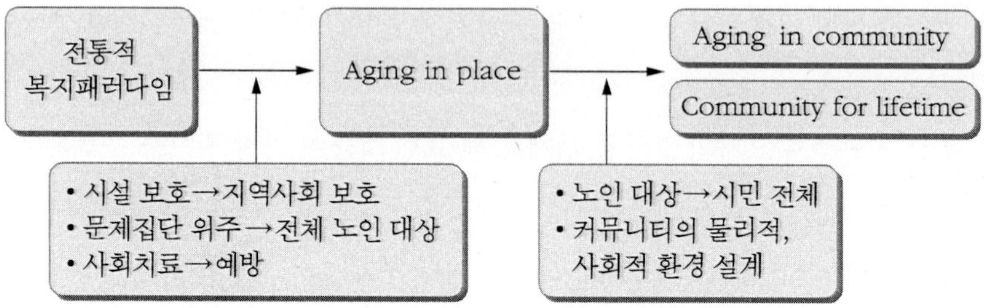

[그림 10-2] 고령화정책 패러다임의 변화

자료: 서울시정개발연구원(2010). 서울의 고령친화도시 추진전략.

화해야 한다.

[그림 10-2]에서는 변화하는 고령화사회의 노인주거 패러다임을 살펴볼 수 있다. 기존의 전통적인 복지패러다임에서는 취약한 노인들을 대상으로 하는 제한적인 주거정책을 실시하였다. 이러한 복지패러다임이 가능했던 것은 사회 구성원들의 평균수명이 짧아서 고령자용 주택이 정책적 관심을 받지 못했고, 대다수 노인은 집에서 가족들의 부양을 받았기 때문이다. 하지만 노년기가 길어지고 노인은 자신의 집을 포함한 근린지역사회에서 주로 산다는 논리가 설득력을 얻으면서 노인이 옮겨 가는 것이 아니라 노인이 살고 있는 집과 지역사회가 변화되어야 한다는 주장이 가시화되었다. 이렇게 볼 때 실버주택의 건립에서 가장 기본적인 것은 'aging in place' 개념에 입각한 '살고 있는 집의 개조'이며, 'aging in community'를 지지하는 '근린지역 전체의 고령친화지역화'라고 할 수 있다.

3) 고령친화도시

세계보건기구(WHO)는 지역사회가 고령친화도시가 되기 위한 지표를 8개 영역으로 나누고, 충족되어야 할 세부지표도 함께 제시하였다. [그림 10-3]은 미국 애틀랜타 시의 평생지역사회모델(lifelong community model)의 개념적 틀이다. 이 개념도에 따르면 고령친화지역을 구축하는 데 필요한 세 가지 기본요소는 주택

유형 및 교통수단의 다양화, 건강한 라이프스타일 향상과 유지, 정보 및 서비스 접근성의 강화다. 이는 물리적 환경을 재구성하고, 건강한 노년을 유지하며, 노인에게 제공되는 서비스를 강화한다는 것을 의미한다.

이러한 고령친화지역에서는 물리적 환경변화에 다양한 프로그램을 추가하여 고령자들이 활발하고(active aging), 적극적이며(positive aging), 생동감 있게(vital aging) 살 수 있는 기회를 제공해 준다(서울시정개발연구원, 2010).

외국의 사례나 세계보건기구의 정책제안을 보면 고령친화도시나 고령친화지역이 조성되려면 공공 차원의 정책 개입이 필요함을 알 수 있다. 그러므로 실버주택산업은 그러한 정책의 일환으로 공공성과 시장성을 동시에 가지면서 노인들이 필요로 하는 주택을 공급하는 것이 바람직할 것이다.

이미 고령화를 경험한 선진국에서는 이러한 관심을 토대로 다양한 노인주택

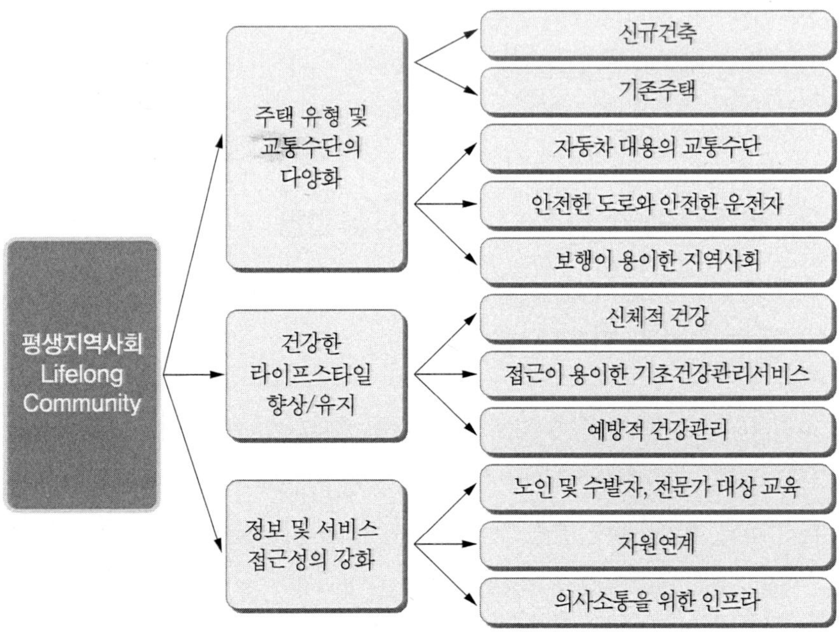

[그림 10-3] 평생지역사회 개발의 개념적 틀

자료: 서울시정개발연구원(2010). 서울의 고령친화도시 추진전략.

이 건립되었다. 실제로 대규모의 집단주거단지를 조성하여 의존성이 증가하는 노인들에게 편리한 주거를 제공한 사례들이 많다. 반면, 이런 대규모의 주거단지가 산업과 경영의 차원에서 공급자 중심으로 구축되었다는 비판도 많다.

게다가 집적된 고령친화주택단지보다는 소규모 주거지를 선호하거나, 살던 집을 개조하여 자신이 살고 있는 친숙한 근린지역에서 계속 살기를 희망하는 노인들이 늘어나기도 한다(Hooyman & Kiyak, 2007). 그 결과 점차 대규모의 주거단지 대신 접근성과 심리적 안정감을 고려한 소규모 공동체를 구축하여 내부구조를 사용자 중심으로 디자인하는 추세가 설득력을 가지게 되었다.

특히 소규모 공동체의 대표적인 사례인 영국의 노인보호주택(sheltered housing)은 일반 주거지 내에 20~30가구 규모로 구축되어 노인들이 근린지역에서 이웃과 함께 살 수 있도록 조성되었다.

우리나라에서도 최근 고령친화도시의 필요성이 제기되면서 특정 지역을 고령친화지역으로 전환하기 위한 대안을 다룬 연구가 일부 있다(서울시정개발연구원, 2010; 한국국토연구원, 2008; 한국보건사회연구원, 2008).

3. 실버주택의 법적 기준과 시장전망

1) 실버주택의 법적 기준

우리나라 「노인복지법」에서는 노인주거를 크게 노인주거복지시설과 노인의료복지시설로 구분하였다(〈표 10-1〉 참조). 노인주거복지시설은 주로 건강한 노인들이 사는 주거[4]로서, 양로시설, 노인공동생활가정, 노인복지주택이 포함된다. 양로시설은 대규모이며 무료와 실비의 공동주택이고, 노인공동생활가정은

4) '주거'라는 용어를 쓴 것은 노인이 주로 사는 곳의 의미를 나타내기 위함이므로 주택의 개념과는 다르다.

소규모이며 단독가구의 빈곤 노인들을 돌보기 위해 설치된 그룹홈(group home)이다. 노인복지주택은 이른바 실버타운을 칭하는 것으로 유료공동주택을 의미한다. 다음으로 노인의료복지시설은 노인요양시설, 노인요양공동생활가정으로 구분된다. 노인요양시설은 기존의 노인요양시설과 전문요양시설5)을 합친 것이고, 노인요양공동생활가정은 경증의 병약한 노인들을 소규모로 돌보기 위한 시설이며, 노인전문병원은 의사가 상주하는 노인 전용 병원이다. 일반적으로 우리 주변에서 볼 수 있는 노인요양병원은 「노인복지법」에 근거한 시설은 아니며, 민간이 운영하면서 의사가 상근하는 돌봄 중심의 노인 의원이나 병원이다.6)

하지만 「노인복지법」에 따른 분류와는 달리 노인주거는 [그림 10-1]에 제시된 것처럼 주거기능의 스펙트럼으로 설명할 수 있다. 이 기준에 따르면 실버주택은 개조된 집, 집단주택, 요양시설로 구분된다. 우선 개조된 집은 내 집에 계속 머물러 사는 것을 전제로 하여 기존의 집을 개조한 것이다. 집단주택은 소규모인 경우는 노인보호주택, 대규모는 양로시설이 포함된다. 이러한 주택에는 대체로 건강한 노인들이 거주하게 되며, 경제적인 정도에 따라 무료, 실비, 유료로 나눌 수

〈표 10-1〉 노인주거복지시설의 유형

노인주거복지시설	양로시설
	노인공동생활가정
	노인복지주택
노인의료복지시설	노인요양시설
	노인요양공동생활가정

5) 전문요양시설은 요양시설과 유사한 형태이며, 차이는 촉탁의사를 두고 있어서 치료기능도 병행할 수 있는 곳이다. 2008년 노인장기요양보험제도가 실시되면서 전문요양시설은 일반요양시설로 통합되었다.

6) 민간이 운영하는 노인요양병원인 의원은 건강보험제도의 적용을 받는 요양기관으로 이용노인의 수가를 건강보험공단에 청구할 수 있다. 「노인복지법」에서 열거한 노인의료복지시설 중 노인요양시설과 노인요양공동생활가정은 노인장기요양보험제도의 적용을 받는 요양기관이며, 노인전문병원은 건강보험제도의 적용을 받는 요양기관이다.

있다. 다음으로 의존성이 높은 병약한 노인들을 위한 주거인 요양시설은 서비스 정도에 따라 요양시설, 전문요양시설, 노인전문병원으로, 이용자의 비용지불 여부에 따라 무료, 실비, 유료로 구분된다.

2) 기능별로 본 실버주택의 시장 전망

(1) 개조된 집

노인들은 노화가 더 진행되어도 유료복지주택이나 값비싼 요양시설보다 내 집에서 계속 살기를 원한다. 건강한 노인뿐만 아니라 병약한 노인조차도 내 집을 선호하는 편이다. 그 이유는 무엇보다도 자신의 집이 익숙하고 추억이 깃들어 있으며, 인간적 존엄성과 사생활이 보장되기 때문이다.

일본의 경우 2000년 개호보험제도를 실시하면서 등급판정을 받은 노인에게 주택보수비용을 지원하여 살던 집의 구조를 변경하고, 생활지원 도구를 설치하게 함으로써 낙상 등의 안전사고를 예방하도록 하였다. 주택개조에는 실버제품의 설치가 포함될 수 있다. 예를 들면, 편마비노인을 위한 주택개조 시에는 복도나 욕실 등에 낙상방지용 핸드레일이 부착되어야 한다. 또한 2층 주택이라면 계단 오르내림의 불편함을 줄이기 위해 계단용 승강기나 엘리베이터용 리프트를 설치할 수 있다. 그리고 주택 내부에 흔히 있는 단차를 극복하기 위해서는 단차 완화용 장치도 필요하다. 뿐만 아니라 욕실 내부나 출입문, 실내용 휠체어, 미끄럼 방지 테이프, 편마비노인용 식기, 의복 등 자립이 어려운 노인의 일상생활을 지원하기 위해서는 여러 제품의 설치와 공간개조 등이 고려되어야 한다.

선진국의 경우는 이미 주택개조 지원법이 제정되어 대다수 노인이 일상생활 수행에 장애가 있어도 집에서 생활하고 있다. 실제로 공공 임대아파트나 노인보호주택에서는 거동이 불편한 노인들이 휠체어를 타고 독립적으로 생활하는 모습을 흔히 볼 수가 있다. 이것은 아무리 의존성이 높아도 가능하면 '집'에서 살고 싶은 노인들의 욕구를 반영한 것이며, 정책적으로 공공 예산의 효율성을 높이게 된다.

앞의 예를 통해 실버산업의 특성인 다품종 소량생산과 중소기업 위주의 제조에 대해 살펴볼 수가 있다. 즉, 대략 전체 노인 중 5% 이하에 해당하는 노인을 소비자로 하는 주택개조 부품시장은 대기업의 자동화 공정에 의해 대량 생산될 리가 없다. 이러한 조건을 감안한다면 우리나라의 경우 주택개조사업은 실버주택산업 분야에서도 그 비중이 낮을 수밖에 없다. 또한 아직 수요가 많지 않으므로 제품이 있어도 소량생산에 따른 높은 단가와 낮은 기능성이나 조잡함 등이 예상된다.

공급자의 한계뿐만 아니라 소비자인 노인이 가지고 있는 문제나 지역사회 서비스 전달체계의 미흡함도 실버주택시장 성장에 걸림돌이 될 수 있다. 예를 들면, 현재 우리나라에서는 노인단독가구가 현저하게 증가하고 있지만, 주택개조의 우선 대상인 빈곤노인이 사는 집은 너무 협소하고 허술하여 개조하기가 쉽지 않거나, 노인은 임차인이어서 수리할 수 있는 권한이 없는 경우가 많다.

또한 2008년부터 시작된 노인장기요양보험제도는 여전히 수가인상 등 현실적인 문제에 직면하고 있다. 따라서 직접적인 서비스가 아닌 주택개조를 서비스 범위에 포함시키기는 아직도 쉽지 않을 것으로 보인다.

참고로 〈표 10-2〉에서 보건복지부 고령화 및 미래사회위원회에서 전망한 실버주택시장 중 주택개조 시장의 규모를 보면, 2010년 343.2억 원, 2020년에는

〈표 10-2〉 노인주택산업 유망품목별 시장전망 (단위 : 억 원, %)

유망품목 \ 연도	2002	2010	2020	연평균 성장률
노인용 주택개조	60.4	343.2	1,366.0	19.0
실비 노인용 임대주택	–	8,940.0	8,932.5	0.01
합계	60.4	9,283.2	10,298.5	89.5
노인산업 대비 비중	1.0	34.7	13.7	–

자료: 보건복지부, 고령화 및 미래사회위원회(2004). 고령사회에 대비한 주거환경 개선방안.

1,366억 원이고, 전체 실버산업에서 차지하는 비중도 상당할 것으로 예측되었다. 이러한 결과는 객관적인 수치를 가지고 분석한 것이므로 노인들의 현실적인 여건이나 심리사회적 욕구가 반영되지는 못했다. 따라서 노인들이 노화가 진행되어도 내 집에서 살고자 하는 바람을 충족시켜 주기 위해서는 주택개조를 위한 정책 대안과 홍보전략 등이 모색되어야 할 것이다.

(2) 노인보호주택

노인보호주택은 주로 단신의 병약한 노인이 자신의 집에서 살 수 없을 때 선택하는 대안으로, 침실 1개, 간단한 주방과 화장실 등을 갖추고 있는 개인공간(unit)이며, 주로 20~30실이 모여 있다. 실내에는 필요한 실버제품이 설치(built-in)되어 있고, 공동식당, 주간보호시설, 물리치료실이나 작업치료실, 미용실 등의 이용시설도 있다. 이런 형태의 집은 내 집과 가장 유사하므로 근린지역 내에서 거주노인에게 필요한 서비스 연계만 원활하다면 의존성이 다소 높은 노인들도 집단거주시설보다 선호할 것이다. 물론 지역사회에 살고 있는 노인들에게 점심식사, 물리치료, 작업치료 등의 프로그램을 개방할 수도 있다. 지역노인들과 시설의 서비스를 공유하는 것은 운영자 입장에서는 더 많은 고객을 확보할 수 있고, 입주노인에게는 지역사회와 소통의 기회를 제공한다는 목적도 가진다.

선진국에서는 이러한 주택이 일반 거주지 내에 설치되어 있고, 운영방식도 다양하다. 다시 말해 지방자치단체인 공공에서 건립하여 직접 운영하거나, 아니면 공공에서 건립한 후 민간에 위탁 운영하게 하거나, 민간이 건립하여 운영하다가 일정기간 후에 공공에 반납하는 등의 여러 형태가 있다. 대표적으로 영국의 경우, 공급이 부족한 지역에서는 입주 대기자가 많아 입주조건에 따라 심사하거나 장기간 대기해야 하는 경우도 있다. 영국 노인들은 정부가 지급하는 주택수당을 지불하면서 임대방식의 노인보호주택에서 살게 된다. 미국의 경우 노인보호주택(assisted living)은 주로 민간주도로 운영되면서 의존적인 노인에게 주택의 기능을 제공하고 있다.

노인주거의 스펙트럼에서 보면 노인보호주택은 단독주택의 바로 다음 단계로 소규모로 유지되므로, 정부의 지원 없이 민간이 운영하기에는 사업성이 크지 않다. 우리나라의 경우 노인공동생활가정이 노인보호주택과 유사하다고 할 수 있는데, 연평균 성장률을 0.01%로 보고 있어서 시장규모가 그다지 크지 않을 것으로 전망되었다(〈표 10-2〉 참조). 하지만 〈표 10-3〉을 보면 노인공동생활가정 수의 증가 추이가 2008년 21개소에서 2009년에는 56개소, 2010년 75개소, 2013년에는 125개소로 크게 증가하여 일정규모의 공급이 꾸준히 이루어지고 있음을 알 수 있다.

노인의 주거권 차원에서 보면 노인보호주택은 일상적인 집에 가장 가까운 형태이므로 공공성의 차원에서 공급이 확대되어야 한다. 또한 노인보호주택이 활성화되려면 여러 분야의 실버산업이 균형 있게 발전해야 한다. 예컨대, 가사용품, 의료용품, 욕실용품, 이동기기 등 일상생활을 지원할 수 있는 제품이나 기기들도 필수적으로 충족되어야 한다.

(3) 노인복지주택

노인복지주택은 일반적으로 말하는 실버타운을 일컫는다. 우리에게 많이 알려져 있는 미국의 노인복지주택은 1980년대 들어 민간기업이 본격적으로 참여하여 전체 노인복지주택의 80% 이상이 세워졌다. 주택의 형태는 노인전용아파트 또는 노인공동체(retirement community) 형태의 집단거주지다. 그중 1,000세대 이상 규모의 노인공동체가 2,600여 곳이나 되는데 대부분 캘리포니아, 애리조나, 플로리다 등 기후가 온화하고 경치가 좋은 곳에 집중해 있다. 애리조나 주 페닉스 근교의 선시티(Sun City) 노인공동체에는 60세 이상 노인 7만 5천여 명이 집중 거주하며, 캘리포니아 주 샌디에이고에 있는 레저월드(Leisure World)에는 2만 3천 명이 거주하고 있다. 한편, 대도시 한복판에 있는 노인전용 주거시설은 거의 고층아파트 형태로 되어 있다. 예를 들면, 로스앤젤레스 중심가에 있는 '앤젤러

〈표 10-3〉 노인주거복지시설의 시설 수와 입소정원

(단위: 개소, 세대)

종류	연도 / 시설	2009		2010		2011		2012		2013	
		시설 수	입소정원	시설 수	입소정원	시설 수	입소정원	시설 수	입소정원	시설 수	입소정원
합 계		66,854	130,421	69,238	163,136	70,643	158,839	71,873	167,884	72,860	174,592
노인 주거 복지 시설	소 계	360	14,353	397	17,270	414	17,450	416	18,179	435	18,592
	양로시설	285	11,561	300	11,906	303	12,509	285	13,164	285	12,782
	노인공동 생활가정	56	438	75	618	87	710	108	887	125	1,049
	노인복지 주택	19	2,354	22	4,746	24	4,231	23	4,128	25	4,761
노인 의료 복지 시설	소 계	2,712	99,350	3,852	131,074	4,079	125,305	4,352	133,629	4,585	139,939
	노인요양 시설	1,642	82,271	2,429	107,506	2,489	111,457	2,610	118,631	2,497	121,774
	노인요양 공동생활가정	1,009	8,504	1,346	11,361	1,590	13,848	1,742	14,998	2,088	18,165
	노인전문 병원	61	8,575	77	12,207	–	–	–	–	–	–

주: 유료노인복지주택 입소정원- 2008년 및 2007년에는 시 · 군 · 구 조사자료에 의거 입소정원을 표기하였으나, 현실적으로 주택은 1세대에 1명 또는 여러 명이 거주 가능하므로 입소정원이 없음. 따라서 2009년부터는 노인복지주택의 입소정원을 세대 수로 표기함(2008년 노인복지주택은 20개소 2,596세대, 2007년 14개소 2,012세대임)

주: 재가노인복지시설 현황은 노인복지법에 의거 설치신고된 시설 현황자료임

자료: 보건복지부(2013. 12. 31.). 2014년 노인복지시설현황.

스플라자(AngelusPlaza)'에는 약 900세대의 노인들이 입주해 있고, 워싱턴 DC에 있는 '페어웨이' 노인 아파트에는 650세대가 입주해 있다(부산테크노파크 전략산업기획단, 2006).

이러한 노인복지주택은 대체로 합리적인 경영을 위해 큰 규모로 건립된다. 입주노인에게는 독립된 공간과 더불어 사생활을 보장해 주면서 편리함도 줄 수 있다. 게다가 일부 독립성이 낮은 입주노인에게는 돌봄서비스를 제공해 줄 수 있는 여건도 조성되어 있다. 그러나 이런 편리함과는 달리 노인들만 모여 사는 대단지 주택의 경우는 노인이 분리됨으로써 사회적 통합을 추구할 수 없다는 한계가 있다.

우리나라의 경우 노인복지주택은 1990년대 초반부터 민간주택업체들이 수도권 외곽에 설치하기 시작하였지만, 입주노인들을 충분히 확보하지 못해 실패한 경우가 많다. 다만, 서울 시내에 건립된 '서울 시니어스 타워'[7]가 여러 군데 건립되어 성공 사례로 평가되고 있다. 부산의 경우도 유료노인복지주택인 '흰돌'[8]이 도심에 건립되어 성공적으로 운영되고 있다. 우리나라에서 노인복지주택의 성공요인은 무엇보다도 도심에 건립되어 노인들이 지역사회로부터 소외되지 않았다는 점을 들 수 있다. 하지만 도심에 노인복지주택을 건립하기 위해서는 부지확보를 위한 재정부담이 가장 어려운 과제로 제기된다.

〈표 10-3〉에서 보면 우리나라 노인복지주택 입소정원은 2007년 2,012세대에서, 2008년에는 2,596세대로 늘어났으며 2013년에는 25개소 4,761세대로 크게 증가하였다. 현재의 신노년층(young-old)이나 예비노년 세대인 중년층이 더 고령화되면 집단주거에 대한 선호가 높아질 수도 있으므로 실버타운의 전망이 어둡지만은 않다. 왜냐하면 이들은 이미 산업사회에서 공식적인 사회관계를 경험했고 혈연이 아닌 친구나 동료 또는 이웃 등의 지연과 더불어 취미생활이나 사회

7) http://www.sst.co.kr

8) http://www.silver.rosa.or.kr

활동을 하는 데 익숙하기 때문이다. 따라서 실버주택산업을 발전시키기 위해서는 잠재 수요자들이 추구하는 노후생활을 분석하여 한국형 노인복지주택을 적극 검토해야 할 것이다.

참고로 우리나라에서는 아직까지 무료노인복지주택인 양로시설이 집단주거시설의 주를 이루고 있다(〈표 10-3〉 참조). 이러한 주택은 국비와 지방자치단체의 예산으로 설치 · 운영되므로, '복지형'으로 구분할 수 있어 산업적인 논의에서 제외하였다.

노인 안전사고 예방 '무장애주택'이 대세

노인들이 당하는 안전사고 10건 중 6건은 집 안에서 일어난다. 욕실의 미끄러운 바닥에 넘어지거나, 침대에서 떨어지거나 뜨거운 물을 엎지르는 사고 등이다.

한국소비자원이 2012년 1월부터 2013년 8월 말까지 접수된 65세 이상 노인의 안전사고 6,650건을 분석한 결과, 가정 내 사고가 61.5%(4,089건)로 가장 많았다. 다음으로 의료 서비스시설 9.2%(611건), 상업시설 8%(533건) 순이었다.

노인은 근육이 줄어들면서 관절 기능이 저하되어 있는 탓에 작은 충격에도 골절을 입기 쉽고 회복 또한 더딜 수밖에 없다. 척추 등 걷는 데 필요한 주요 부위에 골절상을 입으면 오랜 침상생활이 불가피하다.

순천향대서울병원에서 2006~2009년까지 65세 이상 고관절 골절환자 261명을 추적한 결과에 따르면, 수술 후 1년 내 사망률은 10.7%(28명)로 나타났다. 10명 중 1명이 사망한다는 것이다.

일본과 영국 등은 이미 무장애주택, 평생주택 개념을 도입해 고령자가 생활하는 데 필요한 편의시설을 마련할 수 있도록 하고 있다. 아파트에 난간을 설치하고 욕실은 미끄럼 방지작업을 하며, 복도는 휠체어 이동이 쉽도록 개선하는 등의 개념이 담겼다. 영국의 경우 모든 공공임대주택에 평생주택 기준을 적용하고 있고, 모든 민간주택으로 확대하는 방안을 추진하고 있다. 국내에서도 고령자가 생활하는데 불편함이 없는 '무장애 주택'으로 개조하고자 하는 수요가 빠르게 증가할 것으로 예상된다.

자료: 이데일리(2014. 10. 17.).

(4) 요양시설

요양시설은 일반적인 집과는 구분되는 '시설'이지만 집중적인 보호가 필요한 노인에게는 꼭 필요한 '집'으로, 실버요양산업 또는 실버주택산업에서 중요한 비중을 차지하고 있다. 요양시설은 고령친화적인 설계를 통해 입소노인들이 안전하고 쾌적하게 보호될 수 있는 공간을 확보해야 한다. 이를 위해 유니버설 디자인(Universal Design)의 개념이 적극적으로 적용되어야 한다. 참고로 유니버설 디자인 적용 시의 검토사항은 [그림 10-4]와 같다. 또한 물리적인 공간을 구축할 때는 실내에 집중적인 돌봄과 치료를 위한 실버제품들을 비롯하여, 전동침대나 수동침대, 이동기기, 욕창방지 매트리스, 전동 및 수동 휠체어, 목욕기구나 식사 지원기구, 기저귀 등 의존적인 노인을 돌보는 데 필요한 실버용품이 기본적으로 구비되어야 한다. 뿐만 아니라 입소노인들을 돌보는 요양인력[9]도 충분히 확보해야 한다.

또한 요양시설의 물리적 공간은 경증의 노인들을 위한 공간과 중증의 노인들을 집중적으로 돌보는 공간으로 구분된다. 대부분의 요양시설에는 두 가지 유형이 공존하면서 입소노인들의 노화와 의존성 증가에 따라 차별화된 서비스를 제공한다.

대다수 국가는 공적인 제도에 따라 정부의 책임 또는 관리하에 요양시설을 운영하고 있다. 재원확보의 방법은 보험형 또는 조세형으로 구분되며, 추가서비스에 대해서는 이용자가 부담하게 된다. 보험형이란 가입자가 매월 보험료를 납부하고 그 재원으로 운영하는 형태이며, 우리나라를 비롯하여 일본, 독일, 호주 등 일부 국가가 이 방식에 따라 제도를 운영하고 있다. 이때 장기요양보험제도는 의료보험제도와 분리되어 있다. 조세형이란 국민들로부터 사회보장 세금을 받아 요양서비스의 재원을 확보하는 형태이며, 의료보험제도라는 단일화된 제도하에서 운영된다. 그러나 대표적으로 요양산업이 자유시장에 맡겨져 있는 미국

9) 우리나라 장기요양보험제도에서는 '요양보호사'로 칭한다.

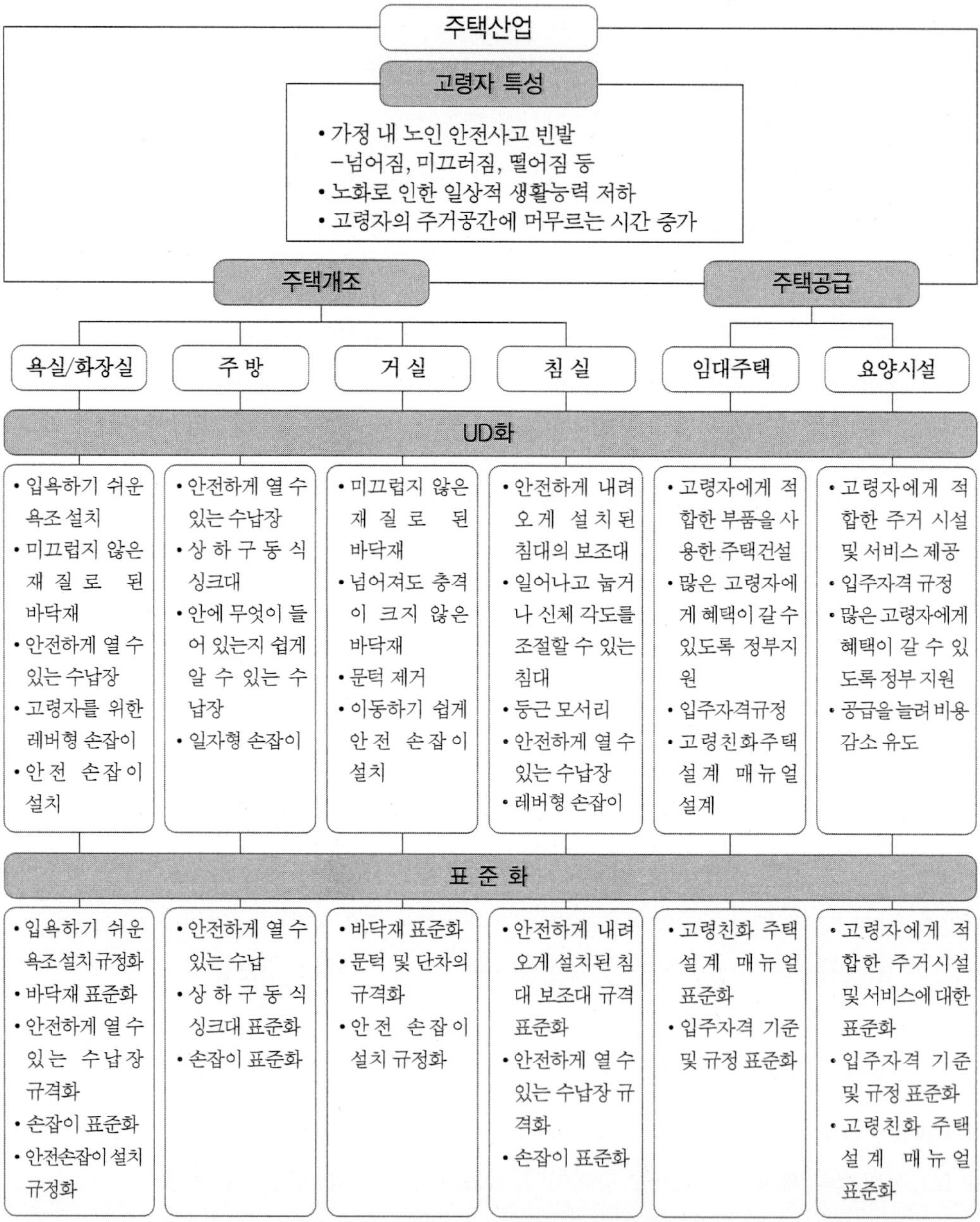

[그림 10-4] 주택산업의 UD화

자료: 보건복지부, 고령화 및 미래사회위원회(2006b). 고령친화산업 활성화 전략 2.

의 경우, 요양서비스는 공적 보험인 의료보험(Medicare)과 의료보호(Medicaid) 제도에 의해 제공되지만 민간보험(Managed Care System)에 의해서도 제공되고 있다.

선진국의 경우 후기노인인구가 많아지면서 장기요양보호노인이 증가함에 따라 요양서비스는 산업으로서의 비중이 점차 커지고 있다. 또한 요양시설의 고급화와 다양화, 요양인력의 확대, 요양서비스의 표준화 및 품질관리 등 다양한 관점에서 경쟁력을 높여 가고 있다.

〈표 10-3〉에서 보듯이 정부는 노인장기요양보험제도 시행을 앞두고, 공립 노인요양시설을 집중적으로 확충하였다. 기존에 공립시설은 건립비와 운영비까지 정부 지원에 의존하였지만 2008년 노인장기요양보험제도 시행 이후부터는 정부의 지원 없이 피보험자의 보험료와 이용노인 부담금으로 운영되고 있다. 따라서 이제 우리나라 노인요양시설은 요양서비스산업으로서의 위상을 가지게 되었다. 그러므로 합리적인 경영을 통해 이윤을 창출하되, 복지서비스로서의 공공성을 유지할 수 있는 전략이 적극 모색되어야 한다.

(5) 주택과 요양시설의 복합형

대체로 노인복지주택은 민간업체가 노인에게 분양 또는 임대하는 방식으로 운영되고 있다. 입주노인들은 특별한 경우가 아니면 시간이 지나면서 건강이 약화되어도 현재의 유료주택에서 지속적으로 돌봄을 받으며 살기를 원한다. 입주노인들이 고령화됨에 따라 노인복지주택은 같은 울타리 내에 요양시설을 갖추고 병약해진 입주노인들을 돌보기 시작하였다. 따라서 노인복지주택의 역사가 오래된 선진국에서는 많은 수의 노인복지주택이 주거와 돌봄의 복합적인 기능을 수행하고 있다. 대표적인 복합시설로는 미국의 은퇴공동체(Continuing Care Retirement Community: CCRC)를 들 수 있다. 은퇴공동체는 주택공간, 요양공간, 집중요양공간으로 된 일련의 스펙트럼을 구성하고 있다. 우리나라의 경우도 성공사례로 꼽히는 노인복지주택인 '시니어스 타워'와 '흰돌'은 주택과 요양시설이 집적된 공동체를 이루고 있다.

4. 우리나라 실버주택산업의 발전 가능성 검토

우리나라에서도 노인용 주거[10]는 다른 나라의 노인주거 발전과정과 마찬가지로 정부가 주도한 공공시설로부터 시작되었다. 무료양로시설이 먼저 설치되었고, 입소노인들이 노화됨에 따라 무료요양시설이 추가 설치되면서 노인용 집단주거의 주를 이루었다. 무료양로시설이 주로 보급된 것은 한국전쟁 직후 노인을 돌볼 가족이 해체되면서부터였고, 1990년대 이후 양로시설 입소노인들의 돌봄 문제가 가시화되면서 요양시설을 신규 설치하거나 양로시설을 요양시설로 기능 전환하기 시작했다.

이처럼 오랜 역사를 가지고 있는 노인용 주거가 공공정책 차원에서 주로 빈곤노인 중심으로 운영됐던 것은 가족 중심의 노인부양이라는 전통적 가치가 지배적이었기 때문이다. 그 후 노인부양문제가 제기되면서 무료양로시설과 요양시설에 부분적으로 실비부담 방식이 도입되었지만, 여전히 무료주거가 주를 이루었다. 1990년대 들어와 민간주도의 유료노인복지주택 건립이 추진되면서 점차 산업적 관점의 실버주택산업이 가시화되었다. 그러나 유료주택은 입지의 제약, 운영자의 영세성, 정부지원정책의 미비,[11] 유료주택에 대한 사회적 인식 부족 등으로 인해 확대되지 못한 채 지금에 이르고 있다. 따라서 현재 우리나라 실버주택으로는 요양시설이 주를 이루고 있는 실정이다.

정부가 양로시설 또는 요양시설의 건립을 주도하였지만 운영은 주로 민간에

10) 노인주거를 노인주택보다 범위가 넓은 개념으로 사용한다. 따라서 노인주거는 주택과 시설 등 노인이 주거지로 사용하는 공간을 모두 칭한다.

11) 유료노인집단주거의 초기단계였으므로 재정지원 정책이 필요했다. 예를 들면, 건축비 장기저리융자나 입주노인이 지불한 전세금을 운영비로 일부 운용토록 허가해 주는 등 민간의 재정부담을 줄여 주는 정책이 없었다.

게 위탁하였으며, 최근에는 소규모의 노인공동생활가정과 노인요양공동생활가정을 추가로 설치하였다. 현재 요양시설과 노인요양공동생활가정은 노인장기요양보험제도의 시행에 따라 요양인정을 받은 노인에게 개방되어 있다. 따라서 요양시설 운영자 입장에서 보면 운영은 이미 민간시장에 맡겨져 있다. 그러므로 당분간 우리나라 실버주택산업은 노인장기요양보험제도의 적용을 받는 요양시설과 노인요양공동생활가정이 주를 이룰 것으로 예상된다. 그리하여 공간 확충 및 질적 수준 확보, 요양인력의 질적 향상, 식사 및 프로그램 다양화 등의 측면에서 소비자를 확보하기 위한 시장경쟁에 주력하게 될 것이다.

건강한 노인을 대상으로 하는 유료노인복지주택도 앞으로는 상용화 단계에 진입하게 될 것으로 전망한다. 다만, 노인복지주택은 기존의 수도권 중심의 대규모 실버타운보다는 다양한 형태로 건립될 가능성도 있다. 예를 들면, 농촌형과 도시형, 도심과 주변지역, 대규모와 소규모, 공동과 단독, 구매와 임대, 지원서비스의 정도 등에 따라 차별화된 유형이 등장할 가능성이 있다.

뿐만 아니라 기존 주택을 개조하는 '주택개조사업'도 매력적인 분야가 될 것이다. 노인의 특성 중 보수성, 과거지향성, 안정성을 전제로 하고, 세대 간의 통합이라는 측면을 고려해 보면 다음 세대 고령자들은 자신이 살던 집에서 지속적으로 살기 위해 주택개조를 선호할 가능성이 높다.

또한 장기적으로 볼 때 우리나라의 실버주택은 젊은이에 비해 집에 머무는 시간이 더 많은 고령자의 라이프스타일을 고려하면서 발전할 가능성이 크다. 왜냐하면 신노년층은 물론 미래의 노년층은 기존의 노인들과는 달리 자기주도의 삶을 영위하려는 의지가 강하고, 그중에는 경제적으로 노후준비가 가능한 사람들도 많기 때문이다.

마지막으로 우리나라 실버주택산업의 확대 · 발전을 위해 몇 가지 제안을 해본다.

첫째, 실버주택에 대한 사회적 편견을 줄여야 한다. 노인이나 젊은 세대 또는 정책결정자들은 실버주택이 값비싼 노인복지주택이나 병약한 노인들을 위한 요양시설 또는 외곽에 설치되어 선택이 용이하지 않은 주택이라는 편견을 가지고 있는 편이다. 따라서 정부나 언론은 노인주택이 정상적인 노화과정에 있는 노인이 편리하게 생활할 수 있도록 갖춰진 주택임을 널리 홍보해야 한다. 그리고 대규모 단지뿐만 아니라 소규모 주택이나 개조된 주택도 있고, 선호에 따라 도심이나 전원지역에 구축될 수도 있음을 이해시켜야 한다.

둘째, 실버주택산업을 육성하기 위해 관련법을 제정해야 한다. 구체적으로는 주택건축에 참여하는 업체를 지원하기 위한 법, 입주 중이나 퇴거 시에 입주노인의 피해를 예방하는 소비자보호법, 노인이 살고 있는 기존의 집을 손쉽게 처분하고 실버주택으로 옮길 수 있도록 지원하는 법,[12] 노인이 자신의 집을 보수하고자 할 때 지원해 주는 법 등이 포함될 수 있다. 또한 공동주택 건립 시에는 유니버설 디자인이 적용되고 실버제품이 설치된 주택을 일정비율 포함시키는 것을 법률로 규정하는 것도 실버주택산업 발전에 기여할 것이다.

셋째, 실버주택산업의 성장에 정부가 참여해야 한다. 현재 우리나라에는 지역 간 편차는 있지만 요양시설의 총 공급이 수요를 충족시키고 있다고 볼 수 있다. 하지만 건강한 노인이 선택할 수 있는 공동주택은 매우 부족한 실정이다. 그 이유는 건강한 노인을 위한 주택정책은 지금까지 정책의 우선순위에 들지 않았기 때문이다. 그러나 이제 건강수명이 늘어남에 따라 길어진 노년기를 편리하고 쾌적하게 보내려면 공동주택도 필요할 것이다. 특히 소수의 노인을 위한 고급형 노인주택과는 별도로 중산층 노인들이 선택할 수 있는 보급형 주택이나 임대주택을 확대해 나가야 한다. 그중 민간주택업체가 참여하기에 용이하지 않는 소규모 공동주택은 공공이 주도적으로 건립하는 것도 한 가지 방안이 될 것이다. 또한 실버주택을 건립할 때는 해당 지역 전체를 고령친화지역으로 구축하는 것도 전제되어야 한다.

---

12) 노인이 실버주택 입주를 위해 집을 매각하려는 경우, 리스회사가 기존의 집을 먼저 인수하면서 일정 금액을 노인에게 지불하고 잔금은 집이 팔린 후에 정산할 수 있다.

넷째, 장기요양보험제도의 급여에 주택수당을 적용해야 한다. 예컨대, 고관절 수술을 받은 노인이 집에서 휠체어를 타고 활동할 수 있도록 문턱을 없애 주거나 방문 폭을 넓혀 주는 정도의 보수는 장기요양보호급여에 포함되어야 한다.

제11장
실버의료산업

이 장에서는 실버산업의 관점에 따라 실버의료산업의 범주를 의료 분야와 요양 분야로 구분하고, 그중 서비스 분야를 중심으로 기술하고자 한다. 실버의료 및 요양 분야에서 서비스 제공의 근거가 되는 제도, 서비스 제공기관 및 인력현황 분석을 통한 시장규모, 서비스 전달체계 등을 소개한다. 참고로 실버요양 분야에서 중요한 부분을 차지하는 요양시설 인프라는 실버주택산업 분야에서, 그리고 복지기기는 기타 실버제품 산업 분야에서 다룬다.

1. 실버의료산업의 개념과 필요성

1) 개 념

의료산업은 인간의 질병을 치료하고 건강을 유지·증진시키기 위한 상품과 서비스를 생산하는 산업이다. 이러한 의료산업은 크게 의약품, 의료기기, 의료서비스 분야로 구분할 수 있다.

실버의료산업은 노인을 주 대상으로 하는 의료산업 분야라고 말할 수 있다. 따라서 실버의료산업의 범위에는 노인의 질병을 치료하는 것에 더해 노인의 건강한 삶을 유지하기 위한 예방적인 의료 분야까지 포함시킬 수 있다. 게다가 넓은 의미의 실버의료산업에는 의료 분야 외에 병약한 노인을 돌보는 요양서비스 분야도 포괄할 수 있다.

한편, 의료산업의 3대 분야인 의약품, 의료기기, 의료서비스 중 노인의 질병치료와 건강유지 및 요양을 다루는 의료서비스 분야는 실버의료산업의 핵심적인 부문이라고 할 수 있다. 이에 비해 의료기기산업은 고가의 전문의료기기가 중심이 되므로 실버의료 분야와는 연관성이 낮은 편이다. 의약품 역시 의료산업에 있어 매우 중요한 분야지만 실버의료 분야와 관련된 의약품만을 별도로 구분하기는 쉽지 않다.

이 장에서는 실버의료산업의 핵심 분야를 의료서비스산업과 요양서비스산업으로 규정하고, 이 분야를 중심으로 서술하고자 한다. 의료서비스산업의 범위에는 의료행위를 수행하는 의료기관, 의료서비스 재정과 관련된 건강보험, 의료서비스 전달체계 등이 포함된다. 요양서비스산업에서는 요양시설의 물리적 공간 구축 및 운영, 요양인력 양성 및 고용 창출, 요양서비스 프로그램 개발 및 제공 등을 다룬다.

2) 필요성

국민소득이 증대하고 생활수준이 향상되면서 건강에 대한 관심과 욕구가 높아지고 있다. 하지만 고령화가 진행될수록 신체의 기능이 떨어지고 만성질환이 증가하므로 의료서비스에 대한 수요는 급속히 증가하고 있는 실정이다. 한국보건사회연구원의 전국노인생활실태조사의 결과를 보면 2014년에는 우리나라 노인의 89.2%가 한 가지 이상의 만성질환을 보유하고 있어서 2011년의 88.5%보다 증가하였다. 이처럼 평균수명이 연장됨에 따라 만성질환을 가진 노인 수도 증가하여 질병이 있는 상태에서 장수하는 경향이 나타나고 있다.

이에 따라 노인의료비 역시 큰 폭으로 증가하고 있다. 2013년 건강보험에서 65세 이상 노인에게 지급되는 의료비는 18조 565억 원으로 전년 대비 9.8% 증가하였다. 총 진료비 중 노인의료비가 차지하는 비중은 2006년 25.9%에서 2013년에는 35.4%로 급증하였다(보건산업진흥원, 2015).

이러한 급격한 의료비 증가를 줄이기 위해서는 만성질환 노인들에게 적절한 시기에 충분한 의료서비스를 제공하여 질환의 진행속도를 늦추고, 중년기와

〈표 11-1〉 65세 이상 노인 진료비 및 구성비 추이

구분 \ 연도	2006	2007	2008	2009	2010	2011	2012	2013
적용인구(천 명)	47,410	47,820	48,160	48,614	48,907	49,299	49,662	49,990
노인인구(천 명)	4,073	4,387	4,600	4,826	4,979	5,184	5,468	5,740
비율(%)	8.6	9.2	9.6	9.9	10.2	10.5	11.0	11.5
총진료비(억 원)	284,103	323,892	348,690	393,390	436,281	462,379	478,391	509,541
노인진료비(억 원)	73,504	91,189	107,371	124,236	140,583	153,768	164,495	180,565
비율(%)	25.9	28.2	30.8	31.7	32.2	33.3	34.4	35.4
노인 1인당 월평균 진료비(원)	150,400	173,217	194,513	214,507	235,305	247,166	350,692	267,792

자료: 국민건강보험공단, 건강보험심사평가원(2014). 2013 건강보험통계연보; 한국보건산업진흥원(2015). 의료서비스 산업동향분석에서 재인용.

노년기 초반의 건강검진을 확대함으로써 예방 차원의 의료서비스를 강화해야 한다.

현재 국민건강보험공단에서는 기존에 실시하던 건강검진에 더하여 위험군에 속하는 연령집단을 대상으로 암검진,[1] 생애전환기 건강검진,[2] 치매선별검사[3]를 실시함으로써 예방적 서비스를 강화하였다. 즉, 예방사업을 통해 질환에 대한 조기발견과 의료비 경감을 도모하려는 것이다.

한편, 만성질환을 가진 의존적인 노인이 증가함에 따라 의료서비스뿐만 아니라 요양서비스의 수요도 커지고 있다. 왜냐하면 후기노년기에 속한 노인들은 의료적인 치료보다는 돌봄 중심의 요양서비스가 일상생활을 영위하는 데 더 중요한 역할을 하기 때문이다. 예를 들면, 류머티즘, 뇌졸중, 파킨슨병 등 신체적 기능이 저하된 노인이나 치매노인처럼 인지 기능에 손상이 있는 노인들에게는 돌봄 지원을 제공해 주는 요양서비스가 우선적으로 필요하다.

그중 대표적인 노인성 질환인 치매는 환자 자신은 물론 가족에게 정신적 · 육체적 · 경제적으로 심각한 부담을 초래하는 질환이다. 2014년 기준으로 우리나라 65세 이상 노인인구의 약 9.6%인 61만 2천 명 정도가 치매노인으로 추정되고 있으며, 이 비율은 향후 지속적으로 증가할 전망이다. 우리나라의 치매환자로 인한 국가적 비용은 추계방법에 따라 차이가 있으나 약 8조 7천억 원으로 추정되고 있다. 실제로 2012년 건강보험 의료비 중 1만 1,906억 원을 치매로 인해 사용하였다(보건복지부, 2014).

현재 정부는 고령사회에 대비하기 위해 치매예방과 종합적 관리체계 구축을 위한 지원을 전국 단위로 확대하고 있다. 예를 들면, 각 보건소에서 실시하고 있

1) 건강검진 대상자 중 위암, 유방암, 간암은 40대 이상, 대장암은 50세 이상, 자궁경부암은 30세 이상인 자에게 실시하며, 그중 보험료 부과 상위 50% 계층인 자에게는 본인부담 20%를 적용한다.

2) 생애전환기인 중년기, 노년기에 해당하는 국민을 대상으로 질병의 조기발견을 위해 기본검사 및 건강위험평가와 생활습관평가(흡연, 음주 등), 의사의 상담 등을 실시한다. 대상자는 만 40세와 만 66세다.

3) 건강검진 시 66세, 70세, 74세 노인을 대상으로 치매선별검사(인지기능장애 검사)를 실시한다.

〈표 11-2〉 치매노인 현황 및 전망(추계) (단위: 천 명, %)

구분 \ 연도	2010	2012	2013	2014	2015	2020	2024	2030	2050
65세 이상 인구 수	5,425	5,990	6,138	6,386	6,624	8,084	9,834	12,691	17,991
65세 이상 치매노인 수	474	541	576	612	648	840	1,008	1,272	2,710
치매 유병률(%)	8.7	9.2	9.4	9.6	9.8	10.4	10.2	10.0	15.1

자료: 보건복지부(2013). 2012 치매유병률 조사; 보건복지부(2014a). 2013 보건복지백서에서 재인용.

는 치매진단서비스나 치매노인관리서비스 등은 가장 대표적인 사업이다. 또한 전국의 지역사회복지관이나 노인복지관에서 운영하는 주간보호시설에서는 치매노인을 돌보는 서비스를 실시하고 있다.

하지만 노인인구집단을 연령별로 세분화해 보면 85세 이상 초고령노인의 증가가 가장 빠르게 진행되고 있다. 따라서 앞으로 우리나라가 고령사회와 초고령사회에 진입하게 되면 실버의료 및 요양서비스에 대한 수요는 현저히 늘어날 것으로 전망할 수 있다.

이에 따라 의료 및 요양재정 지출은 계속 증가할 것으로 예상된다. 따라서 정부는 한정된 재정을 효율적으로 활용하기 위해 다양한 정책을 모색하고 있다. 대표적으로 건강보험제도에서 적용하고 있는 포괄수가제도나 노인장기요양보험제도는 노인 1인당 의료서비스 비용을 줄이고 단가가 낮은 요양서비스를 활용하여 노인인구 증가에 따른 재정부담을 완화하고자 하는 정책이다.

치매와 치아 관련 질환이 노인 진료비 증가를 주도

2014년 입원 노인 환자 가운데 치매 환자의 진료비 증가율은 전년 대비 25%로 가장 높았고, 이들의 1인당 진료비는 1,167만 4,000원에 이른다. 집에서 간병하던 치매 노인들이 최근엔 대부분 요양병원 등에 입원해 증가폭이 커졌다. 외래 노인 환자 중 진료비 증가율이 가장 높은 질병은 치은염 및 치주질환(30.1%)이다. 최근 틀니 · 임플란트 · 치석제거 등 일부 치과 진료에 건강보험이 확대 적용되자

충치 · 잇몸 치료도 덩달아 늘어난 게 이유로 분석됐다.

의료비 폭증은 가난한 노인의 삶을 옥죈다. 2014년 12월 보건복지부가 발표한 기초연금 도입 효과 설문조사 결과를 보면, 최대 20만원 기초연금을 받는 노인 수급자들은 식비(30.2%)와 주거비(15.8%)보다 보건의료비(44.2%)를 많이 썼다.

급증하는 노인 진료비는 건보 재정에 부담으로 작용하고 있다. 국민건강보험공단에 의하면, 2020년에는 노인 진료비가 전체 진료비의 절반(45.6%)에 육박할 전망이다.

자료: 한겨레(2015. 2. 24.).

2. 실버의료서비스산업의 현황

1) 의료서비스산업의 규모

우리나라 의료서비스산업의 규모는 1980년 약 9천억 원에서 2007년에는 약 38조 원으로 급속히 증가하였다. 특히 2000년 이후 그 증가 추세가 매우 두드러지고 있다. 또한 의료서비스산업이 국민소득에서 차지하는 비중도 1980년 2.3%에서 2007년 4.2%로 크게 증가하여 산업적인 측면에서 중요성이 점차 높아지고 있다.

2) 의료기관의 현황

(1) 의료기관 수

2013년 말 기준으로 우리나라의 의료관련 기관 수는 약 84,971개이며, 이 중에서 보건의료기관이 6만 4,081개, 약국이 2만 890개에 이른다. 의료기관 중에

〈표 11-3〉 우리나라 연도별 의료관련기관 현황

(단위: 개소)

구분 / 연도	계	상급 종합병원	종합 병원	병원	의원	치과 병원	치과 의원	조산원	보건 의료원	보건소	보건 지소	보건 진료소	한방 병원	한의원	약국
2000	61,776	43	245	681	19,688	60	10,592	126	17	230	1,270	1,910	141	7,243	19,530
2001	62,714	43	234	705	21,342	72	10,783	86	17	229	1,267	1,879	140	7,563	18,354
2002	65,549	42	241	783	22,760	90	11,157	82	18	228	1,266	1,878	149	8,128	18,727
2003	67,960	42	241	871	23,559	103	11,556	70	17	231	1,270	1,887	152	8,699	19,262
2004	70,394	42	241	970	24,301	108	12,083	63	17	232	1,272	1,895	156	9,176	19,838
2005	72,921	42	249	1,112	25,166	124	12,548	52	17	234	1,274	1,897	149	9,761	20,296
2006	75,108	43	253	1,322	25,789	136	13,002	51	17	237	1,276	1,907	145	10,297	20,633
2007	76,803	43	261	1,639	26,141	153	13,339	51	17	237	1,282	1,909	142	10,859	20,730
2008	78,461	43	269	1,883	26,528	168	13,750	51	17	239	1,286	1,914	146	11,334	20,833
2009	80,270	44	269	2,039	27,027	183	14,242	49	17	239	1,292	1,914	158	11,782	21,015
2010	81,681	44	274	2,182	27,469	191	14,681	46	17	240	1,296	1,916	168	12,061	21,096
2011	82,948	44	275	2,363	27,837	199	15,058	40	17	240	1,294	1,917	184	12,401	21,079
2012	83,811	44	278	2,524	28,033	201	15,365	33	15	243	1,301	1,910	201	12,705	20,958
2013	84,971	43	281	2,683	28,328	203	15,727	34	15	243	1,307	1,905	212	12,100	20,890

주: 연도 말 기준

자료: 국민건강보험공단, 건강보험심사평가원(2014). 2013 건강보험 통계연보; 한국보건산업진흥원(2014). 의료서비스산업동향분석에서 재인용.

〈표 11-4〉 지역별 의료 관련 기관 현황(2013년도)

(단위: 개)

구분	계	상급 종합병원	종합 병원	병원	의원	치과 병원	치과 의원	조산원	보건 의료원	보건소	보건 지소	보건 진료소	한방 병원	한의원	약국
서울	21,044	17	40	308	7,505	72	4,582	5	0	25	4	0	32	3,491	4,963
부산	6,202	4	23	296	2,119	13	1,155	6	0	16	11	5	8	1,060	1,486
대구	4,563	4	7	167	1,576	15	777	1	0	8	9	9	3	809	1,178
인천	3,911	2	15	107	1,384	4	776	2	0	10	27	25	12	572	975
광주	2,570	2	20	104	864	9	534	1	0	5	1	10	61	312	647
대전	2,787	1	8	87	995	6	488	1	0	5	8	8	5	487	688
울산	1,666	0	4	83	537	5	346	0	0	5	8	11	3	285	379
세종	186	0	0	7	57	0	24	0	0	1	9	6	0	26	56
경기	17,342	5	50	543	5,876	34	3,491	9	1	45	124	162	34	2,590	4,378
강원	2,337	1	14	73	695	2	339	2	2	18	96	129	2	332	632
충북	2,468	1	10	79	775	1	345	1	0	13	95	158	4	364	622
충남	3,282	2	10	112	991	10	462	0	2	14	150	235	3	468	823
전북	3,505	2	11	155	1,080	2	489	0	4	10	149	239	21	474	869
전남	3,173	1	21	135	894	6	413	4	3	19	215	329	12	344	777
경북	4,141	0	18	180	1,168	10	576	0	2	23	220	313	8	596	1,027
경남	4,821	1	23	234	1,481	14	766	1	1	20	171	219	4	734	1,152
제주	973	0	7	13	331	0	164	1	0	6	10	47	0	156	238

자료: 국민건강보험공단, 건강보험심사평가원(2014). 2013 건강보험 통계연보; 한국보건산업진흥원(2014). 의료서비스산업동향분석에서 재인용.

〈표 11-5〉 지역별 의료 관련 기관 병상 수(2013년도)

(단위: 개, 병상)

구분	계	병의원				치과병의원		한방병의원		부속의원	조산원	특수병원		
		종합병원	요양병원	일반병원	의원	치과병원	치과의원	한방병원	한의원			결핵	한센	정신
계	633,087	141,425	192,659	155,861	79,641	307	92	12,588	1,946	590	275	1,128	700	45,875
서울	84,246	33,106	14,226	17,149	14,057	117	29	2,158	493	29	14	510	–	2,358
부산	62,287	12,636	26,830	12,389	5,329	9	18	532	58	–	9	–	–	4,477
대구	34,736	6,370	9,009	15,109	3,283	–	17	175	11	2	31	–	–	729
인천	29,496	7,147	8,215	6,273	5,762	5	–	711	213	–	1	–	–	1,169
광주	31,563	6,548	8,405	9,165	3,110	19	–	3,338	95	–	1	–	–	882
대전	22,296	5,465	7,543	3,464	3,952	52	3	435	61	43	–	–	–	1,278
울산	13,567	2,250	4,857	4,509	1,320	8	5	197	8	–	–	–	–	413
세종	1,071	–	712	91	148	–	–	–	–	–	–	–	–	120
경기	116,485	22,252	35,145	28,541	18,283	11	9	1,737	452	190	183	–	–	9,682
강원	18,407	6,112	2,600	5,138	2,536	15	–	124	29	27	–	–	–	1,826
충북	19,264	4,371	5,125	4,485	2,602	–	–	250	30	87	–	–	–	2,314
충남	25,804	4,802	9,303	2,993	4,121	10	3	157	68	25	–	–	–	4,322
전북	36,137	5,341	15,149	7,785	4,097	7	3	1,369	225	55	–	–	–	2,106
전남	37,992	6,626	11,834	13,070	2,659	24	–	810	54	58	4	264	700	1,889
경북	39,300	7,622	15,042	8,223	3,180	–	–	351	39	56	27	–	–	4,760
경남	55,911	8,307	17,984	16,823	4,660	30	5	244	110	18	1	354	–	7,375
제주	4,525	2,470	680	654	542	–	–	–	–	–	4	–	–	175

자료: 국민건강보험공단, 건강보험심사평가원(2014). 2013 건강보험 통계연보; 한국보건산업진흥원(2014). 의료서비스산업동향분석에서 재인용.

는 상급종합병원이 43개, 종합병원 281개, 병원 2,683개, 치과병원 203개, 한방병원 212개다. 의원급 의료기관은 의원 2만 8,328개, 치과의원 1만 5,727개, 한의원 1만 2,100개로 총 5만 6,155개다.

설립구분별로 살펴보면 개인 소유의 비중이 매우 높다. 약국은 모두 개인이 운영하고 있으며, 의료기관의 경우 개인이 소유하는 의료기관이 5만 8,048개로 전체의 90.6%에 이르고 있다.

이처럼 우리나라 대부분의 의료서비스는 민간 부문이 담당하고 있다. 의료서비스가 민간 부문에 집중됨에 따라 의료 관련 기관의 지역별 불균형이 확대되고 있다. 의료 관련 기관의 분포현황을 지역별로 나누어 살펴보면 서울 2만 1,044개, 경기지역 1만 7,342개로서 전체 요양기관의 45.2%가 집중되어 있으며. 서울, 경기에 광역시까지 포함하면 전체 의료 관련 기관의 약 70%가 분포되어 있다.

(2) 병상 수

우리나라 의료 관련 총 병상 수는 63만 3,087개로 전체 병상의 약 30.4%는 요양병원에 있다. 일반병원은 15만 5,381병상으로 전체 병상의 24.6%, 종합병원은 14만 1,425병상으로 22.3%를 차지하고 있다.

지역별로 보면 경기지역에 11만 6,485병상, 전체 대비 18.4%로 가장 많이 분포하고 있으며 서울과 경기지역을 합하면 전체병상의 31.7%가 집중되어 있다. 서울은 종합병원이 병상의 39.3%로서 치료 위주의 병상 비중이 높지만 나머지 지역은 종합병원 병상에 비하여 요양병원의 병상이 2배 정도로 훨씬 많은 수준이다.

(3) 응급의료기관 현황

통계청이 발표한 2011년 사망원인통계 결과를 보면 5대 사망원인 순위 중 암을 제외한 2, 3위는 뇌혈관질환, 심장질환이었다. 응급상황 중 상당수는 고령자이므로 응급의료도 중요한 실버의료서비스 분야에 포함된다고 할 수 있다.

〈표 11-6〉 응급의료기관 구성 체계 (2013. 12. 31. 기준)

종별	수	지정권자	주요역할
중앙응급의료센터	1	보건복지부장관	응급의료체계 관리총괄
권역응급의료센터	20	보건복지부장관 (시 · 도지사와 협의)	권역 내 최종 응급진료기관
전문응급의료센터	2	보건복지부장관 (시 · 도지사와 협의)	전문응급진료기관
지역응급의료센터	118	시 · 도 지사	중증응급환자 진료
지역응급의료기관	298	시장, 군수, 구청장	경증응급환자 및 야간, 휴일의 일반환자 진료

우리나라의 응급의료기관 수는 전국적으로 439개로서 응급의료 인프라가 매우 부족한 실정이다. 응급진료기관 체계는 권역응급의료센터-지역응급의료센터-지역응급의료기관의 3단계로 이루어져 있으며 이 외에 외상, 심혈관, 화상, 독극물 등 전문의료응급센터가 있다. 중앙응급의료센터는 응급의료체계에 대한 행정지원 업무까지 담당하고 있다.

(4) 보건소 현황

보건소는 지역밀착적인 공공의료서비스의 거점기관이다. 최근 들어 보건소는 노인을 위한 만성질환 관리, 방문건강 관리, 재활보건, 질병예방, 치매 관리 등 공공의료서비스를 제공하면서 지역 기반의 예방서비스에서 중요한 위치를 차지하고 있다.

특히 의료기관이 부족한 농어촌이나 산간지역에는 하위 행정단위에까지 보건지소와 보건진료소가 설치되어 노인인구 비중이 높은 취약지역에서 중요한 기능을 담당하고 있다.

우리나라의 경우 2013년 기준으로 보건소는 253개, 보건지소 1,323개, 보건진료소 1,900개다. 2009년에 비해 보건소는 전혀 늘어나지 않았으며, 보건지소는 36개 증가하였고, 보건진료소는 9개 감소하였다.

〈표 11-7〉 보건소 설치 현황 (2013. 12. 31. 기준, 단위: 개소)

시·도별	총계	보건소	보건지소	보건진료소
서울특별시	30	25	5	-
부산광역시	31	16	10	5
대구광역시	28	8	11	9
인천광역시	64	10	29	25
광주광역시	19	5	4	10
대전광역시	21	5	8	8
울산광역시	24	5	8	11
세종특별자치시	18	1	10	7
경기도	331	44	125	162
강원도	246	18	99	129
충청북도	267	13	96	158
충청남도	398	16	150	232
전라북도	403	14	151	238
전라남도	564	22	215	327
경상북도	558	25	220	313
경상남도	410	20	171	219
제주특별자치도	64	6	11	47
총계	3,476	253	1,323	1,900

자료: 보건복지부(2014a). 2013 보건복지백서.

3. 건강보험제도의 현황

1) 적용대상 및 가입체계

(1) 적용대상

국민건강보험제도는 질병·부상에 대한 예방·진단·치료·재활과 출산·사망 및 건강증진에 대하여 보험급여를 실시함으로써 국민보건 향상을 통해 사회

보장 증진을 도모하기 위한 제도다. 국민건강보험은 보험 원리를 이용하여 의료비 지출부담을 국민건강보험 가입자에게 분산시키는 사회보험 중 하나다.

우리나라는 1989년 7월 1일부터 전 국민의료보험이 실시되어 모든 국민이 건강보험과 의료급여에 의하여 의료보장을 받고 있다. 따라서 우리나라 의료보험제도는 국가가 주관하는 공적인 사회보험제도로서, 보험자는 국가이며 피보험자는 국민이다. 다만 소득기준에 따라 건강보험료를 납부하지 않는 빈곤계층은 의료급여 대상자[4]이므로 건강보험에서 제외된다.

2013년 말 현재 전 국민의 97.2%인 4,998만 명이 국민건강보험제도의 적용을 받고 있으며, 나머지 2.8%인 146만 명이 기초생활보장 대상자 등으로 의료급여 제도에 편입되어 있다(보건복지부, 2014a).

(2) 가입체계 및 종류

[그림 11-1]을 보면 우리나라 국민건강보험제도의 가입체계는 직장가입자와 지역가입자로 구분된다. 직장가입자는 사업장에 고용되어 일하는 사람들이며, 일반 기업 종사자인 직장근로자와 공무원 또는 공·사립학교 교직원으로 이원

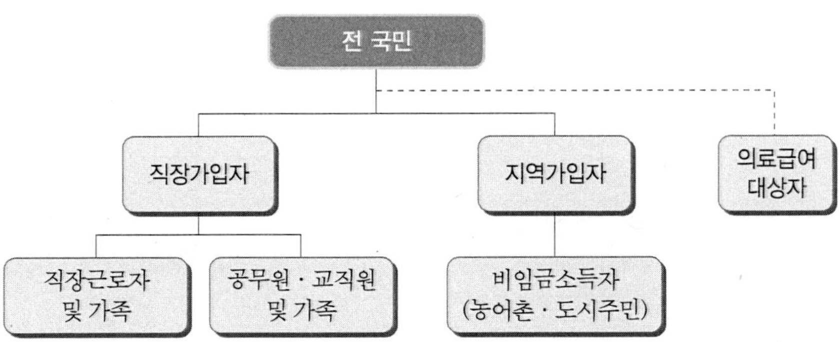

[그림 11-1] 국민건강보험 가입자 적용체계

4) 국민기초생활보장 수급자, 국가 유공자 등으로 보험료를 지불하지 않고 의료급여를 받는 자.

화되어 있다. 지역가입자는 비임금소득자로서 소위 자영업자로 불리며, 농어업 종사자와 도시 자영업자가 이에 해당된다.

2013년 기준으로 국민건강보험의 직장 가입자는 3,500만 명, 지역가입자는 1,498명으로 각각 68.1%와 29.1%를 차지하고 있다(〈표 11-8〉 참조).

적용체계별로 가입자인 피보험자와 피부양자의 범위는 〈표 11-9〉에 제시되어 있다.

〈표 11-8〉 국민건강보험 가입자 현황

(2013.12.31. 기준, 단위: 만 명, %)

구분		적용인구	구성비
계		5,144	100.0
건강보험	소계	4,998	97.2
	직장	3,500	68.1
	지역	1,498	29.1
의료급여		146	2.8

자료: 보건복지부(2014a). 2013 보건복지백서.

〈표 11-9〉 가입자와 피부양가족의 범위

<table>
<tr><th rowspan="2">구분</th><th colspan="2">직장가입자</th><th rowspan="2">지역가입자</th></tr>
<tr><th>일반 근로자 사업장</th><th>공교 사업장</th></tr>
<tr><td>가입자
(피보험자)</td><td>• 상시 1인 이상의 근로자를 사용하는 사업장에 고용된 근로자와 그 사용자</td><td>• 공무원 및 교직원으로 임용 또는 채용된 자</td><td rowspan="2">• 직장가입자와 그 피부양자 및 의료급여 대상자를 제외한 자</td></tr>
<tr><td>피부양자</td><td colspan="2">• 직장가입자의 배우자
• 직장가입자의 직계존속
• 직장가입자의 직계비속 및 배우자
• 직장가입자의 형제자매</td></tr>
</table>

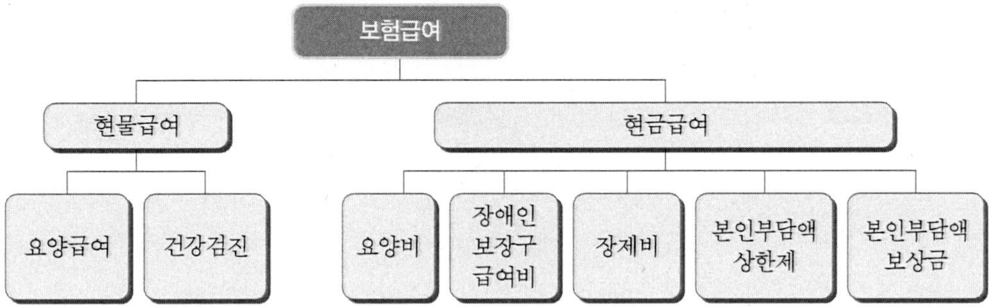

[그림 11-2] 급여의 종류

2) 급여

건강보험제도의 급여는 크게 현물급여와 현금급여로 구분된다. 현물급여는 피보험자에게 의료서비스를 직접 지급하는 것이며, 현금급여는 피보험자가 의료기관에 지불을 하면 현금으로 돌려받는 것이다. 우리나라는 현물급여가 주가 되고 있다. 이를테면 국민들이 건강보험제도를 통해 의료서비스를 받게 되면 원칙적으로 환자 본인은 의료비를 직접 지불하지 않으며, 다만 일부 이용자 부담금만 지불하면 된다. 한편, 병·의원은 환자로부터 의료비를 직접 받지 않는 대신 진료청구액을 국민건강보험공단으로부터 상환받는다. 하지만 요양비, 장애인보장구 급여비, 장제비 등은 해당 사항 발생 시 본인 청구에 따라 현금으로 지급을 받는다.

3) 관리운영체계

[그림 11-3]에서 국민건강보험의 관리운영체계를 보면 보건복지부, 국민건강보험공단, 병·의원에 해당하는 요양기관, 건강보험심사평가원이 유기적으로 연계하여 보험가입자에게 의료서비스를 제공하고 있다.

국민건강보험공단은 보건복지부의 위임을 받아 의료서비스 전달체계에서 중

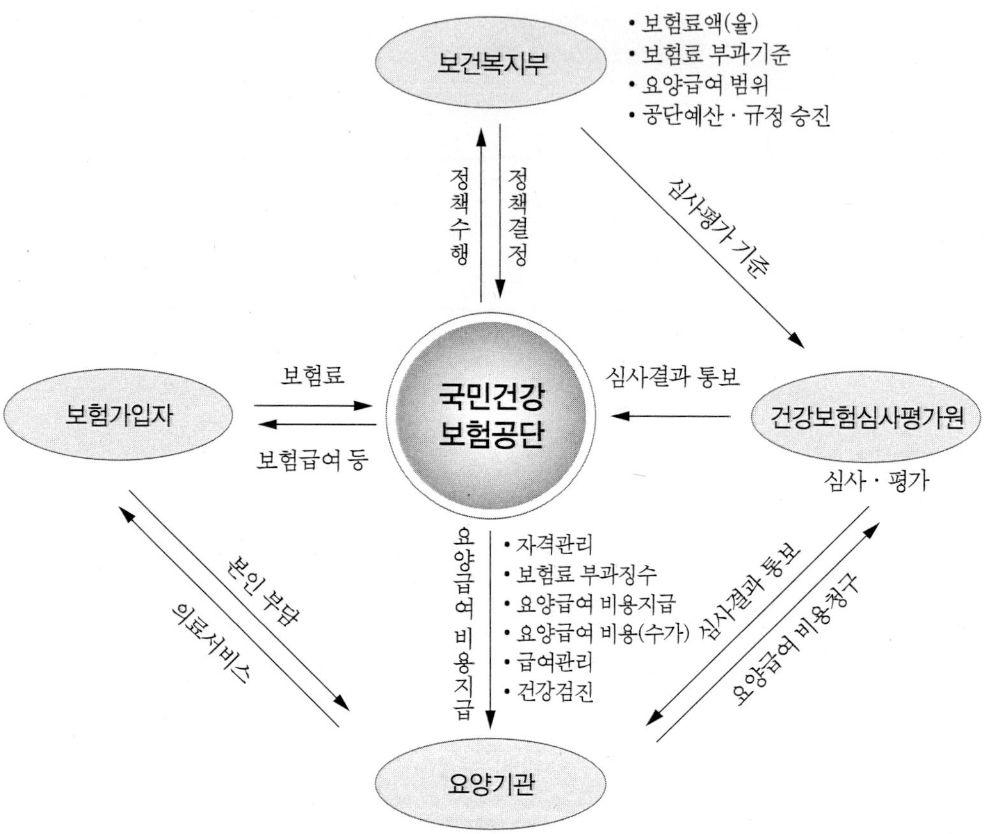

[그림 11-3] 국민건강보험 관리운영체계

자료: 보건복지부(2014a). 2013 보건복지백서.

추적인 역할을 수행하고 있다. 국민건강보험공단의 주된 역할은 보험가입자로부터 보험료를 징수하고 요양기관에 요양급여 비용을 지급하는 것이다. 그 밖에도 보험가입자에게 장제급여나 출산급여 등을 지불하고, 요양기관에 대해서는 자격관리나 건강검진 등을 관리한다.

한편, 건강보험심사평가원은 요양기관이 보험가입자에게 제공한 의료서비스에 대한 심사 및 평가를 하고 그 결과를 요양기관과 국민건강보험공단에 각각 통보해 준다.

의료서비스 이용자인 보험가입자는 국민건강보험공단에 보험료를 납부하고 보험급여를 받는다. 요양기관인 병·의원과는 소비자의 입장에서 선택할 수 있는 권한이 있고, 의료를 선택할 경우에는 일정분의 본인부담을 지게 된다.

[그림 11-3]의 관리운영체계를 볼 때 현재 우리나라 의료시장에서 공적인 의료서비스가 차지하는 비중이 절대적임을 알 수 있다. 하지만 국민들의 생활수준이 향상되고 의료 관련 욕구가 다양해지면서 국민건강보험제도의 적용을 받지 않는 의료시장이 점차 확대되고 있는 실정이다. 즉, 비보험 의료시장이 확대되는 것이다. 이러한 추이는 현재 정부의 의료산업 특화전략과 연계되어 의료특구 지정 및 의료관광산업 활성화나 민간 의료보험제도의 도입 가능성 검토로 논의가 확대되고 있다.

4. 요양산업의 현황

1) 노인장기요양보험제도의 내용

(1) 구조

우리나라는 2008년 7월부터 노인장기요양보험제도가 시행되면서 건강보험제도와 더불어 의료보건복지 지원체계를 구축하게 되었다. 〈표 11-10〉에서는 노인장기요양보험제도의 구조를 급여대상, 서비스 선택, 재원, 급여로 구분하여 보여 준다.

먼저, 급여대상을 보면 65세 이상의 모든 노인 또는 65세 미만이라도 노인성 질환을 가진 노인을 대상으로 하며, 6개월 이상 독립적으로 일상생활을 수행하기가 어렵다고 인정되는 자 중에서 장기요양등급판정위원회에서 등급판정을 받은 노인에게 서비스를 제공한다. 서비스 선택 여부를 보면 대상노인과 가족부양자가 원하는 서비스를 선택하게 되어 있다. 재원은 장기요양보험료,[5] 일정 부분

〈표 11-10〉 노인장기요양보험제도의 구조

구분	내용
급여대상	• 보편적 제도 • 65세 이상 노인 또는 65세 미만의 자로서 노인성 질환을 가진 자 • 6개월 이상 혼자서 일상생활을 수행하기 어렵다고 인정되는 경우
서비스 선택	대상노인 및 부양가족의 선택에 의한 서비스 제공
재원	장기요양보험료+국가 및 지방자치단체 부담+이용자 본인 부담
급여	• 시설급여 • 재가급여(방문요양, 방문목욕, 방문간호, 주야간보호, 단기보호, 기타 등) • 특별현금급여(가족요양비, 특례요양비, 요양병원 간병비)

자료: 국민건강보험공단 노인장기요양보험 홈페이지(http://www.longtermcare.or.kr).

의 국가 및 지방자치단체 부담금, 서비스 이용 시 발생하는 이용자 본인 부담[6]으로 충당한다.

서비스인 급여는 크게 시설급여와 재가급여로 구분된다. 시설급여란 요양시설에 거주하면서 보호를 받는 것이고, 재가급여란 자신의 집에 거주하면서 방문요양, 방문목욕, 방문간호, 주야간보호, 단기보호 등의 서비스를 받는 것이다. 다만 특별한 상황일 때는 특별현금급여로서 가족요양비, 특례요양비, 요양병원 간병비를 받게 된다.

(2) 내용

장기요양급여는 피보험자 또는 피보험자의 피부양가족에게 제공된다(〈표 11-11〉 참조). 시설급여는 노인요양시설을 통해 장기간의 요양이 필요한 노인에게 제공된다. 단, 공립 노인병원이나 순수 민간의 노인 병 · 의원은 노인장기요양보험제도가 아니라 건강보험제도의 적용을 받는 시설이다.

5) 장기요양보험료는 건강보험료와 동일하게 피보험자의 보험료와 피보험자를 고용한 고용주 부담금이 포함된다.

6) 건강보험 이용 시와 마찬가지로 서비스 이용 시 일정 비율의 자기 부담이 있다.

〈표 11-11〉 장기요양급여의 내용

<table>
<tr><th colspan="2">급여</th><th>내용</th></tr>
<tr><td colspan="2">시설급여</td><td>요양에 필요한 시설과 설비 및 전문인력을 갖춘 노인요양시설에 장기간 입소하여 신체활동 지원 등을 제공</td></tr>
<tr><td rowspan="6">재가급여</td><td>방문요양</td><td>가정 등을 방문하여 신체활동 및 가사활동 등을 지원</td></tr>
<tr><td>방문목욕</td><td>목욕설비를 갖춘 장비를 이용하여 가정 등을 방문하여 목욕서비스를 제공</td></tr>
<tr><td>방문간호</td><td>간호사 등 장기요양요원이 의사, 한의사, 치과의사의 방문간호 지시서에 따라 가정 등을 방문하여 간호, 진료보조, 구강위생 등을 제공</td></tr>
<tr><td>주야간보호</td><td>하루 중 일정한 시간 동안 장기요양기관에서 보호하여 신체활동 지원 및 심신기능의 유지 · 향상을 위한 지원</td></tr>
<tr><td>단기보호</td><td>일정기간 동안 장기요양기관에 보호하여 신체활동 지원 및 심신기능의 유지 · 향상을 위한 지원</td></tr>
<tr><td>복지용구</td><td>일상생활, 신체활동 지원에 필요한 용구를 제공</td></tr>
<tr><td colspan="2">특별현금급여</td><td>도서벽지 등 요양시설이 없어서 불가피하게 가족 등으로부터 요양받는 경우 지원되는 현금급여</td></tr>
</table>

자료: 국민건강보험공단 노인장기요양보험 홈페이지(http://www.longtermcare.or.kr).

(3) 요양급여 인정자격

노인장기요양보험제도와 건강보험제도의 기능 간에 엄격하게 구분되는 것은 다음과 같다. 우선 건강보험제도는 급성 질환이라는 특성을 가진 의료욕구에 대해 긴급하게 치료해 주는 데 목적이 있다면, 노인장기요양보험제도는 만성노인성 질환을 가진 자에게 치료가 아닌 요양을 통해 장기간 돌봄서비스를 제공해 주는 것이다.

따라서 의료서비스와 요양서비스는 서비스 제공 여부를 결정하는 방식이 다르다. 의료서비스의 경우는 우선 서비스 신청자 본인이 의료기관을 방문하여 진료를 받은 후 해당 서비스의 보험적용 대상 여부에 따라 본인 부담 비용이 결정되는 방식이 적용된다. 반면, 노인장기요양보험제도는 미리 정해진 장기요양인정조사표를 통해 등급판정을 받은 후 서비스를 이용하게 된다.

〈표 11-12〉에서는 장기요양 등급과 해당 등급별 기능상태를 볼 수 있다. 노인의 의존 정도를 나타내는 등급은 가장 의존적인 상태인 1등급에서 치매특

〈표 11-12〉 장기요양 수급대상자 등급별 기능상태

등급	심신의 기능상태	장기요양인정 점수
1등급	일상생활에서 전적으로 타인의 도움이 필요함	95점 이상
2등급	일상생활에서 상당 부분 타인의 도움이 필요함	75점 이상~95점 미만
3등급	일상생활에서 부분적으로 타인의 도움이 필요함	60점 이상~75점 미만
4등급	심신의 기능상태 장애로 일정 부분 타인의 도움이 필요함	51점 이상~60점 미만
5등급	치매환자	45점 이상~51점 미만

자료: 국민건강보험공단 노인장기요양보험 홈페이지(http://www.longtermcare.or.kr).

<table>
<tr><td rowspan="2">1등급</td><td rowspan="2">2등급</td><td rowspan="2">3등급</td><td rowspan="2">4등급</td><td>등급외 A</td><td rowspan="2">등급외 B, C</td></tr>
<tr><td>5등급</td></tr>
</table>

요양인정점수 95 75 60 51 45

[그림 11-4] 장기요양인정점수 구간별 장기요양인정 등급

자료: 국민건강보험공단 노인장기요양보험 홈페이지(http://www.longtermcare.or.kr).

별등급인 5등급까지로 구분되며 1~5등급의 인정을 받게 되면 장기요양서비스를 이용할 수 있다. 특히 1, 2등급 인정자에게는 요양시설에 입소할 수 있는 자격이 주어지며, 3~4등급 인정자에게는 집에 머물면서 재가서비스를 이용할 수 있는 자격이 주어진다. 등급외 A에 해당하는 5등급(치매특별등급)은 2014년 7월 1일부터 시행되었는데, 경증치매 환자 중 일상생활 수행에 어려움을 겪는 대상자들에게 자격이 주어진다. 이들에게는 치매보수교육을 받은 요양보호사가 가정 방문을 하여 인지 기능을 향상시키는 훈련을 시켜 준다.

(4) 장기요양서비스 전달체계

장기요양급여는 [그림 11-5]와 같은 전달과정을 통해 등급인정자에게 제공된다. 우선 장기요양보호의 욕구를 가진 노인 또는 가족부양자는 의사소견서를 첨

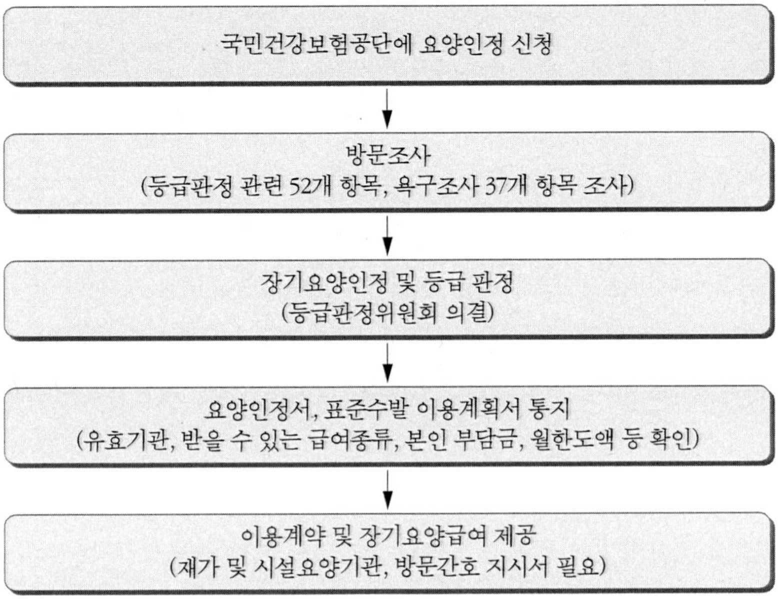

[그림 11-5] 장기요양서비스 전달체계

부하여 국민건강보험공단에 등급판정 신청을 해야 한다. 다음 단계로 국민건강보험공단의 장기요양팀 소속 요양관리사는 신청 노인의 가정을 방문하여 기본적인 일상생활활동(ADL), 수단적 일상생활활동(IADL), 인지 기능, 행동변화, 간호처치, 재활영역 각 항목에 대한 신청인의 기능상태와 질병 및 증상, 환경 상태, 서비스 욕구 등 12개 영역 90개 항목을 종합적으로 조사한다. 이 중 52개 항목에 대한 개별점수는 등급판정위원회를 거쳐 등급으로 매겨지고 요양인정 여부가 결정된다. 요양관리사는 요양인정을 받은 노인에게 장기요양인정서, 표준장기요양 이용계획서를 교부하고, 노인은 요양급여 이용자격을 가지고 필요한 서비스를 선택하게 된다.

(5) 재정

노인장기요양보험제도의 재정은 가입자의 장기요양보험료, 정부부담금, 본인 일부부담금으로 확보하며, 각각의 비율은 50:30:20이 된다. 가입자가 내는 보험료는 국민건강보험료와 구분하여 통합 징수하되, 각각의 독립회계로 관리 운영되고 있다. 보험료 징수기준은 건강보험료에 일정 비율을 추가 징수하는 방법을 적용한다. 정부는 당해 연도 장기요양보험료 예상수입액의 20%에 상당하는 금액과 의료급여수급권자의 장기요양급여비용을 부담한다. 본인일부부담금은 본인도 급여비용 일부를 부담하는 제도로 시설급여는 20%, 재가급여는 15%를 본인이 부담하도록 되어 있다. 단, 의료급여수급권자 중 국민기초생활수급권자는 전액무료이며, 그 외 기타 의료급여수급자와 소득·재산이 일정금액 이하인 저소득층은 각각 1/2로 경감하여 시설급여는 10%, 재가급여는 7.5%를 부담한다.

한편, 건강보험 가입유형별 보험료 산정기준, 부담주체, 징수방법은 〈표 11-13〉과 같다. 예를 들면, 2016년 기준 장기요양보험료율은 6.55%이므로 보험가입자의 건강보험료에 보험료율 6.55%를 곱한 금액이 장기요양보험료로 부

〈표 11-13〉 노인장기요양보험제도 재원 확보의 근거

구분	내용
가입자 장기요양보험료 (50%)	• 건강보험료와 통합징수, 독립회계로 관리 • 장기요양보험료=건강보험료액 × 장기요양보험료율 • 장기요양보험료율은 보건복지부 장관 소속 장기요양위원회의 심의를 거쳐 대통령령으로 정함
정부부담금 (30%)	• 국가는 예산 범위 안에서 당해 연도 장기요양보험료 예상수입액의 20% 상당 금액을 국민건강보험공단(건보공단)에 지원 • 국가와 지자체는 의료수급권자의 장기요양급여 비용, 의사소견서 발급 비용, 방문간호 지시서 발급 비용 중 건보공단이 부담하여야 할 비용과 관리 운영비의 전액을 대통령령으로 정하는 바에 따라 각각 분담
본인 일부부담금 (20%)	• 재가급여의 경우 장기요양급여 비용의 15%, 시설급여의 경우 20% • 「국민기초생활보장법」에 의한 수급자는 면제 • 의료급여수급권자 소득재산 등이 장관이 고시하는 일정금액 이하인 자, 생계가 곤란한 자는 본인 일부부담금의 50% 경감

과된다. 부담 주체와 징수방법은 건강보험과 동일하다.

2) 장기요양시설 현황

노인장기요양보험제도가 시행된다는 기대 때문에 노인요양시설이나 재가노인복지시설이 단기간에 급속하게 증가하였다. 게다가 요양시설에서 직접적인 돌봄 역할을 주로 담당할 인력 배출도 급증함에 따라 고용창출을 통해 요양시장이 확대되었다. 하지만 최근에는 과다하게 팽창했던 시설공급이 안정적인 수준으로 감소되고 있는 실정이다.

(1) 노인요양시설

2016년 기준으로 우리나라에서 노인장기요양보험제도에 적용되는 요양시설은 총 5,154개소이며 몇 년에 걸쳐 감소추세를 보이고 있다(〈표 11-14〉 참조). 그 이유는 2008년 이후 매년 급증했던 시설들이 어느 정도 정비되었기 때문이다. 즉, 경영이 어려운 시설들이 문을 닫은 것이다. 지역별로 보면 요양시설은 농어촌보다는 도시지역에 편중되어 있다. 왜냐하면 대상노인의 밀집도가 높은 도시지역에서 운영해야만 합리적인 경영이 가능하기 때문이다. 반면, 농어촌 지역처럼 장기요양보호 욕구를 가진 노인의 밀집도가 낮은 지역에서는 막대한 비용을 투자하여 입소시설을 짓기에는 운영자의 재정 부담이 크다는 문제점이 있다.

(2) 재가노인복지시설

〈표 11-14〉에서 2016년 기준 재가노인복지시설의 현황을 보면, 시설 수는 총 1만 3,254개소로 요양시설과는 달리 증가하는 추이다. 재가시설의 경우는 서울과 경기 지역에 집중해 있는 특징을 볼 수 있다.

〈표 11-14〉 장기요양기관 수 현황(2016년) (단위: 개소, 명)

구분	요양기관		
	소계	시설	재가
서울	2,848	560	2,288
부산	942	121	821
대구	966	270	696
인천	1,089	337	752
광주	581	108	473
대전	632	121	511
울산	222	45	177
세종	41	11	30
경기	4,274	1,549	2,725
강원	735	290	445
충북	642	264	378
충남	889	273	616
전북	952	227	725
전남	1,028	302	726
경북	1,274	375	899
경남	1,043	229	814
제주	219	66	153
계	18,408	5,154	13,254

자료: 국민건강보험공단 노인장기요양보험 홈페이지(http://www.longtermcare.or.kr).

(3) 서비스 제공인력

〈표 11-15〉에서 장기요양서비스 제공인력을 보면 여러 유형의 전문직과 준전문직이 참여하고 있음을 알 수 있다. 그중 가장 많은 비중을 차지하는 직종은 요양보호사로서 2013년 기준으로 25만 2,663명이나 된다. 이들의 역할은 치매, 중풍 등 노인성 질환으로 독립적인 일상생활을 수행하기 어려운 노인들에게 신체 및 가사 지원서비스를 제공해 주는 것이다.

또한 간호사, 물리(작업)치료사 등 보건인력의 수도 많은데, 보험수가가 적용되기 때문에 채용규모가 점차 증가하는 추세다.

특히 간호사의 경우 노인전문간호사의 수가 급증하고 있다. 노인전문간호사의 수는 2006년 259명에서 2013년 1,742명으로 크게 증가하였으며 전문간호사 대비 노인전문간호사 비중도 2006년 2.7%에서 2013년 13.0%로 급증하였다.

〈표 11-15〉 서비스 제공인력(2013년) (단위: 명)

구분	사회복지사	의사 (촉탁포함)	간호사 (조무사포함)	치과위생사	물리/작업치료사	요양보호사
계	7,506	1,233	10,179	4	1,740	252,663
서울	1,087	157	1,648	1	193	47,855
부산	420	45	395	0	94	16,539
대구	356	52	541	1	76	11,905
인천	439	58	557	0	91	15,419
광주	267	28	228	0	49	9,119
대전	219	33	267	0	56	10,388
울산	95	16	110	0	19	3,360
세종	11	11	21	0	5	513
경기	1,693	322	2,631	1	440	58,090
강원	345	54	469	0	83	8,933
충북	260	63	424	1	60	7,288
충남	375	91	516	0	88	12,529
전북	419	57	445	0	86	10,483
전남	403	81	533	0	97	11,734
경북	490	96	707	0	135	17,557
경남	492	79	521	0	115	16,272
제주	148	29	196	0	54	3,117

주: 요양보호사는 취득유예자 포함.

자료: 국민건강보험공단(2014). 2013 노인장기요양보험 주요통계; 한국보건산업진흥원(2014). 의료서비스산업 동향분석에서 재인용.

〈표 11-16〉 연도별 전문간호사 현황

(단위: 명)

구분 연도	계	마취	보건	가정	정신	감염관리	노인	산업	응급	중환자	호스피스	종양	아동	임상
2000	4,679	517	1,702	2,460	–	–	–	–	–	–	–	–	–	–
2001	5,454	528	1,792	3,134	–	–	–	–	–	–	–	–	–	–
2002	6,571	543	1,896	3,944	188	–	–	–	–	–	–	–	–	–
2003	7,467	557	2,048	4,674	188	–	–	–	–	–	–	–	–	–
2004	8,136	567	2,034	5,349	186	–	–	–	–	–	–	–	–	–
2005	8,507	574	2,034	5,713	186	–	–	–	–	–	–	–	–	–
2006	9,617	572	2,033	6,105	232	40	259	73	57	111	54	81	–	–
2007	10,205	574	2,033	6,115	260	89	515	88	87	191	93	160	–	–
2008	11,137	578	2,032	6,155	324	138	970	103	129	287	176	245	–	–
2009	11,582	588	2,033	6,206	346	162	1,132	106	157	345	210	285	12	–
2010	11,947	587	2,027	6,258	346	162	1,291	106	157	386	195	316	22	30
2011	12,449	598	2,026	6,302	395	195	1,416	113	187	432	286	398	34	67
2012	12,854	596	2,024	6,338	395	195	1,576	113	187	477	332	476	34	111
2013	13,397	601	2,017	6,358	445	240	1,742	121	229	519	377	548	53	147

주: 해외거주자 포함

자료: 한국보건산업진흥원(2014). 의료서비스산업 동향분석.

(4) 서비스 적용 대상자

장기요양급여 대상자는 '65세 이상의 노인 또는 65세 미만의 국민 중에서 치매, 뇌혈관성 질환, 파킨슨병 등 노인성 질병을 가진 자로 6개월 이상 혼자서 일상생활을 수행하기 어렵다고 인정하는 경우 심신상태 및 장기요양이 필요한 정도 등 대통령령이 정하는 등급판정 기준에 따라 판정받은 자'다.

2015년 기준 등급인정자 수를 보면 등급 인정자는 46만 7,752명이며 요양시설 입소자격이 있는 1, 2등급 해당자는 각각 3만 7,921명, 7만 1,260명이다.

급여대상자가 제도 시행 초기인 2009년 12월 말에는 전체 노인인구의 5.5%인 28.7만 명이었지만 2014년 12월 말 기준으로 전체 노인인구의 6.7%인 42만 명에 이르러 크게 확대되고 있다. 그러나 여전히 전체 노인인구 대비 대상자 확대가 필요한 실정이다.

〈표 11-17〉 장기요양 등급인정자 수 (단위: 명)

연도	1등급	2등급	3등급	4등급	5등급	계
2014	37,655	72,100	170,329	134,032	10,456	424,572
2015	37,921	71,260	176,336	162,763	19,472	467,752

자료: 보건복지부(2015). 2015 보건복지통계연보.
노인장기요양보험 홈페이지(http://www.longtermcare.or.kr).

3) 민간요양 병 · 의원 현황

실제로 장기요양서비스를 제공하는 기관의 범위에는 노인장기요양보험제도의 적용을 받는 요양기관인 노인요양시설과 재가노인복지시설과는 별도로 노인 병 · 의원도 포함된다. 노인 병 · 의원은 노인요양시설과 유사한 기능을 수행하면서 의료진을 상근의 또는 촉탁의로 고용하며, 수가는 노인장기요양보험제도가 아닌 국민건강보험제도의 적용을 받게 된다. 따라서 제공하는 서비스는 치료와 요양을 겸하게 되므로 일반적인 요양시설보다 집중적인 보호를 제공할 수 있다. 일반적으로 실버요양산업의 범주를 규정하자면 요양시설, 재가시설에 더해 노인 병·의원도 포함된다.

노인 병·의원의 설립주체는 국가 또는 지방자치단체인 공공부문과 순수 민간부문으로 구분할 수 있다. 공공이 설립·운영하는 노인병원은 현재 일부 지방자치단체에 설치되어 있으며, 전국적으로 확대되지 않은 상태다. 한편, 영리 위주의 민간노인 병·의원은 실버요양산업의 범위에 포함되는 순수 민간 위주의 분야라고 할 수 있다.

민간 위주의 요양산업이 시장경제의 논리에 따라 제대로 운영된다면 요양서비스의 질 확보는 물론 고용 및 부가가치 창출을 통해 지역경제 발전에 기여하게 될 것이다. 하지만 현재 실버요양산업에 대한 기대가 지나치게 과대평가되면서 수요 대비 공급 과다로 인해 서비스의 질이 저하되는 문제점이 노출되고 있다. 〈표 11-18〉을 보면 노인장기요양보험제도 시범사업이 실시된 2005년 이후 2007년까지 매년 민간노인 병·의원이 전년 대비 92.4%, 105.1%, 63.4% 증가하였지만, 그 후 많은 지역에서 과다 공급에 따른 경영상의 문제가 드러나면서 증가 속도가 급속히 줄어들고 있는 실정이다.

〈표 11-18〉 전국 요양병원 연도별 증가율 추이

(단위: 개, %)

구분 \ 연도	2003	2004	2005	2006	2007	2008	2009	2010	2011	2012	2013	2014
요양 병원수	68	92	177	363	593	690	760	849	975	1,087	1,228	1,304
증가율	-	35.3	92.4	105.1	63.4	16.4	10.1	11.7	14.8	11.5	13.0	6.2

자료: 보건복지부(2015). 2015 보건복지통계연보.

5. 실버의료산업의 활성화를 위한 정책방안

실버의료산업은 노인의 생명과 건강을 다루는 분야이므로 노인복지 향상을 위한 최우선 과제로 다루어져야 한다. 뿐만 아니라 실버의료 분야가 커지면 관련 분야의 서비스 제공기관이 확대되고 관련 인력의 고용창출도 유발됨으로써 실버의료산업이 더욱 활성화될 것이다. 실버의료산업을 활성화하기 위한 방안을 몇 가지 제시해 본다.

우선 실버의료 분야의 활성화를 위한 대안은 다음과 같다. 첫째, 실버의료서비스의 공공성이 강화되어야 한다. 우리나라의 의료시설은 대부분 민간이 운영하고 있으나 국민건강보험제도를 국가가 관리 · 운영함으로써 공적인 측면을 내포하고 있다. 그러나 2013년 기준 우리나라 의료비 지출 중 공공재원의 지출 비중은 55.9%로, OECD 평균인 72.7%에는 미치지 못하고 있다.

그러므로 실제로는 의료공급 체계가 민간 위주로 이루어진다고 볼 수 있다. 따라서 수익성이 낮은 의료 분야는 공급이 부족하게 되고, 저소득층 노인에 대한 진료를 기피할 수도 있으며, 비급여진료 위주의 의료서비스에 치중하는 등의 문제점이 나타날 수 있다. 이러한 문제점을 해결하기 위해서는 공공의료기관의 경쟁력을 강화하고 민간의료기관을 공공의료체계에 포함시켜 공공의료정책을 확대해 나가야 할 것이다.

둘째, 건강한 노년을 보내기 위해 보건의료체계는 사후 치료 위주의 의료체계보다 건강증진과 질병예방 차원의 비중이 더 높아져야 한다.

노인성 질환을 조기에 발견하기 위해 정부는 1983년부터 국민기초생활보장 수급노인을 대상으로 무료노인 건강진단을 실시하였고, 매년 검진대상과 건강진단 항목을 확대해 왔다. 검사 후 질병이 발견되면 보건소 및 공공의료기관과 연계하여 의료서비스를 제공하게 된다.

그러나 건강증진 프로그램의 예산은 건강보험 재정규모에 비해 지극히 미약한 실정이다. 따라서 중증 질환의 사전 예방과 조기 발견 및 진단에 더욱 집중해야 한다.

셋째, 전문적인 건강관리서비스 산업이 육성되어야 한다. 의료기관에서 시행한 건강검진 결과를 토대로 전문적인 생활습관 개선과 맞춤형 영양 및 운동 프로그램 등을 제공해야 한다. 최근 관심이 모아지고 있는 U-헬스케어 등 IT 기술과 접목될 경우에는 보다 체계적이고 상시적인 건강관리와 모니터링이 가능해질 것이다. 또한 이를 개인별로 생활과 연계된 건강증진서비스에 맞춤형으로 제공한다면 의료산업의 규모는 더욱 확대될 것이다.

넷째, 응급의료 분야의 확충이 필요하다. 노인의 경우 만성질환으로 인해 심장, 뇌혈관 응급환자가 많이 발생하기 때문에 응급의료 인프라가 지역 단위에 충분히 구축되어야 한다. 그러나 응급의료 분야는 수익성이 낮기 때문에 민간의료기관에서 자발적으로 투자하기는 쉽지 않다. 특히 사회경제적 질병부담이 높고 증상 발현부터 적절한 시간 내 진료 여부가 환자의 예후에 미치는 영향이 치명적인 중대한 응급질환(중증외상, 응급심장질환, 응급뇌질환)에 대해서는 지역별로 1시간 이내에 상시 응급처치가 가능하도록 응급의료센터를 구축해야 한다. 따라서 공공 차원에서 응급의료기관을 확대할 뿐만 아니라 지역 간 응급의료기관의 균형적인 배치를 위한 정책이 마련되어야 한다.

다음으로 실버요양 분야의 활성화를 위한 정책대안을 살펴보면 다음과 같다.

첫째, 매년 장기요양서비스에 대한 수요 및 공급 분석을 실시하여 서비스 제공기관들이 안정적인 경영을 할 수 있도록 정확한 정보를 제공해 주어야 한다. 아직 우리나라 노인장기요양보험제도는 시행 초기단계에 있다. 따라서 과다한 인프라 공급으로 인해 서비스 질이 저하되고 수요자의 욕구를 충족시키지 못하는 문제와 공급주체의 경영상의 어려움을 해소하는 방안을 찾아야 한다.

둘째, 2014년 7월부터 등급체계가 바뀌면서 서비스 대상자가 일부 확대되었다. 그러나 허약한 노인들이 등급 이내로 진입하는 것을 예방하기 위해서는 등급외 B, C 대상자에게도 최소한의 서비스가 제공되어야 한다. 이러한 지원은 노인과 가족부양자의 문제를 예방하고 장기요양서비스 제공기관들도 지속적으로 공급량을 유지하여 합리적인 경영을 할 수 있는 기반을 조성하게 해 줄 것이다.

셋째, 장기요양 대상노인과 가족부양자들이 자신들이 원하는 서비스를 선택할 수 있도록 장기요양기관에 대한 인증제도를 도입해야 한다. 현재 우리나라 장기요양서비스의 전달체계는 여전히 공급자 중심으로 구축되어 있어 노인과 가족들이 비용, 서비스 질 등에 대한 정보를 충분히 고려하여 희망하는 서비스를 선택하기가 쉽지 않다. 하지만 이미 장기요양서비스는 영리를 추구하는 민간시설 중심으로 운영되고 있으므로 소비자들이 시장 속에서 권리를 행사할 수 있는 기회를 제공해 주어야 한다.

제12장 실버용품산업

실버용품산업은 노인의 정신적 · 육체적 기능을 유지 · 향상시키며 그들의 일상생활을 지원해 주는 제품 및 서비스를 제공하는 산업이다. 실버용품산업에는 침구 · 목욕 · 배변 · 가사 · 주거설비 · 수발예방용품 및 정보통신기기, 이동기기, 여가용품, 개인건강 · 의료용품 등 의존성이 높은 노인의 일상생활과 관련된 다양한 분야가 포함된다.

실버용품산업은 유니버설 디자인의 관점에서 모든 산업 부문과 관련되어 있고, 향후 수요가 현저하게 증가할 것으로 전망된다. 따라서 실버용품산업의 기업 경쟁력을 제고함으로써 고용을 창출하고 새로운 성장동력으로 기능할 수 있도록 정책적 지원이 이루어져야 한다. 이 장에서는 실버용품산업을 정의하고 분류한 후 산업현황과 제품 특징 및 산업활성화를 위한 과제를 살펴본다.

1. 실버용품의 정의와 분류

1) 실버용품의 정의

실버용품산업은 의존적인 노인들의 정신적 · 육체적 기능을 유지 또는 향상시킴으로써 그들의 일상생활을 지원해 주는 제품 및 서비스를 제공하는 분야로서, 세부 분야와 종류가 매우 다양하다.

〈표 12-1〉 실버용품의 분류

구분	주요 품목
침구용품	침대, 욕창방지 매트리스, 개호용 시트, 체위 변환기 등
목욕용품	자동목욕장치, 자동샤워장치, 욕조리프트, 입욕용 도움장치, 미끄럼방지용품, 욕조 등
배변용품	배뇨배변기, 휴대용 화장실, 기저귀, 세면대, 집뇨기 등
가사용품	식기, 주방용품, 의류, 신발, 승강의자, 높낮이테이블, 가구, 기능성 화장품 등
주거설비용품	슬로프, 손잡이, 단차해소기, 계단승강기, 높낮이세면대, 미끄럼 방지제품(타일 등) 등 건물에 부착하는 제품
수발예방용품	헬스기구, 신체기능 증진기기, 보행훈련기 등 노인신체기능을 강화 · 유지 · 회복하기 위해 사용되는 제품
정보통신기기	보청기, 전화기, 컴퓨터, 키보드, 확대독서기, 긴급통보시스템, u-healthcare 기기, 원격진단시스템, 치매노인배회방지시스템 등
이동기기	워커(실버카, rollrator), 노인용 휠체어, 전동 휠체어, 전동 스쿠터, 저상버스, 노인배려자동차 등
여가용품	스포츠용품, 완구, 게임, 악기, 레크리에이션 기기, 노인용 콘텐츠 등 노인의 여가 및 문화 활동에 사용되는 용품
개인건강 · 의료용품	안마기, 족탕기, 훈증기, 황토팩, 혈압계, 체온계, 혈당계, 체성분분석기, 온열치료기, 전자기파치료기, 적외선치료기, 물리치료기, 침, 부항기, 쑥뜸기 등

자료: 보건복지부, 저출산 및 고령사회위원회(2007). 고령친화제품 실태조사 및 초기시장 육성전략.

현재 우리나라는 실버용품에 대한 용어가 정립되지 않은 채 노인용품, 간호용품, 홈케어용품, 개호용품, 복지용품, 복지기기 등으로 다양하게 사용되고 있다. 공식적으로는 2006년 제정한 「고령친화산업진흥법」에서 이들을 통칭하여 고령친화제품이라고 칭하였다. 일본에서는 개호용품, 가정용 재활용품, 장애인용품을 총괄하여 복지용구라고 하며 미국 및 유럽에서는 홈케어용품 또는 재활용품 등이라고 한다.

용어가 다양한 만큼 정의도 통일되어 있지는 않으나, 2006년 보건복지부 저출산고령사회위원회는 실버용품을 고령자를 대상으로 건강관리, 수발, 일상생활, 여가문화 생활의 편의를 도모하기 위하여 고령자의 정신적 · 신체적 특성을 배려한 제품이라고 정의하였다(저출산고령사회위원회, 2006).

2) 실버용품의 분류

현재 실버용품과 의료기기와 재활보조기구의 품목이 상호 중복되어 사용되고 있다. 재활보조기구란 장애인이 장애의 예방과 보완 및 기능의 향상을 위하여 사용하는 용품이다. 의료기기는 전문의료인이 진단 · 치료 목적으로 사용하는 기기다.

따라서 [그림 12-1]에서 보면 실버용품, 재활보조기구, 의료기기로 크게 구분되는 분류체계에서 실버용품, 재활보조기구, 의료기기는 서로 중첩되고 있다. 재활보조기구 중에서 의지 · 보조기 등 장애인 전용품을 제외하면 재활보조기구의 많은 제품이 실버용품으로 분류될 수 있다. 예를 들어, 휠체어는 본래 장애인을 위한 제품이지만 거동이 불편한 고령자의 편의를 위해 사용되므로 실버용품으로 구분될 수 있다. 또한 전문의료기기를 제외하면 의료기기 중에서 보청기, 혈당계, 혈압계, 휠체어, 리프트, 개인용 전기자극기 등 주로 고령자 개인이 사용하는 용품은 실버용품에 포함된다. 따라서 실버용품은 전문의료기기와 장애인 전문재활기기를 제외한 재활보조기구, 개인용 의료기기 등을 모두 포함한다.

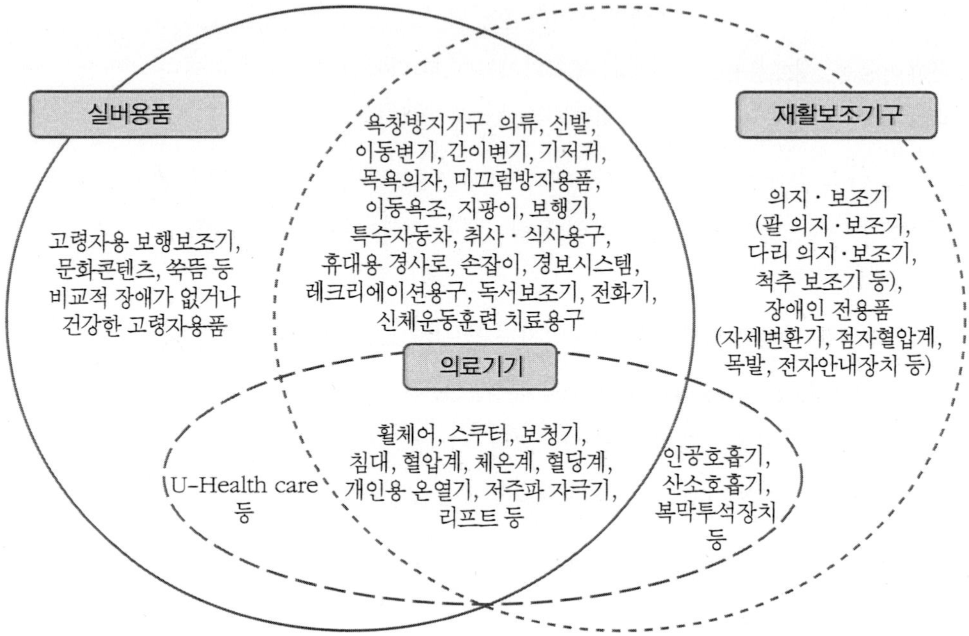

[그림 12-1] 실버용품의 분류체계

자료: 김수봉(2010). 고령친화용품 소비실태와 현안과제.

2006년 보건복지부 저출산고령사회위원회에서는 실버용품을 〈표 12-1〉과 같이 분류하였다.

2. 우리나라 실버용품산업의 현황 및 용품의 종류

1) 우리나라 실버용품산업의 현황 및 특징

우리나라 실버용품산업은 아직 초보 수준이기는 하지만 시장규모는 점차 커지고 있다. 그러나 실버용품산업의 시장규모를 파악하는 것은 쉽지 않다. 실버용품산업의 분류와 표준산업분류가 일치하지 않기 때문에 일반통계를 활용해서

〈표 12-2〉 고령친화용품 용품별 업체 현황

(단위: 개, %)

구분	국내기업	국외기업	전체	구성비
개인건강 · 의료용품	259	0	259	(29.9)
기능저하예방용품	35	1	36	(4.2)
이동기기	59	0	59	(6.8)
목욕용품	30	0	30	(3.5)
배변용품	36	0	36	(4.2)
침구용품	61	0	61	(7.0)
가사용품	9	0	9	(1.0)
주거설비용품	12	0	12	(1.4)
정보통신기기	49	0	49	(5.7)
여가용품	314	1	315	(36.4)
전체	864	2	866	(100.0)

자료: 한국고령사회용품산업협회(2009). 고령친화용품실태조사.

산업 현황을 파악할 수가 없다. 따라서 별도의 실태조사가 이루어져야 한다. 그러나 실버용품산업에 대한 실태조사가 체계적이고 지속적으로 이루어지지 못하고 있다.

우리나라 실버용품 실태 조사결과(한국고령사회용품산업협회, 2009)에 따르면 실버용품 제조업체와 판매업체는 2006년 376개사, 2007년 415개사, 2008년 866개사로 지속적인 증가 추이를 보이고 있다.

〈표 12-2〉에서 실버용품별 업체 수를 보면 여가용품 관련 기업이 314개사로 전체의 36.4%를 차지하여 가장 높은 비중을 보여 주고 있으며, 다음으로는 개인건강 · 의료용품 관련 기업이 259개사로 29.9%, 침구용품 61개(7.0%), 이동기기 59개(6.8%), 정보통신기기 49개(5.7%) 순으로 나타났다.

또한 2008년 우리나라 실버용품산업의 시장규모는 약 1조 3,478억 원인데, 그중 생산시장은 전체의 74.4%인 1조 31억 원이며, 내수시장은 6,719억 원(49.9%), 수출시장은 3,312억 원(24.6%)에 이르고 있다(한국고령사회용품산업협회, 2009).

한편, 최근 들어 수입시장이 큰 폭으로 증가하여 시장 전체의 25.6%인 3,447억 원에 이르고 있는 것으로 조사되었다. 수입시장이 이처럼 많은 비중을 차지하는 이유는 노인장기요양보험제도의 실시로 인해 고령친화용품의 수요가 단기간 급증하고 있지만 국산제품이 적절히 공급되지 못함으로써 제품수요가 수입품으로 충당되고 있기 때문이다. 수입시장의 추이를 볼 때 우리나라의 실버용품은 중국이나 대만 등의 저가용품과 일본이나 유럽 등의 고가용품 사이에서 가격과 기능상의 경쟁력을 모두 갖기가 쉽지 않을 것으로 예상된다.

〈표 12-3〉에서 실버용품의 시장규모를 용품별로 보면, 개인건강 · 의료용품이 5,677억 원으로 전체의 42.1%를 차지하고 있으며, 다음은 여가용품으로 그 비중이 20.0%에 이르고 있다. 한편, 내수시장에서는 개인건강 · 의료용품이 45.4%, 배변용품이 21.9%를 보이고 있다. 수출시장의 경우에는 개인건강 · 의료용품 68.4%, 기능저하예방용품 27.7%의 순으로 나타났다. 반면, 수입시장의 대부분은 여가용품산업으로 그 점유율이 77.8%에 이르는 것으로 나타났다.

〈표 12-3〉 고령친화용품 품목별 수 · 출입 현황(2008년)

(단위: 억 원, %)

	내수규모	수출규모	수입규모	전체
개인건강 · 의료용품	3,050 (45.4)	2,264 (68.4)	363 (10.5)	5,677 (42.1)
기능저하예방용품	219 (3.3)	916 (27.7)	31 (0.9)	1,166 (8.7)
이동기기	516 (7.7)	24 (0.7)	148 (4.3)	688 (5.1)
목욕용품	116 (1.7)	6 (0.2)	43 (1.2)	165 (1.2)
배변용품	1,471 (21.9)	48 (1.4)	95 (2.8)	1,614 (12.0)
침구용품	430 (6.4)	45 (1.4)	4 (0.1)	479 (3.6)
가사용품	286 (4.3)	0 (0.0)	4 (0.1)	290 (2.2)
주거설비용품	42 (0.6)	0 (0.0)	6 (0.2)	48 (0.4)
정보통신기기	587 (8.7)	0 (0.0)	70 (2.0)	657 (4.9)
여가용품	2 (0.0)	9 (0.3)	2,683 (77.8)	2,694 (20.0)
전체	6,719 (100.0)	3,312 (100.0)	3,447 (100.0)	13,478 (100.0)

주: ( ) 안은 구성비임

자료: 한국고령사회용품산업협회(2009). 고령친화용품실태조사.

한편, 〈표 12-4〉에서 실버용품 기업의 자본금 현황을 보면 실버용품산업은 아직 영세성을 벗어나지 못하고 있음을 알 수 있다. 기업체의 자본금 규모를 보면, 2008년 말 기준 866개 업체의 자본금 총합계는 895억 원으로 업체당 평균 자본금은 1.03억 원에 불과하다. 자본금 규모별 기업체 수를 보면 1억 원 미만 기업이 전체의 33.1%인 287개로 가장 많으며, 그다음으로는 1~3억 원 미만 기업이 260개로 30.0%를 차지하고 있어 자본금 3억 원 미만인 기업이 전체 기업의 63.1%에 이르고 있다. 반면, 10억 원 이상의 기업은 45개로 5.2%에 불과하다.

한편, 기업체당 평균 자본금은 이동기기가 3.56억 원, 가사용품은 3.44억 원으로 비교적 높은 수준인 반면, 여가용품은 200만 원, 기능저하예방용품은 3,600만 원, 목욕용품은 9,700만 원 등으로 자본금 수준이 상대적으로 매우 낮았다.

〈표 12-4〉 고령친화용품기업 자본금 현황(2008년) (단위: 억 원, %)

구분	자본금총액	기업체 수(전체기업대비 %)						평균 자본금
		1억 원 미만	1~3억 원	3~5억 원	5~10억 원	10억 원 이상	전체	
개인건강 · 의료용품	335 (37.4)	67 (7.7)	92 (10.6)	50 (5.8)	25 (2.9)	25 (2.9)	259	1.29
기능저하예방용품	13 (1.5)	27 (3.1)	4 (0.5)	0 (0.0)	5 (0.6)	0 (0.0)	36	0.36
이동기기	210 (23.4)	25 (2.9)	10 (1.2)	12 (1.4)	6 (0.7)	6 (0.7)	59	3.56
목욕용품	29 (3.2)	13 (1.5)	8 (0.9)	6 (0.7)	3 (0.3)	0 (0.0)	30	0.97
배변용품	87 (9.7)	8 (0.9)	14 (1.6)	4 (0.5)	8 (0.9)	2 (0.2)	36	2.42
침구용품	92 (10.3)	20 (2.3)	13 (1.5)	14 (1.6)	7 (0.8)	7 (0.8)	61	1.51
가사용품	31 (3.5)	6 (0.7)	1 (0.1)	0 (0.0)	1 (0.1)	1 (0.1)	9	3.44
주거설비용품	24 (2.7)	0 (0.0)	5 (0.6)	2 (0.2)	5 (0.6)	0 (0.0)	12	2.00
정보통신기기	67 (7.5)	16 (1.8)	8 (0.9)	4 (0.5)	17 (2.0)	4 (0.5)	49	1.37
여가용품	7 (0.8)	105 (12.1)	105 (12.1)	105 (12.1)	0 (0.0)	0 (0.0)	315	0.02
전체	895 (100.0)	287 (33.1)	260 (30.0)	197 (22.7)	77 (8.9)	45 (5.2)	866	1.03

주: ( ) 안은 구성비임
자료: 한국고령사회용품산업협회(2009). 고령친화용품실태조사.

2) 실버용품의 종류

1988년 노년층을 위한 전문점인 'silver's hand'가 건강관리용품과 생활보조용품을 취급하는 전문점으로 개점한 이래 노인용 기저귀를 비롯해 미끄럼방지 양말, 전동 휠체어에 이르기까지 노인 소비자들의 일상생활을 도와주는 다양한 제품이 소개되고 있다. 최근에는 노인장기요양보험제도가 시행됨에 따라 제품을 취급하는 판매점의 범위도 넓어져서 의료기 매장은 물론 실버용품 전문판매점까지 등장했다. 게다가 일본의 실버용품 업체 중 한 곳인 '프랑스 베드'도 국내에 진입하여 시장확대의 가능성을 짐작케 한다.

가장 많이 알려져 있는 용품들을 중심으로 실버용품을 살펴보면 다음과 같다.

노인이 되면 소변을 조절하는 기능이 약화되면서 실금하는 경우가 적지 않다. 이런 경우 노인은 요실금 팬티를 착용함으로써 요실금에 대한 걱정을 덜 수 있고 활동에 편리함도 더해 주게 된다. 또한 특수양말은 가벼운 낙상에도 큰 부상을 입기 쉬운 노인을 위해 양말의 밑부분에 고무를 대어 실내에서 미끄러지는 것을 방지한다. 이 밖에 발을 편안하게 하고 무게도 가벼운 노인전용 신발, 중풍이나 편마비 노인들이 음식을 편안하게 먹도록 도와주는 식사용 에이프런, 물 없이 머리를 감거나 몸을 닦을 수 있는 샴푸와 비누, 의자가 부착된 보행기, 편하게 앉아 목욕할 수 있는 의자 등에 이르기까지 다양한 제품이 선보이고 있다.

이 외에도 노년층을 위한 건강 관련 용품이 많이 개발되고 있는데, 몸이 불편한 노인들을 보조해 주는 각종 의료보조기구를 비롯하여 안마기, 찜질기, 부황기, 혈압계, 저주파 치료기, 관절밴드, 구급함 세트 등도 인기 있는 상품이다.

한국보건산업진흥원(2011)에서는 수요조사를 통하여, 시장매력도, 기술경쟁력, 기타(용품산업의 기호성, 편의성 등)의 4개 요인을 고려하여 우리나라에서 육성 가능한 실버용품산업의 전략품목으로 개인건강·의료용품, 기능저하예방용품, 여가용품을 선정하였다.

개인건강·의료용품은 건강치료용품, 호흡기치료용품, 욕창예방용품, 온

열 · 한냉용품, 안마기, 자극기, 한방기기, 신발 · 의류 등으로 현재 국내시장에서 규모가 가장 크고, 상대적으로 수출량도 많고, 노인의 건강에 대한 관심 증가에 따라 향후 지속적인 성장이 예측된다.

기능저하예방용품은 활동적인 고령자가 많아지게 되고 지속적으로 건강을 유지하고자 하는 욕구증가로 고령자들에게는 필수품목이 될 것이다.

여가용품은 현재 제품군이 많지는 않지만 향후 성장가능성이 기대되는 품목으로 고령화가 먼저 시작된 일본의 경우에도 다양한 여가제품이 개발되어 판매되고 있다.

최근 들어서는 첨단 정보기술(IT)과 결합한 실버제품들이 많이 개발되고 있다. 대표적인 것으로 거동불편 노인들을 위한 자동샤워시스템, 노인들의 낙상사고를 방지하고 위급상황을 감지해 가족의 휴대전화와 응급센터로 사고 및 위치정보를 보낼 수 있는 낙상폰, 약 복용 스케줄을 입력해 놓으면 자동으로 알려주는 스마트 약상자 등이 있다. 또한 로봇 분야에서도 환자들의 생체신호를 체크하고 원거리 진료를 도와주는 간호로봇을 개발하는 등 실버용품시장이 확대되고 있다.

3) 실버용품 소비행태

현재 우리나라는 실버용품 사용의 초보적인 단계에 있지만 소비자 욕구조사를 통해 실버용품의 소비행태와 전망을 살펴볼 수 있다. 한국보건산업진흥원의 고령친화산업 욕구조사(2012) 결과[1]를 보면 현재 사용하고 있는 용품은 '가전제품'이 86.0%로 가장 많았고, '건강측정용품'(72.7%), '신발/의류'(59.0%) 등의 순으로 나타났다.

1) 전국 월평균소득이 300만 원 이상인 45세 이상 중 · 고령자 1,000명을 대상으로 한 조사임.

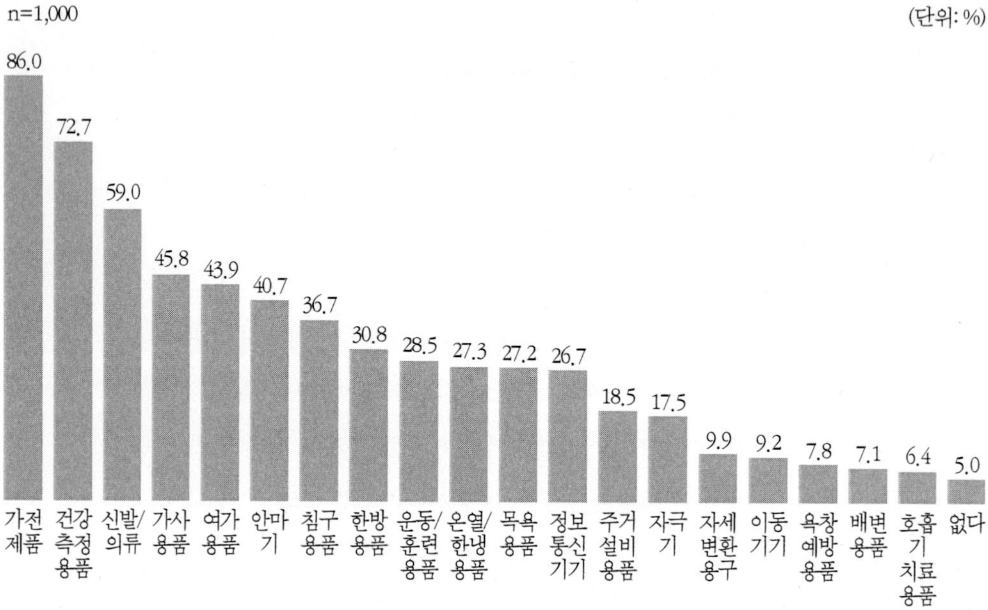

[그림 12-2] 현재 사용 중인 물품

자료: 보건복지부, 한국보건산업진흥원(2012). 2012 고령친화산업욕구조사.

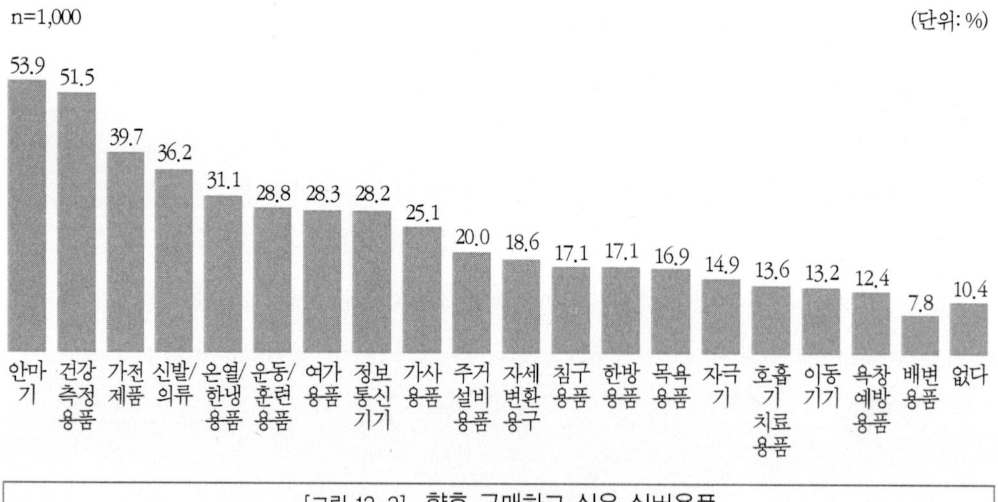

[그림 12-3] 향후 구매하고 싶은 실버용품

자료: 보건복지부, 한국보건산업진흥원(2012). 2012 고령친화산업욕구조사.

또한 고령자의 안전과 편리성 등을 고려한 고령친화용품이 나올 경우 구매하고 싶은 용품은 '안마기'(53.9%)와 '건강측정용품'(51.5%)의 구매 희망률이 절반 이상으로 상대적으로 높게 나타났다.

현재 사용하고 있는 용품은 가전제품이 가장 많았지만, 고령자의 안전과 편리성 등을 고려한 고령친화용품이 나올 경우 구매하고 싶은 용품은 안마기와 건강측정용품으로 나타나 기존에 보유하고 있는 용품이 아닌 새로운 종류의 용품을 구매하고자 하는 욕구를 확인할 수 있다. 특히 건강관련제품에 대한 수요가 현재도 높고, 향후에도 가장 클 것임을 알 수 있다.

3. 실버용품산업의 과제와 활성화 방안

1) 실버용품산업의 과제

우리나라는 노인인구의 증가, 단독 또는 노인부부 세대의 증가, 노인의 구매력 증가 등으로 인해 노인건강과 일상생활의 편리함을 제고할 수 있는 실버용품의 수요가 크게 증가할 것으로 예상된다. 이미 고령사회에 접어든 일본의 경우, 노인돌봄서비스가 발전하면서 다양한 실버용품이 노인층의 신체적 특징에 맞게 개발되어 판매되고 있다.

일본은 오래전부터 실버시장을 겨냥하여 정부 차원에서 노인 및 장애인 복지용구를 생산하도록 추진해 왔다. 정책을 추진하는 과정에서는 성실한 업체에게 자금을 지원하여 개발하게 한 후 완성된 제품을 구입해서 노인시설에 공급하는 방법으로 시장을 넓혀 왔다. 또한 이러한 정부 지원을 가능하게 하기 위해 「복지용품의 연구개발 및 보편촉진에 관한 법률」을 제정하기도 하였다.

그러나 우리나라는 재가노인의 실버용품 요구도가 높음에도 불구하고 노인돌봄에 필요한 실버용품이 충분히 보급되지 못한 실정이다. 현재 우리나라는 실버용품의 80% 이상을 수입에 의존하고 있으며, 일부 용품만 국내에서 생산하고 있다. 하지만 이마저도 제조업체의 영세성으로 인해 연구개발이 미약하여 용품의 종류도 적고 질적 수준도 낮은 편이다. 게다가 국내에서 제조된 일부 제품에는 장애인용을 변형한 것도 있다. 따라서 전반적으로 이용 가능한 품목이 제한되어 있고 품질을 보증할 수 있는 제도적 장치도 미비한 실정이다.

또한 실버용품 생산업체 중 자산규모가 1억 원 미만인 업체가 55%나 되어 제조업체의 대부분이 영세한 실정이므로 제품 개발 및 생산능력에 어려움을 겪고 있다.

R&D 능력도 취약하여 고령친화용품개발사업 참여기업들의 평균자본금이 1.03억 원에 불과할 정도로 영세하다.

유통구조도 취약하여 구매 필요성을 느끼는 소비자들조차 믿음을 가지고 구매할 적절한 장소가 없는 상황이다. 즉, 사용자의 요구에 맞는 실버용품과 편의상품을 고를 수 있도록 정보를 제공하고 상담도 해 주는 전시장 및 판매장이 제대로 확보되지 못하고 있다.

이러한 실버용품산업의 취약성을 개선하기 위한 정책적인 지원도 매우 부족한 실정이다. 첫째, 실버용품산업의 명확한 품목 분류체계가 미흡하다. 산업의 활성화를 위해서는 먼저 산업에 대한 품목분류가 체계적으로 이루어지고 실태조사가 시행되어야 한다. 그러나 현재 실버용품은 재활보조기구, 의료기기와 겹쳐지는 부분이 있으며, 의료기기와는 분류가 쉽지만 재활보조기구와는 분류가 어렵다. 실버용품의 수출 및 수입에서도 명확한 품목분류가 되지 않기 때문에 각기 다른 HS코드가 사용되고 있어 실태조사에도 많은 어려움이 있다.

둘째, 노인장기요양보험에서 제외된 품목의 실버용품에 대한 정부의 체계적인 지원이 부족하여 상품개발 후 품목허가까지 장시간이 소요되고 있어 상용화가 지연되고 있다.

셋째, 품질표준인증이나 표준화 제도가 확립되어 있지 않아서 민간의 시장진입이 어려운 상태다.

2) 실버용품산업의 활성화 방안

현재 초기단계에 머물고 있는 실버용품산업을 활성화하기 위해서는 정부의 정책적 지원을 바탕으로 민간기업의 적극적 참여를 유도해야 한다. 이를 위한 방안을 몇 가지 살펴본다.

첫째, 복지용구의 운용실태를 지속적으로 평가해야 한다. 2008년부터 시행되고 있는 노인장기요양보험제도는 실버산업의 성장동력으로 작용할 것이 확실하므로 복지용구의 운용실태를 지속적으로 평가하여 제도의 내실화를 도모해야 한다.

둘째, 복지용구 사용기준을 완화해야 한다. 실버용품의 공급을 활성화하기 위해 일상생활 수행기능이 저하되어 거동이 불편한 노인들은 노인장기요양보험제도에서 등급 외 판정을 받았더라도 보험급여의 적용을 받아 복지용구를 사용할 수 있도록 자격기준을 완화해 주어야 한다.

셋째, 노인병원이나 요양시설에 실버용품 설치 기준을 마련해야 한다. 노인병원이나 노인요양시설에서는 입소노인의 안전과 편리함을 도모하고, 노인돌봄 과정에서 발생하는 요양인력의 신체손상을 방지하기 위해 실버용품을 적절히 구비할 수 있도록 유도하고 지원해야 한다.

넷째, 복지용구 대여사업을 정착시켜야 한다. 노인장기요양보험제도의 적용을 받는 복지용구 대여사업의 적용대상 범위를 넓혀 복지용구의 수요를 확대함으로써 제조업체의 공급규모를 키워야 한다.

다섯째, 영세업체 중심의 지원정책을 현실화해야 한다. 실버용품 제조업체 지원정책이 확대되고 현실화되어 실버산업이 발전기를 거쳐 확대기에 이르기까지 영세한 기업들이 주도적인 역할을 하도록 견인해 주어야 한다.

여섯째, 실버용품 소비자와 공급자 각각을 위한 정보시스템 구축을 지원해야 한다. 무엇보다 실버용품산업이 활성화되려면 노년층 소비자들이 각종 실버용품을 신뢰하면서 사용할 수 있어야 한다. 그러므로 소비자들에게는 실버용품에 대한 품질관리 관련 정보를 공유하는 시스템을 구축하여 제공해 주어야 하고, 생산자들에게는 연구개발, 생산 및 유통과 관련된 정보를 공유하게 해야 한다. 이를 위해서는 정부의 관련 부처, 사업자 관련 단체, 학계 등이 참여하는 정보 네트워크가 가동되어야 한다.

일곱째, 실버용품에 대한 신뢰를 높이기 위해 공식적인 실버마크 인증제가 도입되어야 한다. 실버용품의 가격이나 기능, 디자인 등에 대한 인증제를 채택하여 소비자와 공급자를 보호해 주는 제도가 정착되어야 한다.

여덟째, 실버용품 제조업체의 기술향상을 위해 공공과 민간의 연구개발(R&D)이 확대되어야 한다. 장기적으로 볼 때 실버용품산업이 수요자들의 다양한 욕구를 충족시키려면 고급기술이 적용된 제품이 개발되어야 한다. 특히 내수시장에 더해 수출시장을 겨냥하면 일본이나 유럽 실버용품 제조업체를 능가할 수 있는 기술력을 확보해야 하며, 이를 위해서는 적극적인 연구개발이 이루어져야 할 것이다.

제13장
기타 실버제품산업

실버제품 중에는 노인들의 일상생활에 필수적인 제품들이 많기 때문에 노인들의 수요를 고려할 때 실버제품은 매우 다양하며 차별화의 필요성도 매우 크다. 노인의 일상생활 중에 실버제품과 관련된 수요는 이 책의 앞에서 다룬 분야 이외에도 노인의 의생활, 식생활, 장묘, 교통 등의 분야와 두루 관계가 깊다. 그러나 이 분야들은 굳이 노인세대만을 위한 분야로 특화하기는 쉽지 않다. 하지만 이러한 분야가 발전하지 못하면 노인세대의 불편함은 다른 세대에 비해 더 클 수밖에 없다. 따라서 이 분야들은 경제력이 있는 실버소비자를 중심으로 수익자 부담의 원칙에 따라 보다 질 좋은 제품과 서비스를 공급할 수 있도록 발전시켜 나가거나, 공공성을 전제로 하여 확대시켜 나가는 전략이 필요하다. 이 장에서는 정부가 제시한 고령친화산업 분야 중 노인용 의류, 식품, 장묘, 교통 등을 기타 실버제품산업군에 포함시켜 분야별로 산업의 특징, 현황, 과제 및 향후 제품 분야 활성화 방안에 대해 논하기로 한다.

1. 실버의류산업

1) 실버의류산업의 개요

노년기가 되면 노화에 따른 역할상실, 신체 및 정신적 능력의 감퇴, 경제력 상실, 사회적 접촉의 감소 등으로 인하여 심리적으로 위축되기 쉽다. 이러한 심리적 위축은 의류 선택이나 소비에 영향을 미쳐, 노인은 의류에 대한 관심이 감소하거나 의류 선택 시에도 자신의 의견보다 타인의 눈을 의식하는 경향이 있다.

그러나 노년층의 경제력과 사회참여가 점차 증가함에 따라 의복을 통해 상실된 신체적 · 심리적 변화를 보완하려는 심리적 요구가 커지면서, 노년층에게 의복의 중요성이 커지고 있다. 그러나 대부분의 의류 관련 업체의 영세성, 무관심, 이해 부족 등으로 인해 아직 실버의류의 치수 표준화조차 제대로 이루어지지 않아 청장년층의 인체 측정 자료를 대용하고 있는 실정이어서 노년층을 위한 의류 개발은 미진한 상태에 머물러 있다.

노년층을 위한 의류 분야는 건강한 노년층과 노화에 따른 장애로 인해 타인의 도움을 받아야 하는 병약한 노년층으로 세분하여 접근해야 한다. 세분화된 시장의 필요성을 구체적으로 기술하면 다음과 같다. 첫째는 건강하게 살기를 원하는 노년층을 위해서는 일반적으로 요구되는 심미성뿐만 아니라 노인 특유의 체취와 건조한 피부 등을 감안한 기능성 소재를 사용한 의류가 개발되어야 한다. 둘째는 첨단기술과 디자인을 접목하여 건강증진을 돕고 신체 노화를 시각적으로 보완해 줄 수 있는 스마트 의류의 개발도 필요하다. 셋째는 병약한 노인들을 대상으로 하는 의류도 기능성, 체형, 장애 정도, 색상 및 무늬의 선호도 등 개별적인 욕구와 선호를 고려하여 개발되어야 한다.

2) 실버의류산업의 특징 및 현황

실버의류산업은 전체 의류소비시장에서 아동·청소년복과 유아복을 제외한 모든 상품을 포괄할 수 있다. 실버의류산업의 시장규모를 수요 측면에서 추정해 보면 〈표 13-1〉과 같다. 표에서 보면 시장규모는 연평균 10.7%의 증가율을 보이며, 2020년에는 33,030억 원의 시장을 형성할 것으로 예측되고 있다. 가장 높은 증가율을 보이는 품목은 스마트 의류로 연평균 11.72%의 증가율을 나타낼 것으로 기대되고 있다. 스마트 의류란 정보기술(IT), 나노기술(NT), 바이오기술(BT), 환경기술(ET) 등이 결합된 새로운 개념의 미래형 의류로서, 고도의 기능을 갖춘 섬유로 만든 옷 속에 컴퓨터 칩을 내장해 섬유나 의복 자체가 외부 자극을 감지하고 반응할 수 있도록 만든 의류로 '입는 컴퓨터'로도 불린다. 1990년대 중반 미국에서 군사용으로 처음 개발된 이래 세계 각국이 경쟁적으로 개발을 서두르고 있는 의류기술의 집약체다. 스마트 의류는 사람의 심장박동, 체온, 혈압, 호흡 등을 확인할 수 있을 뿐만 아니라 부상 여부도 감지할 수 있어 현재는 민간의료용, 스포츠용, 유아용 등 다양한 용도로 활용되고 있다.

실버의류산업은 다른 실버산업 분야와 마찬가지로 중소기업이 차지하는 비

〈표 13-1〉 실버의류산업의 시장규모 추정 (단위: 억 원, %)

구분 \ 연도	2002	2010	2020	연평균 증가율	비중
총계	5,298	11,412	33,030	10.70	100.0
포멀웨어	1,488	2,868	7,136	9.10	21.60
캐주얼웨어	2,083	4,799	14,923	11.56	45.18
레저스포츠웨어	763	1,715	5,173	11.22	15.66
이너웨어	273	544	1,411	9.56	4.27
유니폼	148	218	388	5.50	1.17
스마트 의류	544	1,268	4,000	11.72	12.11

자료: 저출산고령사회위원회(2006). 고령친화산업 활성화 전략 II.

율이 높은 데 비해 대기업의 비율이 낮다는 특징이 있다. 또한 실버소비자들은 다른 연령층의 소비자집단에 비해 사용자의 요구, 만족도, 체형 등에 차이가 많아 이들의 욕구를 충족시키기 위해서는 다품종 소량생산체제를 갖추어야 한다.

우리나라의 실버의류산업은 1990년 이후 중노년기 여성들을 위한 전문 의류매장이 몇몇 백화점을 중심으로 나타나면서 시작되었다. 이후에도 꾸준히 노인코너를 만드는 등 노년층 소비자를 겨냥한 판매가 이루어지고 있으나, 기능이나 색상, 스타일에서 노년층 소비자의 취향을 제대로 고려하지 않아 활성화되지 못하고 있다. 또한 최근 들어 실용적이며 편리한 디자인과 밝은 색상의 옷이 판매되기 시작하였으나 거의 여성용 정장에 국한되어 있고, 그 외에는 노년층의 특성을 고려하여 특별히 제작되는 것은 없는 상황이다. 의류는 심리적인 요인에 따라 선택되는 경향이 많은 제품임에도 불구하고 이를 고려한 제품이 없는 편이다.

따라서 노년층의 특성을 고려하여 노년층의 체형에 적합하고 착용이 간편하면서도 제품이 제공하는 실질적 혜택 외에 심리적 만족도까지 높일 만한 제품이 개발되어야 한다.

3) 실버의류산업 활성화를 위한 과제

국내 의류산업은 유행의 주기가 점차 짧아지는 추세이며, 소득수준의 향상과 함께 소비자의 욕구가 다양화 및 고급화되고 있다. 또한 소비자들의 라이프스타일이 변하면서 편안한 옷을 선호하는 경향이 나타나고 있고, 가격 측면에서도 양극화 현상이 커지고 있다. 그러나 실버의류 분야의 경우 노인 인체치수의 부재, 의류업체 규모의 영세성, 패션 의류의 소재 빈곤, 경영디자인 전략의 미비 등으로 인해 노년층 소비자들은 여전히 자신들의 욕구에 적합한 의류제품을 만나는 데 어려움을 겪고 있다. 특히 신체적 장애를 가진 노년층을 위한 기능성과 심미성을 갖춘 노인전문의류는 거의 전무한 실정이다.

유통과정상에도 문제점이 나타나고 있다. 예를 들면, 일부 백화점이 운영하던 실버코너는 매출 부진, 매장관리의 문제, 다른 연령층 소비자의 부정적인 인식 등을 이유로 구석진 자리로 이동하거나 철수하는 경향이 있다. 유통경로를 개척하는 것은 소비자들의 욕구에 적합한 상품을 개발하는 것 이상으로 중요하다. 최근에는 노년층 소비자들이 스스로 자신의 체형과 취향을 감안해 의류를 선택하거나 자녀들이 소위 '젊고 세련된' 부모님을 만들어 드리고 싶어 그들의 눈높이에서 쇼핑을 하는 행태도 점차 확산되고 있다. 이러한 상황을 고려하면 젊은 층 소비자들이 보다 편리하게 이용할 수 있는 인터넷을 활용하여 시장을 확대하는 방법도 모색할 수 있다. 예를 들면, 최근 온라인 쇼핑몰 중에서 중년을 대상으로 한 실버의류 쇼핑몰이 맞춤형 세팅을 통해 성공한 사례도 있다(김동환, 2007).

이 외에도 실버의류산업은 정보화 기반과 금융 기반의 낙후, 기술개발의 부족, 인력수급의 불균형과 기능 취약, 업종 간의 협력 미약, 기업표준화 미흡, 섬유산업이 공해산업 또는 3D 산업이라는 인식, 산학연 연계의 기술개발 활동 미흡 등으로 인해 산업발전에 제약이 주어지고 있다.

2. 실버식품산업

1) 실버식품산업의 개요

식품은 인간의 생명유지 및 성장에 필요한 영양성분을 제공하는 1차 기능과 기호성, 포만감 등 즐거움을 주는 2차 기능을 위하여 누구나 섭취해야 하는 필수적인 것이다. 식품산업은 경제성장과 밀접한 관계가 있으며 소득변화의 영향을 받는 경향이 있다. 일반적으로 소득이 증가할수록 식음료비 지출이 증가하는 경향이 있다. 특히 우리나라는 노인인구와 그들의 소득수준이 증가하고 노년층의 소비수준이 높아짐에 따라 실버식품 관련 산업도 계속 성장하고 있다.

실버식품산업은 크게 세 가지로 구성된다. 첫째, 일상식으로서 고령자의 신체적 특성을 고려한 물성과 영양을 갖춘 제품을 포함하는 일반식품산업, 둘째, 일반식품 중에 정상적으로 섭취, 소화, 흡수 또는 대사할 수 있는 능력이 제한되거나 손상된 노인들을 위하여 특별히 제조 · 가공된 특수의료용도식품산업, 셋째, 고령자의 신체 건강 유지를 위해 섭취하는 건강기능식품산업이다.

실버식품산업 중 가장 시장의 관심이 집중되는 분야는 건강기능식품이라고 할 수 있다(건양대학교 산학협력단, 2007). 노년층 소비자들은 생리적 변화로 인하여 면역기능이 약해지고 소화기능이 저하되면서 각종 질병이나 상해에 노출되기 쉽다. 따라서 신체기능의 쇠퇴는 새로운 시장을 만드는 기회를 제공하는 요인이 되어 쇠퇴현상을 최소화할 수 있는 수단의 하나로 건강기능식품에 대한 요구가 증대되고 있다. 이러한 요구에 힘입어 최근 활발하게 개발 · 판매되고 있는 다양한 건강기능식품은 일반식품에 비해 부가가치가 높아 실버식품 분야의 유망 제품군으로 떠오르고 있다. 더불어 의료기술의 발전에 따른 평균수명의 연장과 소득수준의 향상 및 웰빙 라이프에 대한 관심 고조 현상 등도 식품 분야에서 신제품 개발에 대한 요구를 촉진시키고 있다.

일본의 경우 고령자라는 부정적인 이미지를 없애기 위해 실버식품에 누구나 먹을 수 있는 부드러운 음식이라는 뜻으로 유니버설 디자인푸드라는 명칭을 사용하고 있으며, 고령자가 알기 쉽도록 로고로 나타내고 있다. 유니버설 디자인푸드의 상품은 2010년 5월 말 현재 505개 품목이 등록되어 있지만 해마다 그 수가 증가되고 있다. 처음에는 레토르트식품 등 상온식품의 수가 많았지만, 최근에는 냉동식품의 등록 수가 5배 이상 증가하고 있다(한국보건산업진흥원, 2011).

2) 실버식품산업의 현황

식품산업은 법적 기준에 따라 각기 다르게 분류되고 있다. 우선 「식품위생법」에서는 식품가공업, 식품첨가물제조업, 즉석판매제조가공업, 기구 · 용기포장제

〈표 13-2〉 실버식품산업의 시장규모 추정 (단위: 백만 원, %)

구분 \ 연도	2007	2008	2009	2010	전년 대비 성장률	2007~2010년 연평균성장률
일반식품	2,680,148	2,962,928	3,431,058	3,806,763	11.0	12.4
건강기능 식품	688,837	751,632	918,383	1,021,128	11.2	14.0
특수용도 식품	29,228	40,269	54,113	71,061	31.3	34.5
실버 식품계(A)	3,398,212	3,754,829	4,403,554	4,898,952	11.2	13.0
비중(A/B)	12.3	12.7	13.3	13.7	–	–
모태산업(B)	27,716,079	29,503,555	33,181,636	35,824,108	8.0	8.9

주: 1) 일반식품: 식품(특수용도식품과 축산물가공품 제외)+식품첨가물+기구 · 용기 · 포장지
2) 일반식품의 경우 연도별 65세 이상 노인인구 비율을 적용한 국내 출하액임
3) 모태산업 범위는 식품+식품첨가물+기구 · 용기 · 포장지+건강기능식품(축산물가공품 제외됨)
자료: 식품의약품안전청(각 연도). 식품 및 식품첨가물 생산실적: 한국보건산업진흥원(2011). 고령화 산업실태조사 및 산업분석에서 재인용.

조업, 식품판매업, 집단급식소업, 식품운반업, 식품보존업, 식품접객업 등으로 분류한다. 한편, 「건강기능식품법」에서는 건강기능식품제조업, 건강기능식품판매업, 건강기능식품수입업 등으로 분류하고 있다. 따라서 실버식품산업을 명확하게 분류해서 시장규모를 파악하기는 쉽지 않다.

한국보건산업진흥원(2011)에 의하면 실버식품산업 시장규모 추계치는 2010년

〈표 13-3〉 실버식품산업 시장규모 전망 (단위: 백만 원, %)

구분 \ 연도	2010	2015	2018	2020	2010~2020년 연평균성장률
실버식품산업	4,898,952	9,012,755	12,993,023	16,581,048	13.0
비중	13.7	16.4	18.3	19.7	–
모태산업	35,824,108	54,943,296	71,016,344	84,266,322	8.9

자료: 한국보건산업진흥원(2011). 고령친화산업실태조사 및 산업분석.

4조 8,990억 원으로 전년 4조 4,036억 원보다 11.2% 상승하였다. 2007~2010년 연평균 13.0% 성장하였으며, 전체식품산업 대비 약 13.7%의 시장을 차지하고 있음을 알 수 있다. 특수용도식품은 전년 대비 성장률이 31.3%로 가장 높으며, 2007~2010년 연평균성장률 또한 34.5%로 가장 높게 나타났다. 장기적으로 실버식품산업의 시장규모는 2020년 16조 5,810억 원, 식품산업 대비 비중은 19.7%까지 증대할 것으로 기대된다.

3) 실버식품산업 활성화를 위한 과제

현재 실버식품산업은 「건강기능식품법」이 제정되고 공포됨으로써 정부의 강력한 산업지원 의지가 표명되었고, 생약 등 잠재력이 높은 기능성 소재가 풍부하기 때문에 희망적인 분야로 기대되고 있다. 물론 기능성 식품소재를 개발하는 데도 장기간의 노력과 비용이 투입되어야 하지만, 개발에 성공할 경우 얻어지는 매출 예상은 약 25억 달러 정도로 부가가치가 높은 산업 분야로 부상하고 있다. 게다가 약사, 의사 등 전문가들의 적극적인 참여로 새로운 시장이 창출될 것으로 보고 있다(저출산고령사회위원회, 2006).

그러나 실버식품 분야가 산업화되기에는 몇 가지 걸림돌이 있다. 첫째는 신소재 및 신제품 개발을 위한 기술, 인력, 자금 등이 부족하여 외국 기능성 원료에 대한 의존도가 높다. 둘째는 건강기능식품에 대한 소비자의 이해가 부족하고 인지도가 낮다. 셋째는 소비자 교육 및 홍보에 대한 제도적 장치가 미흡하다. 넷째는 건강기능식품에 대한 올바른 교육이 부족한 실정이다.

따라서 실버식품산업 활성화를 위한 대안을 제시하면 다음과 같다. 첫째, 실버식품산업 활성화를 위한 법률적 지원이 필요하다. 현재의 「건강기능식품법」에는 실버식품산업을 지원·육성하는 법률이 마련되지 못했다. 이러한 문제는 2002년 「건강기능식품법」이 제정·공포된 이후 건강기능식품산업을 고부가가치산업으로 인식하여 지원·육성하려는 정부 차원의 산업육성 노력을 상쇄시키게 된다. 따라서 실버식품산업 지원 · 육성법이 조속히 마련되어야 한다.

둘째, 성장잠재력을 가진 기능성 소재 관련 정보를 공유하고 상품화로 이끌어 내야 한다. 기존의 국가연구개발사업을 통해 개발된 성장잠재력 있는 기능성 소재는 풍부하지만, 정부나 기업 차원에서 관련 정보를 공유하는 체계가 미비하고 기술 수용자와 공급자 간의 연계기반이 취약하여 국산소재에 대한 상품화 사례가 부족하다. 그러므로 산 · 학 · 관 · 연의 정보공유 및 연계를 통해 기능성 식품소재를 상품화하는 노력이 필요하다.

셋째, 우리나라 노년층을 위한 섭취기준 마련 등 상용화를 위한 표준이 마련되어야 한다. 우리나라 실버소비자의 특성을 고려한 식품의 기준 및 규격설정이 부족하여 외국의 기준을 그대로 수용하는 경향이 있고, 이러한 문제를 적극적으로 해결하기 위한 연구 및 개발이 부족하다. 예컨대, 비타민 및 무기질의 일일섭취량 결정에서 동양인에게 요구되는 섭취량과 외국의 기준이 다름에도, 이를 증명할 수 있는 과학적인 근거를 제시하지 못하고 있는 실정이다.

넷째, 실버소비자의 기능성 식품에 대한 이해를 돕기 위해 교육 및 홍보가 강화되어야 한다. 현재 우리나라는 실버식품 분야에 대한 실버소비자의 이해가 부족하고 소비자 교육 및 홍보를 위한 제도적 장치가 미흡하다. 그러므로 소비자가 실버식품산업에 대해 올바른 인식을 하고 제품을 선택할 수 있도록 사회적 차원에서 교육과 홍보가 이루어져야 한다.

3. 장묘산업

1) 장묘산업의 개념과 필요성

장묘산업은 사망에 따른 장례서비스 및 매장과 관련된 산업을 말한다. 최근 인구의 고령화에 따른 환경변화로 인하여 장묘산업의 중요성이 매우 높아지고 있다. 그러한 추이를 간략하게 살펴보면 다음과 같다.

첫째, 고령화로 인해 점차 사망인구가 급격하게 증가할 가능성이 있다. 현재 우리나라는 저출산 · 저사망 현상에 따라 일시적으로 사망자 수가 안정적으로 유지되고 있지만, 베이비붐 세대가 노인인구 집단에 진입하면 일정 시점 이후에는 사망자 수가 급격히 증가하게 될 것으로 전망된다.

〈표 13-4〉에서 보듯이 2010년 사망자 수는 약 25만 5천 명이지만, 베이비붐 세대가 본격적으로 65세 이상 노년층이 되는 2020년에는 사망자 수가 약 35만 7천 명, 이들이 75~84세의 중기 고령층에 진입하기 시작하는 2030년에는 45만 3천 명, 그리고 85세 이상의 후기 고령층이 되는 2040년에는 57만 6천 명, 2050년에는 연간 71만 7천 명으로 증가할 것으로 전망된다.

둘째, 장묘문화가 변화되고 있다. 과거 우리나라는 매장 위주의 장묘문화가 매우 강하였으나 전 국토의 묘지화 등 매장의 문제점이 부각되고 장묘문화를 개

〈표 13-4〉 우리나라 기대수명 및 사망자 수 추계 (단위: 세, 천 명)

구분 \ 연도		2010	2015	2020	2030	2040	2050
기대수명	계	80.8	81.7	82.6	84.3	86.0	87.4
	남자	77.2	78.2	79.3	81.4	83.4	85.1
	여자	84.1	85.0	85.7	87.0	88.2	89.3
사망자 수		255	308	357	453	576	718

자료: 통계청(2011). 장래인구추계.

〈표 13-5〉 연도별 화장률 추이 (단위: %)

연도	1970	1991	2001	2002	2003	2004	2005
화장률	10.7	17.8	38.5	42.5	46.4	49.2	52.6
연도	2006	2007	2008	2009	2010	2011	2012
화장률	56.5	58.9	61.9	65.0	67.5	71.1	74.0

자료: 보건복지부(2014a). 2013 보건복지백서.

선하기 위한 민간부문의 노력이 효과를 거두어 1998년 이후 화장률이 급증하고 있다.

실제로 우리나라의 화장률은 1955년 5.8%에 그쳤지만 1999년 30.3%로 급증한 이후 불과 3년 만인 2002년에는 42.5%로 증가하였고, 2008년에는 61.9%, 2012년에는 74.0%에 이르고 있다. 이러한 추세라면 베이비붐 세대가 은퇴하기 시작하는 2010년대 후반 이후에는 80% 수준에 가깝게 증가할 것으로 예측된다.

2) 장묘산업의 현황

장묘산업의 범위에는 병원 영안실, 장례식장 및 관련 서비스, 화장장 및 묘지 등이 포함된다. 병원, 장례식장, 묘지는 대부분 민간부문에서 이루어지는 반면, 화장시설은 공공분야에 속한다.

우리나라 화장시설은 2013년 12월 말 현재 55개소다. 화장률이 지속적으로 증

〈표 13-6〉 화장시설 및 봉안당 이용현황

구분 / 연도	화장장		봉안당		
	개소 수	화장 건수	개소 수	봉안능력	봉안 수(현재)
2004	46	187,240	153	1,447,987	116,784
2005	46	172,420	188	1,627,088	508,166
2006	47	197,735	210	1,918,944	576,286
2007	48	187,991	242	2,271,003	529,774
2008	49	202,128	257	2,540,876	676,678
2009	50	246,241	300	3,026,154	795,520
2010	51	229,125	309	3,596,943	1,094,880
2011	51	234,076	355	3,351,148	980,304
2012	53	292,961	384	3,525,902	1,041,674
2013	55	259,576	373	3,695,642	1,124,053

자료 : 보건복지부(2014b). 2014 보건복지통계연보.

가하는 상황을 고려하면 화장시설 수는 부족한 실정이다. 그러나 화장시설은 혐오시설로 인식되어 주민들이 설치를 반대하고 있어 추가건립은 어려운 실정이다. 특히 서울 등 대도시권에서는 화장시설이 절대적으로 부족하여 시설이용에 심각한 애로가 있다.

2013년 12월 말 현재 공설묘지는 373개소, 법인묘지는 159개소이며, 봉안시설은 2001년 「장사 등에 관한 법률」이 개정되면서 화장장려 정책에 따라 급속하게 보급되어 2013년 12월 말 현재 공설 및 법인 · 종교단체 봉안당은 373개소다.

이와 더불어 봉안시설이 과도한 석물사용 등으로 오히려 자연환경을 훼손하는 문제가 발생함에 따라, 정부는 화장한 유골의 골분을 수목 · 화초 · 잔디 등의 밑이나 주변에 묻어 장사하는 친환경 자연장 제도를 도입 · 시행(2008년 5월)하게 되었으며, 2012년 12월 말 현재 공설 자연장지는 32개소에 이른다(보건복지부,

〈표 13-7〉 장례식장 및 관련서비스업 산업규모 (단위: 개, 명, 백만 원)

연도	구분 \ 산업별	장례식장 및 관련서비스업	장례식장 및 장의관련서비스업	화장 · 묘지분양 및 관리업
2007	사업체 수	2,444	2,034	410
	종사자 수	18,306	15,296	3,010
	매출액	766,083	549,340	216,743
2009	사업체 수	2,686	2,238	448
	종사자 수	22,332	18,892	3,440
	매출액	1,083,690	805,026	278,664
2011	사업체 수	2,618	2,126	492
	종사자 수	20,369	16,895	3,474
	매출액	1,023,966	702,202	321,764
2013	사업체 수	2,872	2,308	564
	종사자 수	24,221	20,449	3,772
	매출액	1,160,321	805,921	354,400

자료: 통계청, KOSIS.

2014a).

장례식장은 영업 및 가격신고제로 운영되다가 1999년 종전의 가정의례에 관한 법률이 폐지되면서 세무서에 신고만 하면 되는 자유업으로 변경되었다. 이에 따라 장례식장 내 시체의 운반 · 보관 · 관리 · 염습 등 시신과의 접촉으로 감염의 위험성이 높아짐에 따라 정부는 시체의 위생적 관리에 대한 기준을 마련하여 제시하고 있다.

2013년 기준으로 장례식장 및 관련 서비스업체 수는 2,872개, 종사자 수는 24,221명, 매출액은 1조 1,603억 원에 이르고 있다. 2007년에 비해 사업체 수는 40.5%, 종사자 수는 32.3%, 매출액은 51.5% 증가하였다.

한편, 장례지도사 자격취득자는 2012년 3,379명에서 2013년 7,337명으로 급증하고 있다.

3) 장묘산업 발전을 위한 정책제언

장묘산업은 고인에 대한 배려, 유족의 슬픔 등 심리적 · 환경적 요인으로 인해 업체가 폭리를 취할 수 있는 여지가 존재한다. 따라서 정부의 감독과 감시가 필요하며, 일정 비율은 공공에 의해서 저렴하고도 질 높은 서비스가 제공되어야 한다. 장묘산업 발전을 위해 몇 가지 제안을 해 본다.

첫째, 자연친화적인 장묘문화의 정착이 필요하다. 즉, 자연을 훼손하지 않고 있는 그대로 활용하거나 조금 변형하여 자연이 스스로 회복할 수 있도록 하면서 장례를 치를 수 있도록 하는 것이다.

정부와 민간에서 매장을 지양하고 화장을 권유한 것도 전 국토가 묘지화되지 않도록 하는 측면이 있다. 하지만 최근 화장이 증가하면서 납골당, 납골묘 등이 속속 건립되면서 오히려 묘지를 영구 건축물화하는 폐해를 초래하기도 한다.

따라서 수목장 등 완전 자연친화적인 장묘문화를 더욱 보급하도록 해야 한다. 수목장은 시신이나 화장한 유골을 자연친화적인 용기에 담거나 그대로 매장한 후 그 주위에 나무를 심어서 일정기간이 지나면 나무가 자라면서 매장한 흔적은 사라지고 자연으로 환원되도록 하는 것이다.

현행 「장사 등에 관한 법률」에 규정된 자연장은 화장한 유골의 골분을 수목 · 화초 · 잔디 등의 밑이나 주변에 30cm 이상 깊이로 묻어 장사하도록 하고 있다. 용기를 사용할 경우에는 생분해성수지제품이나 전분 등 천연소재로서 생화학적으로 분해가 가능한 것을 사용해야 하며, 용기를 사용하지 않을 경우에는 흙과 섞어서 묻어야 한다. 물론 유품을 함께 묻어서는 안 된다.

둘째, 장묘시설의 확충 및 지역 간 균형배치가 필요하다. 묘지의 경우 매장 수요가 감소하면서 수요는 줄어들고 있다. 하지만 지속적인 신규 수요가 발생하기 때문에 적정수준의 공급은 필요하다. 신규로 집단묘지를 개발하기는 현실적으로 불가능하므로 기존 묘지의 재개발을 검토할 필요가 있다.

셋째, 화장시설 이용의 수요와 공급을 고려할 때 광역권 차원에서 공동으로 이용하는 방안이 제시되어야 한다. 대도시권 등 일부 지역에서는 화장시설의 수요증가에 따른 공급이 원활하지 못한 실정이다. 그러므로 시설을 확충하되, 중복투자를 방지하고 효율성을 높이기 위해서 화장시설을 광역권 차원에서 공동이용하는 방안을 적극 모색해야 한다.

그러나 님비현상으로 인해 지자체 간 갈등이 있을 수 있으므로 상호 편익과 비용을 적절히 배분하는 방안이 요구된다. 현재 화장시설을 지역 외 사람이 이용할 경우 비용을 지자체마다 1.5배에서 최대 16.7배까지 할증하고 있어서 과도한 측면이 있다. 이러한 문제를 보다 생산적으로 해결하기 위해서는 개인적인 이용요금 할증보다는 화장시설을 건립하는 지자체에 그에 상응하는 대체투자를 해 주거나 화장시설을 공원화하는 등 새로운 문화공간으로의 변신을 위한 지원이 모색될 수 있을 것이다.

넷째, 장례서비스의 선진화가 필요하다. 장례는 미리 예견할 수 있는 일이 아니므로 장묘 관련서비스 업체들의 도움을 받아 제한된 시간에 정해진 제도에 의해 시행하게 된다. 따라서 장묘 관련서비스는 대부분 수요자의 선택보다는 공급자인 서비스 업체들의 주도하에서 이루어지게 된다. 따라서 장묘 관련서비스에 웃돈이나 팁 등을 요구하는 것이 관행으로 되어 있고, 일부 업체는 폭리를 취하고 있는 실정이다.

이러한 문제를 해소하기 위해서는 장례식장에 대한 신고제 도입, 장례식장 설치기준 강화 등의 제도적 개선이 필요하다. 그리고 장묘서비스 공급자를 확대하여 경쟁을 유도해야 한다. 장례장소로는 병원 영안실 외에도 전문장례식장의 공급을 지원하고, 종교기관 및 조합협회 등이 주관하는 장례식장 및 장의서비스 사업도 적극적으로 수용해야 한다.

다섯째, 장묘 관련 정보서비스가 확충되어야 한다. 장례식장, 화장장, 묘지, 납골시설, 장묘 관련 업체, 장례용품의 종류 및 가격, 장례절차 등에 관한 정보가 충분히 제공되면 장묘 관련 업체의 서비스 질이 높아지고 무분별한 폭리를 막을 수 있을 것이다. 이를 위해서는 중앙정부 및 지방자치단체가 관련 기관과 연계하여 국민이 신뢰할 수 있는 객관적이고 공정한 장묘 관련 정보를 제공해야 할 것이다.

4. 실버교통

1) 실버교통의 필요성

일반적으로 노화가 진행되면 신체적 · 심리적 기능이 저하되면서 교통상황에 대한 대처능력이 약화되어 사고 위험이 높아진다. 기능저하 중에는 외형적으로 나타나는 신체적인 측면 못지않게 심리적으로 나타나는 인지기능의 저하에서 비롯되는 현상에 주목해 볼 수 있다. 예를 들면, 시력저하로 인해 신호등, 교통흐름, 표지판 등 교통정보를 획득하는 데 어려움이 있다. 또 사물과 사물, 사물과 배경을 구분하는 대비감각이 약화되어 흐린 날씨에는 사고의 위험이 높으며, 차

노인 운전 사고 급증… "운전능력 평가 시스템 개발"

◆ 노인 운전자 사고 4년동안 60.6% 증가

도로교통공단이 '2015년판 교통사고통계'를 발표했는데 가장 주목할 만한 것이 노인 교통사고 통계다.

지난해 노인 교통사고는 3만 3,170건으로 전년도인 2013년 3만 283건에 비해 9.5% 증가했다. 더 큰 문제는 증가폭이 갈수록 커지고 있다는 것이다. 2010년 2만 5,810건에서 2011년 2만 6,483건으로 2.6% 증가하더니, 2012년에는 6.4%, 2013년에는 7.4%가 늘었다. 지난해 발생 건수를 2010년과 비교하면, 4년 만에 28.5%나 증가했다.

〈노인교통사고 발생 건수〉

연도	2010	2011	2012	2013	2014
발생(건)	25,810	26,483	28.185	30,283	33,170

노인 교통사고를 다시 '노인 보행자 사고'와 '노인 운전자 사고'로 구분하면, 노인 보행자 사고는 2010년 8,798건에서 지난해 1만 825건으로 4년 새 23.0% 증가한 반면, 노인 운전자 사고는 같은 기간 1만 2,623건에서 2만 275건으로 무려 60.6%나 늘었다. '노인 운전사 사고'에 따른 노인 사망자도 2010년 547명에서 2014년 763명으로 39.5%가 증가했다.

◆ "노인 운전능력 측정"… "제한속도도 낮춰야"

도로교통공단은 노인 교통사고가 증가한 첫 번째 이유로, 우리사회의 고령화 속도와 노인 운전자의 증가를 꼽았다. 우리사회의 고령화 속도가 다른 나라에 비해 빨라 자동차를 보유한 사람들이 65세를 넘기면서 노인 운전자 규모 자체가 커지고 있기 때문이다.

도로교통공단이 고려하는 노인 운전자 교통사고 방지 대책은 먼저, 운전 능력을 평가하는 것이다. 아무래도 나이가 들면, 밤눈이 어두워지는 등 시력이 떨어지거나 긴급 상황에 대처하는 반응 속도가 느려질 수 있기 때문에 고령 운전자의 운전 능력을 과학적으로 측정할 수 있는 시스템을 개발하고 있다. 여러 검사 항목을 통해 운전에 적합한 기준을 정하고, 여기에 못 미칠 경우 운전자 본인에게 주의를 당부하거나 전문가 검사를 받도록 유도하는 것이다.

도로교통공단은 '노인 보호 구역' 제도에 대한 개선을 요구했다. 노인들은 경로당, 복지관, 요양병원 외에 교회나 시장을 가기도 하고, 친구를 만나러 가기도 하는 등 보행 경로가 다양하기 때문에 노인 시설만을 중심으로 차량 속도를 시속 30㎞ 이하로 제한하는 노인 보호 구역을 설정해서는 효과를 거두기 어렵다는 것이다. 이에 따라 노인 시설뿐 아니라 주택가 등 폭이 좁은 생활성 도로의 제한 속도를 아예 현행 '60km 이하'에서 '30km 이하'로 낮추는 방안이 필요하다. 제한 속도를 낮추면 사고 발생 가능성도 줄고, 사고가 난다고 해도 인명 피해가 줄어들 수 있다는 해석이다.

자료: SBS뉴스(2015. 7. 25.).

선이나 중앙분리대 등 교통시설을 인식하는 데도 어려움을 느낄 수 있다. 이 외에도 청각기능, 사고와 판단능력 등이 약화되기 때문에 노년층은 보행이나 운전 등에 있어서 교통약자에 속한다고 할 수 있다.

일반적으로 교통약자(the transportation vulnerable)는 자동차에 비해 약자인 보행자 및 자전거 이용자, 일반인에 비해 약자인 장애인, 젊고 건강한 사람에 비해 약자인 노인 · 부녀자 · 어린이 등을 일컫는다(설재훈 외, 2004).

교통약자로서 노인의 특성을 세부적으로 살펴보면(김경욱, 1996), ① 보행을 할 때 뒤에서 오는 차량의 접근에도 주의하지 않거나 경음기가 울려도 주의하지 않는다. ② 도로폭이 넓어지면 도로의 중앙부를 걸으며, 보행궤적이 흔들리게 된다. ③ 길을 가는 도중에 사선으로 횡단하는 경향이 많다. ④ 상점이나 포스터를 보면서 걷는 경우가 많다. ⑤ 소리나는 방향으로 얼굴을 돌리지 않으며, 정면에서 오는 자전거를 쉽게 피할 수 없다. ⑥ 적색신호에도 어린이 손을 잡고 횡단하는 경우가 많다. ⑦ 좌우를 확인하지 않고 횡단하는 경우가 많다. ⑧ 녹색신호가 보여도 반응이 늦어서 금방 건너지 못한다.

노인은 낙상으로 인해 골절이나 부상을 당하게 될 경우 치료기간이 젊은 사람들보다 더 길고 약물 부작용 등으로 인해 치명적이 될 수도 있다. 또한 이런 위험 때문에 외출을 자유롭게 하지 못할 경우에는 사회적 · 정신적으로 고립되므로 노인들도 교통약자가 되기 쉽다.

그동안 우리나라에서는 교통약자로서 노인에 대한 관심은 매우 낮았다. 그러나 1997년 「장애인 · 노인 · 임산부 등의 편의증진보장에 관한 법률」이 제정되어 편의증진 대상이 노약자에게까지 확대되면서 그나마 관심을 받기 시작했다.

또한 정부는 보건복지부가 주관하는 법률만으로는 이동편의시설 정비의 실효성을 거두기가 어려웠기 때문에 여객시설, 교통수단 및 도로 등을 총괄하는 건설교통부가 2005년 1월 「교통약자의 이동편의증진법」을 제정하였다.

이 법에서는 교통약자의 이동권 보장을 위한 기본계획의 수립을 의무화하고 있다. 이 계획의 방향을 따르자면 실버교통은 유니버설 디자인 개념을 반영하여 노인 등 교통약자가 편리해지면 모든 국민이 안전하고 편리한 교통환경을 누릴 수 있다는 데 초점을 두고 교통시설을 개선하는 것이다.

2) 실버교통의 현황

교통약자를 위한 이동편의시설을 설치해야 하는 대상물은 교통수단, 여객시설, 도로로 구분된다. 실제로 이들이 가진 문제점은 다음과 같다.

〈표 13-8〉 이동편의시설의 종류

<table>
<tr><th rowspan="2">교통수단</th><th colspan="5">버스</th><th rowspan="2">도시철도 및 전철</th><th rowspan="2">철도</th><th rowspan="2">항공기</th><th rowspan="2">여객선</th></tr>
<tr><th>시내버스(일반형)</th><th>시내버스(저상형)</th><th>시내버스(좌석형)</th><th>농어촌 버스</th><th>시외고속 버스</th></tr>
<tr><td>여객시설</td><td colspan="4">버스정류장, 환승시설</td><td>여객 자동차 터미널</td><td>도시철도 및 전철역사</td><td>철도역사</td><td>공항 터미널</td><td>항만 터미널</td></tr>
<tr><td>도로</td><td colspan="9">도로법상의 도로(보도, 지하도, 육교)</td></tr>
</table>

자료: 신연식(2007). 교통약자 이동편의 증진계획의 추진배경과 전략과제.

먼저, 도로 중 보행로의 경우에는 각종 장애물이 산재해 있고 이동편의시설 설치가 미흡하다. 그 결과 휠체어, 전동스쿠터 등의 이동이 곤란하고, 노인들이 안전하게 걸을 수 있는 인도도 제대로 갖추지 못하는 등 보행환경 관리가 매우 미흡한 실정이다.

가장 보편적인 대중교통수단인 버스의 경우에는 승하차가 불편하고 안내판 및 안내방송이 미흡하며 휠체어 승강설비가 갖추어져 있지 않다. 정부는 2004년부터 저상버스를 도입 · 운영하고 있지만 아직 수요에 비해 공급이 매우 부족한 형편이다.

지하철 등 도시철도의 경우에는 비교적 이동편의시설이 잘 설치되어 있지만, 아직 엘리베이터와 에스컬레이터 등이 갖추어지지 않고 계단으로만 진출입하게 되어 있어 노인들이 이동하는 데 어려움을 겪는 곳이 적지 않다. 항공기의 경우에는 교통약자를 위한 전용좌석이 구비되어 있지 않고, 복잡한 탑승 및 도착 수속 등은 노인들에게 이용의 불편함을 초래하고 있다. 여객선의 경우 교통약자를 위한 이동편의시설은 거의 구축되어 있지 않으며, 일반인조차도 불편함을 느끼는 경우가 많다.

최근에는 자가운전하는 노인 수가 급속히 늘어나고 있으나 노인 운전자를 배려하기 위한 제도나 차량편의시설 개발 등은 여전히 부족한 실정이다.

3) 실버교통 활성화를 위한 정책제언

실버교통은 노인만을 위한 교통이 아니라 교통약자를 보호하고 이동편의를 높여 줄 뿐만 아니라 모든 국민의 안전과 편의를 위한 교통이 되어야 한다. 실버교통 활성화를 위한 대안을 몇 가지 제시한다.

첫째, 교통약자를 위한 교통수단이 확충되어야 한다. 특히 저상버스가 신속하게 도입되어야 한다. 저상버스를 구입할 경우 추가되는 비용에 대해서는 버스회사, 중앙정부, 지방정부가 분담하도록 하되, 정부의 지원이 더 확대되어야 한다.

이때 저상버스가 원활하게 접근할 수 있도록 도로조건도 정비되어야 한다.

또한 중증장애인 및 고령자를 위한 장애인용 택시나 승합차의 보급을 확대하여 문전(door-to-door)서비스를 원활하게 활용할 수 있도록 해 주어야 한다.

현재 정부의 정책방향은 대중교통에만 초점이 맞추어져 있지만, 자가용 운전자에 대한 지원도 이루어져야 한다. 휠체어나 전동스쿠터를 탄 채로 운전할 수 있도록 하거나, 신체능력 저하에 따른 운전편의장치를 장착할 수 있도록 법률을 보완하고 개조비용을 지원하는 것도 필요하다.

둘째, 교통시설의 개선이 요구된다. 주요 철도역 · 공항 · 여객선 터미널에 장애인 · 노약자의 보행을 위한 시설을 정비하고, 교통약자를 위한 우선창구 및 도우미서비스도 시행되어야 한다.

셋째, 연구개발을 위한 정부의 지원이 필요하다. 교통수단은 우리나라와 지역의 특수성을 고려해야 하므로 한국형 저상버스 표준모델 및 특별교통수단에 대한 연구개발, 노인 · 장애인 등의 자가운전에 필요한 편의운전장치 또는 차량개조 · 개발, 교통약자를 위한 교통시설 개선, 교통정보시스템을 위한 연구개발을 적극 지원해 주어야 한다.

넷째, 교통은 혼자서 이용하는 것이 아니므로 교통약자에 대한 인식과 이동환경 개선에 대한 사회적 관심이 제고되어야 한다. 교통약자를 위해 추가적으로 어느 시설 하나를 추가한다고 생각하기보다는 교통과 관련한 사회시스템 전체를 변화시킨다는 관점에서 시민들의 공감이 이루어져야 한다.

제4부

실버산업의 미래

제14장
실버산업의 전망

실버산업의 성장에 능동적으로 대응하기 위해서는 실버산업의 총시장 규모와 세부 산업별 시장규모를 전망하는 것이 중요하다. 또한 실버산업이 육성될 때 경제와 고용에 미치는 효과를 분석해야 한다. 이 장에서는 실버산업의 미래 시장규모를 전망하고 산업적 관점과 노인소비자의 관점에서 실버산업의 파급효과를 언급함으로써 고령화 현상이 국가경제에 어떻게 이바지하며 노인들의 삶의 질을 향상시키는가를 검토한다.

1. 실버산업의 시장전망

저출산 · 고령화의 영향 및 노인소득의 증대로 인하여 우리나라 실버산업의 시장은 향후에 비약적으로 성장할 것이다. 그러나 어느 정도의 시장규모가 될 것인지를 추정하는 것은 쉽지 않다. 실버산업에 포함되는 산업의 범위를 정하는 것부터가 연구자마다 다르기 때문이다.

한국보건산업진흥원(2012)에서는 광범위한 산업범위를 포괄하는 실버산업의 전망에 대해 추정하였다. 실버산업의 시장규모를 요양, 의약품, 의료기기, 화장품, 식품, 여가, 금융, 주거, 용품의 주요산업 9개 시장규모를 모두 합하여 제시하고 있다. 2010년 산업별 시장규모를 모두 합한 실버산업의 시장규모는 33조 2,241억 원이며, 2010~2020년 연평균성장률(CAGR)은 14.2%로 추정되었다. 이는 타 산업에 비해 매우 높은 성장률을 보이는 것으로 실버산업의 미래전망은 매우 밝다고 할 수 있다.

산업규모로 보면 2010년 현재 실버금융산업의 규모가 가장 크고 실버여가산업의 규모가 다음으로 크다. 화장품산업의 규모가 가장 작은 것은 화장품이란 산업분류 자체가 매우 좁기 때문에 일어나는 현상이다.

성장률로 보면 실버화장품산업과 실버요양산업의 연평균성장률이 각각 17.7%, 17.2%로 가장 높을 것으로 전망되었다. 실버의약품산업과 실버식품산업의 연평균성장률도 13.5%, 13.0%로 비교적 높게 추정되었다. 따라서 실버식품산업은 2020년에 실버여가산업을 제치고 실버금융산업에 이어 시장규모가 두 번째로 커질 것으로 전망된다.

실버주거산업이 마이너스(−)성장률을 보일 것으로 추정된 것은 다소 의외의 결과다. 이는 실버주택 신축과 고령친화적으로 주택을 개조하는 실버주거산업이 별도의 실버전용 주택을 만드는 것이 아니라 일반적 개인주택이 유니버설 디자인 형태로 보편화되기 때문으로 보인다. 다시 말해, 실버주거산업의 규모는

〈표 14-1〉 우리나라 고령친화산업의 시장 전망 (단위: 억 원, %)

〈고령친화사업 시장규모 전망〉

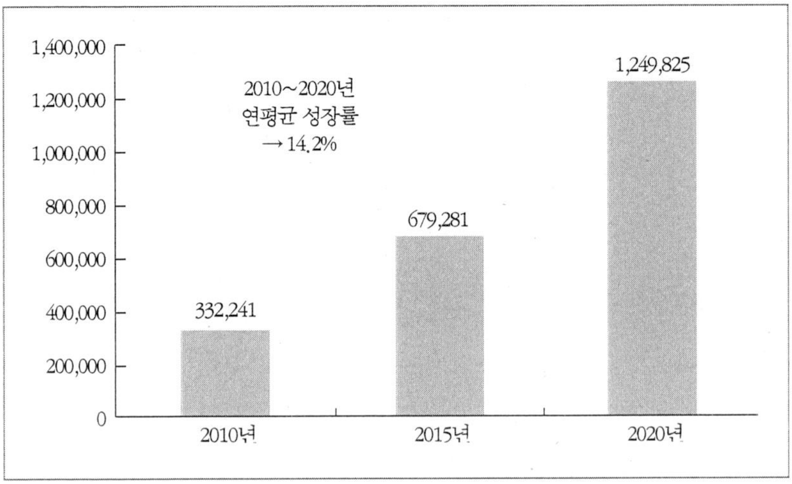

〈세부산업별 시장규모 전망〉

구분	2010년		2015년		2020년		2010~2020년
	시장규모	비중	시장규모	비중	시장규모	비중	연평균 성장률
요양	25,675	7.7	62,234	9.2	125,188	10.0	17.2
의약품	30,486	9.2	57,464	8.5	108,315	8.7	13.5
의료기기	10,903	3.3	13,516	2.0	16,975	1.4	4.5
화장품	5,109	1.5	11,541	1.7	26,070	2.1	17.7
식품	48,990	14.7	90,128	13.3	165,810	13.3	13.0
여가	76,088	22.9	110,268	16.2	161,917	13.0	7.8
금융	105,663	31.8	301,711	44.4	610,404	48.8	19.2
주거	9,616	2.9	9,073	1.3	6,824	0.5	−3.4
용품	19,711	5.9	23,347	3.4	28,322	2.3	3.7
전체	332,241	100.0	679,281	100.0	1,249,825	100.0	14.2

자료: 한국보건산업진흥원(2012). 고령친화산업 현황 및 전망.

매우 커지지만 실버주거산업으로 통계적으로 별도로 구분하는 것은 어려워질 수 있음을 의미한다. 따라서 실버산업의 세부 산업분류의 범위를 통계적으로 어떻게 분류하느냐에 따라 규모나 성장률에 있어서 차이가 나타날 수 있다.

2. 실버산업의 파급효과

1) 경제성장에 미치는 효과

실버산업의 발전이 경제성장에 미치는 효과는 국가의 경제성장에 기여하는 측면과 사용자의 삶의 질을 향상시키는 측면에서 바라볼 수 있다. 경제적 관점에서 볼 때 신산업 분야인 실버산업은 여러 분야의 모태산업과 연결되므로 실버산업뿐만 아니라 기존 모태산업의 발전에도 기여하게 된다. 예컨대, 노년층 소비자에게 가장 많이 팔리는 품목 중 하나인 기능성 신발의 경우 실버신발산업이 발전하면 모태산업인 신발산업이 성장하게 된다.

또한 가령 고령친화 기기산업이 육성되려면 기존의 모태산업 중 기기산업에 포함되는 자동차산업, 기계부품산업, 전기전자산업 등의 분야에서 고령친화산업 육성에 필요한 핵심기술이 적용되어야 한다. 따라서 각 분야의 모태산업 입장에서 본다면 고유의 산업에 고령친화 분야가 추가되어 산업규모가 확대되고 기술이 발전하며, 때로는 다른 산업 분야와 융합함으로써 경쟁력이 더 높아질 수 있다. 결과적으로 실버산업의 성장을 통해 모태산업이 더 확대되면 고용창출을 촉진함으로써 국가경제에 긍정적인 영향을 미치게 되는 것이다.

2) 고용창출에 미치는 효과

실버산업의 성장이 고용창출에 미치는 효과를 우리나라 통계를 중심으로 살

〈표 14-2〉 모태산업과 고령친화산업 부문별 취업유발 효과 (단위: 명)

구분	연도	전 산업 취업유발 효과		
		2002	2010	2020
모태산업	요양	191	32,044	21,542
	기기	22,009	25,350	23,436
	정보	3,650,157	2,477,306	1,272,937
	여가	1,300,356	1,641,934	1,920,960
	금융	1,638,000	1,850,552	1,056,981
	주택	912,256	1,196,688	1,512,934
	한방	50,760	55,143	61,452
	농업	2,909,715	1,224,535	410,933
	소계	10,483,444	8,503,553	6,281,175
	교통*	561,995	216,049	58,674
	식품	252,221	137,941	65,022
	의약품**	51,363	22,053	8,163
	장묘	28,766	12,229	4,237
	의류	157,495	92,683	47,958
	교육*	1,122,009	918,981	681,519
	소계	2,173,848	1,399,936	865,572
	총계	12,657,291	9,903,489	7,146,747
고령친화산업	요양	191	32,044	21,542
	기기	7,428	9,119	9,316
	정보	4,745	32,205	95,216
	여가	70,478	139,403	298,253
	금융	37,886	85,070	100,030
	주택	9,217	33,473	73,544
	한방	14,365	16,922	19,163
	농업	29,094	61,226	41,094
	소계	173,406	409,463	658,158
	모태산업 대비 비중	1.65%	4.82%	10.48%
	교통*	5,055	6,256	4,268
	식품	6,403	4,511	2,918
	의약품**	17,532	9,651	5,445
	장묘	21,574	10,003	3,835

고령친화산업	의류	7,518	6,197	5,384
	교육*	2,739	5,898	8,711
	소계	60,821	42,516	30,561
	모태산업 대비 비중	2.80%	3.04%	3.53%
	총계	231,488	446,081	680,008
	모태산업 대비 비중	1.85%	4.56%	9.64%

주: * 2001년도 기준임
** 2003년도 기준임
자료: 보건복지부, 고령화 및 미래사회위원회(2006b). 고령친화산업 활성화 전략 2.

펴 보았다(〈표 14-2〉 참조). 우선 모태산업의 경우는 2002년을 기점으로 2020년으로 가면서 취업유발 효과가 떨어질 것으로 전망되는 반면, 실버산업은 동일 연도에 취업유발 효과가 상승할 것으로 예상된다. 예컨대, 고령친화 8대 산업은 2002년에 전체 산업 중 고용비중이 1.65%였지만, 2020년 10.48%로 커지면서 고용창출의 기회가 확대될 것으로 전망된다. 고령친화 6대 산업도 이와 마찬가지로 각각 2.80%에서 3.53%로 증가하여 취업유발 효과가 커질 것으로 기대된다. 구체적으로 보면 2002년 기준으로 14대 고령친화산업의 연간 고용창출은 약 23만 명인데, 2020년에 약 68만 명으로 확대될 것이 예상되며, 각각 연평균 8.6%와 4.3%씩 증가할 전망이다.

특히 요양산업은 다른 산업 분야보다 고용창출 효과가 클 것으로 기대된다. 그중 2008년 장기요양보험제도가 시행된 이후 보건복지인력 중 준전문가인 요양보호사의 배출이 가장 눈에 띄게 나타났다. 2010년에 교육과정을 거쳐 보건복지부 자격을 취득한 요양보호사는 총 190,026명[1)]이고(국민건강보험공단, 2009), 그들 중 적어도 반수 이상이 요양시설이나 재가복지센터 등의 장기요양시설에 취업한 것으로 추정된다. 하지만 그 이면에는 정부가 장기요양보험제도 시행에 맞추어 단기간에 요양보호인력을 지나치게 확대 양성함으로써 서비스의 질을

1) 취득유예자 포함.

담보할 수 없다는 문제점이 지적되기도 한다.

일본의 경우도 개호보험 종사자는 2000년 103만 명에서 2004년 140만 명으로 증가하여 고용창출 효과가 큰 것으로 평가되었다(http://www.seri.or.kr, 일본 실버산업 현황보고, 2006. 10.). 하지만 서비스의 질적 측면에서는 우리나라와 유사한 평가를 하고 있다.

3) 노년층에게 미치는 효과

(1) 실버산업의 긍정적 효과

실버산업은 아직 초기단계 수준이므로 기능이나 디자인 측면에서는 전 연령이 사용하는 일반제품에 비해 경쟁력이 없거나 합리적인 가격이 형성되지 않은 등의 문제점이 있다. 하지만 고령친화산업이 성숙기에 접어들면 소비가 늘어나면서 고령친화제품은 상용화단계에 들어가고, 가격경쟁력도 높아지며, 서비스의 질도 보장될 것이다. 현재 선진국 실버산업의 발전단계를 보면 성숙기를 지나 확대기에 접어들면서 제품의 다양화와 더불어 고급화와 첨단화가 진행되고 있다. 선진국의 경험에 비춰 볼 때 우리나라의 실버산업도 선진국과 유사한 단계에 이르게 되면 산업이 궤도에 오르고 노년층의 삶의 질에도 기여하게 될 것이다.

실버산업이 정착되었을 때 소비자인 노년층에게 미치게 되는 긍정적인 효과를 살펴보면 다음과 같다.

첫째, 노년층은 중년기의 라이프스타일을 유지하며 자존감을 높일 수 있게 된다. 노년층은 노화가 진행되면 신체적 · 심리적으로 위축될 뿐 아니라 사회적 노화로까지 이어지면서 사회활동의 반경도 좁아진다. 하지만 실버산업이 확대되어 그들의 일상생활상의 제약과 불편을 덜어 줄 수 있는 도구가 보급되고 생활하기 편안한 환경이 조성되면 중년기에 누리던 라이프스타일을 그대로 유지할 수도 있다. 예를 들어, 체형변화와 정서적 특성을 반영한 패션 의류를 착용함으로써 외모에 대한 자신감이 생기면 자존감이 높아지고 활력 있는 사회활동을 할 수 있다. 말하자면 활력 있는 노화(vital aging)가 가능해지는 것이다. 우리보다 평균수명이 긴 선진국에서 흔히 볼 수 있듯이 초고령 노인들은 인지기능만 건강하다면, 기저귀를 찬 채로 고령자용 지팡이를 들고 유니버설 디자인이 적용된 근린지역사회에서도 혼자서 간단한 외출을 할 수 있다. 이러한 상황은 궁극적으로 세대 간의 통합을 이루며, 연령에 따른 차별(ageism)을 해소하게 될 것이다.

둘째, 생활주기(life cycle)에 필요한 구매욕구를 충족시키게 된다. 노화가 진행되면 그 시점의 생활주기에 맞는 보조기기나 제품(assistive devices)이 필요해지고, 이에 따른 소비욕구가 발생하게 된다. 이러한 욕구는 보조기기를 사용함으로써 일상적인 생활을 스스로 수행하고자 하는 바람인 것이다. 예를 들어, 틀니, 지팡이, 보행보조기, 미끄럼방지 부착 양말이나 신발, 노인용 게임기와 소프트웨어, 실버전화기, 보청기 등의 제품은 노화로 인해 감소되는 신체기능을 지원해 줌으로써 노년기 이전과 유사한 활동을 지속하게 해 준다.

셋째, 노년층은 구매에 대한 자기 결정의 기회가 확대됨으로써 자신감과 판단력을 갖는다. 동서양을 막론하고 노화가 진행되면 구매시장에서 노년층의 의사결정 기회는 감소되는 경향이 있다. 게다가 실버제품 시장이 제한되어 있다면 그들은 자기 결정을 하기보다 이미 다른 연령층의 기호에 맞춰져 있는 제품 중에서 불편함이 적은 제품을 선택하고 그 제품에 자신을 맞추는 수동적인 경향을 보일 수밖에 없다. 하지만 실버제품이 다양해지면 실버소비자들은 자신의 신체손상 정도나 기호에 맞는 제품을 직접 구매하기 위한 의사결정의 주체가 될 가능성이 높아지게 된다.

물론 노년층이 능동적인 소비를 하기 위해서는 연금제도가 정착되어 안정적인 경제력이 보장된다는 것이 전제되어야 한다.

(2) 실버산업의 부정적 효과

반면, 실버산업이 발전할수록 산업의 속성은 노년층에게 부정적인 효과를 미칠 수도 있다. 구체적인 몇 가지 예는 다음과 같다.

첫째, 일부 노년층은 제품사용이나 서비스로부터 배제되는 현상이 발생할 것이다. 일반적으로 실버산업이 발전하면 노년층의 삶의 질이 향상될 것으로 기대하지만, 일부 취약자는 서비스에서 배제됨으로써 삶의 질이 떨어지는 위험에 노출될 수도 있다. 대표적인 사례로 실버산업 중 요양산업이나 평생교육 분야를 들 수 있다. 복지 관점에서 볼 때 이러한 분야의 서비스는 이용자의 소득, 연령, 성별, 교육, 지역 등 어떤 조건과도 상관없이 욕구를 가진 모든 노년층에게 공평하게 제공되어야 한다. 다시 말해 공공서비스의 속성을 가진 서비스는 보편주의의 원리에 따라 모든 노년층에게 제공되어야 한다. 하지만 공공서비스가 산업화되면서 제공 주체가 영리를 추구하는 민간기업으로 이전되면 사회정의에 입각한 평등한 배분보다 자유시장경쟁의 논리에 따른 차등배분이 이루어지기 때문에 서비스의 사각지대가 발생하게 된다. 이러한 현상은 이미 실버산업이 민간기업 중심으로 운영되고 있는 여러 국가에서 나타나고 있다. 즉, 스스로 지불이 가능한 노인과, 무상지원의 '자격'을 가진 빈곤 노년층이 아닌 저소득 노년층은 서비스 또는 제품구매에서 배제되는 것이다.

둘째, 실버산업이 민간시장의 자유경쟁에 맡겨지면 당연히 가격별로 제품이나 서비스의 분화가 일어나게 된다. 따라서 정보획득의 채널이 제한되고 의사결정과정에서 소외되기 쉬운 노년층은 저급한 제품이나 서비스의 위험에 노출될 가능성이 크다. 이러한 현상도 이미 여러 나라에서 발생하고 있다. 이에 대한 대안으로 정부나 비영리 민간단체들은 옴부즈맨제도를 통해 사용자인 노년층의 권익을 보호하는 노력을 시도한다. 또한 교육이나 상담을 통해 병약한 노인이나 가족부양자의 역량을 강화(empowerment)시켜 의사결정능력을 향상시키려는 지원도 이루어지고 있다. 하지만 이런 공식적인 보호망에 포함되지 않는 사안들도 많이 있어 노년층은 구매과정에서 피해자가 되는 경우가 허다하다.

따라서 실버산업의 부정적인 효과는 줄이고 긍정적인 효과를 확대하기 위한 정부의 정책적 역할이 필요하다.

제15장
실버산업정책의 방향성

우리나라는 2000년 고령화사회에 진입하면서 실버산업 관련 정책수립을 통해 고령화사회에 대응하기 위한 준비를 시작하였다. 이 장에서는 정부의 실버산업 육성정책이 수립된 과정을 살펴보고, 현재 정부가 추진하는 실버산업 육성정책의 주요내용과 향후 정책의 방향성을 제시하고자 한다.

1. 실버산업[1] 육성정책의 수립과정

1) 저출산 · 고령사회정책 수립과정

우리나라가 2000년에 고령화사회로 진입하자 정부는 저출산 · 고령화 문제에 본격 대응하기 위하여 2005년 「저출산 · 고령사회기본법」을 제정하고(2005. 5. 18. 공포, 2005. 9. 1. 시행) 범국가적인 추진체계를 구축하였다.

2005년 9월에는 「저출산 · 고령사회기본법」에 근거한 대통령 직속의 저출산 · 고령사회위원회(위원장 대통령)가 출범하였고, 같은 해 12월에는 관계부처와 전문가로 구성된 저출산 · 고령사회기본계획 실무추진단을 설치하였다.

2006년 8월에는 15개 중앙부처, 연구기관, 민간전문가가 대폭 참여한 가운데 5년간(2006~2010년) 추진할 정책 과제를 발굴하여 '새로마지플랜 2010'[2]이라 불리는 '제1차 저출산 · 고령사회기본계획'을 수립하였다.

2008년 정부조직 개편으로 저출산 · 고령사회위원회는 대통령 직속에서 보건복지부 장관 소관으로 조정되었고, 2008년 11월에는 기본계획 수립 이후에 변화된 정책 환경을 반영하여 제1차 저출산 · 고령사회기본계획을 보완하였다. 2010년 10월에는 향후 5년간(2011~2015년) 추진할 '제2차 저출산 · 고령사회기본계획(새로마지플랜2015)'을 수립 · 시행하였다.

1 · 2차 저출산 · 고령사회기본계획을 통해 정부는 기초연금 · 장기요양보험 등 노후의 소득 · 건강 보장을 위한 인프라를 구축하였지만 인구 고령화에 대비한 사회 · 경제 체질 개선에는 아직 미흡한 점이 있다. 또한 직장에서의 은퇴와

---

1) 우리나라에서 법적 · 정책적 용어는 고령친화산업이지만, 여기서는 지금까지 명칭의 지속성을 위해 실버산업이라고 서술한다.

2) '새로마지'는 '새롭고 희망찬 출산에서부터 노후생활의 마지막까지 아름답고 행복하게 사는 사회'라는 의미와 '미래와 행복이 가득한 사회를 새로 맞이한다'는 의지를 동시에 표현하고 있다.

연금 수급 연령 간 공백기 문제, 평균수명과 건강수명과의 격차 등 노인인구의 특성변화에 대응한 맞춤형 정책은 여전히 부족한 실정이다.

정부는 2015년에 제3차 저출산 · 고령사회기본계획(2016~2020년)[3]을 수립하였는데, 정책적으로 보면 이 시기가 매우 중요하다. 2016~2020년은 부양 부담이 낮은 인구구성을 갖는 마지막 기간으로, 이후 생산가능인구가 본격적으로 줄어들게 되므로 이에 대처하기 위해 정책적인 역량을 집중할 필요가 있다.

이에 따라 정부는 3차 기본계획 수립에서 정책의 '선택과 집중' '구조적 문제에 대한 대응' '실천 · 정착에 중점' '전방위적 고령사회 대책' 등의 전략 방향에 근거하여 ① 만혼추세 완화, ② 맞벌이가구 출산율 제고, ③ 출생 · 양육에 대한 사회적 책임 강화, ④ 생산인구 감소에 대응한 경제활동인구 확대, ⑤ 건강하고 안정된 노후생활 지원, ⑥ 고령사회를 새로운 도약의 기회로 활용의 6개 핵심추진 방향을 제시하고 있다.

2) 실버산업육성정책 수립과정

정부는 저출산 · 고령화 문제를 해결하기 위한 복지 및 경제정책의 수단으로 실버산업의 중요성이 강조되자, 2005년 「저출산고령사회기본법」, 2006년 「고령친화산업진흥법」을 제정하였다. 보건복지부와 산업통상자원부는 2005년 「고령친화산업진흥법」을 공동으로 국회에 상정하여 2006년 12월에 법제화하였다. 2008년 12월에는 2006년 이후 변화된 정책과 국정과제 등을 반영하여 법 조항에 고령친화산업에 대한 R&D 투자 확대, 제품 표준화, 우수제품에 대한 S마크 부여 등을 포함시켜 고령친화산업을 고령사회의 새로운 산업으로 육성한다는 내용을 추가하였다. 이를 통해 고령화에 따른 사회적 · 경제적 변화에 적극적으로 대응

3) 정책을 수립하는 저출산 · 고령사회위원회는 위원회 설립 당시 대통령 소속이었으나(2005~2008년), 보건복지부장관 소속(2008~2012년)으로 변경된 후 2013년부터 다시 대통령 소속으로 개편되었다.

하고, 노인의 삶의 질 향상과 국민경제의 건전한 발전을 위한 실버산업 지원 · 육성의 근거를 마련하였다.

이에 따라 정부는 2008년 고령친화산업지원센터를 지정하여 실버산업의 핵심 영역인 노인보건의료, 요양, 복지 분야를 중심으로 실버산업 품질향상 지원, 실버산업 홍보 및 정보교류 활성화, 실버산업 육성 기반 강화 등 다양한 지원을 통해 실버산업육성정책을 지속적으로 추진하고 있다.

이처럼 우리나라에서도 실버산업이 등장하기까지는 정부 주도의 정책이 중요한 역할을 하였음을 알 수 있다. 그 결과 사용자인 노년층이 안전하고 편안하게 노후를 보내도록 산업화를 지원하고, 특히 첨단 분야를 융합함으로써 실버산업의 분야를 확대하는 등 정부가 주도하는 실버산업이 가시화되었다.

실버산업이 가시화되면서 노인복지정책의 대상은 기존의 선별주의에 따른 빈곤 노인에서 보편주의에 입각한 전체 노인으로 확대되었다. 이러한 변화는 고령화사회에 대응하기 위한 거시적인 관점에서의 미시적 산업정책의 등장이라는 의의를 가진다.

2. 실버산업 육성을 위한 주요 정책 내용

1) 정책 추진의 한계점

실버산업은 실버용품뿐만 아니라 금융, 여가, 교육, 주택 등을 포함하는 매우 포괄적인 산업이므로 실버산업 육성을 위한 정책은 거의 모든 정부부처에서 추진해야 한다. 그러나 실버산업의 전 부문을 포괄하는 정부 정책부처는 없고, 현재 실버산업 정책은 보건복지부에서 복지용구를 중심으로 추진되거나 산업통상자원부의 R&D 사업으로 시행되고 있다. 따라서 정책적인 면에서 보면 우리나라 실버산업 육성정책은 매우 편협하며 종합적으로 추진되지 못하는 한계가 있다.

2) 주요 정책 내용

정부가 주도하여 추진하고 있는 실버산업육성정책(보건복지부, 2014a)은 첫째, 고령친화우수제품지정제도 운영이다. 고령친화우수제품지정제도는 「고령친화산업진흥법」 제12조 및 같은 법 시행령 제7조, 제8조에 따라 엄격한 심사를 통해 우수한 고령친화제품을 지정함으로써 품질을 향상시키고, 노인소비자에게 선택권을 제공하고 우수한 제품과 서비스를 제공하는 업체의 가치를 높이고자 시행되었다. 고령친화우수제품은 2008~2013년까지 1,053개 제품(보행보조차 163개, 자세변환용구 148개, 지팡이 140개, 전동침대 105개, 안전손잡이 85개 순)이 지정되었으며, 제품의 품질 적정성, 고령친화우수제품 제조현장 점검, 우수제품표시 사용실태 등 사후관리를 통해 우수 제품지정제도의 신뢰성을 확보해 나가고 있다.

노인인구의 증가로 실버제품의 수요도 지속적으로 증가할 것으로 전망됨에 따라, 2009년 당시 15개이던 고령친화우수제품 품목에 2010년 2개(노인용 신발, 세발기), 2012년 4개(자동배변처리기, 고령자용 기저귀, 배회감지기, 단차해소기)를 추가하여 21개 품목의 품질기준을 개발·확대하였으며 2013년 3개(건강기능식품, 고령자용 의류, 고령자용 운동보조기구)의 확대대상 품목 기준을 개발하였다. 향후에도 지속적인 품목 확대를 통해 노인소비자의 수요에 능동적으로 대처해 나갈 것으로 기대된다.

둘째, 실버산업 정보교류 활성화를 추진하고 있다. 정부는 고령친화산업 대표 홈페이지인 고령친화산업정보은행에 대해 고령자 및 장애인이 웹사이트를 이용하는 데 불편이 없도록 웹접근성 표준지침을 준수하여 웹 접근성 품질마크를 2012년 5월에 획득하였으며, 2013년 웹접근성 품질인증을 갱신하여 정보약자를 지속적으로 배려하고자 노력하고 있다. 또한 산업체를 위하여 고령친화산업 정책시장 정보 및 국내외 산업 뉴스와 연구 정보 등 동향 정보를 지속적으로 제공하고 있다.

셋째, 지역사회밀착형 전시·체험관을 설치·운영하고 있다. 노인들이 직접 찾아가야 하는 서비스에서 탈피하여 노인들의 유동인구가 많은 일상생활 속에서 쉽게 접근할 수 있는 곳, 예를 들면 노인복지관 등에 지역사회밀착형 전시·체험관을 설치하고 있다. 이를 통하여 건강하고 활동성 있는 고령자들에게 'S마크' 홍보 및 고령친화제품 선택·구매 방법 등의 교육을 함으로써 고령친화산업 수요기반을 확충하고 있다. 2011년 3개소를 시작으로 2013년도 3개소(인천광역시 노인문화센터, 충청북도 노인종합복지회관, 부산광역시 노인종합복지관)에 추가 설치하여 총 7개 기관에서 운영하고 있다.

넷째, 실버산업 국내외 박람회를 개최하고 있다. 실버산업 국내외 전시회 개최로 고령친화산업 수요기반 강화, 우수제품 홍보, 국내외 정보교류 및 시장연계 등을 통해 실버산업 발전을 견인하고 있다.

다섯째, 실버산업 육성기반을 강화하고 있다. 실버산업 시장의 건전한 발전과 외국의 주요 제품들과 견줄 수 있는 품질 우위의 제품개발 지원을 위해 실버제품의 사용성 평가체계 개발, 평가지표 및 관련 정보 생성·보급을 추진하고 있다. 이를 통해 실버산업체에게는 기술경쟁력 향상 및 제품개발에 필요한 정보를 제공하고, 소비자에게는 안전성, 편의성 등을 고려하여 제품을 선정할 수 있는 자료를 제공한다.

3. 실버산업 육성을 위한 정책과제

우선, 실버산업 육성정책을 체계적으로 추진하기 위해서는 실버산업의 분류와 통계가 먼저 확충되어야 한다. 그러나 우리나라의 경우 아직 기본통계조차 제대로 갖추고 있지 못한 실정이다. 필요한 통계를 정하고 기존 통계를 재가공하거나 필요한 경우 주기적인 조사를 통하여 정책수립의 기초자료가 되는 통계를 확충해야 한다.

둘째, 실버제품과 서비스를 공급하는 기업에 대한 직접적인 지원정책에 머무르지 말고 실버시장을 확대하는 시장조성정책을 더 강화해야 한다. 이를 위해 수요 측면에서 먼저 안정된 노후보장, 고령친화 일자리 발굴 등의 정책이 선행되어야 한다. 공급 측면에서는 실버제품을 생산하는 기업을 육성하고, 수입대체를 위한 내수위주 산업에서 해외 실버시장을 선점하기 위한 수출산업으로 육성해야 한다. 고령화와 관련된 서비스업 활성화로 내수시장을 키우고, 정부가 실버산업의 핵심 기술에 대한 연구·개발에 지원을 확대해야 한다.

〈표 15-1〉 노인의 하루 일과별 필요한 서비스

하루 일과	장소	필요한 서비스
자고 일어나기	집	• 안전확인서비스
씻기		• 일상생활지원서비스
식사(요리)		• 식사제공서비스(요리사 파견 등)
집안일 및 휴식		• 청소 및 세탁서비스 • 일상업무 대행서비스 • 주거환경 개선서비스 • 말벗 등 정서지원서비스 • 간호서비스
이동	이동수단	• 교통지원서비스(고령자택시 등)
사회 및 여가활동	병원 등 건강활동	• 동행서비스 • 건강지원서비스(혈압, 혈당 등 건강 확인, 영양 및 운동상담 등)
	스포츠 등 문화여가활동	• 여행서비스(숙박서비스 포함) • 운동지원서비스
	은행 등 금융업무	• 금융서비스
	노래교실, 컴퓨터, 외국어 등 교육	• 교육지원서비스
	직업활동	• 일자리서비스
	헤어숍, 피부숍 등 방문	• 외식서비스 등
	각종 모임 등	• 외식서비스 등
이동	이동수단	• 교통지원서비스(고령자택시 등)
집에서 휴식	집	–

자료: 한국보건산업진흥원(2014). 고령친화서비스산업 개발 및 활성화 방안.

셋째, 실버산업 정책대상을 단일화된 최종제품으로 한정하기보다는 노인의 일상생활활동과 연계하여 필요한 서비스를 발굴하고 이를 종합적으로 지원하는 실버서비스산업 중심의 정책으로 전환되어야 한다.

〈표 15-1〉에서 보듯이 노인의 하루 일과와 관련된 서비스는 교통, 건강, 여행, 금융, 교육, 식품, 의료 등 모든 실버산업 분야를 포괄하고 있다. 그러므로 정부는 이러한 실버서비스산업이 활성화될 수 있도록 제도적인 근거를 마련하고 체계적인 지원을 해야 한다.

넷째, 기업이 실버제품과 서비스를 공급하는 것을 지원하는 정책에서 노인을 중심으로 한 수요자 위주의 정책으로 전환되어야 한다. 예를 들어, 실버타운을 주택공급의 차원에서 추진하기보다는 실버타운을 이용하는 노인층의 성향이 다양해지면서 협동조합 등 소비자가 중심이 되는 커뮤니티형 실버타운을 조성할 필요가 있다.

다섯째, 나아가 세대친화적 공동체 구축을 위한 정책적 지원이 요구된다. 이를 위해 노인이 어디서, 누구와 함께, 어떻게 살아가야 할 것인가에 대한 고민이 필요하다. 노인이 나고 자란 곳에서 젊은 층 등 다양한 세대와 재화를 주고받으며, 사회 구성원으로서 자존감을 회복하고, 사회에 기여할 수 있는 고령친화 공동체를 구축하는 것이다(김수영, 장수지, 오찬옥, 최성희, 2014).

고령친화 공동체는 노인들이 살고 있는 지역을 중심으로 공동체성을 확보하고 물리 · 기능 · 사회적 조건이 고령친화적인 조건을 충족시키는 지역사회다. 그렇지만 그것은 '현재'의 노인들만을 위한 공동체는 아니다. 고령친화 공동체는 다른 세대 간 거부감이 최소화된 상태의 마을이다. 소비력을 갖춘 베이비부머와 같은 예비노인뿐 아니라 30~40년 후에 노인이 되는 20~30대 젊은 층도 포함된다. 같은 공동체 속에서 모든 세대가 생산자이자 소비자가 될 수 있는 공동체가 고령친화 공동체의 핵심이다.

이러한 정책이 추진되면 정부가 노인 관련 예산 확보에만 초점을 맞춤으로써 야기되는 노인과 다른 세대 간 갈등을 예방하고, 공동체 의식의 쇠퇴로 인한 젊은 층의 지역이탈을 방지할 수 있다. 고령친화 공동체를 중심으로 모든 세대가 재화와 서비스를 교환하고 삶을 공유하도록 도움으로써 모든 세대를 껴안으려는 시도가 노인문제의 근본적인 해결책이자 실버산업의 궁극적인 육성 방향이 될 수 있다.

참고문헌

CPR 협회(2002). CPR(Consumer Profile Research) 공동보고서.

건양대학교 산학협력단(2007). 고령친화제품 실태조사 및 초기시장육성전략. 한국고령친화용품산업협회.

계명대학교 산학협력단(2008). 2008 노인실태조사-전국노인생활실태 및 복지욕구조사. 보건복지가족부.

계명대학교(2009). 2008년도 노인실태조사-전국노인생활실태 및 복지욕구조사-기초분석보고서.

고동희, 김재욱, 김상수, 류태수, 문준연, 심원술, 전상길(2003). 경영학원론(3판). 서울: 명경사.

공무원연금관리공단(2003~2007). 공무원연금통계.

교육과학기술부(2009). 2009 평생교육백서.

교육부, 국가평생교육진흥원(2013). 2011 · 2012 평생교육백서.

구자순(1988). 한국노인문제연구의 현황과 전망. 노인복지정책개발을 위한 연구(최종보고서), 192-207.

국민건강보험공단(2009). 장기요양보험주요통계.

국민건강보험공단(2014). 2013년 노인장기요양보험통계연보.

국민건강보험공단, 건강보험심사평가원(2014). 2013 건강보험통계연보.

국민연금공단(2015). 알기쉬운 국민연금.

권영일, 최대규(2007). U-Health 서비스의 필요성 및 추진현황. 대한병원협회지, 68-78.

기영화(2007). 노인교육의 실제. 학지사.

김경옥(1996). 노인보행자 교통사고 노출 및 행동특성에 관한 연구. 도로교통안전협회.

김대익(2007). 고령화에 따른 금융상품의 니즈다변화.「금융」. 전국은행연합회.

김동배(1988). 한국노인의 노인정 참여에 관한 연구. 한국사회복지학, 12.

김동배(2000). 노인 여가서비스 활성화를 위한 연구. 연세행정논집, 25, 137-160.

김동환(2008). 실버산업론. 서울: 나눔의 집.

김명자, 송말희(2006). 노인교육의 실버산업화를 위한 기초연구. 숙명여자대학교 생활과학연구, 17, 1-15.

김상훈, 최환진(1997). 광고의 노인묘사에 관한 노인수용자의 태도 연구. 광고연구, Vol. 37.

김성순(1991). 고령화 사회와 복지행정. 홍익재.

김송애(1990). 가족주의 가치관과 노부모 부양에 관한 연구-기혼여성의 시가와 친가에 대한 연구-. 이화여자대학교 대학원 석사학위논문.

김수봉(2010). 고령친화용품 소비실태와 현안과제. 보건복지포럼 보건사회연구원, 75.

김수영, 모선희, 원영희, 최희경(2009). 노년사회학. 서울: 학지사.

김수영, 장수지, 오찬옥, 최성희(2014). 고령친화 공동체 구축을 위한 지표 개발. 한국노년학, 34(3). 555-579.

김숙응, 이의훈(2009). 실버산업의 이해. 서울: 형설출판사.

김영주, 정재민(2006). 노인과 미디어: 노인들의 미디어이용와 복지. 한국언론재단.

김용익(2004). 고령화 및 미래사회를 대비한 정책방향과 과제.

김종의(2003). 소비자행동. 서울: 형설출판사.

김태현(2007). 노년학. 교문사.

김혜경, 도미향, 문혜숙, 박충선, 손홍숙, 오정옥, 홍달아기(2008). 가족복지론. 공동체.

문성욱, 허영, 최용재(2007). 초정밀기기와 실버의료기기분야의 2020 비전과 전략. 산업연구원.

미래에셋퇴직연금연구소(2010). 퇴직연금사용설명서.

박근수(2011). 잠재집단분석방법을 활용한 노인여가유형별 특성 분석: 서울지역 노인여가시설 이용자를 중심으로. 노인복지연구, 53, 50-67.

박경숙(2000). 한국 노인의 사회적 관계: 가족과 지역사회와의 연계정도. 한국사회학,

34, 621-647.

박상안 외(2007). 기업의 사회적 책임 중시 경영. 서울: 한국학술정보(주).

보건복지부(2007). 저출산 고령사회위원회 보고서.

보건복지부(2008). 제1차 저출산 고령사회 기본계획(보완판)—새로마지플랜 2010.

보건복지부(2009a). 2008년 치매유병율조사.

보건복지부(2009b). 보건복지백서.

보건복지부(2010a). 노인복지시설현황.

보건복지부(2010b). 2010년 노인복지시설현황.

보건복지부(2010c). 상반기 장기요양 주요통계.

보건복지부(2013. 12. 31). 2014년 노인복지시설현황.

보건복지부(2014a). 2013 보건복지백서.

보건복지부(2014b). 2014 보건복지통계연보.

보건복지부(2015). 2015 보건복지통계연보.

보건복지부, 고령화 및 미래사회위원회(2004). 고령사회에 대비한 주거환경 개선방안.

보건복지부, 고령화 및 미래사회위원회(2005a). 고령사회에 대비한 주거환경 개선방안.

보건복지부, 고령화 및 미래사회위원회(2005b). 고령친화산업 활성화 전략.

보건복지부, 고령화 및 미래사회위원회(2006). 고령친화산업 활성화 전략.

보건복지부, 저출산 및 고령사회위원회(2007). 고령친화제품 실태조사 및 초기시장 육성 전략. 한국고령친화용품산업협회.

보건복지부, 보건산업진흥원(2012). 2012 고령친화산업 욕구조사.

보험개발원(2008). 퇴직연금제도의 활성화를 위한 세제 개선방안. CEO REPORT KIKI 2008-01.

부경희(2005). 젊은오빠인식 · 인지연령이 노인의 소비형태에 미치는 영향. 광고학연구, 16(1).

부산복지개발원(2009a). 부산광역시 예비노인실태조사.

부산복지개발원(2009b). 부산노인욕구 및 실태조사.

부산테크노파크 전략산업기획단(2006). 부산지역 고령친화산업 육성 정책로드맵.

삼성경제연구소(2002). 고령화사회의 도래에 따른 기회와 위협.

삼성경제연구소(2003. 7). 일본의 저출산 고령화와 한국 기업에 대한 시사점.

삼성경제연구소(2006. 10). 일본 실버산업 현황보고.

삼성경제연구소(2007). 한일 고령화의 영향과 파급효과.

서병숙(1994). 노인연구(3판). 교문사.

서병숙(2002). 노년학의 이해. 한국노년학회 편. 대영문화사.

서울시정개발연구원(2010). 서울의 고령친화도시 추진전략, SDI 정책리포트 제64호.

서윤석(2008). 일본의 고령자 대상 신금융서비스. 해외금융정보. 전국은행연합회.

설재훈, 신연식, 박인기(2004). 장애인 · 노약자의 복지교통서비스 개선방안. 교통개발연구원.

성규탁(1990). 한국 노인의 가족 중심적 상호 부조망. 한국노년학, 10, 163-181.

소비자보호원(2001). 노인용품과 소비자보호.

송미영, 최경구(2007). 치매노인 주부양자의 부양부담에 영향을 미치는 요인. 노인복지연구, 37, 131-160.

송정선(1997). 노인의 여가활동이 생활 만족에 미치는 영향. 계명대학교 대학원 석사학위논문.

송지은, 김신효, 정명애, 정교일(2007). U-헬스케어 보안 이슈 및 기술 동향. 전자통신동향분석, 22(1), 119-129.

신연식(2007). 교통약자 이동편의 증진계획의 추진배경과 전략과제. 월간교통, 제116호, 한국교통연구원.

신유근(1994). 기업과 사회. 서울: 경문사.

신효식, 서병숙(1994). 노부의 성인자녀와의 결속도, 자아존중감, 심리적 손상 간의 인과모형. 한국노년학, 14(2), 121-132.

실버마케팅연구소(2001). 노년층 생활의식에 대한 조사.

안수민(2004). 노인의 여가활동 참여유형이 생활만족도에 미치는 영향. 부산대학교 대학원 석사학위논문.

오영희(2006). 고령사회의 사회통합적 여가활성화 방안. 보건복지포럼, 통권 113호, 31-38.

원영희(1995). 동 · 별거 형태가 한국노인의 심리적 행복감에 미치는 영향. 한국노년학, 15(2), 97-116.

원영희(1999). 노인과 여가: 즐거운 노후, 과연 어려운 일인가? 김익기 외, 한국 노인의

삶: 진단과 전망. 미래인력연구센터.

유영주, 김순기(2000). 여성 노인의 여가활동에 관한 연구: 서울시 거주 재가노인을 대상으로. 노인복지연구, 7, 73-93.

윤진(1998). 성인노인심리학. 중앙적성출판사.

이선미(1991). 중 · 노년기 여가활동 유형과 인생만족도에 관한 연구. 이화여자대학교 대학원 석사학위논문.

이순재, 김헌수(2009). 개인연금의 현황과 노후소득보장을 위한 개선방향. 사회보장연구, 249-280.

이의훈(1998). 55+시장의 전망 및 시장공략을 위한 마케팅 전략. Marketing Communication Review, Summer, 금강기획 마케팅전략연구소.

이의훈, 김숙응(2004). 21세기 시장선점을 위한 실버마케팅. 서울: 형설출판사.

이의훈, 신주영(2004). 라이프스타일을 통한 실버시장 세분화 연구. 한국노년학, Vol. 24, No.2, 1-20.

이지용(2006). 실버여가산업의 발전방안에 관한 연구. 경희대학교 행정대학원 석사학위논문.

이학식, 안광호, 하영원(2006). 소비자행동 마케팅전략적 접근. 서울: 법문사.

이학식, 현용진(2002). 마케팅. 서울: 법문사.

이희자(2001). 현대경영학-뉴트랜드를 찾아서. 서울: 법문사.

일본 야노경제연구소(2006). 2005개호복지용구용품의 시장분석과 메이커전략.

장선호, 이민경, 김재준(2006). 유비쿼터스 센서 시장 및 기술 동향. IT SoC Magazine, 13, 10-22.

장인협, 최성재(1987). 노인복지학. 서울대학교 출판부.

저출산고령사회위원회(2006). 고령친화산업 활성화 전략Ⅱ. 보건복지부.

정경희 외(2005). 2004년도 전국노인생활실태 및 복지욕구 조사. 한국보건사회연구원, 보건복지부.

정순희, 최은랑(2000). 실버용품 이용실태 및 요구도 분석. 노인복지연구, vol. 9.

정승진, 민정탁(2006). 고령화시대의 부산지역복지정책과 산업정책의 연계방안-노인복지와 고령친화산업을 중심으로-. 부산테크노파크 정책연구, 06-3.

조병은(1990). 노부모와 성인자녀 간의 결속도와 노부모의 인생만족도. 한국노년학, 10,

105-124.
조추용(2003). 노인의 여가활동과 사회참여에 관한 연구. 노인복지연구, 22, 7-34.
지식경제부(2005). 고령친화산업 발전방안.
최성재, 장인협(2008). 노인복지학. 서울대학교 출판부.
Harris, D. K., & Cole, W. E. (1985). 노년사회학(최신덕 역). 경문사.
최정혜(1992). 老父母가 지각하는 成人子女와의 結束度 및 葛藤에 관한 硏究. 성신여자 대학교 대학원 박사학위논문.
통계청(1998~2013). 사회조사보고서.
통계청(2004~2009). 가계동향조사.
통계청(2005~2009). 가계수지동향.
통계청(2005). 2004년 사회통계조사보고서.
통계청(2007a). 2005~2030 장래 가구 추계결과.
통계청(2007b). 경제활동인구조사.
통계청(2007c). 통계로 보는 여성의 삶.
통계청(2008). 장래인구추계.
통계청(2011). 장래인구추계.
통계청(2012). 2010~2035 장래가구추계결과.
통계청(2013). 고령자통계.
통계청(2014). 경제활동인구조사.
한국고령사회용품산업협회(2009). 고령친화용품실태조사. 고령친화산업지원센터.
한국국토연구원(2008). 고령친화 모델지역 구축전략.
한국노년학회 편(2002). 노년학의 이해. 서울: 대영문화사.
한국문화관광정책연구원(2004). 노인문화복지 활성화를 위한 정책방안 연구.
한국문화관광정책연구원(2006). 사회적 취약계층을 위한 문화 활동 지원을 위한 법 제도 개선방안.
한국문화관광정책연구원(2009). 2008년도 여가백서.
한국보건사회연구원(2005). 2004년도 전국노인생활실태 및 복지욕구조사.
한국보건사회연구원(2008). 초고령지역의 보건복지 모형설계를 위한 세부지침 개발-고령친화적 지역사회 설계를 위한 지침개발-.

한국보건사회연구원(2011). 2011년도 노인실태조사.

한국보건사회연구원(2014). 2014년도 노인실태조사.

한국보건산업진흥원(2005a). 노인용품 및 주거시설 등에 관한 수요공급 추계분석.

한국보건산업진흥원(2005b). 고령친화산업 중장기 실행전략 연구.

한국보건산업진흥원(2009). 의료서비스산업 동향 · 이슈조사 및 분석.

한국보건산업진흥원(2011). 고령친화산업실태 조사 및 산업분석.

한국보건산업진흥원(2012). 고령친화산업 현황 및 전망.

한국보건산업진흥원(2014. 12.). 고령친화서비스산업 개발 및 활성화 방안.

한국보건산업진흥원(2014). 의료서비스산업 동향분석.

한국소비자보호원(2002). 소비자시대.

한국정보통신대학교 산학협력단(2007). U-Health 서비스 시장분석 및 가치체계(Value Chain) 연구.

한정란(2001). 교육노년학-노인을 위한, 노인에 관한, 노인에 의한 교육. 학지사.

한정란(2005). 노인교육의 이해. 학지사.

AARP (1990). Older Consumer Behavior. Washington, D.C. American Association of Retired Persons.

American Society on Aging (1987). *Education on Aging for Scientists and Engineers*. San Francisco: American Society on Aging.

Among Older People with Arthrities. *Gerontologist, 35*(4), 463–471.

Ansoff, H. I. (1968). *Corporate Strategy*. London: Penguin Books.

Antonucci, T. C., & Akiyama, H. (1995). Convoys of social relations: Family and friendships within a life span context. In R. Blieszner & V. H. Bedford (Eds.), *Handbook of aging and the family*. Westport, CT: Greenwood Press.

Assael, H. (1995). Consumer Behavior and Marketing Action (5th ed.). Cincinnati, OH: South-Western Publishing.

Axelord, S. (1963). Cognitive Tasks in Several Modalities. In Richard H. Williams et al. (Eds.), *Process of Aging* (pp. 132–145). New York: Atherton.

Barnes, N. G., & Peters, M. P. (1982). Modes of Retail Distribution: Views of the Elderly.

Akron Business and Economic Reviews, 13(3), Fall, 26-31.

Bartos, R. (1980). Over 49: The Invisible Consumer Market. *Harvard Business Review, 58*(1), Febuary, 140-148.

Bem, S. L. (1974). The measurement of psychological androgyny. *Journal of Consulting and Clinical Psychology, 42*, 155-162.

Bernhardt, K. L. (1981). Consumer Problems and Complaint Actions of Older Americans: A National View. *Journal of Retailing, 57*(3), Fall, 107-125.

Booth, A., & Hess, E. (1974). Cross-sex friendship. *Journal of Marriage and Family, 36*, 38-47.

Cattell, R. B. (1963). Theory of fluid and crystallized intelligence: A critical experiment. *Journal of Educational Psychology, 54*, 1-22.

Cavanaugh, J. C., Grady, J., & Perlmutter, M. (1983). Forgetting and use of memory adis in 20-to 70-year-olds' everyday life. *International Journal of Aging and Human Development, 17*, 113-222.

Cicirelli, V. G. (1983). Adult children's attachment and helping behavior to elderly parents: A path model. *Journal of Marriage and the Family, 45*, 815-825.

Costa, P. T., McCrae, R. R., Zonderman, A. B., Barbano, H. E., Lebowitz, B., & Larson, D. M. (1986). Cross-sectional studies of personality in a national sample: 2. Stability in neuroticism, extraversion, and openness. *Psychology and Aging. 1*, 144-149.

Craik, F. I. M., & Jennings, J. M. (1992). Human memory. In F. I. M. Craik, & T. A. Salthouse (Ed.), *Handbook of aging and cognition*. Hillsdale, NJ: Erlbaum.

Cumming, E., & Henry, W. E. (1961). *Growing old*. Basic Books.

Darian, J. C. (1987). In Home-shopping: Are There Consumer Segments. *Journal of Retailing, Summer*, 163-186.

Deshpande, R., & Krishnan, S. (1979). The Impact of Elderly Consumer Dissatisfaction and Buying Experience on Information Search: A Path-Analytic Approach. In R. L. Day & H. K. Hunt, *New Dimensions of Consumer Satisfaction and Complaining Behavior*. Bloomington: School of Business, Indiana University.

Erikson, E. H. (1959). Identity and the life cycle: Selected Papers. *Psychological Issues, 1*,

1-171.

Evans, G. W., Penny, L. B., Skorpanich, M. A., & Held, D. (1984). Cognitive Mapping and Elderly Adults: Verbal and Location Memory for Urban Landmarks. *Journal of Gerontology, 39*(4), 452-457

Finn, S. E. (1986). Stability of personality self-rating over 30 years: Evidence for an age/cohort interaction. *Journal of Personality and Social Psychology, 50*, 813-818.

Fiori, K. L., Antonucci, T. C., & Cortina, K. S. (2006). Social Network Typologies and Mental, Health Among Older Adults. *Journal of Gerontology: Psychological Sciences, 61B*(1), 25-32.

Friedman, M. P., & Wasserman, I. M. (1978). A Community Survey of Purchase Experience of Older Consumers. *Journal of Consumer Affairs, 12*, 300-308.

Ganim, N. M. (1979). Isolation Powerlessness and Fraud: The Plight of the Elderly Consumer. Unpublished diss, University of Connecticut.

KOTRA. 2010. 4. 2.

George P. Moschis(2003). 실버소비자행동(이의훈, 김숙응 역). 서울: 형설출판사.

Goldring and Company (1987). *Geromarket Study*. Chicago: Goldring.

Havighurst, R. J. (1978). The Sociological Meaning of Aging. In Jack Botwitick. *Aging and Behavior*. New York: Springer Publishing Company.

Hooyman, N. R., & Kiyak, H. A. (2008). *Social gerontology: A multidisciplinary perspective* (8th ed.). Boston, MA: Allyn and Bacon.

Horn, J. L. (1982). The theory of fluid and crystallized intelligence in relation to concepts of cognitive psychology and aging in adulthood. In F. I. M. Craik, & S. Trehub (Eds.), *Aging and Cognitive Process*. New York: Plenum.

Horn, J. L., & Cattell, R. B. (1966). Refinement and test of theory of fluid and crystallized intelligence. *Journal of Educational Psychology, 57*, 253-270.

House, J., Robbins, C., & Metzner, H. (1982). The association of social relations with mortality: Prospective evidence from the Tecumseh Community Health Study. *American Journal of Epidemiology, 116*, 123-140.

Kaplan, M. (1960). *Leisure in America*. New York: John Wiley & Son Inc.

Katz, S., Ford, A. B., Moskowitz, R. W., Jackson, B. A., & Jaffe, M. W. (1963). Studies of Illness in the aged: The index of ADL: A standardized measure of biological and psychosocial function. *Journal of the American Medical Association, 185*, 914-919.

Kermis, M. D. (1984). *The psychology of aging: Theory, research, and practice*. Boston, MA: Allyn & Bacon.

Kotler, P., & Armstrong, G. (1990). *Marketing An Introduction* (2nd ed.). Prentice-Hall International Editions.

Kotler, P. (2000). *Marketing Management*: The millennium edition, Upper Saddle River, NJ: Prentice-Hall.

Labouvie-Vief, G., & Schell, D. A. (1982). Learning and memory in later life. In B. B. Wolman (Ed.), *Handbook of developmental psychology*. Englewood Cliffs, NJ: Prentice Hall.

Lawton, M. P., & Brody, E. M. (1969). Assessment of Older People: Self-Maintaining and Instrumental Activities of Daily Living. *The Gerontologist, 9*, 179-185.

Lowenthal, M. F., Thurnher, M., & Chinboga, D. (1975). *Four stages of life*. San Francisco: Jossey-Bass.

Lynott, R. J., & Lynott, P. P. (1996). Tracing course of theoretical development in the sociology of aging. *The Gerontologist, 36*(6), 749-760.

Marketing News (1987). *Over-50 Group Skeptical of Efforts or Change Shopping Patterns*, May 22.

Mason, J. B., & Bearden, W. O. (1978). Profiling the Shopping Behavior of Elderly Consumers. *Gerontologist, Octover 18*, 454-461.

Mason, J. B., & Smith, B. E. (1974). An Exploratory Note on the Shopping Behavior of the Low Income Senior Citizen. *Journal of Consumer Affairs, 8*(2), Winter, 204-210

Maturity Market Report (1988). December, 10.

McCrae, R. R., & Costa, P. T. (1984). *Emerging lives, enduring dispositions*. Boston: Little, Brown.

McCrae, R. R., & Costa, P. T. (1990). *Personality in adulthood*. New York: Guilford.

McGhee, J. L. (1983). The Vulnerability of Elderly Consumers. *International Journal of*

Aging and Human Development, 17(3), 223-246

Miklos, P. (1982). The Supermarket Shopper Experience of the Older Consumer: A Qualitative Research Report. Washington, D.C., Food Marketing Institute.

Minkler, M. (1989). Gold in Gray: Reflections on Business Discovery of the Elderly Market. *Gerontologist, 29*(1), 17-23.

Moschis, G. P. (1987). *Consumer Socialization: A Life Cycle Perspective.* Boston, MA: Lexington Books.

Moschis, G. P. (1989). Older Consumer Responses to Marketing Actrivities of Select Industry Groups, Atlanta: Georgia State University, Center for Mature Consumer Studies.

Moschis, G. P. (1990). Older Consumer Orientations toward Marketing Activites amd Responses to New Products, Atlanta: Georgia State University, Center for Mature Consumer Studies.

Moschis, G. P. (1991). Marketing to Older Adults. *Journal of Consumer Marketing, 8*(4), Fall, 33-41.

Moschis, G. P. (1992). *Marketing to Older Consumers: A Handbook of Information for Strategy Development.* Westport, CT: Quorum Books.

Moschis, G. P. (1994). *Marketing Strategies for the Mature Market.* Westport, CT: Quorum Books.

Moschis, G. P. (1996). *Gerontographics: Life stage segmentation for marketing strategy development.* Westport, CT: Quorum Books.

Moschis, G. P., & Mature, A. (1993). How They Are Acting Their Age. *Marketing Management, 2*(2), 39-50.

National Food Processors Association (1990). Food Labeling and Nutrition. *What Americans Want.* Washington. D.C. National Food Processors Association.

Neugarten, B. (1964). Summary and implication. In B. L. Neugarten (Ed.), *Personality in middle and late life.* Briston, WI: Atherton Press.

Neugarten, B. (1968). *Middle age and aging.* Chicago: The University of Chicago Press.

OECD(2009). Health Data.

Parker, S. (2002). 현대사회와 여가(이연택, 민창기 역). 서울: 일신사.

Passuth, P. M., & Bengtson, V. L. (1988). Sociological theory of aging current perspectives and future directions. In J. E. Birren, & V. L. Bengtson (Eds.), *Emergent Theory of Aging*. New York: Springer Publishing Company, Inc.

Phillips, L. W., & Sternthal, B. (1977). Age Differences in Information Processing: A Perspective on the Aged Consumer. *Journal of Marketing Research, 14*(4), November, 444–457.

Pickle, H. B., & Abrahamson, R. L. (1977). Introduction to Business (3rd ed.). Hillsboro, OH: Goodyear Publishing Company, Inc.

Poon, L. W. (1985). Differences in human memory with aging: Nature, causes, and clinical implications. In J. E. Birren & K. W. Schaie (Eds.), *Handbook of the psychology of aging* (2nd ed.). New York: Van Nostrand Reinhold.

Reedy, M. N. (1983). Personality and Aging. In D. S. Woodruff, & J. E. Birren (Eds.), *Aging: Scientific perspectives and social issues*. Belmont, CA: Tomson Brooks/Cole Publishing Company.

Reichard, S., Livson, F., & Peterson, P. (1962). *Aging and personality: A study of 87 older men*. New York: Wiley.

Riddick, C., & Stewart, G. (1994). An examination of the life satisfaction and importance of leisure in the lives of older female retirees: A comparision of blacks to whites. *Journal of Leisure Research, 26*(1), 75–80.

Riesman, D. (1963). *Individualism reconsidered*. Glencoe, IL: Free Press.

Sallis, J., Hovell, M., & Hofstetter, C. (1989). A multivariate study of determinants of vigorous exercise in a community sample. *Preventive Medecine, 18*, 20–34.

Salthouse, T. A., & Somberg, B. L. (1982). Time-Accuracy Relationships in Young and Old Adults. *Journal of Gerontology, 37*(3), 340–353.

Schaie, K. W. (1980). Intelligence and problem solving. In J. E., Birren & R. Sloane (Eds.), *Handbook of mental health and aging* (pp. 262–284). Englewood Clifts, NJ: Prentice-Hall.

Schaie, K. W., & Baltes, P. B. (1977). Some faith helps to see the forest: A final comment on the Horn-Donaldson myth of the Baltes-Schaie position on adult intelligence. *Amerian Psychologist, 32*, 1118-1120.

Schiffman, L. G. (1971). Source of Information for the Elderly. *Journal of Advertising Research, 11*, October, 33-37.

Schreiber, E. S., & Boyd, D. A. (1980). How the Elderly Perceive Television Commercials. *Journal of Communication, 30*(1), Winter, 61-70.

Schutz, H. G., Pamela, C. B., & Hawkes, G. R. (1979). *Lifestyle and Consumer Behavior of Older Americans*. New York: Praeger.

Strain, L., Carmen, C., Grabusic, M., Searle, S., & Nicole, J. D. (2002). Continuing and ceasing leisure activities in later life: A longitudinal Study. *The Gerontologist, 42*(2), 217-223.

Whirlpool Corporation (1983). *America's Search for Quality*. Benton Harber, Mich.: Whirlpool.

Wolfe, D. B. (1990). *Serving the Ageless Market*. New York: McGraw-Hill.

Yankelovich, D. (1987). *The Mature Americans*. New York: The Daniel Yankelovich Group, Inc.

Zimmer, Z., Hickey, T., & Searle, M. (1995). Activity Participation and Well-bing among older people with Arthrities. *The Gerontologist, 35*(4), 463-471.

Global Business Report II-035, KOTRA(2011. 10. 31.) 해외실버상품 마케팅 성공 사례

SBS뉴스(2015. 7. 25.). "노인 운전 사고 급증… '운전능력 평가 시스템 개발'"
http://news.sbs.co.kr

국제신문(2015. 1. 23.). "두려운 은퇴… 65세 이후 노후생활 4억 필요"
http://www.kookje.co.kr

나우뉴스(2015. 2. 9.). "'노인 돌보미 로봇' 개발 열기… 노령화사회 구세주?"
http://nownews.seoul.co.kr

뉴시스(2015. 8. 3.). "내 집으로 연금 받고 살자… 주택연금 가입자 급증"
http://www.newstomato.com

동아일보(2014. 10. 31.). "실버로드족의 여행가방에는 무엇이 들어있을까"

http://news.donga.com
매일경제(2012. 12. 4.). "온라인 '큰손' 부상한 실버세대" http://news.mk.co.kr
매일경제(2013. 7. 16.). "내용은 실버라도 포장은 젊음으로" http://news.mk.co.kr
아주경제(2015. 1. 12.). "대한민국은 노인시대… 실버 재테크 시장 커진다"
http://www.ajunews.com
연합뉴스 동북아센터 월간 마이더스(2014. 4. 16.). "원격진료, 고령화시대 선택 아닌 필수"
http://www.yonhapmidas.com
이데일리(2014. 10. 17.). "노인 안전사고 예방 '무장애주택' 이 대세"
http://www.edaily.co.kr
조선닷컴(2013. 11. 27.). "노인을 위한 나라의 신산업, 일본은 실버시장에서 골드를 캔다"
http://chosun.com
조선비즈(2014. 10. 21.). "자동차업계 '부유한 노년층의 지갑을 열어라' 특명"
http://biz.chosun.com/ IT
조선일보(2015. 8. 22.). " '어르신, 월 120% 수익 보장합니다' 검은 유혹"
http://chosun.com
중앙일보(2006. 10. 12.). "스트롱시니어시장 열린다" http://joongang.joins.com
프리미엄조선(2013. 12. 3.). "한국신중년 611만 명" http://premium.chosun.com
한겨레(2015. 2. 24.). "치매와 치아 관련 질환이 노인 진료비 증가를 주도"
http://www.hani.co.kr
한국경제(2011. 9. 23.). " '할머니도 유혹한다' 日 다이신 백화점의 성공비결"
http://www.hankyung.com
헤럴드 경제(2014. 10. 21.). "카 찍어 페이스북 올리는 '실버서퍼' 뜬다"
http://news.heraldcorp.com

http://www.elderhostel.org
http://www.eldertreks.com
http://www.globalwindow.org
http://www.royalroad.jp
http://www.ooedoonsen.jp

http://www.silver.rosa.or.kr

http://www.fss.or.kr

http://www.seri.or.kr

http://www.nps.or.kr

http://www.longtermcare.or.kr

http://www.nhic.or.kr

http//:www.kosis.kr

http://www.senio.de

http://www.senioren-shop24.de

http://www.sst.co.kr

http://www.fss.or.kr

http://www.eons.com

http://www.seniorcom.jp

찾아보기

저자 소개

김수영(Kim Sooyoung)

부산대학교 대학원 사회복지학 박사
전 지식경제부 지원 고령친화용품홍보체험관 '해피 시니어' 관장
현 경성대학교 사회복지학과 교수

〈주요 저서 및 논문〉
『노년사회학』(공저, 학지사, 2009)
「이전소득의 독거노인가구 빈곤경감 효과 비교」(공동집필, 2009)
「재가서비스 이용노인 가족부양자의 부양부담에 영향을 미치는 요인: 주부양자의 연령 집단별 차이」(공동집필, 2010)
「분권교부세 연장에 따른 노인복지예산 확보방안」(공동집필, 2010)
「고령친화 공동체 구축을 위한 지표 개발」(공동집필, 2014)
「베이비붐 세대의 재취업 의사에 영향을 미치는 요인」(공동집필, 2015) 외 다수

이의훈(Lee Euihoon)

미국 Georgia State University 경영대학 Ph.D.
현 한국과학기술연구원(KAIST) 경영과학과 교수
Georgia State University Center for Mature Consumer Studies 글로벌 리더

〈주요 저 · 역서 및 논문〉
『실버소비자행동』(공역, 형설출판사, 2003)
『실버마케팅』(형설출판사, 2004)
『실버산업의 이해』(공저, 형설출판사, 2008)
『The Maturing Marketplace: Buying Habits of baby boomers and their parents』(공저, Quorum Books, 2000)
「A longitudinal study of the effects of life status changes on chnages in consumer preferences」(공동집필, 2008)
「A study of delayed purchases of enabling products in the United States: the case of hearings aids」(공동집필, 2015)
「Determinants of adoption of mobile health services」(공동집필, 2015)
「A study of delayed purchases of enabling products in the United States: the case of hearings aids」(2015)
「Determinants of adoption of mobile health services」(2015) 외 다수

정승진(Jung Seungjin)

부산대학교 대학원 경제학 박사
전 부산발전연구원 연구위원
　부산테크노파크 전략산업기획단 단장
현 동남경제연구원 수석연구위원

〈주요 저서 및 논문〉
『부산의 도시혁신과 거버넌스』(공저, 한국학술정보, 2008)
「빈곤의 원인분석과 근로빈곤층을 위한 복지정책연구」(2006)
「고령화시대의 부산지역복지정책과 산업정책의 연계방안」(공동집필, 2006) 외 다수

장수지(Chang Sujie)

일본 도쿄대학교 사회심리학 박사
현 경성대학교 사회복지학과 교수

〈주요 논문〉
「노년기 컴퓨터 이용과 사회활동참여: 전기 노인의 컴퓨터 이용형태에 따른 분석」(공동집필, 2010)
「노년기 사회적 관계망의 구조적, 기능적 측면과 주관적 삶의 질의 관계: 전후기노인 및 성별에 따른 비교를 중심으로」(2010)
「노년기 배우자 사별 후 적응과정에서의 개인적 성장」(2013)
「고령친화 공동체 구축을 위한 지표 개발」(공동집필, 2014)
「노년기 사회통합의 가능성: 사회참여와 사회적 안녕감 간의 관계에서 지역공동체 의식의 매개효과」(공동집필, 2015)
「노년기 사별 후 성장척도의 개발 및 타당화」(2015)

신주영(Shin Juyoung)

세종대학교 대학원 경영학 박사
현 (주)Tri-Value 책임연구위원
　Center for Mature Consumer Studies in Seoul 책임연구위원

〈주요 논문〉
「노년층 소비자의 여가태도 및 활용에 관한 연구」(2002)
「라이프스타일을 통한 실버시장 세분화 연구」(공동집필, 2004)
「한국 장노년층 소비자의 여가조절요인 연구」(공동집필, 2005)
「환경경영기업의 환경친화적 활동가치연구」(2009) 외 다수

실버산업의 이해(2판)

Silver Industry (2nd ed.)

2011년 3월 15일 1판 1쇄 발행
2014년 9월 25일 1판 3쇄 발행
2016년 3월 10일 2판 1쇄 발행
2025년 9월 25일 2판 4쇄 발행

지은이 • 김수영 · 이의훈 · 정승진 · 장수지 · 신주영
펴낸이 • 김 진 환
펴낸곳 • (주) 학지사
04031 서울특별시 마포구 양화로 15길 20 마인드월드빌딩 5층
대표전화 • 02) 330-5114 팩스 • 02) 324-2345
등록번호 • 제313-2006-000265호
홈페이지 • http://www.hakjisa.co.kr
인스타그램 • https://www.instagram.com/hakjisabook

ISBN 978-89-997-0902-9 93330

정가 **18,000원**